最新〔第2版〕著作権関係判例と実務

知的所有権問題研究会 編　代表 松村信夫・三山峻司

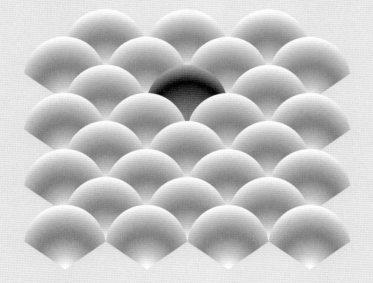

発行 民事法研究会

第2版　はしがき

　平成18年に、本書の初版が刊行されてから、はや10年以上の歳月が経過しました。

　この間、著作権法も数次にわたり改正が行われましたが、特に最近では環太平洋パートナーシップ協定の発効に伴う著作権の存続期間の延長や、デジタル化・ネットワーク化の進展に対応した柔軟な権利制限規定の整備など、著作権の権利行使や著作物の利用に大きな影響を及ぼす重要な改正が相次いでいます。

　さらに、近時の急速なAIやIoTなど情報処理技術の進歩に伴い、著作権のみならず知的財産権の利活用をめぐる社会環境の変化には刮目すべきものがあります。

　そこで、この度、株式会社民事法研究会の協力を得て、本書の初版である旧版を全面的に改訂し、この間、新たに刊行された著書や裁判例等の内容を追加するとともに、判例コメント編の裁判例も最新のものに変更をしました。

　旧版と同じく、本書は、当研究会の若手弁護士が中心となって、裁判例の選択、分担執筆および編集等の諸作業を行って作成されたものです。

　なお、本書改訂の作業中も、上記のような重要な著作権法の改正や新判例の公表が相次いだため、限られた紙幅と予定された刊行日時をにらみながら、可能な限り内容の追加差し替えを行いました。

　それでも、これらの点に関しては、積み残した問題も若干存在していますが、この点は、今後さらなる改訂を行って一層の充実を図りたいと考えています。

　本書が、広く実務家、法科大学院や大学に在学する学生諸氏をはじめとする読者の方々の実務と研究の参考になればその喜びにすぐるものはありません。

　　令和元年11月吉日

　　　　　　　　　　　　知的所有権問題研究会代表　松　村　信　夫
　　　　　　　　　　　　　　　　　　　　　　　　　三　山　峻　司

はしがき

　知的所有権問題研究会は、昭和61年に大阪弁護士会に属する若手弁護士が中心となって立ち上がった研究会であり、主に最新の知的財産権関連の裁判例等を取り上げ、報告者が発表し、全員で討議するというスタイルで、ほぼ毎月1回開催されてきました。その構成メンバーは、現在においてはほぼ若手で構成されており、闊達な意見を交換し、最新の裁判例に関する情報を共有する意味で一定の成果を挙げております。

　この度、知的所有権問題研究会が発足して約20年ということもあり、知的財産権のうちでも、比較的一般になじみやすい著作権に関する裁判例に限定して、その要旨につき簡潔な説明を付した判例コメントを主体とし、これに著作権法の概略に関する解説編を付した実務書を企画いたしましたところ、株式会社民事法研究会の協力を得て本書の公刊するに至りました。本書は、当研究会の若手および中堅の弁護士が中心となって、判例の選択、分担執筆および編集等を行って作成されたものであり、担当した弁護士にとっても、よき研鑽の機会を得ることができたものと思います。

　本書が、何らかの形で、これから著作権関連事件を担当しようという若手弁護士や、著作権に関し裁判例を通して習熟していこうとする読者の皆様方のお役に立てば幸いです。

　　平成18年11月吉日

　　　　　　　　　　　　知的所有権問題研究会　代表　松　村　信　夫
　　　　　　　　　　　　　　　　　　　　　　　　　　三　山　峻　司

本書の利用の仕方

1　章立て

　本書は、「第1部　解説編」と「第2部　判例コメント編」の2部構成になっています。

　「第1部　解説編」では、著作権法の概要を、論点ごとに、関係する裁判例を紹介・解説しています。

　「第2部　判例コメント編」では、著作権法に関係する最新の判例のうち、実務に適った重要と思われる判例61件について、個別に検討を加えています。

2　判例の紹介方法

　本書では、以下の3種類の方法で判例を紹介しています。

　なお、巻末にこれらの判例をすべて網羅し、判決年月日順に並べた「判決言渡日順判例索引」を付けています。

・判例コメント　上記のように、「第2部　判例コメント編」で個別に検討されている判例です。1～61の番号が付してあります。

　　なお、「第1部　解説編」においても、当該判例コメントと関係する箇所では適宜、注記を行い、クロスレファレンスの利便性に配慮しています。

・関連判例　「判例コメント」とは別に、「第1部　解説編」において、事案および判旨の概要を要説してある判例です。「第1部　解説編」における章番号、および当該章で登場する順番に基づき番号が付してあります。

　　たとえば、「第2章　著作権の主体」の「3　職務著作物の著作者」において1番目に紹介されている関連判例『RGBアドベンチャー事件』は、【関連判例2-3-1　「RGBアドベンチャー事件」】と表示しています。

・参考判例　「第1部　解説編」「第2部　判例コメント編」を通して、「判例コメント」「関連判例」以外に、判決年月日、事件番号、出典、事件名のみを簡単に紹介した判例です。

本書の利用の仕方

3 凡 例
〈法　令〉

条数のみ	著作権法（平成30年法律第30号については、「平成30年改正（著作権法）」ともいう）
整備法	環太平洋パートナーシップ協定の締結及び環太平洋パートナーシップに関する包括的及び先進的な協定の締結に伴う関係法律の整備に関する法律
旧法	著作権法（明治32年法律第39号）
施行令	著作権法施行令
規則	著作権法施行規則
民	民法
平成29年改正民法	民法の一部を改正する法律（平成29年法律第44号）（令和2年4月1日施行）
民訴	民事訴訟法
通則法	法の適用に関する通則法
特	特許法
実	実用新案法
意	意匠法
標	商標法
独占禁止法／独	私的独占の禁止及び公正取引の確保に関する法律
プロバイダ責任制限法	特定電気通信役務提供者の損害賠償責任の制限及び発信者情報の開示に関する法律
行政機関情報公開法	行政機関の保有する情報の公開に関する法律
公文書管理法	公文書等の管理に関する法律
万国著作権条約特例法	万国著作権条約の実施に伴う著作権法の特例に関する法律
ベルヌ条約	文学的及び美術的著作物の保護に関するベルヌ条約
ベルヌ条約パリ改正条約	文学的及び美術的著作物の保護に関するベルヌ条約パリ改正条約

WIPO著作権条約	著作権に関する世界知的所有権機関条約
WIPO実演・レコード条約	実演及びレコードに関する世界知的所有権機関条約
実演家等保護条約	実演家、レコード製作者及び放送機関の保護に関する国際条約
レコード保護条約	許諾を得ないレコードの複製からのレコード製作者の保護に関する条約
日米著作権条約	日米間著作権保護ニ関スル条約
TPP11協定	環太平洋パートナーシップに関する包括的及び先進的な協定
TRIPs協定	知的所有権の貿易関連の側面に関する協定

〈判例集・判例評釈掲載誌〉

民集	最高裁判所民事判例集
刑集	最高裁判所刑事判例集
民録	大審院民事判決録
最判解	最高裁判所判例解説
集民	最高裁判所裁判集民事
無体集	無体財産権・民事行政裁判例集
知裁集	知的財産権関係・民事行政裁判例集
判時	判例時報
判タ	判例タイムズ
ジュリ	ジュリスト
判例百選	別冊ジュリスト著作権判例百選
重判解	ジュリスト臨時増刊重要判例解説
L&T	Law & Technology
法セ増刊	法学セミナー増刊　速報判例解説　新・判例解説Watch
裁判所HP	裁判所ホームページ〈http://www.courts.go.jp/〉→裁判例情報
事件番号のみ	判例検索サービスにて登録

本書の利用の仕方

〈主要参考文献〉

田村・概説	田村善之『著作権法概説〔第二版〕』（有斐閣、2001年）
加戸・逐条講義	加戸守行『著作権法逐条講義〔六訂新版〕』（著作権情報センター、2013年）
中山・著作権法	中山信弘『著作権法〔第2版〕』（有斐閣、2014年）
作花・詳解	作花文雄『詳解著作権法〔第5版〕』（ぎょうせい、2018年）
松村＝三山・要説	松村信夫＝三山峻司『著作権法要説〔第2版〕』（世界思想社、2013年）
半田・概説	半田正夫『著作権法概説〔第16版〕』（法学書院、2015年）
半田＝松田編・コンメンタール1	半田正夫＝松田政行編『著作権法コンメンタール1〔第2版〕』（勁草書房、2015年）
半田＝松田編・コンメンタール2	半田正夫＝松田政行編『著作権法コンメンタール2〔第2版〕』（勁草書房、2015年）
金井＝小倉編著・コンメンタール(上)	金井重彦＝小倉秀夫編著『著作権法コンメンタール（上巻）』（レクシスネクシス・ジャパン、2013年）
渋谷・著作権法	渋谷達紀『著作権法』（中央経済社、2013年）
斉藤・著作権法	斉藤博『著作権法〔第3版〕』（有斐閣、2007年）
三山・詳説	三山裕三『著作権法詳説〔第10版〕』（勁草書房、2016年）

| 三山＝松村・実務解説 | 三山峻司＝松村信夫『実務解説　知的財産権訴訟〔第2版〕』（法律文化社、2005年） |

最新著作権関係判例と実務〔第2版〕

目　次

第1部　解説編

第1章　著作権の保護の客体（著作物） ………………… 2

1　著作物の要件 ………………………………〔井上　周一〕2
(1)　「思想又は感情」の表現 ……………………………… 2
(2)　創作性 ……………………………………………… 4
(3)　「表現したもの」 ……………………………………… 8
(4)　「文芸、学術、美術又は音楽の範囲に属するもの」 …… 9
(5)　応用美術 …………………………………………… 9

2　著作物の種類（例示著作物） …………………〔高橋　幸平〕10
(1)　総　論 ……………………………………………… 10
(2)　各　論 ……………………………………………… 11

3　編集著作物 …………………………………〔池田　聡〕22
(1)　編集著作物とは ……………………………………… 22
(2)　編集著作物の「素材」 ……………………………… 22
(3)　「選択」または「配列」の創作性 …………………… 23
(4)　ビジネスソフトウェアの表示画面 ……………………… 24

4　データベースの著作物 ………………………〔池田　聡〕24
(1)　データベースとは …………………………………… 24
(2)　データベースの創作性 ……………………………… 25
(3)　データベースの保護における問題点 ………………… 26

5　二次的著作物 ………………………………〔池田　聡〕27
(1)　二次的著作物とは …………………………………… 27
(2)　二次的著作物の原著作者の権利 ……………………… 27
(3)　二次的著作物として保護を受ける範囲 ……………… 28

6	その他問題となる類型	〔池田　聡〕	29
(1)	印刷用文字書体（タイプフェイス）		29
(2)	記事の見出し		30
(3)	キャラクター		31

第2章　著作権の主体　　〔國祐　伊出弥〕 32

1　著作者		32
(1)　著作者・著作権者の意義		32
(2)　著作者の推定		33
2　共同著作者		34
(1)　共同著作者・共同著作物の意義		34
(2)　共同著作物に関する権利行使および保護期間		35
(3)　共同著作物と結合著作物との対比		36
(4)　共同著作物と二次的著作物との対比		36
3　職務著作物の著作者		38
(1)　職務著作の意義・効果		38
(2)　要件①法人等の発意に基づくこと		39
(3)　要件②法人等の業務に従事する者が職務上作成すること		39
(4)　要件③法人等が自己の著作名義の下に公表するものであること		40
(5)　要件④契約等に別段の定めがないこと		40

【関連判例2－3－1 「RGBアドベンチャー事件」
　　　　　〔最二小判平成15・4・11〕】 ……… 40

4　映画の著作物の著作者・著作権者		40
(1)　映画の著作物の「著作者」		40
(2)　映画の著作物の「著作権者」		41

第3章　著作者人格権　　〔矢倉　雄太〕 43

1　総　説		43
2　公表権（18条）		44

- (1) はじめに ……………………………………………………… 44
- (2) 「まだ公表されていない」もの等を「公衆」に提供・提示すること ……………………………………………………… 45
- (3) 権利制限 ……………………………………………………… 45

3 氏名表示権（19条） ……………………………………………… 46
- (1) はじめに ……………………………………………………… 46
- (2) 氏名表示権の内容 …………………………………………… 47
- (3) 権利制限 ……………………………………………………… 47

4 同一性保持権（20条） …………………………………………… 48
- (1) はじめに ……………………………………………………… 48
- (2) 「意に反して」 ……………………………………………… 48
- (3) 「改変」 ……………………………………………………… 49
- (4) 権利制限 ……………………………………………………… 49

5 みなし著作者人格権侵害（113条7項） ……………………… 51

6 著作者が存しなくなった後における人格的利益の保護（60条） ……………………………………………………… 52

7 その他（出版権に関する特則） ………………………………… 53
- (1) 修正増減請求権 ……………………………………………… 53
- (2) 出版権消滅請求権 …………………………………………… 54

第4章 著作財産権 …………………………………………………… 55

1 複製権 ……………………………………………〔寺中 良樹〕 55
- (1) 複製権の意義 ………………………………………………… 55
- (2) 複製と翻案 …………………………………………………… 56
- (3) 複製に該当するか否かの判断 ……………………………… 56
- (4) 依拠性 ………………………………………………………… 61
- (5) コンピュータ・プログラムやデジタルコンテンツの一時的記憶 ……………………………………………………… 62

2 上演・演奏権（22条） ……………………………〔赤松 俊治〕 62
- (1) 権利の内容 …………………………………………………… 62

(2) 上演権・演奏権に関する裁判例 ………………………………… 63
3　上映権（22条の2）…………………………………〔赤松　俊治〕64
　(1) 権利の内容 ……………………………………………………………… 64
　(2) 上映権に関する裁判例 ………………………………………………… 65
4　公衆送信権（23条1項）・伝達権（同条2項）…〔赤松　俊治〕65
　(1) 公衆送信とは（2条1項7号の2）………………………………… 65
　(2) 送信可能化（2条1項9号の5）…………………………………… 66
　(3) 公衆送信権に関する裁判例 …………………………………………… 67
　(4) 伝達権（23条2項）………………………………………………… 68
5　口述権（24条）……………………………………〔赤松　俊治〕69
6　展示権（25条）……………………………………〔赤松　俊治〕69
　(1) 権利の内容 ……………………………………………………………… 69
　(2) 所有権との調整 ………………………………………………………… 70
7　頒布権（26条）……………………………………〔赤松　俊治〕70
　(1) 権利の内容 ……………………………………………………………… 70
　(2) 頒布権の限界（消尽論）……………………………………………… 70
8　譲渡権（26条の2第1項）………………………〔赤松　俊治〕72
9　貸与権（26条の3）………………………………〔赤松　俊治〕72
　(1) 権利の内容 ……………………………………………………………… 72
　(2) 貸与権に関する裁判例 ………………………………………………… 73
10　翻案権（27条）……………………………………〔井上　周一〕73
　(1) 概　説 …………………………………………………………………… 73
　(2) 翻案権の帰属 …………………………………………………………… 73
　(3) 翻案の意義 ……………………………………………………………… 74
　(4) 複製権等との関係 ……………………………………………………… 75
　(5) 翻案権侵害の要件 ……………………………………………………… 75
【関連判例4−10−1「パロディ写真事件」
　　　　　　　〔最三小判昭和55・3・28〕】………………………… 76
　(6) 表現でない部分または創作性のない部分の同一性 ……………… 77
　(7) 翻案権侵害と著作物の成立 …………………………………………… 77

11　二次的著作物の利用（28条） ……………………〔井上　周一〕78
　(1)　概　説 ……………………………………………………… 78
　(2)　二次的著作物の成立 ………………………………………… 78
【関連判例4－11－1「キャンディ・キャンディ事件」
　　　　　　　　　〔最一小判平成13・10・25〕】………………… 78
　(3)　二次的著作物の著作権の成立部分 ………………………… 80
【関連判例4－11－2「ポパイ・ネクタイ事件」
　　　　　　　　　〔最一小判平成9・7・17〕】 ………………… 80
　(4)　二次的著作物の範囲 ………………………………………… 81
　(5)　権利の存続期間 ……………………………………………… 81

第5章　著作権の制限 ……………………………〔甲斐　一真〕82

1　序　章 ……………………………………………………………… 82
2　私的使用のための複製（30条1項、102条1項）……………… 82
　(1)　趣旨と適用範囲 ……………………………………………… 82
　(2)　要　件 ………………………………………………………… 83
　(3)　私的録音・録画に対する補償金制度（30条2項）………… 83
3　付随対象著作物の利用（30条の2、102条）…………………… 84
4　検討過程における利用（30条の3、102条）…………………… 84
5　著作物に表現された思想または感情の享受を目的としない利用
　　（30条の4、102条）……………………………………………… 85
6　図書館等における複製等（31条、102条）……………………… 86
7　引用（32条、102条）……………………………………………… 86
　(1)　趣旨・適用範囲 ……………………………………………… 86
　(2)　要　件 ………………………………………………………… 87
8　教科用図書などへの掲載（33条）………………………………… 88
9　教科用拡大図書等の作成のための複製等（33条の2）………… 88
10　学校教育番組の放送等（34条）………………………………… 89
11　学校その他の教育機関における複製等（35条）……………… 89
12　試験問題としての複製（36条）………………………………… 90

13　視覚障害者・聴覚障害者などのための複製等（37条、37条の2）
　　　　……………………………………………………………………　90
　14　営利を目的としない上演等（38条、102条）………………　91
　15　時事問題に関する論説の転載、政治上の演説の利用（39条、40
　　　条）……………………………………………………………　91
　16　時事の事件の報道のための利用（41条、102条）…………　92
　17　裁判手続等における複製（42条、102条1項）……………　92
　18　行政機関情報公開法による開示のための利用（42条の2、86条
　　　1項、102条1項）……………………………………………　93
　19　公文書管理法等による保管等のための利用（42条の3）……　93
　20　国立国会図書館法によるインターネット資料およびオンライン
　　　資料の収集のための複製（43条）……………………………　93
　21　放送事業などによる一時的固定（44条）……………………　94
　22　美術の著作物などの原作品の所有者による展示（45条）……　94
　23　公開の美術の著作物等の利用（46条）………………………　94
　24　美術の著作物等の展示に伴う複製等（47条）………………　95
　25　美術の著作物等の譲渡などの申出に伴う複製等（47条の2）
　　　　……………………………………………………………………　96
　26　プログラムの著作物の複製物の所有者による複製等（47条の3）
　　　　……………………………………………………………………　97
　27　電子計算機における著作物の利用に付随する利用等（47条の4）
　　　　……………………………………………………………………　97
　28　電子計算機による情報処理およびその結果の提供に付随する
　　　軽微利用等（47条の5）………………………………………　98

第6章　保護期間　………………………〔白木　裕一〕100

　1　定義・趣旨 ……………………………………………………　100
　2　原　則 …………………………………………………………　100
　3　例　外 …………………………………………………………　100
　　(1) 無名・変名の著作物（52条）………………………………　100

(2)　団体名義の著作物（53条） …………………………………… 101
　(3)　映画の著作物（54条） ………………………………………… 101
　(4)　継続的刊行物・逐次公表著作物（56条） …………………… 101
　(5)　著作者人格権 …………………………………………………… 102
4　計算方法 ……………………………………………………………… 102
5　保護期間に関する旧法との関係 …………………………………… 102
6　外国人の著作物 ……………………………………………………… 103
　(1)　原　則 …………………………………………………………… 103
　(2)　特　例 …………………………………………………………… 103
7　消　滅 ………………………………………………………………… 103
　(1)　消滅時効 ………………………………………………………… 103
　(2)　取得時効 ………………………………………………………… 104

第7章　著作隣接権 …………………………………〔白木　裕一〕 105

1　概　説 ………………………………………………………………… 105
　(1)　序　説 …………………………………………………………… 105
　(2)　著作隣接権の種類 ……………………………………………… 105
　(3)　実演家人格権 …………………………………………………… 106
　(4)　無方式主義 ……………………………………………………… 107
　(5)　著作権との関係 ………………………………………………… 107
　(6)　保護期間 ………………………………………………………… 107
2　実演家の権利 ………………………………………………………… 108
　(1)　総　説 …………………………………………………………… 108
　(2)　録音・録画権（91条） ………………………………………… 108
　(3)　放送権・有線放送権（92条） ………………………………… 108
　(4)　送信可能化権（92条の2） …………………………………… 109
　(5)　商業用レコードの二次使用料請求権（95条） ……………… 110
　(6)　譲渡権（95条の2） …………………………………………… 110
　(7)　貸与権および貸与報酬請求権（95条の3） ………………… 111
　(8)　私的録音録画補償金請求権 …………………………………… 111

3 レコード製作者の権利 ……………………………………… 111
- (1) 総　説 ……………………………………………………… 111
- (2) 複製権（96条）…………………………………………… 111
- (3) 送信可能化権（96条の2）……………………………… 112
- (4) 商業用レコードの二次使用料請求権（97条）………… 112
- (5) 譲渡権（97条の2）……………………………………… 112
- (6) 貸与権および貸与報酬請求権（97条の3）…………… 112

4 放送事業者・有線放送事業者の権利 ……………………… 113
- (1) 総　説 ……………………………………………………… 113
- (2) 複製権（98条）…………………………………………… 113
- (3) 再放送権および有線放送権（99条）…………………… 113
- (4) 送信可能化権（99条の2）……………………………… 113
- (5) テレビジョン放送の伝達権（100条）………………… 113
- (6) 有線放送事業者 …………………………………………… 114

第8章　著作権の譲渡・利用許諾その他契約関係
　………………………………………〔池田　聡〕115

1 著作権の譲渡 …………………………………………………… 115
- (1) 著作権譲渡の効力 ………………………………………… 115
- (2) 一部の譲渡 ………………………………………………… 115
- (3) 翻案権等、二次的著作物利用に関する原著作者の権利の譲渡 ‥ 116
- (4) 共有著作権 ………………………………………………… 117
- (5) 対抗要件 …………………………………………………… 117

2 著作物の利用 …………………………………………………… 118
- (1) 利用許諾 …………………………………………………… 118
- (2) 利用許諾の内容 …………………………………………… 119

3 出版権設定契約・出版許諾契約 …………………………… 119
- (1) 出版権の設定 ……………………………………………… 119
- (2) 出版権の内容 ……………………………………………… 119
- (3) 出版権に関する紛争事例 ………………………………… 120

4　著作権に関する契約の解釈 …………………………………… 120
　(1)　著作権等譲渡契約の解釈 ……………………………………… 120
　(2)　利用許諾契約の解釈 …………………………………………… 122

第 9 章　著作権の侵害 …………………………………………… 124

1　著作権侵害の一般的要件 ……………………〔面谷　和範〕124
　(1)　総　説 …………………………………………………………… 124
　(2)　権利が帰属していること ……………………………………… 124
　(3)　依拠性 …………………………………………………………… 124
【関連判例 9 － 1 － 1 「ワン・レイニー・ナイト・イン・トーキョー事件」
　　　　　　　　　　〔最一小判昭和53・ 9 ・ 7 〕】……………… 125
　(4)　類似性 …………………………………………………………… 126
【関連判例 9 － 1 － 2 「江差追分事件」
　　　　　　　　　　〔最一小判平成13・ 6 ・28〕】……………… 127

2　侵害とみなす行為 ……………………………〔面谷　和範〕128
　(1)　総　説 …………………………………………………………… 128
　(2)　著作権法113条 1 項 1 号 ……………………………………… 128
　(3)　著作権法113条 1 項 2 号 ……………………………………… 128
　(4)　著作権法113条 2 項 …………………………………………… 129
　(5)　著作権法113条 3 項 …………………………………………… 129
　(6)　著作権法113条 4 項 …………………………………………… 130
　(7)　著作権法113条 6 項 …………………………………………… 130
　(8)　著作権法113条 7 項 …………………………………………… 130

3　差止請求 ………………………………………〔面谷　和範〕131
　(1)　総　説 …………………………………………………………… 131
　(2)　差止請求（112条 1 項） ……………………………………… 131
【関連判例 9 － 3 － 1 「クラブ・キャッツアイ事件」
　　　　　　　　　　〔最三小判昭和63・ 3 ・15〕】……………… 132
【関連判例 9 － 3 － 2 「ロクラクⅡ事件」
　　　　　　　　　　〔最一小判平成23・ 1 ・20〕】……………… 134

(3) 必要な措置の請求（112条2項） ………………………………… 135
　4　損害賠償 ……………………………………………〔清原　直己〕136
　　(1) 総　説 …………………………………………………………… 136
　　(2) 請求権者および侵害主体 ……………………………………… 137
【関連判例9－4－1「ビデオメイツ事件」
　　　　　　　　　〔最二小判平13・3・2〕】 ………………… 137
　　(3) 故意または過失 ………………………………………………… 138
　　(4) 共有の場合 ……………………………………………………… 139
　　(5) 不当利得返還請求 ……………………………………………… 139
　5　立証の困難の救済規定 ……………………………〔清原　直己〕140
　　(1) 損害額 …………………………………………………………… 140
　　(2) 具体的態様の明示義務（114条の2） ………………………… 143
　　(3) 書類等の提出（114条の3） …………………………………… 143
　　(4) 計算鑑定人に対する説明義務（114条の4） ………………… 144
　　(5) 相当な損害額の認定（114条の5） …………………………… 144
　　(6) 秘密保持命令（114条の6、114条の7） …………………… 145
　6　信用回復措置（115条） …………………………〔清原　直己〕146
　　(1) 総　説 …………………………………………………………… 146
　　(2) 措置内容 ………………………………………………………… 146
　7　刑事罰 ………………………………………………〔清原　直己〕147
　　(1) 総　説 …………………………………………………………… 147
　　(2) 著作権等侵害罪（119条） ……………………………………… 147
　　(3) 違法ダウンロードの罪（119条3項） ………………………… 148
　　(4) 著作者なき後の人格的利益侵害の罪（120条） ……………… 148
　　(5) 技術的保護手段の回避装置等の譲渡等の罪（120条の2） … 148
　　(6) 著作者名詐称の罪（121条） …………………………………… 149
　　(7) 外国商業用レコード原盤無断複製の罪（121条の2） ……… 149
　　(8) 出所不明示罪（122条） ………………………………………… 150
　　(9) 秘密保持命令違反の罪（122条の2） ………………………… 150
　　(10) 親告罪および非親告罪（123条） ……………………………… 150

第10章　著作権の国際的保護　〔井上　周一〕 152

1　概　説 ... 152
2　わが国が加盟している条約 ... 152
(1)　主な条約 ... 152
(2)　著作権法と条約の効力関係 ... 154
3　国際裁判管轄 ... 155
(1)　管轄の有無の判断 ... 155
(2)　不法行為地管轄 ... 155
4　準拠法 ... 155
5　米国との関係 ... 155
6　輸入禁止・水際規制 ... 156
7　並行輸入 ... 156

第11章　著作権法と周辺法　〔藤田　増夫〕 158

1　著作権と所有権 ... 158
(1)　著作権と所有権の意義等 ... 158
(2)　著作権と所有権の関係 ... 158
【関連判例11-1-1「顔真卿自書建中告身書事件」
　　　　　〔最二小判昭和59・1・20〕】 ... 158
(3)　著作権法上の保護が及ばない物に対する保護 ... 159
【関連判例11-1-2「広告用ガス気球事件」
　　　　　〔東京地判昭和52・3・17〕】 ... 160
2　物のパブリシティ権 ... 161
(1)　パブリシティ権 ... 161
【関連判例11-2-1「ピンク・レディー事件」
　　　　　〔最一小判平成24・2・2〕】 ... 162
(2)　物のパブリシティ権 ... 163
(3)　判例・裁判例の状況 ... 163
3　他の知的財産権（主に意匠権・商標権）との関係等 ... 164

(1)　総　説 …………………………………………………… 164
　(2)　著作権と意匠権との関係 ………………………………… 166
　(3)　著作権と商標権との関係 ………………………………… 168
　(4)　その他 …………………………………………………… 169
【関連判例11－3－1　「着うた事件」
　　　　〔東京高判平成22・1・29〕】 …………………… 171

第2部　判例コメント編

判例コメント・1　英会話教材キャッチフレーズの著作物性事件
　　　（知財高判平成27・11・10　東京地判平成27・3・20）………… 174
判例コメント・2　教科書「新しい日本の歴史」盗用事件(2)
　　　（知財高判平成27・9・10　東京地判平成26・12・19）………… 179
判例コメント・3　プロ野球ドリームナイン事件
　　　（知財高判平成27・6・24　東京地判平成25・11・29）………… 185
判例コメント・4　マンションの設計図の著作物性事件(2)
　　　（東京地判平成26・11・7　知財高判平成27・5・25）………… 189
判例コメント・5　「Forever21」ファッションショー事件
　　　（知財高判平成26・8・28　東京地判平成25・7・19）………… 194
判例コメント・6　f-MRI 事件
　　　（知財高判平成22・5・27　東京地判平成21・11・27）………… 200
判例コメント・7　パチンコ「CR 松方弘樹の名奉行金さん」事件
　　　（東京地判平成26・4・30）………………………………………… 205
判例コメント・8　土地宝典事件
　　　（知財高判平成20・9・30　東京地判平成20・1・31）………… 209
判例コメント・9　グルニエ・ダイン事件
　　　（大阪高判平成16・9・29　大阪地判平成15・10・30）………… 214
判例コメント・10　トリップ・トラップ事件
　　　（知財高判平成27・4・14　東京地判平成26・4・17）………… 219

目　次

判例コメント・11　八坂神社写真事件
　　　（東京地判平成20・3・13）…………………………………… 224
判例コメント・12　薬剤便覧事件
　　　（知財高判平成25・4・18　東京地判平成24・8・31）………… 230
判例コメント・13　どこまでも行こう事件（損害賠償請求事件）
　　　（東京地判平成15・12・26）…………………………………… 236
判例コメント・14　Shall We ダンス？事件
　　　（東京地判平成24・2・28）…………………………………… 241
判例コメント・15　「著作権判例百選」の編集著作権事件
　　　（知財高決平成28・11・11）…………………………………… 246
判例コメント・16　ジョン万次郎銅像事件
　　　（知財高判平成18・2・27）…………………………………… 251
判例コメント・17　テレビCM原版事件
　　　（知財高判平成24・10・25　東京地判平成23・12・14）………… 255
判例コメント・18　グッドバイ・キャロル事件
　　　（知財高判平成18・9・13　東京地判平成17・3・15）………… 261
判例コメント・19　マクロス事件Ⅱ
　　　（東京高判平成15・9・25　東京地判平成15・1・20）………… 267
判例コメント・20　北見工業大学事件
　　　（知財高判平成22・8・4　東京地判平成22・2・18）………… 270
判例コメント・21　計装士講習会資料事件
　　　（知財高判平成18・10・19　東京地判平成18・2・27）………… 275
判例コメント・22　セキスイツーユーホーム事件
　　　（大阪地判平成17・1・17）…………………………………… 281
判例コメント・23　ノグチ・ルーム移築事件
　　　（東京地決平成15・6・11）…………………………………… 287
判例コメント・24　希望の壁事件
　　　（大阪地決平成25・9・6）…………………………………… 292
判例コメント・25　駒込大観音事件
　　　（東京地判平成21・5・28　知財高判平成22・3・25）………… 297

判例コメント・26　自動接触角計プログラム侵害事件
　　（知財高判平成28・4・27　東京地判平成26・4・24）……………… 302
判例コメント・27　ライブハウス事件
　　（知財高判平成28・10・19　東京地判平成28・3・25
　　　最三小決平成29・7・11）……………………………………………… 308
判例コメント・28　社保庁LAN事件
　　（東京地判平成20・2・26）……………………………………………… 313
判例コメント・29　舞妓写真事件
　　（大阪地判平成28・7・19）……………………………………………… 317
判例コメント・30　歴史小説の"参考文献"事件(2)
　　（知財高判平成28・6・29　東京地判平成27・2・25）……………… 321
判例コメント・31　ツイッターへの発信者情報開示請求事件
　　（知財高判平成30・4・25　東京地判平成28・9・15）……………… 327
判例コメント・32　釣りゲーム事件
　　（知財高判平成24・8・8　東京地判平成24・2・23）………………… 332
判例コメント・33　自炊代行サービス事件
　　（知財高判平成26・10・22　東京地判平成25・9・30）……………… 337
判例コメント・34　絵画の鑑定書事件
　　（知財高判平成22・10・13　東京地判平成22・5・19）……………… 342
判例コメント・35　オークションカタログ事件
　　（知財高判平成28・6・22　東京地判平成25・12・20）……………… 347
判例コメント・36　シェーン事件
　　（最三小判平成19・12・18）……………………………………………… 352
判例コメント・37　ひこにゃん事件
　　（大阪高決平成23・3・31　大阪地決平成22・12・24）……………… 356
判例コメント・38　CRフィーバー大ヤマト事件
　　（東京地判平成18・12・27）……………………………………………… 361
判例コメント・39　「Von Dutch」ブランド事件
　　（東京地判平成19・10・26　知財高判平成20・3・27）……………… 366

判例コメント・40　岡山イラスト事件
　　（大阪地判平成25・7・16） ································ 369
判例コメント・41　クレイジーレーサーR事件
　　（本判決：大阪地判平成16・12・27
　　　中間判決：大阪地判平成16・1・15） ················ 374
判例コメント・42　漫画 on Web 事件
　　（知財高判平成25・12・11　東京地判平成25・7・16） ········· 380
判例コメント・43　写真で見る首里城事件
　　（那覇地判平成20・9・24） ································ 385
判例コメント・44　「ニコニコ動画」リンク事件（ロケットニュース24
　　　　　　　　　事件）
　　（大阪地判平成25・6・20） ································ 390
判例コメント・45　まねきTV事件
　　（最三小判平成23・1・18　知財高判平成20・12・15
　　　東京地判平成20・6・20） ································ 396
判例コメント・46　MYUTA事件
　　（東京地判平成19・5・25） ································ 401
判例コメント・47　2ちゃんねる小学館事件
　　（東京高判平成17・3・3　東京地判平成16・3・11） ········· 407
判例コメント・48　暁の脱走事件
　　（最三小判平成24・1・17） ································ 412
判例コメント・49　動画配信サイトのストリーミング配信事件
　　（東京地判平成28・4・21） ································ 416
判例コメント・50　マンション読本事件
　　（大阪地判平成21・3・26） ································ 420
判例コメント・51　北朝鮮映画事件
　　（最一小判平成23・12・8　知財高判平成20・12・24
　　　東京地判平成19・12・14） ································ 424
判例コメント・52　Winny 幇助事件
　　（最三小判平成23・12・19） ································ 429

目 次

判例コメント・53　ヨミウリ・オンライン事件
　　（知財高判平成17・10・ 6　東京地判平成16・ 3 ・24）……………… 433
判例コメント・54　女性タレントの写真無断掲載事件
　　（東京地判平成25・ 4 ・26）……………………………………………… 439
判例コメント・55　ギャロップレーサー事件
　　（最二小判平成16・ 2 ・13）……………………………………………… 444
判例コメント・56　STELLA McCartney 事件
　　（東京地判平成29・ 4 ・27　知財高判平成29・10・13）……………… 449
判例コメント・57　米軍ヘリ墜落映像事件
　　（東京地判平成30・ 2 ・21　知財高判平成30・ 8 ・23）……………… 453
判例コメント・58　ジャコ・パストリアス事件
　　（大阪地判平成30・ 4 ・19）……………………………………………… 458
判例コメント・59　フラダンス事件
　　（大阪地判平成30・ 9 ・20）……………………………………………… 463
判例コメント・60　ASKA 未公表曲事件
　　（東京地判平成30・12・11）……………………………………………… 469
判例コメント・61　RSS 事件
　　（札幌高判平成31・ 3 ・12）……………………………………………… 476
・判決言渡日順判例索引 ……………………………………………………… 482
・編集責任者・執筆者一覧 …………………………………………………… 503

第 1 部

解説編

○第1章　著作権の保護の客体（著作物）○

1　著作物の要件

　「著作物」とは、「思想又は感情を創作的に表現したものであって、文芸、学術、美術又は音楽の範囲に属するものをいう」（2条1項1号）。単なるアイデア（思想または感情）は著作物としては保護されず、具体的な表現として表されている必要がある。また、単なる事実やありふれた表現も著作物とはいえず、思想または感情を創作的に表現したものでなければならない。そして、著作物性が認められたとしても、創作性が低い著作物については権利範囲（類似性が認められる範囲）が狭くなるとされる。

　著作権法10条1項は、1号から9号まで著作物を列挙しているが、これらは例示にすぎない。

(1)　「思想又は感情」の表現

　著作物たりうるためには、「思想又は感情」を表現したものでなければならない。

(A)　データ

　思想や感情を表したものではない単なるデータは、著作物たりえない。もっとも、データを素材とするものであっても、その素材の選択または配列に創作性があるものは編集著作物（12条1項）として保護の対象となる。

　たとえば、富士山の高さが何メートルであるか、大阪の4月の平均気温が何度であるかというようなデータは、それ自体は著作物たりえない。名古屋地判平成12・10・18判タ1107号293頁「自動車部品生産流通調査事件」では、自動車部品に関するデータが著作物に該当するか争われたが、上記データは客観的な事実ないし事象そのものであり、思想または感情が表現されたものではないとして著作物性が否定された。また、東京地判平成14・3・28判時1793号133頁「自動車データベース（翼システム）事件」では、自動車整備用のデータについて、データ自体およびデータの体系的構成について、著作物性が否定された。ただ、データの複製行為については不法行為の成立が認められている。

(B) 事　実

　単なる事実の羅列は、思想または感情の表現ではないから、著作物にはなりえない。他方、歴史的事実、公知の事実、あるいは一般常識であっても、いかなる言語を用いて表現するかは各人の個性に応じて異なるので、具体的表現において創作性ある限り、著作物性が否定されない。

　判例コメント8＝土地宝典事件では、地図の著作物性が争われたが、地図の著作物性は、記載すべき情報の取捨選択およびその表示の方法を総合して、判断すべきとしたうえで、著作物性を認めた。

　また、東京地判平成10・10・29判時1658号166頁「SMAP大研究事件」では、インタビュー記事は、インタビューを受ける者に関する事実を別の表現方法を用いて記述することも可能であり、具体的な文章表現に各原告記事を作成した者の個性が表れているといえるとして著作物性を肯定した。

　これらに対し、**判例コメント2**＝教科書「新しい日本の歴史」盗用事件(2)では、翻案に該当するかどうかが争われた事案であるが、問題とされた記述は歴史的事実や歴史認識それ自体であって表現ということができない、表現それ自体でない部分または表現上の創作性がない部分において同一性を有するにすぎないなどとして、問題とされた記述には著作物性がないことを前提に翻案が否定されている。

　また、東京地判平成11・2・25判時1677号130頁「松本清張小説リスト事件」では、松本清張の小説の映画化やドラマ化に関する事項を一覧表にまとめたリストについて、「その記載内容をもって、思想または感情を創作的に表現したものということはできない」と判断し、著作物性を否定している。

(C)　契約書案その他の書式

　契約書案その他の書式について、「思想又は感情」を表現したものでないとする判例がある。旧法下での判決であるが、東京地判昭和40・8・31判時424号40頁「船荷証券事件」において、裁判所は、「船荷証券」は、「それは被告が後日依頼者との間に海上物品運送取引契約を締結するに際してそこに記載された事項のうち空白部分を埋め、契約当事者双方が署名又は署名押印することによって契約締結のしるしとする契約書の草案に過ぎない。本件ビー・エルに表示されているものは、被告ないしその取引相手方の将来なすべき契約の意思表

示に過ぎないのであって、原告の思想はなんら表白されていないのである」として、著作物性を否定した。また、東京地判昭和62・5・14判時1273号76頁「土地売買契約書事件」は、土地売買契約書案について、「思想又は感情を創作的に表現したもの」ではないとして著作物性を否定している。

もっとも、契約書案等が、常に必ずしも著作物性を欠くわけではなく、それらがありふれたものではない場合には、著作物性が認められる余地もあると思われる。たとえば、特殊な取引形態について一般には使用されることのない条項を新たに作成したような場合や通常とは異なる全く新しい条項を作成したような場合には、著作物性が認められる余地もある。ただ、その権利範囲は相当狭くなることになると思われる。

(D) その他

東京地判平成12・3・31判時1715号71頁「磁気テープ事件」は、特徴的な磁性体の配列方法によって特徴的な模様を有している磁気テープが、美術の著作物にあたるかが争われた事案において、裁判所は、「磁性体の配列により形成される模様の美しさを考慮して取引することもないし、もとより、磁性体の配列模様を鑑賞することもない」「磁性体の右配列パターンによって、製作者のいかなる思想、感情も表現されていると解することはできない（右配列パターンは、産業上利用されるための磁性体配列に関する技術思想やアイデアにすぎない。）ので、本件磁気テープには『創作性』はな」いとして著作物性を否定した。

(2) 創作性

(A) 創作性の判断基準

著作物として保護されるためには、「創作的」に表現されたものでなければならない。この点、創作性の判断において、従来は、創作者の個性の現れ、すなわち人格の発露を重視して考えられてきた。しかし、このような考え方では、近時、重要性が増している機能的・事実的著作物、コンピュータプログラムについては必ずしも妥当しないとして、創作性を「表現の選択の幅」と捉えるべきとする見解が提唱されている（中山・著作権法65頁）。

(a) 個性の発現

創作性は、特許等で要求されるような新規性を要求しているわけではなく、既存の作品や事実を参考としていても、その表現方法が模倣でなく、著作者自

身の表現であればよい。

創作性があるというためには、著作者の「個性」が創作行為に現れていれば足りる（大寄麻代「著作物性」牧野利秋＝飯村敏明編『新裁判実務体系(22)〔著作権関係訴訟法〕』132頁）。

判例コメント11＝八坂神社写真事件では、写真を元に描かれた水彩画について複製・翻案が問題となったが、写真という表現形式の特性に照らせば、本件写真の表現上の創作性がある部分とは、構図、シャッターチャンス、撮影ポジション・アングルの選択、撮影時刻、露光時間、レンズおよびフィルムの選択等において工夫したことにより表現された映像をいうとして、写真の著作物性を認めた。

また、東京地判平成11・10・18判時1697号114頁「三島由紀夫手紙事件」では、三島由紀夫が特定の者にあてた手紙について、本件各手紙には、Aの自己の作品に対する感慨、抱負、被告Y_3の作品に対する感想、意見、折々の心情、人生観、世界観等が、文芸作品とは異なり、飾らない言葉を用いて述べられていることから、本件各手紙は、いずれも、Aの思想または感情を、個性的に表現したものであることは明らかであるとして、著作物性が認められている。

ただ、建築の著作物については注意を要する。**判例コメント9**＝グルニエ・ダイン事件では、一般住宅の著作物性が争われたが、一般住宅が「建築の著作物」に該当するのは、客観的、外形的に見て、それが一般住宅の建築において通常加味される程度の美的創作性を上回り、居住用建物としての実用性や機能性とは別に、独立して美的鑑賞の対象となり、建築家・設計者の思想または感情といった文化的精神性を感得せしめるような造形芸術としての美術性を備えた場合とし、控訴人建物は、これの基準に合致しないとして著作物性を否定した。

(b) 芸術性不要

また、著作者の個性が創作行為に表れていれば、原則として芸術性が高い必要はなく、幼児・児童が書いた絵や作文などにも創作性は認められる。

(B) **創作性が否定される場合**

個性の発現が否定される場合には、創作性が否定される。

(a) 表現に選択の余地がない場合

既存の絵画の模写、あるいは美術作品を単に忠実に機械的に複製した写真など、表現方法を模倣したにすぎない場合には、創作活動がなく、著作物たりえない。

東京地判平成10・11・30判時1679号153頁「版画事典事件」では、版画をできるだけ忠実に再現することを目的として撮影された平面的な版画の写真について著作物性が認められるかが争点となったが、「本件写真のように原作品がどのようなものかを紹介するための写真において、撮影対象が平面的な作品である場合には、正面から撮影する以外に撮影位置を選択する余地がない上、右認定のような技術的な配慮も、原画をできるだけ忠実に再現するためにされるものであって、独自に何かを付け加えるというものではないから、そのような写真は、『思想又は感情を創作的に表現したもの』（著作権法2条1項1号）ということはできない」と判示し、本件写真自体の著作物性を否定した。

(b) アイデアと一体となった表現、表現形式が制約されている表現

「あるアイデア（思想ないし感情）又は事実を表現する方法が一つしかない場合又は非常に限定されている場合には、当該表現の著作物性は否定される。このような場合には、誰が表現してもほぼ同様の表現にならざるを得ないから、表現につき著作者の個性を発揮する余地が無く、創作性がないと考えられるからである」（大寄・前掲135頁）。

観点を変えると、著作権法は、アイデアではなく、「表現」を保護するものであるところ、アイデアと一体となった表現にまで著作権を認めると、アイデアを長期間独占することを認める結果となってしまうからである。

たとえば、設計図は、一定の規則に従って作成されることを前提としているため、表現の選択の余地が狭く、著作物性が認められにくい表現物である（**判例コメント4**＝マンションの設計図の著作物性事件(2)、大阪高判平成13・6・21（平成12年(ネ)第3128号）裁判所HP「泉北ニュータウン企画書事件」、東京地判平成9・4・25判時1605号136頁「スモーキングスタンド設計図事件」）。

判例コメント3＝プロ野球ドリームナイン事件では、SNS上で提供されるゲームについて、ゲーム自体は、単なるアイデア、事実の表現またはありふれた表現にすぎないとして創作性が否定された。他方、ゲームで使用される選手カードの一部については、カードに表われた具体的表現を認定したうえで、創

作性が認められている。

これに対し、**判例コメント6** = f-MRI事件では、研究論文の複製・翻案が問題となったが、研究論文において、従来の学術研究の紹介、実験手法や研究方法の説明などの内容の説明は事実やアイデアであること、先行する研究結果などの言及については、執筆者によってさほど異ならないのが通常であり、表現の選択の幅も狭いことなどから、研究論文の創作性を否定した。

また、東京地判平成6・4・25判時1509号130頁「城の定義事件」では、「城とは人によって住居、軍事、政治目的をもって選ばれた一区画の土地と、そこに設けられた防御的構築物をいう」との城の定義の著作物性について争われたが、裁判所は、「原告が長年の調査研究によって到達した、城の学問的研究のための基礎としての城の概念の不可欠の特性を簡潔に言語で記述したものであり、原告の学問的思想そのものと認められる。……原告の学問的思想と同じ思想に立つ限り同一又は類似の文言を採用して記述する外はなく、全く別の文言を採用すれば、別の学問的思想による定義になってしまうものと解される」。「また、本件定義の文の構造や特性を表す個々の文言自体から見た表現形式は、この種の学問的定義の文の構造や、先行する城の定義や説明に使用された文言と大差はないから、本件定義の表現形式に創作性は認められ」ないとして、城の定義の著作物性を否定した。

さらに、東京地判平成10・5・29判時1673号130頁「知恵蔵事件」では、年度版用語辞典である「知恵蔵」のレイアウト・フォーマット用紙の著作物性が問題となったが、裁判所は、「著作権法における『創作性』とは、厳密な意味での独創性や新規性が要求されるわけではなく、思想又は感情の外部的表現に著作者の個性が何らかの形で現れていれば足りるものと解されるが、他方、一定のアイデアを表現すれば誰が著作しても同様の表現になるようなものは、創作的な表現とはいえない」と判示し、著作物性を否定している。

(c) ありふれた表現

表現が、平凡かつありふれたものである場合は、個性が発揮されておらず、創作性が否定される。

日常的に使用されるような、ありふれた表現に著作物性を認めると、その後は、その表現を使うことができなくなってしまう。

ありふれた表現か否かについて問題となりやすいものとして、標語・スローガン等の短い文章がある(東京地判平成7・12・18判時1567号126頁「ラストメッセージin 最終号事件」、東京高判平成11・9・30判タ1018号259頁「古文単語語呂合わせ書籍事件」、東京高判平成13・10・30判時1773号127頁「交通標語事件」)。

判例コメント1 = 英会話教材キャッチフレーズの著作物性事件では、「ある日突然、英語が口から飛び出した！」というキャッチフレーズは、アイデアやありふれた表現にすぎないとして、著作物性が否定された。

また、**判例コメント53** = ヨミウリ・オンライン事件では、ニュース記事の見出しについて著作物性が争われたが、一般的な表現でありふれていること、客観的な事実をそのまま記載したもので、表現上、特段の工夫も見られないことなどから、すべての見出しについて著作物性を否定した。ただ、見出しの表現相応の苦労や工夫が見られることなどから、不法行為の成立を認めた。

(3) 「表現したもの」

(A) 表現のあり方

著作物として保護を受けるためには、言語・文字・音・色などの形式を用いて外部に表現されていなければならない。この「表現」は、印刷、録音等有形的に固定されていることが多いが、原則として、有形的に固定されている必要はなく、講演や即興演奏のように無形的に表現されたものであってもよい。なお、映画の著作物については、物への固定が必要である。

しかし、著作者の内心の領域にとどまっている限り、著作物としての保護は受けない。

(B) アイデアと表現

アイデア、理論、思想などは、それ自体は著作物たりえない。アイデアそれ自体は、誰に対しても自由な利用が認められるべきものであって、特定の者に独占させるべきものではない(東京地判平成12・3・23(平成10年(ワ)第15833号)裁判所HP「相場推移判定図表事件」、東京高判平成13・9・27判時1774号123頁「解剖実習の手引き事件」)。

アイデアに基づいてそれを具体的に表現したもの、すなわち、小説、論文、楽曲、絵画などの具体的に表現された形式が(創作性がある限りにおいて)著作物となる。たとえば、ゲームやスポーツのルール自体は人為的な取り決めで、

単なるアイデアにすぎないため、著作物ではないが、その方法を解説した解説書は著作物として保護されうる。

(4) 「文芸、学術、美術又は音楽の範囲に属するもの」

著作物は、「文芸、学術、美術又は音楽の範囲に属するもの」でなければならない。ここにいう「文芸、学術、美術又は音楽」は、各ジャンルにあたるか否かを、厳格に要求するものではなく、知的、文化的精神活動の所産であれば足る。

大阪地判平成12・3・30（平成10年(ワ)第13577号）裁判所HP「積算くん事件」では、建築積算アプリケーションである「積算くん」の表示画面に著作物性が認められるか争われたが、「そこに表現されている内容が、技術的、実用的なものであるとしても、その表現自体が知的、文化的精神活動の所産と評価できるものであれば、右要件は充足されるから、被告らの主張は採用することができない」としたうえ、「ビジネスソフトは、不特定多数者の実務的利用を想定して製作されるから、利用者の学習容易性、操作容易性の観点から、その表示画面においては、できるだけ利用者がわかりやすい一般的・普遍的表現、すなわち著作者の個性が表れない表現が用いられる傾向があるであろうことは理解し得る。しかし、そうであるからといって、積算くんがビジネスソフトであることをもって、直ちに、その表示画面に創作性がないということはできない」と判示して著作物性を肯定した。

(5) 応用美術

実用品や工業製品のデザインが著作物に該当するかどうかについては争いがある。これらは、応用美術と呼ばれ、意匠法などにより保護されている。

判例コメント5 ＝「Forever21」ファッションショー事件では、ファッションショーの著作物性が争われたが、ファッションショーは実用に供されることを目的としたものであるとして、応用美術として保護の対象となるかが検討され、著作物性が否定されている。

ただし、応用美術であっても、純粋美術と同視しうる場合には、美術の著作物としての保護を与えるのが判例の傾向である。詳細については、後掲・本章2(2)(D)(b)を参照されたい。

2 著作物の種類（例示著作物）

⑴ 総　論

　著作権法10条1項では、「小説、脚本、論文、講演その他の言語の著作物」（1号）、音楽の著作物（2号）、舞踊または無言劇の著作物（3号）、絵画、版画、彫刻その他の美術の著作物（4号）、建築の著作物（5号）、地図または学術的な性質を有する図面、図表、模型その他の図形の著作物（6号）、映画の著作物（7号）、写真の著作物（8号）、プログラムの著作物（9号）の9つの類型の著作物を例示する。

　これらは限定列挙ではなく例示列挙であり、例示著作物のいずれに該当しなくても、「思想又は感情を創作的に表現したものであって、文芸、学術、美術又は音楽の範囲に属するもの」（2条1項1号）に該当すれば、著作権法上保護される。例示著作物は、著作権法2条1項1号の定義からだけでは不明瞭であるため、主要なものを列挙したものである（半田・概説85頁）。また、著作物の中には、これら例示著作物の複数に該当するとの評価が可能なものも考えられる。

　したがって、著作物性の判断においては、著作権法2条1項1号の要件に該当するかどうかが問題となり、基本的には上記例示著作物のいずれに、あるいは複数に該当するかどうかを精緻に議論することは、あまり有意なこととはいえない。

　もっとも、著作権法上、例示著作物のいずれに該当するかによって、その保護の程度、態様等に異なる取扱いを設けているものがあるため、それが問題となる場合には、ある著作物が例示著作物のいずれに該当するかを検討する必要が出てくる。

　言語の著作物の口述権（24条）、美術・未公表の写真の展示権（25条）、映画の著作物の頒布権（26条）、映画の著作物の帰属（29条）、公開の美術の著作物・建築の著作物の利用（46条）、美術・未公表の写真の展示に伴う複製権（47条）、プログラムの著作物の複製物の所有者による複製権（47条の3）、映画の著作物の保護期間（54条）などがその例である。

(2) **各　論**
(A) **小説、脚本、論文、講演その他の言語の著作物（10条1項1号）**
　(a)　総　説
　小説、脚本、論文、講演などの例示は限定列挙ではないので、たとえばエッセイが「小説」か、演説は「講演」か、などを吟味する実益はなく、言語という表現形式により思想・感情を創作的に表現した著作物であれば、「その他言語の著作物」に包含される。
　日常の通信文や時候の挨拶、出欠確認などは、ありふれたものとして著作物性（創作性）を否定されるが、私信（東京高判平成12・5・23判時1725号165頁「三島由紀夫手紙事件」、半田・概説86頁）、俳句、短歌、台本、講義、ブログ記事、レポートなども、言語の著作物として広く保護されうる。
　手話、点字、速記、電信記号、暗号などは、身振りや記号などが一定の法則、決まりを介して一定の意味を付与され、思想・感情を表現する点では、表現形式が言語の場合と同様であるから、言語の著作物に含まれる。
　なお、海外の立法例（米国連邦著作権法など）によれば、言語著作物を文書、録音媒体等の有形物に固定化されていることを要求するものもあるが、わが国では固定化されたものに限定されず、スピーチ、座談会の会話、台本のない講談、漫談などの口述著作物についても、言語の著作物として保護される（ベルヌ条約2条(2)項により、各国国内法に留保されているため）。
　(b)　創作性の程度（短い文書、題号、見出し、標語など）
　題号や見出し、標語、キャッチフレーズ、近時ではツイッター等のごく短い文章が、言語の著作物と認められるかが問題となる。ただし、この問題は、言語の著作物に固有の問題というよりは、思想・感情を「創作的に表現したもの」（2条1項1号）に該当するかどうかという著作物性（創作性）一般に共通する問題である。
　創作性については、著作者の何らかの個性が発揮されていればよい（作花・詳解67頁）と比較的緩やかに解されているが、ごく短い文章や標語、題号、見出しなどは、その目的、内容、長さから自ずと表現の幅に制約があり、ありふれたものとならざるを得ないことが多い。
　それゆえ、学説上も、標語やキャッチフレーズ、題号それ自体は原則として

創作性を欠き、著作権法上の保護が及ばないと解されている（加戸・逐条講義23頁以下）。

　裁判例においては、東京地判平成7・12・18判時1567号126頁「ラストメッセージ in 最終号」事件、東京高判平成11・9・30判タ1018号259頁「古文単語語呂合わせ書籍事件」、東京高判平成13・10・30判時1773号127頁「交通標語事件」、**判例コメント53**＝ヨミウリ・オンライン事件控訴審、東京地判平成27・11・30（平成26年(ワ)第22400号）裁判所HP「英単語語呂合わせ事件」、**判例コメント1**＝英会話教材キャッチフレーズの著作物性事件など、内容によって創作性の肯定例、否定例はあるものの、この種の表現については、基本的にはありふれた言い回しとして、創作性が否定されやすい傾向にあると思われる。

(B)　**音楽の著作物（10条1項2号）**

　音の長さ、高さ、強さ、音色の組合せの創作的な表現が音楽の著作物として保護される（半田＝松田編・コンメンタール1　541頁）。音楽は旋律（メロディー）、和声（ハーモニー）、節奏（リズム）、形式（フォルム）によって構成される。

　音楽の著作物性が正面から争点となった事例は少ない。

　歌詞は、それ単体では言語の著作物に該当するが、ベルヌ条約2条(1)項では「楽曲（歌詞を伴うかどうかは問わない。）」が音楽の著作物とされていること等から、歌詞付きの楽曲は音楽の著作物となると解されている。

　なお、歌詞付きの楽曲が共同著作物（2条1項12号）か、本来は一体的なものとして創作されながら分離して利用可能な結合著作物か、について議論がある。歌詞付き楽曲の歌詞または楽曲の一方を利用する場合に、作詞者または作曲者の一方の許諾で足りるのか、双方の許諾が必要なのか、存続期間の起算点などにかかわる問題である。学説上、結合著作物とする見解が有力である（半田・概説16頁）。

(C)　**舞踊または無言劇の著作物（10条1項3号）**

　歌や音楽に合わせて連続的に手足、体を動かす運動・動作（舞踊）、台詞を用いず、専ら身振り、手振り、表情などによって行う劇（無言劇）など、身体の動作、運動によって思想・感情を創作的に表現するものが保護の対象となる。

　バレエ（東京地判平成10・11・20知裁集30巻4号841頁「ベジャール事件」）、ダンス等の振付などがこの典型例といえる。

舞踊の振付は固定化を要しないが、他方、著作権法上の保護を受けるには、表現として客観的に認識できること（鑑賞者から見て再現性を認識できること）が求められる（福岡高判平成14・12・26（平成11年(ネ)第358号）裁判所HP「日本舞踊家元事件」）。

　舞踊・無言劇の要素が含まれるスポーツ、たとえばフィギュア・スケート、新体操、アーティスティック・スイミング（シンクロナイズド・スイミング）、競技社交ダンスなど、ルール（レギュレーション）によって演技の一定割合に一定の動作を盛り込むことが決められているものについて、その振付に著作物性を肯定するかが問題となる。

　こうした舞踊の要素が取り込まれたスポーツであっても、動作および動作の組合せにルールに基づく一定の制限が設けられているだけで、舞踊等の著作物またはそれに準じるものとして保護されるとするのが相当である（中山・著作権法89頁）。ただし、各動作およびその組合せにルール上の制限があることから、自ずと表現の幅にも一定の制約がある中で、これに著作権法上の保護を与えて表現者に独占させることは、本来自由であるべき人の体の動きやスポーツを過度に制約することにもつながりかねない。この点が争点となり、舞踊の著作物性が否定された例として、**判例コメント14**＝Shall We ダンス？事件が参考となる。

　他に、ファッションショーのモデルの振付の著作物性が争点となった事例として、**判例コメント5**＝「Forever21」ファッションショー事件（否定）などがある。近時の裁判例として、**判例コメント59**＝フラダンス事件がある。個々的には創作性を有しない短い表現、基礎動作について、創作性とは別に「作者の個性」の表れといえるかを認定し、作者の個性の表れている部分とそうでない部分の一連のまとまりのある振付の中で、作者の個性が表れている部分が一定程度にわたる部分には、全体として舞踊の著作物性が認められるとした。

(D) 絵画、版画、彫刻その他の美術の著作物（10条1項4号）

(a) 総　説

　本号における美術の著作物とは、絵画、版画、彫刻に例示されるように、「空間又は物の形状、模様又は色彩を創出又は利用することによって、人の視覚を通じた美的価値を追求する表現物」（東京地判平成13・7・25判時1758号137

頁「はたらくじどうしゃ事件」）とされる。視覚的に認識可能な美術性、美的要素が必要条件である。同時に、美術の著作物は、展示行為が主要な利用態様であることから、展示権（25条）による保護が与えられていることに鑑み、美的鑑賞の対象となりうること（鑑賞性）（東京高判昭和60・10・17判時1176号34頁「藤田嗣治絵画複製事件」など）が十分条件であると理解される（半田＝松田編・コンメンタール1　571頁）。

　絵画、版画、彫刻のほかにも書（**関連判例11－1－1**「顔真卿自書建中告身書事件」、東京地判昭和60・10・30判時1168号145頁「動書書体事件」）、舞台装置（東京地判平成11・3・29判時1689号138頁「舞台装置（赤穂浪士）事件」）なども、本号の美術の著作物に含まれる。

　一方、書体、字体（いわゆるタイプフェイスを含む）については、裁判例上、著作物性は否定されている。文字については、そもそも情報伝達手段として特定人に独占させるべき性質ものではなく、多少の創作的な装飾の施された字体であっても、特定人に独占排他的な著作権を認めることは相当ではないと解される（最一小判平成12・9・7民集54巻7号2481頁「ゴナ書体事件」、大阪地判平成11・9・21判時1732号137頁「装飾文字『趣』事件」）。

(b) 応用美術

　本号が定めるいわゆる典型的な純粋美術や、著作権法2条2項の美術工芸品のほかに、美術を実用品に応用したもの、美術上の技法や感覚を実用品に応用したもの、それ自体実用的機能を有する美的な創作物（中山・著作権法164頁）など、いわゆる「応用美術」について、著作権法上の保護が及ぶかが問題となる。

　著作権法2条2号の美術工芸品は、壺、人形などのうち量産性を欠く一品製作の手工的な美術作品（加戸・逐条講義68頁）を保護対象とする一方、それ以外の実用品の形態、図柄等に関する著作権法による保護の位置付けは不明確であり、「応用美術の著作権法上の明確な位置づけ、著作権法と意匠法の抜本的調整は持ち越され、現実的な処理は裁判所に委ねられてきた」（松村＝三山・要説54頁）。

　従前の裁判例においては、創作性の要件を充足することは当然として、純粋美術と同視し得るか否かが重視され（田村・概説32頁）、実用目的に必要な構成

と分離して、美的鑑賞の対象となる美的特性を備えている部分を把握できるものについては、著作権法による保護の余地はある（反対に、それ以外のものは原則として意匠法に委ねられる）とされてきた（長崎地裁佐世保支決昭和48・2・7（昭和47年㈲第53号）裁判所HP「博多人形事件」、神戸地裁姫路支判昭和54・7・9（昭和49年㈠第291号）裁判所HP「仏壇彫刻事件」、東京地判昭和56・4・20判時1007号91頁「アメリカンTシャツ事件」、京都地判平成元・6・15判時1327号123頁「佐賀錦袋帯事件」、東京高判平成3・12・17判時1418号120頁「木目化粧紙事件」、東京地判平成11・9・28判時1695号115頁「新橋玉置屋事件」、東京地判平成12・3・31判時1751号71頁「磁気テープ事件」、大阪地判平成12・6・6（平成11年㈠第2377号）裁判所HP「新世界街路灯デザイン事件」、仙台高判平成14・7・9判時1813号145頁（第1事件）、判時1813号150頁（第2事件）「ファービー刑事事件」、**判例コメント5**＝「Forever21」ファッションショー事件）。

　もっとも、学説上は応用美術に純粋美術と同様の高い審美性を要求することは相当ではないとの見解も有力であり（半田・概説92頁以下）、近時、純粋美術と同視しうるか否かを判断要素とせず、応用美術であっても著作権法2条1項1号所定の著作物性の要件を満たすものについては、「美術の著作物」として、同法上保護されるものと解すべきであるとする裁判例（**判例コメント10**＝トリップ・トラップ事件）もある。応用美術の著作物性については、今後の裁判例の蓄積が待たれるところである。

　　(c)　キャラクター

　アニメ、漫画、イラストにおいて、キャラクターが具体的に描かれている場合の当該具体的表現については、本号の保護が及ぶ。

　そうした具体的表現、カットとは切り離して、漫画等において一定の名称、容貌、役割、動作等によって特徴付けられたキャラクターそれ自体が、著作物として本号の保護を受けるかについては、**関連判例4-11-2**「ポパイ・ネクタイ事件」において否定されている（近時の裁判例では、**判例コメント50**＝マンション読本事件）。キャラクターは、具体的表現から昇華した抽象的概念であり、それ自体は思想・感情の創作的表現とはいえないからである。

　(E)　**建築の著作物（10条1項5号）**

　建築の著作物は、思想・感情が土地上の工作物によって表現されているもの

である。商業ビル、一般住宅については、通常、ありふれたものとして創作性が否定されることが多いと思われるが、他方で、芸術性の高い寺社仏閣、教会、博物館、公会堂など特殊な建造物だけに限定するべきではないと解されている（半田・概説95頁）。

一般住宅の著作物性が問題となった近時の裁判例（**判例コメント9** ＝ グルニエ・ダイン事件）では、「一般人をして、一般住宅において通常加味される程度の美的要素を超えて、建築家・設計者の思想又は感情といった文化的精神性を感得せしめるような芸術性ないし美術性を備えた場合、すなわち、いわゆる建築芸術といい得るような創作性を備えた場合」には、一般住宅であっても「建築の著作物」と認められるという判断基準が示されている。商業用建物としては、**判例コメント56** ＝ STELLA McCartney 事件がある。

その他、橋・塔といった構造物や、庭園（**判例コメント23** ＝ ノグチ・ルーム移築事件。なお、本号ではなく、庭園のみを独立した著作物と肯定した事例として、**判例コメント24** ＝ 希望の壁事件）等についても、本号による保護が及ぶ余地はある（半田・概説95頁）。

建築の設計図については、著作権法10条1項6号の問題であるが、現実の建築著作物の設計図を参考に当該建築物を複製した場合には、当該建築物の複製権侵害となる（2条1項15号ロ）。

また、建築著作物については、その性質上、増改築、修繕等に伴う改変が当然予定されているため、増改築を行っても著作者人格権の侵害にはならない（20条2項2号）。庭園については、建築著作物とする場合はもちろん、建築著作物とされない場合であっても、「土地所有者の権利行使の自由との調整が必要となるが、土地の定着物であるという面、また著作物性が認められる場合があると同時に実用目的での利用が予定される面があるという点で、問題の所在は、建築物における著作者の権利と建築物所有者の利用権を調整する場合に類似するということができる」から、著作権法20条2項2号の規定を類推適用することは認められる（**判例コメント24** ＝ 希望の壁事件参照）。

(F) 地図または学術的な性質を有する図面、図表、模型その他の図形の著作物（10条1項6号）

　　(a) 総　説

図形著作物とは、思想・感情が図の形状・模様によって表現されたものを指す。地図、図面、図表、模型といった例示以外にも、立体的な地球儀、人体模型、動物模型なども含まれる（加戸・逐条講義124頁）。図形等のうち美術の範囲に属するものは美術著作物で保護されるため、本号の対象は専ら学術的な性質を有するものに限定される。

　(b) 地　図

地図は、地球上の現象（地形、特定の場所の位置および相互の関係）を所定の記号によって客観的に、正確に表現するという性質上、自ずと表現の幅は制約される。他方で、物理的に限られたスペース内にすべてを記入することは不可能であるから、地図の用途に応じて記入すべき項目、形状、寸法等を取捨選択する必要があり、そこに独自の創作性が発揮される余地がある。

それゆえ、裁判例においても、地図上に表現される各種素材の取捨選択の内容、注記の表現方法等に着目して、創作性の有無が判断されている（著作物性の肯定例として、大阪地判昭和26・10・18下民集2巻10号1208頁「学習用日本地図事件」、東京高判昭和46・2・2判時643号93頁「地球儀用世界地図事件」、近時の裁判例としては、**判例コメント8**＝土地宝典事件。否定例として、富山地判昭和53・9・22判タ375号144頁「住宅地図事件」、大阪地判平成25・4・18（平成24年㈹第9969号）裁判所HP「星座板事件」、知財高判平成27・8・5（平成27年㈹第10072号）裁判所HP「現況実測図事件」）。

　(c) 設計図

設計図に表現された技術的思想そのものは、アイデアであって、著作権法の保護対象ではない。もっとも、設計図の著作物性判断では、①作図上の表現を基準に判断し、設計図に表現された内容（設計対象の具体的形状や寸法）については考慮しない見解（作図限定説）、②作図上の表現だけでなく、表現内容についても考慮する見解（対象考慮説）、③学術性を重視する見解（学術性重視基準）、④対象物に依存する見解（対象物依存基準）などがあるが、作図限定説が有力とされる（**判例コメント4**＝マンションの設計図の著作物性事件(2)参照）。

設計図には、工業製品の設計図と建築物の設計図があり、工業製品の設計図の著作物性が問題となった裁判例は、肯定例として、大阪地判平成4・4・30知裁集24巻1号292頁「丸棒矯正機事件」、大阪高決平成5・4・15（平成4年

(ラ)第451号)「ベルトコンベアーカバー事件」、否定例として、東京地判平成9・4・25判時1605号136頁「スモーキングスタンド設計図事件」がある。

建築物の設計図については、著作物性の肯定例として、大阪地判昭和54・2・23判タ387号145頁「冷蔵倉庫設計図事件」、東京地判昭和54・6・20無体集11巻1号322頁「ビル設計図事件」、横浜地判平成元・5・23判時1319号67頁「神奈川県建築確認申請書等一部公開拒否事件差戻第1審」、福島地決平成3・4・9知裁集23巻1号228頁「シノブ設計事件」、名古屋地判平成12・3・8（平成4年(ワ)第2130号）裁判所HP「ショッピングセンター設計図事件」、大阪高判平成14・12・24判タ1144号180頁「高槻市情報公開条例事件」、東京地判平成15・2・26（平成13年(ワ)第20223号）裁判所HP「フランステレコム事件」、否定例として、大阪地判平成10・11・17（平成8年(ワ)第2575号）「青果協同組合会館ビル事件」、東京地判平成14・12・19（平成14年(ワ)第2978号）裁判所HP「個人用住宅の設計図事件」などがある。近時のものとして、**判例コメント4**＝マンションの設計図の著作物性事件(2)は、極めて限定的な範囲ではあるが、原告図面の著作物性を認めつつ、その保護範囲は、デッドコピーのような場合に限られるとした。

(G) 映画の著作物（10条1項7号）

(a) 総　説

映像の連続によって思想・感情を創作的に表現する著作物である。

劇場公開が予定されている典型的な映画以外にも、DVD、Blu-rayでのみ販売することを目的とする映像（東京地判平成6・7・1判時1501号79頁「101匹ワンチャン並行輸入事件」)、オンデマンド配信のみの映像なども映画の著作物に該当する。

CMなども映画の著作物に該当する（**判例コメント17**＝テレビCM原版事件）。

ゲームソフトについては、媒体に固定されている映像の連続を描出して視聴するものではなく、視聴者自らの操作により画面構成、映像、音声をコントロールするという性質を有するが、それも制作者の設定した範囲、条件の下での選択にすぎず、映画の効果に類似する視覚的または視聴覚的効果を生じさせる方法で表現され、かつ、物に固定化されている著作物であるため、映画の著作物に該当する（半田・概説98頁、東京地判平成6・1・31判時1496号111頁「パッ

クマン事件」、大阪地判平成9・11・27判タ965号253頁「ときめきメモリアル事件」）。

映画の著作物といえるためには、媒体への固定が要件とされる（2条3項参照）。生放送されつつ同時録画により固定化された映像についても、固定化要件を充足すると解されている（東京高判平成9・9・25判時1631号118頁「全米女子オープン事件」）。

(b) 映画の著作物の帰属

映画の著作物については、総監督、カメラマン、音声、配給会社、制作会社その他非常に多数の当事者がその制作にかかわっているため、著作権の帰属について特別の定め（29条）があるほか、保護期間（54条）、頒布権（26条）等の別異な取扱いがなされている。

このうち、映画の著作物の帰属については、著作権法29条1項の前提となる同法2条1項10号の「映画製作者」の「発意」・「責任」要件の意味が問題となる（**判例コメント18**＝グッドバイ・キャロル事件、**判例コメント19**＝マクロス事件Ⅱ、**判例コメント38**＝CRフィーバー大ヤマト事件）。

著作権法2条1項10号の映画製作者の要件たる「発意」とは、自己の計算において製作にかかることを意味し、「映画を製作したい」と企画した者や映画会社に製作委託したにすぎない者は映画製作者とならない（加戸・逐条講義45頁）が、他方、最初にその映画を自ら企画、立案した場合に限られると解すべき理由はなく、他人からの働きかけを受けて製作意思を有するに至った場合もこれに含まれる（**判例コメント19**＝マクロス事件Ⅱ）。「責任」の意義においても、裁判例上、本件製作契約の主体となったか否かが重視されており（前掲**判例コメント19**）、結局のところ、誰が映画製作にかかる法律上の権利義務の主体となっているのか（映画製作契約の主体となったか否か）が、映画製作者の認定において非常に重要な要素といえる。

なお、映画製作者が映画の著作物の著作権を取得するためには、映画が完成することが必要であり、未使用、未編集フィルムに撮影収録された映像についても、それ自体で創作性があれば著作物性は肯定されるが、この段階では、参加契約を理由に映画製作者に著作権が当然に帰属するのではなく、これを編集するなど、映画製作過程に入った後、製作が途中で打ち切られたようなケースでは、その時点までに製作されたものに創作性が認められれば、その限りで映

画製作者は著作権を取得するとする裁判例がある（東京高判平成5・9・9判時1477号27頁「三沢市市勢映画事件」参照）。

ただし、同裁判例については、参加契約をしているときは、映画製作のいかなる段階を問わず、映画製作者にその権利は帰属するものと考えるほうが簡明である（東京地判平成4・3・30判夕802号208頁同第1審も同旨）との批判がある（松村＝三山・要説287頁）。

(H) **写真の著作物（10条1項8号）**

思想・感情を一定の影像によって表現する著作物である。

被写体の選定、構図、光量の調整、その他撮影、現像、焼付等の処理に独創的な工夫を必要とするため、著作物としての保護を受ける（半田・概説99頁）。

写真著作物における創作性の判断基準としては、東京高判平成13・6・21判時1765号96頁「スイカ写真事件」がある。同裁判例では、最終的に当該写真として示されているものが何を有するかによって判断されるべきものであり、これを決めるのは、被写体とこれを撮影するにあたっての撮影時刻、露光、陰影の付け方、レンズの選択、シャッター速度の設定、現像の手法等における工夫の双方であり、その一方ではない、と判示する。

近時の裁判例では、**判例コメント11**＝八坂神社写真事件、**判例コメント29**＝舞妓写真事件が参考となる。

なお、被写体の選定をも写真の著作物の考慮要素とするか否かについては、肯定説（加戸・逐条講義125頁）と被写体の選定はアイデアにすぎないとする否定説（中山・著作権法112頁、半田・松田編＝コンメンタール1　606頁）がある。

前掲**判例コメント11**および**判例コメント29**においては、写真の著作物性は撮影方法における撮影者の創作性に由来するのであって、被写体そのものの創作性に由来するものではない、と判示している。被写体の選定自体を創作性の考慮要素とするのか否かは明らかではないものの、少なくとも、被写体がいかに独創的であったとしても、それのみを理由に著作物として特定の者に独占させる結果となることは相当ではなく、撮影方法に創作性がなければ、写真の著作物性は否定されることになるであろう。

(I) **プログラムの著作物（10条1項9号）**

　　(a)　総　説

プログラムとは、電子計算機（コンピュータ）を機能させて一の結果を得ることができるようにこれに対する指令を組み合わせたものとして表現したもの（2条1項10号の2）であるが、プログラム言語、規約、解法は含まない（10条3項）。

プログラム言語とは、プログラムを表現する手段としての文字その他の記号およびその体系（10条3項1号）であり、C言語、JAVA、JAVAScript、Pythonなどがその例である。

規約は、特定のプログラムにおける前号（プログラム言語）の用法についての特別の約束（10条3項2号）であり、プログラム言語が一般的な言語体系であるのに対し、規約は、個々のコンピュータ間、プログラム間でのデータをやりとりするための汎用性のある約束事である。具体的にはインターフェースや通信プロトコル等を指す。

解法とは、電子計算機に対する指令の組合せの方法（10条3項3号）であり、一般的にはアルゴリズムと呼ばれる。

プログラム言語や規約、解法は、表現のためのツール、ルール、アイデアであって、このようなものは一般論として著作権法の保護を受けることはなく、著作権法10条3項はその確認規定といえよう（中山・著作権法121頁）。

(b) オブジェクトプログラム

オブジェクトプログラムとは、0と1で表示される機械語のプログラムであり、プログラムの著作物として保護される（加戸・逐条講義126頁）。なお、プログラム言語で書かれたソースプログラムを言語翻訳プログラムによって機械語に改めた状態のオブジェクトプログラムは、ソースプログラムが著作物であり、オブジェクトプログラムはその複製物である（加戸・逐条講義127頁、半田・概説100頁）。

固定記憶装置ROMに記憶させてハードウェアに組み込んだもので、一定の機能を果たすために用いられる「ファームウェア」（ゲーム機、家電、自動車の内蔵プログラム）も、一見すると機械の一部のように見えるが、内蔵されるプログラムは、オブジェクトプログラムの一種であり、プログラムの著作物として保護される（半田・概説100頁）。

3 編集著作物

(1) 編集著作物とは

編集著作物とは、「編集物（データベースに該当するものを除く。）」で「その素材の選択又は配列によって創作性を有するもの」をいう（12条1項）。これには、素材の選択に創作性があるもの、素材の配列に創作性があるものとともに、素材の選択および配列の双方に創作性があるものも含まれる。典型的な編集著作物としては百科辞典、新聞、判例集、論文集、詩集、音楽アルバムなどがある。

編集著作物についての著作者が問題となった事件として**判例コメント15**＝「著作権判例百選」の編集著作権事件がある。同事件においては、「編者」の一人とされていた者について、実質的にはむしろアイデアの提供や助言を期待されるにとどまるいわばアドバイザーの地位にあり、これに沿った関与であったとして、編集著作物の著作権者ではないとしている。

(2) 編集著作物の「素材」

編集著作物を構成する素材については、条文上何ら限定されておらず、著作物であっても単なる事実やデータであってもよい。

編集著作物のどの部分を素材と捉えるべきかは、当該編集物の性質や内容によって定まる。この点について、東京地判平成10・5・29判時1673号130頁「知恵蔵事件」第1審は、年度版の用語辞典の性質・目的から見て、創作的選択・配列の対象となる素材は、「新語話題語」・「用語」欄に記載された用語とその解説等であり、柱、ノンブル、ツメの態様、使用された文字の大きさ、書体、罫、約物の形状は用語辞典という編集著作物の創作の対象となる素材とはならない旨を判示している。また、東京高判平成6・10・27判時1524号118頁「ウォール・ストリート・ジャーナル事件」は、素材の同一性について「新聞の編集著作権に対する翻案権の侵害が成立するためには、対象となる文書が、当該新聞に依拠して、そこで取り上げられ、記事に具現化されている情報の核心的事項である客観的な出来事の表現と共通するものを同様に要素としていれば足り、両者の個々の素材（要素）自体の具体的な表現や詳細な内容が相当程度において一致していることまでは必要ないものと解するのが相当である」と

して、編集物の性質に応じて、素材の捉え方として一定の抽象化が可能であることを示している。

なお、著作物を素材とした場合に編集著作権が成立したとしても、素材となる著作物の著作者の権利には影響を及ぼさない（12条2項）。したがって、著作物を素材とする編集著作物を複製等する場合、編集著作物の著作権者のみならず、個々の素材の著作物の著作権者の許諾が必要となる。

(3) 「選択」または「配列」の創作性

編集著作物は、素材の「選択」または「配列」に創作性があることが要件であり、単なる素材の寄せ集めでは著作権の保護の客体とはならない。

具体的には、東京地判平成12・3・17判時1714号128頁「タウンページデータベース事件」は、「職業分類体系によって電話番号情報を職業別に分類したタウンページは、素材の配列によって創作性を有する編集著作物であるということができる」としているが、逆に、単純に、氏名（ないし商号）・住所・電話番号を50音順に並べたものは、素材の選択や配列に創作性がないといわざるを得ない。

また、編集著作権は、編集方法などの抽象的なアイデアを保護するものではなく、素材の選択または配列における具体的な表現を保護するものである。

この点について、たとえば大阪地判平成7・3・28知裁集27巻1号210頁「三光商事事件」は、商品カタログの編集著作権が問題となった事案であるが、「編集著作権においても、保護の対象とするのは素材の選択、配列方法という抽象的なアイデア自体ではなく、素材の選択、配列についての具体的な表現形式である」としたうえで、素材が異なることから、編集著作権侵害とはならないとしている。

また、東京高判平成11・10・28判時1701号146頁「知恵蔵事件控訴審」も、「本件レイアウト・フォーマット用紙及び控訴人が知恵蔵の素材であると主張する柱、ノンブル、ツメの態様、分野の見出し、項目、解説本文等に使用された文字の大きさ、書体、使用された罫、約物の形状は、編集著作物である知恵蔵の編集過程における紙面の割付け方針を示すものであ」るとして特段の事情のない限り、それ自体に独立して著作物性を認めることはできないとしている。

近時、編集著作物の複製ないし翻案が問題となったのが、**判例コメント12＝**

薬剤便覧事件である。同判決は、これまでの裁判例と同様に「具体的な編集物に創作的な表現として表れた素材の選択や配列が保護されるのであって、具体的な編集物と離れた編集方針それ自体が保護されるわけではない」とし、控訴人（原告）書籍の「漢方薬」便覧部分の薬剤の選択および配列について、同一性を認定したうえで、選択および配列に創作性を認めた。同事案は、これまでの裁判例の流れに沿うものであるが、その判断手法は実務の参考にされるべきと考えられる。

編集著作物においては、1つの著作物につき、複数の観点で編集著作物と捉えることができる場合もある。たとえば、商品カタログにおいて、カタログ全体を編集著作物と捉えると同時に、各頁のレイアウトについて編集著作物と捉えることも考えられる。

(4) ビジネスソフトウェアの表示画面

ビジネスソフトウェアの表示画面の選択と配列に著作物性が認められるかが争われた事例として、東京地判平成14・9・5判時1811号127頁「サイボウズ事件」がある。同判決は、ユーザーの入力操作によって生じる「一定の画面から他の画面への転換が、特定の思想に基づいて秩序付けられている場合において、当該表示画面の選択と配列、すなわち牽連関係の対象となる表示画面の選択と当該表示画面相互間における牽連関係に創作性が存在する場合には、そのような表示画面の選択と組合せ（配列）自体も、著作物として著作権法による保護の対象となり得るものと解される」として、編集著作物と同様に、選択と配列に創作性が認められる場合には著作物と保護されることを示している。

4　データベースの著作物

(1) データベースとは

著作権法上、データベースについては、「論文、数値、図形その他の情報の集合物であって、それらの情報を電子計算機を用いて検索することができるように体系的に構成したもの」をいうとされている（2条1項10号の3）。そして、「データベースでその情報の選択又は体系的な構成によって創作性を有するものは、著作物として保護する」とされている（12条の2第1項）。

データベースは情報の集合物であるという点で編集著作物と共通するが、編

集著作物における「素材の選択又は配列」の要件が、データベースの著作物においては、「情報の選択又は体系的な構成」と置き換わっている。これは、データベースは利用者の求めに応じて情報の検索結果を出すものであるために、データベースの中での情報の配列はほとんど意味をもたず、それに代わり利用者の求めに応じて効率的に検索を可能とする体系的構成、つまり入力用のフォーマット、検索のために必要なシソーラスやキーワードなどが意味をもってくるというデータベースの性質による（中山・著作権法142頁）。

データベースを構成する個々の情報が著作物である必要がないことはもちろん、ある情報が著作物である場合にその情報の著作権がデータベースの著作権の影響を受けないことは編集著作物と同様である（12条の2第2項）。

(2) **データベースの創作性**

上述のように、データベースは、「情報の選択又は体系的な構成によって創作性を有するもの」である場合に、データベースの著作物となるのであり、単に「情報」が選択されあるいは体系的な構成をもつだけでは足りず、選択や体系的構成が創作性を有していなければならない。同様な目的をもつデータベースを構築する場合、通常用いられる体系的構成であれば創作性がないと解されている（椙山敬士＝筒井邦恵「データベースの著作物性」斉藤博＝牧野利秋編『裁判実務大系(27)〔知的財産関係訴訟法〕』112頁）。

情報の選択または体系的な構成に創作性があるかが問題となった裁判例として、たとえば、東京地判平成12・3・17判時1714号128頁「タウンページデータベース事件」がある。同事案は、データベースの著作物性について争われた初めての事例である。判決は、「タウンページデータベースの職業分類体系は、検索の利便性の観点から、個々の職業を分類し、これらを階層的に積み重ねることによって、全職業を網羅するように構成されたものであり、原告独自の工夫が施されたものであって、これに類するものが存するとは認められないから、そのような職業分類体系によって電話番号情報を職業別に分類したタウンページデータベースは、全体として、体系的な構成によって創作性を有するデータベースの著作物であるということができる」とし、タウンページデータベースのデータベースの著作物性を肯定した。

また、東京地判平成13・5・25判時1774号132頁「自動車データベース（翼

システム)事件」も、データベースの著作物性が問題となった事案である。同事件において裁判所は、まず、実在の自動車を選択した点については、「国内の自動車整備業者向けに製造販売される自動車のデータベースにおいて、通常されるべき選択であって、本件データベースに特有のものとは認められないから、情報の選択に創作性があるとは認められない」とし、データ項目の選択についても、「通常選択されるべき項目であると認められ、実際に、他業者のデータベースにおいてもこれらのデータ項目が選択されていることからすると、本件データベースが、データ項目の選択につき創作性を有するとは認められない」とした。さらに、体系的な構成についても、型式指定・類別区分番号の古い自動車から順に、自動車のデータ項目を並べたものであるとして創作性を否定した。

(3) データベースの保護における問題点

データベースの構築に際しては、情報の収集やデジタル化に多大な労力・資本が必要であり、その側面こそが保護して欲しい部分であることが従前より指摘されている(中山・著作権法143頁)。しかし、情報の収集を網羅的に行えば行うほど、情報の選択における創作性は認められにくくなってしまう。

東京地判平成13・5・25判時1774号132頁「自動車データベース(翼システム)事件」は、データの収集および管理には多大な費用や労力を要すること、データベースを製造販売することで営業活動を行っていること、競合する地域において販売していることを指摘し、本件データベースの相当多数のデータを複製して作成したデータベースを販売する行為について、「取引における公正かつ自由な競争として許される範囲を甚だしく逸脱し、法的保護に値する原告の営業活動を侵害するものとして不法行為を構成するというべきである」としている。同判決は、データベースにおいて、「額に汗」の部分が著作権によっては保護されないことを示したものの、不法行為による保護の可能性を示した点において意義を有するものである。もっとも、その後、**判例コメント51**＝北朝鮮映画事件が「著作物に該当しない著作物の利用行為は、同法が規律の対象とする著作物の利用による利益とは異なる法的に保護された利益を侵害するなどの特段の事情がない限り、不法行為を構成するものではないと解するのが相当である」としていることからすると、「額に汗」の部分が保護される範囲も

限定される可能性があると考えられる。

5　二次的著作物

(1)　二次的著作物とは

二次的著作物とは、著作物を翻訳し、編曲し、もしくは変形し、または脚色し、映画化し、その他翻案することにより創作した著作物をいう（2条1項11号）。

単に、元となった著作物（以下、「原著作物」という）に何らかの手を加えただけではなく、新たな創作性を付与しなければ、二次的著作物にはならない。これは、二次的著作物も、原著作物とは別に著作権の対象となる以上、当然のことである。

この点について、知財高判平成18・9・26（平成18年(ネ)第10037号等）裁判所HP「江戸考古学研究事典事件」は、模写作品が原画の二次的著作物であるかが問題となった事案であるが、「一般に模写作品とは、原画に依拠して原画における創作的表現を再現したものを意味するものであって、模写制作者により、模写作品に原画に見られない新たな創作的表現が付与されていない限り、原画の複製物にとどまるものとして、著作物性を否定される」としている。

(2)　二次的著作物の原著作者の権利

原著作物の著作者（原著作者）は、原著作物を翻案等する権利を有するので（27条）、原著作者以外の第三者が原著作物を翻案等する場合には、原著作権者の許諾を得ることを要する。

また、原著作権者は、自ら翻案等した場合はもちろん、第三者によって翻案等された場合でも、原著作権者は、当該二次的著作物につき、当該二次的著作物の著作者が有するのと同一の種類の権利を有する（28条）。したがって、たとえば、ある漫画（原著作物）を映画化（翻案）した映画を、第三者が複製あるいは公衆送信等しようとする場合には、映画化した者の許諾を得ることはもちろん、漫画家（原著作権者）の許諾を得ることも要する。この点に関連して、**判例コメント13**＝どこまでも行こう事件（損害賠償請求事件）は、「どこまでも行こう」の作詞作曲者である原告が、別件訴訟（東京高判平成14・9・6判時1794号3頁「記念樹事件Ⅰ」）にてその編曲権を侵害して創作されたと認定され

た「記念樹」を作曲した被告に対して損害賠償を請求した事案であるが、被告が第三者に「記念樹」の使用を許諾する行為は、甲の有する著作権法28条の権利の侵害を惹起するものであるとされている。

なお、著作権法11条は、「二次的著作物に対するこの法律による保護は、その原著作物の著作者の権利に影響を及ぼさない」としている。したがって、無断で著作物を改変された場合に、改変された著作物が二次的著作物にあたるか否かにかかわらず、原著作物の著作者は翻案権侵害を理由として改変行為に対して差止めや損害賠償を請求することができる。この点について、現行法においては、二次的著作物について適法要件が設けられていないこと等から、ある者が原著作者の許諾を得ることなく違法に翻案等してもその二次的著作物となると解されている（中山・著作権法150頁）。したがって、たとえば、無断で翻案された絵画であっても、無断であることは原著作権者の著作権には影響がなく、当該翻案された絵画についての翻案を行えば、原著作権者の権利を侵害することになる。

(3) 二次的著作物として保護を受ける範囲

二次的著作物は原著作物に新たな創作的表現が付加されたものであり、原著作物とは独立した著作物として、著作権、著作者人格権による保護を受ける。もっとも、その保護範囲については議論があるところである。

二次的著作物の著作権の範囲について、**関連判例4－11－2**「ポパイ・ネクタイ事件」は、連載漫画を構成する漫画についての保護期間が問題となった事案であるが、最高裁は、「二次的著作物の著作権は、二次的著作物において新たに付与された創作的部分のみについて生じ、原著作物と共通しその実質を同じくする部分には生じないと解するのが相当である。けだし、二次的著作物が原著作物から独立した別個の著作物として著作権法上の保護を受けるのは、原著作物に新たな創作的要素が付与されているためであって（同法2条1項11号参照）、二次的著作物のうち原著作物と共通する部分は、何ら新たな創作的要素を含むものではなく、別個の著作物として保護すべき理由がないからである」とした。

もっとも、同判決の事案は、連載漫画の2回目以降の作品が問題となった事案であるところ、原著作者と二次的著作物の著作者が異なる場合にも一般化し、

二次的著作物の著作権は、原著作物と共通してその実質を同じくする部分には及ばないと解すると、無権限の第三者が二次的著作物のうち原著作物と共通してその実質を同じくする部分のみを利用しているときには、それが違法な侵害行為であっても二次的著作物の著作者は権利を行使できず妥当でないとの指摘もなされている（松村＝三山・要説83頁）。なお、事案の詳細等については、**関連判例4－10－1**「パロディ写真事件」を参照されたい。

6　その他問題となる類型

(1)　印刷用文字書体（タイプフェイス）

印刷用文字書体、いわゆるタイプフェイスとは、漢字・仮名・アルファベット等の字体を印刷等に使用できるように、統一的なコンセプトに基づいて創作された文字・記号のデザインのことをいう。タイプフェイスの創作にあたっては、多大な労力・費用を要することから、何らかの保護が必要とされるところであるが、わが国の法制上、タイプフェイスを明文で特別に保護する立法は存在しない。

印刷用文字書体について、著作権による保護が問題となったのが最一小判平成12・9・7民集54巻7号2481頁「ゴナ書体事件」である。同事件は、印刷用書体（ゴナU、ゴナM）を制作した者が、印刷用書体（新ゴシック体U、新ゴシック体L）を記録したフロッピーディスクやこれを搭載した写植用文字盤を製造、販売している者に対して、著作権（複製権）侵害を理由に差止めおよび損害賠償を請求した事案である。最高裁は、「印刷用書体がここにいう著作物に該当するというためには、それが従来の印刷用書体に比して顕著な特徴を有するといった独創性を備えることが必要であり、かつ、それ自体が美術鑑賞の対象となり得る美的特性を備えていなければならない」と判示し、印刷用書体（ゴナU、ゴナM）の著作物性を否定した。

著作物性（創作性）の判断としては、一般に何らかの創作性を備えていれば足りると解されるところ、上記の最高裁の判断は、印刷用書体が文字を表出する媒体であることを勘案して、創作性を通常よりも厳格に解したものと考えられる。

(2) 記事の見出し

　近年、新聞各社は、自社のホームページ上において、トピック（記事）を配信している。そして、他のサイトにおいて、該当する記事の見出しを表示し、この部分に当該記事を配信する元のサイトに対するハイパーリンクを設定することが多数行われている。

　そこで、このような新聞記事の見出しを、見出し作成者の許諾を得ることなく自己のサイトに表示すること（およびこれに配信元に対するハイパーリンクを設定すること）は、著作権の侵害ないし不法行為を構成するのではないかが争われた事案が**判例コメント53**＝ヨミウリ・オンライン事件控訴審である。

　同判決は、「ニュース報道における記事見出しは、報道対象となる出来事等の内容を簡潔な表現で正確に読者に伝えるという性質から導かれる制約があるほか、使用し得る字数にもおのずと限界があることなどにも起因して、表現の選択の幅は広いとはいい難く、創作性を発揮する余地が比較的少ないことは否定し難いところであり、著作物性が肯定されることは必ずしも容易ではない」「各記事見出しの表現を個別具体的に検討して、創作的表現であるといえるか否かを判断すべきものである」として、問題となった記事見出しについていずれも創作性を否定した。そのうえで、不法行為の主張については、被控訴人（被告）が、営利の目的で反復継続して情報の鮮度が高い時期にYOL見出し等に依拠して特段の労力を要することもなくこれらをデッドコピーしていること等を指摘し、一般不法行為が成立するとした。もっとも、その後、**判例コメント51**＝北朝鮮映画事件が「著作物に該当しない著作物の利用行為は、同法が規律の対象とする著作物の利用による利益とは異なる法的に保護された利益を侵害するなどの特段の事情がない限り、不法行為を構成するものではないと解するのが相当である」としているところ、この判旨が創作性等の点で著作物としての保護を受けない情報の利用行為にも及ぶとすれば、本判決は先例的価値を失ったと理解すべきこととなる（前田哲男「判批」判例百選〔第5版〕231頁）。

　なお、リンクを設定すること自体は、日本では著作権侵害行為とはならないと解されている。もっとも、近時、違法にアップロードされた漫画や動画へのリンクを集めたリーチサイトが問題とされており、今後、リンクを設定する行為についても制限がなされる可能性がある。

(3) キャラクター

　一般に、小説・漫画・映画・演劇などの登場人物はキャラクターと呼ばれ、その名称、外観、性格、役どころなどを通じて、読者、視聴者、消費者等に一定のイメージを与え、かつ、商品等に対するインセンティブとなることから、ライセンス契約の対象とされている。

　このようなキャラクターについては、具体的な絵や小説、映像といった表現であればその表現に対して著作権法による保護が与えられるのは当然である。また、キャラクターが商標ないし意匠として登録されていれば商標法ないし意匠法による保護が与えられ、また、特定の商品の表示として周知ないし著名であれば不正競争防止法による保護が与えられることになる。

　もっとも、具体的な表現を離れた抽象的な概念として著作権法による保護がなされるかについて、連載漫画に登場するキャラクターであるポパイに関する**関連判例4－11－2**「ポパイ・ネクタイ事件」は、「キャラクターといわれるものは、漫画の具体的表現から昇華した登場人物の人格ともいうべき抽象的概念であって、具体的表現そのものではなく、それ自体が思想又は感情を創作的に表現したものということができない」として、「当該登場人物が描かれた各回の漫画それぞれが著作物に当たり、具体的な漫画を離れ、右登場人物のいわゆるキャラクターをもって著作物ということはできない」と判示した。

　キャラクターの名称についても、それだけでは思想または感情の創作的表現とはいえず、著作物とはならない。この点について、大阪地判昭和59・2・28判タ536号418頁「ポパイ・マフラー事件」は、「乙標章は『POPEYE』の文字のみからなるものであり、かかる著作物の題号や登場人物の名前は著作物から独立した著作物性を持ち得ないのであるから、右標章もまた著作物の複製とはいえず、したがってキャラクター商品化権者といえども、これにつき商標法29条を援用することはできない」としている。

○第2章　著作権の主体○

1　著作者

(1)　著作者・著作権者の意義

著作者とは、原則として「著作物を創作する者をいう」（2条1項2号）。

著作権法は、思想・感情の表現を保護するものであるから、具体的表現の創作に実質的に関与したものが創作者となり、それは自然人であるのが「原則」である（創作者主義）（中山・著作権法191頁）。後述の職務著作（15条）などは、その例外となる。

著作者は、創作行為により無方式で著作物について著作財産権および著作者人格権を取得する（17条2項）。このうち、著作財産権は、財産権の一種として、その全部または一部を第三者に譲渡することができる（61条1項）。一方で、著作者人格権は一身専属性を有し、第三者に譲渡も相続もできない（59条）。

したがって、著作財産権の取得原因は、原則として、自ら創作行為をしたことによる著作者であることに基づいて原始的に著作財産権を取得する場合、あるいは著作財産権の移転により譲り受ける承継的な取得の場合の2つということになる。これに対して、著作者人格権の取得原因は、原則として、自ら創作したか否かという原始取得のみに限られる。

最三小判平成5・3・30判時1461号3頁「智恵子抄事件」は、（高村）光太郎自ら「智恵子抄」の詩等の選択、配列を確定したものであり、同人がその編集をしたことを裏付けるものであって、出版業者Cが光太郎の著作の一部を集めたとしても、それは、編集著作の観点からすると、企画案ないし構想の域にとどまるにすぎないというべきであるとした。そのうえで、「『智恵子抄』を編集したのは光太郎であり、その編集著作権は光太郎に帰属」すると判示した。

東京地判平成10・10・29知裁集30巻4号812頁「SMAP大研究事件」は、口述内容を逐語的に文書化した場合、口述内容に基づく原稿を口述者が表現を加除訂正して文書を完成させた場合などは、口述者が創作的に関与したといえ、口述者が単独または文書執筆者と共同で当該文書の著作者になるとした。これ

に対し、「あらかじめ用意された質問に口述者が回答した内容が執筆者側の企画、方針等に応じて取捨選択され、執筆者により更に表現上の加除訂正等が加えられて文書が作成され、その過程において口述者が手を加えていない場合には、口述者は、文書表現の作成に創作的に関与したということはできず、単に文書作成のための素材を提供したにとどまるものであるから、文書の著作者とはならない」と判示し、口述者個人らに対するインタビューは、素材収集のために行われたにすぎず、口述者は著作者にあたらないと認定した。

(2) 著作者の推定

　誰が著作者であるかについては、争いとなれば具体的な当該著作物についての具体的な創作活動を立証することによって明らかにされる。具体的な創作行為に関与せず、単なる指示や助言をした程度にとどまる者は著作者とはいえない。もっとも、誰が当該表現物の創作者であるかが、判然としない場合も存する。そこで、誰が著作者であるかについて法律上の事実推定として、2つの推定規定が著作権法に置かれている。

(A) 著作権法14条

　著作権法14条は、「著作物の原作品に、又は著作物の公衆への提供若しくは提示の際に……、名称……又はその雅号、筆名、略称その他実名に代えて用いられるもの……として周知のものが著作者名として通常の方法により表示されている者は、その著作物の著作者と推定する」と規定する。

　著作権法14条の著作者の表示は、著作者である蓋然性を暗示するものにすぎず、推定覆滅について、反対事実の優越的蓋然性のあることが証明されれば足りる。著作者の創作事実の立証の困難の救済という面で、推定事実が明確に否定されない限り、推定を覆すことを認めないという程には、著作権法14条の事実推定力の強度は強力なものとは考えられない（**判例コメント16**＝ジョン万次郎銅像事件において、知財高裁は同旨の判断をし、創作的表現を行ったと主張する者が複数関与する場合であっても異なるところはないというべきとした）。

　著作者名として「通常の方法」による表示とは、書籍の表紙・奥付、レコードのラベル・ジャケット、放送におけるアナウンス・テロップといった一般に社会慣行として行われている表示場所であり、かつ、一般人に著作者として認識させ得る表示名である場合をいう（加戸・逐条講義144頁）。

絵画のカンバス（画布）の落款や筆名、銅像の台座部分への制作者記入（**判例コメント16**＝ジョン万次郎銅像事件）、仏像彫刻における仏像体内や足ほぞへの制作者の墨書（**判例コメント25**＝駒込大観音事件）、映画の冒頭またはエンディングのスクリーン上の表示、演奏会のプログラムの表示などもこれにあたる。編集著作物の表紙等に「編」の字を付して氏名が表示されている場合、編集著作者名として通常の方法により表示され、著作者の推定が及ぶものといえる（**判例コメント15**＝「著作権判例百選」の編集著作権事件。ただし、結論として推定の覆滅を認めた）。脚本に劇作家の名前が著作者と表示されている場合、この推定を覆して劇団員が著作したというには、その立証が必要となる（東京地判平成16・3・19判時1867号112頁「ミュージカル脚本事件」）。

なお、万国著作権条約上、方式主義国については（日本は無方式主義）、Copyrightの頭文字Cを丸囲みした記号による表示（以下、「c表示」または「c記号」という）をもって方式履行とみなす旨の規定があるが、c表示は、ここでいう著作者名の表示では必ずしもない。c記号に付される氏名は著作権者の表示であり、c表示による著作権者は通常の方法によって著作者として表示されている者にはならない（加戸・逐条講義144頁）。

(B) 著作権法75条3項

著作権法75条1項は、「無名又は変名で公表された著作物の著作者は、現にその著作権を有するかどうかにかかわらず、その著作物についてその実名の登録を受けることができる」とし、同条3項は、「実名の登録がされている者は、当該登録に係る著作物の著作者と推定する」と規定する。

著作権法75条3項も、法律上の事実推定であるから、ここに規定された前提事実を立証すれば、推定が働き立証責任は転換される。この推定を覆滅させる反証活動は可能である。なお、著作権法14条との関係では議論がありうる。

2 共同著作者

(1) 共同著作者・共同著作物の意義

「二人以上の者が共同して創作した著作物であって、その各人の寄与を分離して個別的に利用することができないもの」を共同著作物といい（2条1項12号）、共同著作物を創作した者が共同著作者である。

単に補助的に手伝ったにすぎない者や、素材やアイデアの提供者、あるいは原稿の校正者などは共同著作者にはならない。

東京地判平成20・2・15（平成18年(ワ)第15359号）裁判所HP「運命の顔事件」は、原告が単に口述表現を書き起こすだけにとどまらず、自らの創意を発揮して創作を行ったことを認め、本件書籍を共同著作物と認めた。

東京地判平成14・8・28判時1816号135頁「はだしのゲン事件」は、被告の関与について、アイデアの提供や助言や（講談の）上演をするうえでの工夫にすぎず、それにより、共同で創作したと評価できないとした。

大阪高判昭和55・6・26無体集12巻1号266頁「英訳平家物語事件」は、英訳者たる控訴人に共同著作者としての地位を認めた。

共同創作に関し、共同創作の意思につき主観的認識が必要か否かという点について問題となりうる。たとえば、故人の名著の改訂版のように、結果として故人の創作活動と改訂者の創作活動の各々の創作活動が1つの著作物の中に融合している場合である。

共同創作という以上、客観的にも主観的にも創作過程の一部についてでも共同作業が必要と考えるのが、一般的に違和感が少ない。上記故人の名著の改訂版の例では、遺族の了解の下で改訂を加えた著作物は二次的著作物となる。東京地判平成25・3・1判時2219号105頁「基幹物理学事件」は同趣旨の判断と解される。

(2) 共同著作物に関する権利行使および保護期間

共同著作物の特性に鑑み、その権利行使および保護期間についての明文規定が存する。

① 共同著作物の著作権および著作者人格権は共同著作者全員の合意がなければ行使することができない（65条2項、64条1項）。

② 共同著作物の著作権は、共同著作者全員の同意がなければそれぞれの持分を譲渡しまたは質権の目的とすることができない（65条1項）。

③ 共同著作物に関する保護期間は、共同著作者のうち最終に死亡した著作者の死後70年を経過するまでの間、存続する（51条2項）。

しかし、①②のような制限は、1人の著作権者の理由なき反対で著作権の持分の譲渡等や著作権全体の行使が妨げられるおそれがあるので、他の共有者は

正当な理由のない限り著作権法65条1項の同意を拒み、または、同条2項の合意の成立を妨げることができない（65条3項）。

著作者人格権の行使については、各著作権者は信義に反して行使に関する合意の成立を妨げることはできない（64条2項）とされる。

そして、特に共同著作物の権利侵害に際しては、各著作者が単独で侵害の差止めおよび自己の持分に対する損害賠償等を請求できる（117条）。

(3) 共同著作物と結合著作物との対比

1つの小説を甲・乙が想を練りつつ共同執筆した場合、当該小説は共同著作物である。

これに対し、オムニバス方式の小説本のように、外観上は1個の書籍という著作物の形態をとっていても、創作は各々個別に行われ、表現物全体の創作については共同作業を行っていない場合、それぞれ分離されたものが単独で利用可能であり、独立した著作物を結合したものといえる。このような著作物は、結合著作物とされる（個別的利用可能性説）。

東京地判平成9・3・31判時1606号118頁「だれでもできる在宅介護事件」は、本件書籍のイラストと説明文は分離して利用可能であるとして、結合著作物と認定した。

結合著作物には、上記(2)記載の共同著作物について権利行使および保護期間を定める規定の適用はない。

(4) 共同著作物と二次的著作物との対比

二次的著作物については、原著作物に関する著作者（甲）の権利と二次的著作物の著作者（乙）の権利が併存することになり（28条）、二次的著作物が甲と乙の共同著作物のような観を呈する。

共同著作物（α）の場合は、創作の作成過程において創作行為自体が共同でなされていることが必要である。これに対して、二次的著作物（β）の場合は、原著作物（原β）の創作があり、その後に原著作物（原β）に依拠して別個の創作活動により新たな創作性を付加して二次的著作物（β）が創作されるという順番が明瞭であり、既存著作物の存在が前提となっている。

関連判例4－11－1「キャンディ・キャンディ事件」は、本件連載漫画は、甲が各回の具体的ストーリーを創作して小説形式の原稿にし、絵画・漫画作者

乙がおおむねその原稿に依拠して漫画を作成するという手順を繰り返すことにより制作されたという事実関係によれば、本件連載漫画は二次的著作物であると認定した。

　甲乙が共同著作者である場合と、甲が原著作者、乙が翻案した二次的著作物の著作者である場合とで、権利の処理上、次のような差異が生じる。

　ここで両者に共通するのは、著作物（共同著作物αあるいは二次的著作物β）の利用については単独ではなしえず、相手方の同意が必要となる点である。

　しかし、この相手方の同意につき、共同著作物の場合では、相手方は正当な理由がなければ合意の成立を妨げられないが（65条3項）、二次的著作物の場合には、このような制限はなく、同意を拒むに正当な理由はいらない（ただし、東京高判平成12・3・30判時1726号162頁「キャンディ・キャンディ事件控訴審」は、二次的著作物の場合にも65条3項の類推適用があるとする）。

　現実に甲が乙を相手にして訴訟を提起する時点では、事実関係がどのように認定評価されるか判然としないため、申立人側としては、当該著作物を共同著作物として共同著作したことを理由とする請求と、当該著作物を二次的著作物とする原作の著作者であることを理由とする請求を、選択的あるいは主位的・予備的の順位をつけて請求することがあり得る（東京地判平成11・2・25判時1673号66頁「キャンディ・キャンディ事件第1審」は、選択的請求の事案）。これらの請求が両立するとすると、甲が二次的著作物（β）を共同著作物（α）であると主張した場合、二次的著作物の要件に加えて共同創作性の要件が必要であり、裁判所はこの要件を検討して、当該要件を充足していれば共同著作物（α）と認定し、当該要件を欠く場合には、二次的著作物（β）と認定することとなる（両立するとする立場として、田村・概説371頁）。

　権利の及ぶ部分についても両者に差異が生じうる。共同著作物（α）の場合は、甲乙は、著作物（α）のすべての部分の利用について権利を有する。しかし、二次的著作物（β）の場合には、甲は、乙の二次的著作物（β）のうち、甲の原著作物の創作性が表れた部分（x部分）の利用についてのみ乙が有するのと同一の種類の権利を専有するのか（要素分離説）、甲の原著作物の創作性が表れた部分（x部分）および乙が付加創作した部分（y部分）のすべての部分の利用に乙が有するのと同一の種類の権利を専有するのか（要素不可分説）につ

いて見解の争いがある。著作権は創作された部分に成立するという原則を堅持するならば、付加創作した部分（y部分）には甲の権利主張は及ばない。ただ、この点については、原著作物の創作性に依拠して引き継ぐ部分（x部分）と付加創作した部分（y部分）の両者を区別することは現実には困難で、無理な区別を要求することは権利関係を不安定にする。よって、このような区別をすることなく、原著作者の権利は二次的著作物全体（＝x部分＋y部分）に及ぶとする要素不可分説が実際的かつ現実的である。二次的著作物によっては、x部分とy部分の把握すら困難なものもあり、平等な取扱いを図るためにも要素不可分説が現実的である（前掲「キャンディ・キャンディ事件控訴審」はこの立場に近い）（松村＝三山・要説275頁以下）。

条文上も「二次的著作物の原著作物の著作者は、当該二次的著作物の利用に関し」とあり（28条）、かかる理解に沿う。

3　職務著作物の著作者

(1)　職務著作の意義・効果

職務著作を規定する著作権法15条1項は、その要件として、①法人等の発意に基づくこと、②法人等の業務に従事する者が職務上作成すること、③法人等が自己の著作名義の下に公表するものであること、④契約等に別段の定めがないこと、を規定する。

プログラムの著作物については、上記要件③が不要とされている（15条2項）。プログラムは、通常企業内において多数の従業員によって組織的に作成される反面、当初から公表を全く予定していないものや、公表されても無名または作成者以外の名義で公表されているものも多いという実情に照らしたものである。

法人等は当該著作物の著作者となり、著作者の地位から生ずるすべての権利（著作財産権・著作者人格権）を原始的に取得する。法人等が著作者人格権を一身専属的に有することになり、個人の使用者でない法人の場合、法人の存続する間、著作者人格権は存続することになる。

このように法人等を著作者とした背景には、従業員を著作者としたままでは著作者人格権が行使されるおそれがあり、これを防ぐ必要があるという判断が存するものと解される（田村・概説377頁）。

(2) 要件①法人等の発意に基づくこと

著作物作成の意思が、直接または間接に法人等の判断にかかっていることである。

判例コメント20＝北見工業大学事件は、要件①につき、まず、法人等が著作物の作成を企画、構想し、業務従事者に具体的に作成を命じる場合、あるいは、業務従事者が法人等の承諾を得て著作物を作成する場合には、法人等の発意があるとした。そのうえで、法人等と業務従事者との間に雇用関係があり、法人等の業務計画や法人等が第三者との間で締結した契約等に従って、業務従事者が所定の職務を遂行している場合には、法人等の具体的な指示あるいは承諾がなくとも、業務従事者の職務の遂行上、当該著作物の作成が予定または予期される限り、要件①を満たすとした。

(3) 要件②法人等の業務に従事する者が職務上作成すること

要件②のうち、「法人等の業務に従事する者」の意義については、法人等と雇用関係がある者に限るとする見解（限定説）、雇用関係がなくとも法人等の指揮監督の下にその業務に従事する者を含むと解する見解（非限定説）がある。

両説の差異は、雇用関係のない部外者に委託して作成された著作物の著作者たる地位が委託者側に帰属する場合のあることを認めるか否かにある。

判例コメント18＝グッドバイ・キャロル事件控訴審では、要件②につき、従前の最高裁判決（**関連判例2－3－1**「RGBアドベンチャー事件」）の規範を引用したうえで、控訴人が法人の「業務に従事する者」に該当しないとした。

関連判例2－3－1「RGBアドベンチャー事件」の判旨は、極端な限定説でも極端な非限定説でもなく中庸をいく妥当な判断基準を示すものと考えられる（松村＝三山・要説280頁）。

要件②のうち、「職務上作成する著作物」の意義については、当該著作物の創作行為が業務従事者の職務遂行として作成されることを意味する。勤務時間外に自宅で作成したり、留学期間中に作成された著作物（東京地判平成17・12・12判時1949号113頁「宇宙開発事業団プログラム事件」）でも、その作成行為が法人等における当該作成者の職務の範囲内であれば、該当する。

業務時間内でも、その職務と関係なく私的に作成された著作物や職務と関係なく偶然作成された著作物はこれに含まない。

(4) 要件③法人等が自己の著作名義の下に公表するものであること

　公表の際、すなわち、氏名表示権を行使しうる機会に（18条1項参照）、自己の名義を付すことのないような著作物については、あえて無理をして法的な保護を与える必要はなく、それゆえ、要件③が規定されていると解される（田村・概説382頁）。

　要件③については、条文上「公表したもの」とせず、「公表するもの」とされていることから、未公表の著作物であっても、将来使用者の名義で公表することが予定されていれば、要件③を満たすとする裁判例もある（東京地判昭和60・2・13判時1146号23頁、東京高判昭和60・12・4判時1190号143頁「新潟鉄工事件」）。**判例コメント21**＝計装士講習会資料事件では、要件③を満たさず、職務著作とはいえないとした。

(5) 要件④契約等に別段の定めがないこと

　「別段の定め」とは、著作権法15条の法的効果を排除する規定をいい、これにより、原則に戻って、創作者たる被用者が著作者となる。

【関連判例2-3-1「RGBアドベンチャー事件」最二小判平成15・4・11（平成13年（受）第216号）判時1822号133頁、判タ1123号94頁】

　法人等と雇用関係にある者がこれにあたることは明らかであるが、「法人等の業務に従事する者」にあたるか否かは、法人等と著作物を作成した者との関係を実質的にみたときに、法人等の指揮監督下において労務を提供するという実態にあり、法人等がその者に対して支払う金銭が労務提供の対価であると評価できるかどうかを、業務態様、指揮監督の有無、対価の額および支払方法等に関する具体的事情を総合的に考慮して、判断すべきものである。

4　映画の著作物の著作者・著作権者

(1) 映画の著作物の「著作者」

　映画の著作物（10条1項7号）は、その創作に多数の者が関与する。そこで著作権法は、映画の著作物（2条3項）の著作者について、「制作、監督、演出、

撮影、美術等を担当してその映画の著作物の全体的形成に創作的に寄与した者」と抽象的に定義した（16条本文）。

映画製作会社その他の法人等の発意の下、その従業員たるプロデューサー、映画監督、カメラマン等によって制作される場合には、職務著作（15条1項）が適用され、当該映画製作会社等が著作者となり著作権および著作者人格権を取得する（16条但書および29条1項括弧書）。

(2) 映画の著作物の「著作権者」

映画の製作には多大の投下資本と労力を要するところ、映画には著作者の地位に立ち得る多数の関与者が存在し、それらすべての者に著作権行使を認めると映画の円滑な市場流通を阻害することになる。

他方で、映画の製作には直接関与しないが、自ら映画の製作を発意し、制作費を支出し、配給を行うなど映画の製作全般に責任とリスクを負担する者がいる。このような者に対してもその投資と責任に応じた経済的利益を還元する必要がある。すなわち、映画の著作物の著作権が映画製作者に帰属するとして法律上の権利義務の主体を明らかにして、権利関係の錯綜化を防ぐ必要がある。

そこで、映画の著作物の著作権は、その著作者が映画製作者に対し、当該映画の著作物の製作に参加することを約束しているときは当該映画製作者に原始的に帰属する旨規定された（29条）。映画製作者については、「映画の著作物の製作に発意と責任を有する者」と抽象的に定義された（2条1項10号）（**判例コメント19**＝マクロス事件Ⅱ、**判例コメント38**＝CRフィーバー大ヤマト事件は、「発意」、「責任」の解釈を示す）。

判例コメント18＝グッドバイ・キャロル事件、**判例コメント19**＝マクロス事件Ⅱは、映画製作者について、映画の著作物を製作する意思を有し、著作物の製作に関する法律上の権利義務が帰属する主体であって、そのことの反映として同著作物の製作に関する経済的な収入・支出の主体ともなる者のことであるとした。

判例コメント17＝テレビCM原版事件では、映画製作者につき**判例コメント18**＝グッドバイ・キャロル事件、**判例コメント19**＝マクロス事件Ⅱで示された規範と同趣旨の考え方を前提に、CM原版について、これを製作する意思を有し、当該原版の製作に関する法律上の権利・義務が帰属する主体となり、か

つ、当該製作に関する経済的な収入・支出の主体ともなる者としては、広告主であると認定した。

　映画製作者が映画の著作権者になるためには、映画の著作物の著作者が当該映画の製作への参加約束が必要である。この参加約束は、通常、契約の形式で行われるであろうが、契約は黙示のものでもよく、外形上、映画の著作物の著作者が映画製作者の映画製作に参加することを承認していると認められる事実があればよい（**判例コメント19**＝マクロス事件Ⅱに同旨）。

　未編集の映画フィルムの映像の著作権が誰に帰属するかが争われた事例としては、東京高判平成5・9・9判時1477号27頁「三沢市市勢映画事件」がある（第1章2(2)(G)(b)参照）。

○第3章　著作者人格権○

1　総　説

　著作権法上、著作者は著作権のほか著作者人格権を享有する（17条1項）。この著作者人格権の享有にはいかなる方式の履行も要しない（無方式主義。同条2項）。

　著作者には、法人がなる場合があり（15条）、この場合、当該法人が著作者人格権の享有主体となる。

　著作者は、多くの場合、自己の創作物に対してこだわりや思い入れなどの感情を抱く。たとえば、未公表としていた創作物が、第三者により無断で公衆に開示されたり、著作物を公衆に提供提示する際著作者として表示されなかったり、こだわりをもって完成させた作品が第三者によって無断で改変されると、著作者の自己の創作物に対する思い入れやこだわりなどの人格的利益を損なう。

　そこで、このような事態から著作者の人格的利益を保護しようとするのが著作者人格権である。

　著作権法上、著作者人格権として、公表権（18条）、氏名表示権（19条）、同一性保持権（20条）が規定されている。加えて別個の「権利」としては規定されていないが、著作者の名誉または声望を害する方法によりその著作物を利用する行為も、著作者人格権を侵害する行為とみなされる（113条7項）。

　著作者人格権は、著作者の死亡（法人であれば解散）により消滅するが、著作者の存しなくなった後においても後述のとおり一定の行為が禁止される（60条）。

　なお、著作者人格権は著作権とは別個独立の権利であり、著作権侵害と著作者人格権侵害とは別個に成立しうる（二元論）。したがって、著作権侵害は問題にならないケースでも、別途著作者人格権侵害が問題になるケースが存在する。

　次に著作者人格権への侵害行為に対しては、差止請求（112条）および損害賠償請求（民709条）のほか、謝罪広告などの名誉回復等の措置請求（115条）

をそれぞれ同時に行い得る。裁判例には、すげ替えられた仏頭部を元に戻す原状回復請求が、著作権法115条の名誉回復措置として認められたものがある（**判例コメント25**＝駒込大観音事件）。

　なお、共同著作物の場合には、著作者人格権の行使に共同著作者全員の合意が必要である点などに注意を要する（64条）が、差止請求および自己の共有持分に応じた損害賠償請求等は単独で行うことができる（117条1項）。

　また、著作者人格権は、上記のとおり、著作者の人格的利益を保護しようという権利であるから、一身に専属し、譲渡することができず（59条）、相続も認められない（民896条但書）。

　さらに、著作者人格権は、著作者の人格的利益を保護するものである以上、著作者が著作者人格権の及ぶ具体的な行為について同意すれば、原則として著作者人格権に対する侵害は成立しない。

　著作権に関する契約実務においては、同権利の一身専属性の関係から、著作者が著作者人格権を行使しない旨の権利不行使特約が検討されるケースが多い。

　なお、著作者人格権侵害が成立しない場合でも、著作者の人格的利益が保護される場合がある（最一小判平成17・7・14民集59巻6号1569頁「船橋市西図書館事件」）。

2　公表権（18条）

(1)　はじめに

　著作者は、その著作物でまだ公表されていないもの（その同意を得ないで公表された著作物を含む）を公衆に提供し、または提示する権利を有する（18条1項前段）。かかる公表権は、そもそも未公表の著作物を公表するか否か、公表するとしてその時期や方法をどのようにするか、という公表の有無、時期、方法を決定できる権利であるとされる（加戸・逐条講義164頁）。

　そもそも著作物を公表するかどうか、その時期や方法をどのようにするかについては、著作者の人格的利益に大きくかかわる事項であり、これを保護しようとするのが公表権である。

　公表権は、当該著作物を原著作物とする二次的著作物を公表する場合にも、及ぶ（18条1項後段）。そのため、小説等の原著作物が未公表の場合に、同小説

の二次的著作物であるドラマを公衆に提供・提示する行為は、原著作物である小説の著作権者の公表権を侵害することになる。

(2) 「まだ公表されていない」もの等を「公衆」に提供・提示すること

公表権は、「まだ公表されていない」もの（未公表の著作物）および著作者の同意を得ないで公表された著作物（不同意公表著作物）を対象とする。

ここで、「公表」とは、著作物が発行され、または上演権、演奏権、上映権、公衆送信権等、口述権、展示権を有する者もしくはその許諾を得た者によって、上演、演奏、上映、公衆送信、口述、もしくは展示の方法で公衆に提示された場合等をいう（4条1項等）。

また、上記「発行」とは、著作物の性質に応じ公衆の要求を満たすことができる相当程度の部数の複製物が、複製権を有する者またはその許諾を得た者によって作成され、頒布された場合をいう（3条1項）。

相当程度の部数とはどの程度をいうのかに関しては、東京地判平成12・2・29判時1715号76頁「中田英寿事件」が参考になる。同裁判例は、中学校における文集に掲載された有名サッカー選手の詩を書籍に掲載した行為について、当該文集が卒業生等に対し合計300部以上配付されたことを捉え、「本件詩は、300名以上という多数の者の要求を満たすに足りる部数の複製物が作成されて頒布されたといえるから、公表されたものと認められる」と判示している（その他公表に関する裁判例として、東京高判平成3・5・31判時1388号22頁「神奈川県建築確認申請書等一部公開拒否事件差戻控訴審」、東京地判平成7・10・30判時1560号24頁「システムサイエンス事件」、東京地判平成23・10・31（平成21年(ワ)第31190号）裁判所HP）。なお、著作物の性質・内容により、いかなる程度をもって相当程度の部数というかは相違する可能性がある。

また、公衆とは、不特定者のほか、「特定かつ多数の者を含む」（2条5項）から、このような者に対し、提供（有体物の占有の移転を伴う行為）・提示（有体物が存在しないか、その占有の移転を伴わない行為）されることが必要である。

(3) 権利制限

(A) 同意の推定

前述のとおり、著作者の同意がある場合には、著作者人格権侵害は成立しない。これ以外にも著作権法上、一定の場合に同意を推定している。すなわち、

①未公表の著作物に係る著作権を譲渡した場合（18条2項1号）、②美術の著作物または写真の著作物でまだ公表されていないものの原作品を譲渡した場合（同項2号）、③著作権法29条の規定によりその映画の著作物の著作権が映画製作者に帰属した場合（同項3号）である。

これらの場合には、著作者は通常、著作権を譲渡した著作物や原作品、参加約束をした映画について、その譲受人や映画製作者が公衆に提供・提示することに同意しているものと評価できるからである。

もっとも、これらの規定は推定規定であるため、著作者において、（特約等により）同意していないことを立証することで推定を覆滅させることができる。

(B) 情報公開法等の関係

国の行政機関（18条3項1号）や独立行政法人等（同項2号）、地方公共団体または地方独立行政法人（同項3号）、国立公文書館等（同項4号）、地方公文書館等（同項5号）に未公表の著作物を提供した場合、情報公開法等の規定により各行政機関等が当該著作物を公衆に提供し、または提示することは、公表に関し別段の意思表示をしておかない限り、同意したものとみなされる。

さらに、行政機関等の長が、著作者の権利利益を上回る公益上の必要性等があると考えられるケースにおいて、未公表著作物を公衆へ提供・提示する行為が、適用除外として規定されている（同条4項）。

3　氏名表示権（19条）

(1)　はじめに

著作者は、原作品に、または著作物を公衆に提供・提示するに際し、当該著作物に著作者名を表示するどうか、また表示するとしてどのように表示するかを決定する権利を有する（氏名表示権。19条1項前段）。

著作者にとっては、自己の著作物が、公衆に提供・提示される際、自己の氏名を表示するかどうか、どのように表示するかについてはこだわりを有するものであり、その人格的利益に大きくかかわる。

そこで、著作権法は、著作者の氏名表示の有無および氏名表示の方法（実名か変名か）をコントロールする権利を認めているのである。

(2) 氏名表示権の内容

氏名表示権は、前述のとおり、氏名表示をするか否か、表示するとして実名とするか、変名とするかをコントロールする権利である。

ここで、「表示」とは、文字による記載のみならず、演奏に付随するアナウンスなど口頭による手段など、あらゆる手段を含む。

また、氏名表示権は、当該著作物を原著作物とする二次的著作物にも及ぶ（19条1項後段）。したがって、小説を映画化した場合、原著作物である小説の著作者は、二次的著作物である映画に、原著作物の著作者として氏名表示をするか否か、どのように氏名表示をするかを決定する権利を有する。

そして、氏名表示権においては、あくまで著作者名として原作品等に氏名が表示されることが必要であり、仮に著作者ではなくスタッフなどと表示されるにとどまる場合には、氏名表示権侵害となる（東京地判平成12・4・25（平成11年(ワ)第12918号）裁判所HP「ちぎれ雲事件」）。

また、氏名表示権は、原作品に、または公衆に著作物を提供・提示するに際し問題となるものであるから、著作物の提供・提示を伴わず、単に当該著作物を紹介する記事や広告に、著作者の意思に反して氏名を表示したり、氏名を誤って表示したりしても、氏名表示権侵害にはならない。

(3) 権利制限

(A) 既表示の著作者名に従った表示

著作物の利用者は、その著作者の別段の意思表示がない限り、その著作物につきすでに著作者が表示しているところに従って著作者名を表示することができる（19条2項）。

著作物を公衆に提供・提示する度に、著作者に氏名表示について確認することは煩雑であり、また通常は、当該著作物についてすでに表示された著作者名がある場合には、このような表示を用いることが著作物利用時の著作者の意思にも合致すると考えられるためである。

(B) 著作者名表示の省略

著作者名の表示は、著作物の利用の目的および態様に照らし著作者が創作者であることを主張する利益を害するおそれがないと認められるときは、公正な慣行に反しない限り、省略することができる（19条3項）。

小売店や飲食店において音楽を BGM として用いる場合には、曲ごとに著作者名をアナウンスしたりしないのが慣例であり、このような場合には、流れる曲ごとに逐一著作者名の表示をすることを省略できる。

「公正な慣行」に関しては、**判例コメント22**＝セキスイツーユーホーム事件が「本件写真は……宣伝広告に用いる目的で撮影されたものであるところ、本件使用も、まさに……広告である新聞広告に用いたものである。……一般に、広告に写真を用いる際には、撮影者の氏名は表示しないのが通例であり」と判示し、創作者であることを主張する利益を害するものでもなく、公正な慣行にも合致することから、著作権法19条3項により氏名表示を省略する場合にあたる旨判示しており、参考になる。

(C) 情報公開法等との関係

行政機関等の長が、行政機関情報公開法等に基づいて著作物を公衆に提供し、または提示する場合において、当該著作物につきすでにその著作者が表示しているところに従って著作者名を表示するとき（19条4項1号。公文書管理法等に基づく公衆への提供・提示に関し、同項3号参照）や、当該著作物の著作者名の表示を省略することとなるとき（同項2号）には、氏名表示権の規定は適用除外とされている。

4　同一性保持権（20条）

(1) はじめに

著作者は、その著作物およびその題号の同一性を保持する権利を有し、その意に反してこれらの変更、切除その他の改変を受けない（20条1項）。著作者は、自己の著作物にこだわりを有するのが通常である。たとえば、著作物である楽曲の一部が著作者の意に反して第三者により書き換えられたりすれば、当該著作者のこだわりは損なわれ、社会的評価に影響を与えるなど、著作者の人格的利益に大きくかかわる。そこで、著作権法は、著作権者に対し、著作物の完全性に関する人格的利益を保護すべく、同一性保持権を規定している。改変の客体には、前述のとおり題号も含まれる。

(2) 「意に反して」

同一性保持権は、著作者の意に反する改変を否定する権利である。ここで

「意に反して」とは、著作者の主観的意図に反することを指すものと解される（中山・著作権法502頁以下）。そのため、たとえ改変行為により、当該著作物の価値が客観的に高まったとしても、著作者の主観的意図に反すれば、「意に反する」改変となる可能性がある。東京高判平成3・12・19知裁集23巻3号823頁「法政大学懸賞論文事件」は、懸賞論文で優秀賞を獲得した論文を雑誌に掲載する際、送り仮名の変更や読点の切除、中黒の読点への変更、改行の省略、加算の誤りによる誤字の訂正など、客観的には当該論文の価値が向上すると考えられる改変が行われた事案において、同一性保持権の侵害を肯定している。

もっとも、最近では、「意に反し」をある程度客観的に捉え、通常の著作者であれば、特に名誉感情を害されることがないと認められる程度のものであるときには、意に反する改変とはいえないとする見解（高部眞規子『実務詳説著作権訴訟』356頁）も有力である。

(3) 「改変」

著作権法20条1項にいう「改変」とは、判例において「他人の著作物における表現形式上の本質的な特徴を維持しつつその外面的な表現形式に改変を加える行為」をいうものとされる（表現上の本質的な特徴を感得できないとしたものとして、最二小判平成10・7・17判時1651号56頁「本多勝一反論権（『諸君！』）事件」、表現上の本質的な特徴を感得できるとしたものとして、**関連判例4－10－1**「パロディ写真事件」）。

したがって、他人の著作物を利用したとしても、その表現形式上の本質的な特徴をもはや維持していないような態様での改変は、同一性保持権侵害を構成しない。また、著作物を完全に破壊、破損する行為は、著作物の表現形式上の本質的特徴をもはや維持しないのが通常であるから、このような場合には同一性保持権は及ばないものと解される（加戸・逐条講義178頁）。

(4) **権利制限**

(A) **教育の観点からの制限**

著作物を教科書等に掲載する場合（33条1項・4項）、教科用図書代替教材へ掲載等する場合（33条の2第1項）、教科用拡大図書等の作成のために複製等する場合（33条の3第1項）、学校教育番組の放送等に使用する場合（34条1項）における用字または用語の変更その他の改変で、学校教育の目的上やむを得な

いと認められるものについては、同一性保持権の適用が除外されている（20条2項1号）。たとえば、対象学年に合わせて振り仮名を振る、難しい漢字を平仮名にするなどの利用に関し、同一性保持権の適用を除外するものである。

(B) **建築物の増改築等に係る制限**

また、建築物の増築、改築、修繕または模様替えによる改変については、同一性保持権の適用が除外される（20条2項2号）。建築物は実用性が強く、全く修繕等できないとすることは、建築物の所有者の利益を大きく害する。同規定は、著作者の利益と建築物の所有者の利益とを調整するものである。

「建築物」とされているのは、建築の著作物のみならず、これと一体化しているほかの著作物についても本号の適用が及ぶ趣旨であるとされる（愛知靖之ほか『知的財産法』269頁〔青木大也〕、具体例と理解できるものとして**判例コメント23**＝ノグチ・ルーム移築事件参照）。

裁判例においては、著作権法20条2項2号が対象としているのは、「経済的・実用的観点から必要な範囲の増改築であって、個人的な嗜好に基づく恣意的な改変や必要な範囲を超えた改変」は対象とならないとするものがある（**判例コメント23**＝ノグチ・ルーム移築事件）一方で、「同号の文言上、そのような要件を課していないことに加え、著作物性のある建築物の所有者が、同一性保持権の侵害とならないよう増改築等ができるのは、経済的、実用的な観点から必要な範囲の増改築であり、かつ、個人的な嗜好に基づく恣意的な改変ではない場合に限られるとすることは、建築物所有者の権利に不合理な制約を加えるものであり、相当ではない」と判示するものもある（**判例コメント24**＝希望の壁事件）。

次に、建築物ではないとしても、本件土地所有者の権利行使の自由との調整が必要となり、土地の定着物であって、また著作物性が認められる場合があると同時に実用目的での利用が予定される面があるものについては、著作権法20条2項2号の類推適用が認められる余地がある（庭園の著作物に関し、**判例コメント24**＝希望の壁事件を参照）。

(C) **プログラムの著作物に係る制限**

特定の電子計算機においては利用し得ないプログラムの著作物を当該電子計算機において利用し得るようにするため、またはプログラムの著作物を電子計

算機においてより効果的に利用し得るようにするために必要な改変には、同一性保持権は適用されない（20条2項3号）。プログラムのデバッグやバージョンアップなどのための改変を許容するものであり、プログラムの実用性や機能性を考慮されて規定されたものである。

(D) やむを得ない改変

以上のほか、著作物の性質並びにその利用の目的および態様に照らしやむを得ないと認められる改変については、同一性保持権は適用されない（20条2項4号）。これは、著作権法20条2項1号から3号に規定されたものに加えて包括的に適用除外を認める規定である。かつては「やむを得ない」という規定ぶりから、同項4号の適用を限定的に解するものと理解されていた（東京高判平成3・12・19知裁集23巻3号823頁「法政大学懸賞論文事件」等）。

しかし、近時は、著作権法20条2項4号をより広く同一性保持権侵害の制限規定として、活用を認める見解も有力である（中山・著作権法517頁以下）。

裁判例においては、映画のビデオ化に際してのトリミングについて著作権法20条2項4号の適用を認めたもの（東京高判平成10・7・13知裁集30巻3号427頁「スウィートホーム事件」）や漫画の登場人物の名誉のために同人物に目隠しをしたことについて同号の適用を認めたもの（東京高判平成12・4・25判時1724号124頁「脱ゴーマニズム宣言事件」）などがある。

5　みなし著作者人格権侵害（113条7項）

著作権法上、著作者人格権として著作者に権利を認めているものではないものの、著作者の名誉または声望を害する方法によりその著作物を利用する行為は、その著作者人格権を侵害する行為とみなされる（113条7項）。この規定の趣旨は、著作者の創作意図を外れた利用がなされることによって、その創作意図に疑いを抱かせたり、あるいは著作物に表現されている芸術的価値を非常に損なうような形で著作物が利用されたりすることを防ぐことにあるとされる（加戸・逐条講義755頁）。裁判例には、政治的傾向ないし思想に関して著作者が望まない社会的評価を受けるような態様での著作物の利用に関し、同項の適用を認めたものがある（**判例コメント42**＝漫画 on Web 事件控訴審）。

この規定により、たとえ個別の著作者人格権侵害にならない利用態様につい

ても、それが著作者の名誉または声望を害する方法により行われる場合には、著作者人格権を侵害するものとみなされることになる。

この規定は、著作者の名誉声望、すなわち社会的評価を保護法益とするものであり、著作者の名誉感情や主観的な評価を保護法益とするものではない。そのため、仮に著作物の利用方法や態様が、著作者の名誉感情を害するものであったとしても、客観的に著作者の社会的評価を害するものでなければ、本項の適用はなく、著作者人格権とはみなされない。

本項の適用がある事例としては、裸体の絵画の著作物をポルノショップの看板等に利用する事例などがあげられるのが一般的である。

なお、たとえ社会的評価を下げたとしても正当な論評は、表現・報道の自由との衡量から、名誉毀損の成否は別として、著作者人格権の侵害にはあたらないもの（113条7項の適用はない）とされる（東京高判平成14・11・27判時1814号140頁「古河市兵衛の生涯事件」）。

上記のほか、著作者人格権のみなし侵害については、著作権法113条1項および4項に留意する必要がある。

6　著作者が存しなくなった後における人格的利益の保護（60条）

前述のとおり、著作者人格権は、著作者の死亡（法人であれば解散）によって、消滅し、相続されることもない（59条、民896条但書）。

もっとも、著作物を公衆に提供し、または提示する者は、その行為の性質および程度、社会的事情の変動その他によりその行為が当該著作者の意を害しないと認められる場合を除いて、その著作物の著作者が存しなくなった後においても、著作者が存しているとしたならばその著作者人格権の侵害となるべき行為をしてはならない（60条）。

これは、著作者の死後の人格的利益を保護しようとするものではなく、あくまで著作者の生前の人格的利益（心の安寧など）の保護を万全としようとするものであると解される（田村・概説459頁）。

本条では、「著作者が存しているとしたならばその著作者人格権の侵害となるべき行為」を対象としているから、著作者人格権として規定のある公表権（18条）、氏名表示権（19条）、同一性保持権（20条）のほか、みなし著作者人格

権侵害（113条1項・4項・7項）についても対象に含まれる（公表権に関して本条の適用を肯定したものとして、東京高判平成12・5・23判時1725号165頁「三島由紀夫手紙事件」、同一性保持権に関して本条の適用を肯定したものとして、**判例コメント25**＝駒込大観音事件）。

なお、その行為の性質および程度、社会的事情の変動その他によりその行為が当該著作者の意を害しないと認められる場合については、禁止されない（60条但書）。このような規定の適用場面としては、たとえば古文を現代語に変更するケースなどが考えられる。

本条に基づく請求は、遺族（死亡した著作者等の配偶者、子、父母、孫、祖父母または兄弟姉妹）が、上記の順位で請求権者となり（116条1項）、差止請求（112条）や名誉回復請求（115条）を請求することができる。

この点、損害賠償請求は認められない。もっとも、遺族固有の権利や法的保護に値する利益などが侵害された場合には、当該遺族固有の権利侵害を理由に損害賠償請求（民709条）をなしうる。

その他、刑事罰（120条）も規定されており、刑事上の救済を受ける余地がある。

請求権者および順位は、上記のとおりであるが、著作者は遺言により、遺族の順位や遺族以外の者（友人や法人など）を請求権者に指定することができる（116条2項但書、同条3項前段）。

もっとも、遺言によりその指定を受けた者は、当該著作者等の死亡の日の属する年の翌年から起算して70年を経過した後（その経過する時に遺族が存する場合にあっては、その存しなくなった後）においては、その請求をすることができない（116条3項後段）。

7　その他（出版権に関する特則）

(1)　修正増減請求権

著作者は、出版権者が改めて当該著作物を複製したり公衆送信する場合に、正当な範囲内において、その著作物に修正または増減を加えることができる（82条1項）。著作者に修正増減の機会を与え、同人の人格的利益を保護しようとしたものである。出版権者は、このような機会を与えるため、その出版権の

目的である著作物を改めて複製しようとするときは、その都度、あらかじめ著作者にその旨を通知しなければならない（同条2項）。

(2) 出版権消滅請求権

複製権等保持者である著作者は、その著作物の内容が自己の確信に適合しなくなったときは、その著作物の出版行為を廃絶するために、出版権者に通知してその出版権を消滅させることができる（84条3項本文）。なお、当該廃絶により出版権者に通常生ずべき損害をあらかじめ賠償する必要はある（同項但書）。これも著作者の人格的利益の保護を企図した規定である。

○第4章　著作財産権○

1　複製権

　著作権者は、その著作物を複製する権利を専有し（21条）、自己が著作権を有する著作物、もしくは、自己が著作権を有する著作物に依拠して作成された類似の著作物を他人が複製することを禁止できる。このような著作権者の権利を、複製権（複製禁止権）という。

　レコードの「出版権」「原盤権」、映画の「ビデオ化権」といわれるものも、その内実は複製権である（金井＝小倉編著・コンメンタール(上)325頁）。

(1)　複製権の意義

　著作権法上、「複製」とは、印刷、複写、録音、録画、その他の方法により有形的に再製することを指す（2条1項15号）。したがって、テレビの画面やコンピュータのディスプレイの画面上に表示する行為など、媒体に固定されない再製行為は、現行法上、複製とはみなされない。ただし、再製の方法が可視的であることは必要ではなく、レコードやテープへの録音・録画、CD-ROM・半導体チップへの記録も複製にあたり得る。

　なお、脚本その他これに類する演劇用の著作物については、上演放送等された著作物を録音し、または録画する権利は、複製権に含まれる（2条1項15号イ）。また、建築の著作物については、建築に関する図面に従って建築物を完成することが、複製権に含まれる（同号ロ）。これらの規定の意味については、創設的規定であると解する説と、確認的規定（二次的著作物の複製に含まれる）と解する説が存在するが、実際上の相違は大きくない。

　著作物の一部を複製する場合も、その部分そのものが創作性を有すると認められる場合は、複製権侵害となる。その一部が、当該著作物の中で枝葉末節か否かといった事情は、複製権侵害の成否と関係がない（東京地判昭和53・6・21無体集10巻1号287頁「日照権事件」）。

　一方、既存の著作物に依拠して新たな著作物を作成した場合でも、その表現形式が異なり、既存の著作物とは別個のものと認められる場合には、複製権侵

害ではない。著作権法は、著作物の表現形式の創作性を保護する制度であって、その中に含まれるアイデアや理論を保護するものではないからである。

(2) 複製と翻案

前述のとおり「複製」とは有形的な再製をいうが、表現が完全に一致する場合に限らず、具体的な表現形式（言語の著作物においては、叙述の順序、用語、言い回し等の文面上の表現がこれにあたる）に多少の修正、増減、変更等が加えられていても、表現形式の同一性が実質的に維持されている場合も含まれる（東京地判平成10・10・29判時1658号166頁「SMAP大研究事件」）。これに対して、翻案の意味について判例（**関連判例9－1－2**「江差追分事件」）は、「既存の著作物に依拠し、かつ、その表現上の本質的な特徴の同一性を維持しつつ、具体的表現に修正、増減、変更等を加えて、新たに思想又は感情を創作的に表現することにより、これに接する者が既存の著作物の表現上の本質的な特徴を直接感得することのできる別の著作物を創作する行為」としている。そうすると、表現形式が実質的に同一である場合は複製であり、表現形式の同一性が失われているが表現上の本質的な特徴の同一性が維持されている場合が翻案である、と区別することができる。

(3) 複製に該当するか否かの判断

(A) 本質的特徴の感得

実際に複製権侵害が問題となる事案において、もっとも問題となるのは、実際に同一性（もしくは類似性）が存在するか否かの基準である。

この点、過去の裁判例（東京地判昭和43・5・13下民集19巻5・6号257頁「ワン・レイニー・ナイト・イン・トーキョー事件」）では、侵害著作物と被侵害著作物の表現を全体として対比することによって同一性を判断したものがある。

しかし近時の裁判例は、著作物の全体であるか一部であるか否かにかかわらず、創作性を有する個々の表現を対比して判断するという考え方が主流となっている。具体的には、問題となる著作物の間で同一性を有する部分がどこであるかを認定し、同一性を有する部分が創作性を有するかを検討する（その際の判断要素として、同一性を有する部分の量や、その部分が著作物の本質的部分を感得できるか否かを考慮する）という手法である（これが「ろ過テスト」と呼ばれることもある）。

本件人形において創作的部分があるか否か、あるとして創作的部分はどの部分かを検討したうえで、被告イラストおよび被告人形と本件人形とを対比して、右の創作的部分において共通するか否かを検討する必要があるとしたもの（東京地判平成11・11・17判時1704号134頁「キューピー事件」）、原告著作物と被告書籍の各記述部分の表現形式を対比して、被告書籍における記述部分から、原告著作物における記述部分の本質的特徴を感得しうるか否かによって決すべきとするもの（東京地判平成12・12・26判時1753号134頁「井深大とソニースピリッツ事件」）、（絵画について）画材、描く対象、構図、色彩、絵筆の筆致等、当該絵画の美的要素の基礎となる特徴的部分を感得できるか否かにより判断するのが相当とするもの（**判例コメント34**＝絵画の鑑定書事件）、既存の著作物に依拠して創作された著作物が、創作的な表現部分において同一性を有し、これに接する者が既存の著作物の表現上の本質的な特徴を直接感得することのできる場合には、複製または翻案に該当するとするもの（**判例コメント26**＝自動接触角計プログラム侵害事件）などがある。

この判断手法によると、双方の著作物について同一性が存在すると主張される部分に創作性（著作物性）が存在する場合、複製権侵害があるとされることになる。したがって、複製権侵害の成否の判断は、しばしば、著作物性の有無の判断と重複することになる。

(B) **著作物の性質と複製に該当する範囲**

実務上重要であるのは、著作物の性質により、複製に該当するとされる場合が相当に狭められる場合がありうることである。性質上、誰が書いても似たような表現にしかならない場合や、当該思想感情を表現する方法が限られている場合は、著作物の同一性もしくは類似性が認められる範囲は狭くなる。

このような場合が問題となった裁判例に、たとえば次のようなものがある。

(a) 文章の著作物の場合

ア 学術論文

判例コメント6 ＝ f-MRI事件

自己の論文の前提として、言及する対象となる先行研究成果がどのようなものであるかは、事実に関する事柄であるから、その事実を紹介する記述内容は、執筆者によって、さほど異ならないのは通常であり、また、表現の選択の幅も

狭いものとなる。

イ　実習書
東京高判平成13・9・27判時1774号123頁「解剖実習の手引き事件」

「本件書籍に記載されているような、人体の各器官の構造、各器官と動静脈及び神経叢との各位置関係等についての客観的な事実はもちろん、解剖の手順・手法も、これらに関する考え（アイデア）も、それ自体は、本来、誰に対しても自由な利用が許されるべきものであって、特定の者に独占させるべきものではないことは、当然というべきである。したがって、解剖実習書である本件書籍についていえば、著作権法上の著作物となる根拠としての表現の創作性となり得るのは、表現された客観的事実自体、手順・手法自体やアイデア自体の有する創作性ではなく、これらの創作性を前提にし、これを当然の出発点としてもなおかつ認められる表現上の創作性に限られるものというべきである」

ウ　書籍中、外国文献資料（裁判記録など）の翻訳にかかる部分
東京地判平成10・11・27判時1675号119頁「歴史書籍・壁の世紀事件」

「特に、原告著作物のうち、NHK資料の翻訳に係る部分については、訳語及び訳文の選択の範囲が限定され、そのことによって、訳語、訳文がほぼ同一とならざるを得ないような場合には、原告著作物の創作性の範囲は狭いものとして、ほぼ同一であるという理由のみによって、当然には複製権を侵害したことにはならないというべきである。また、原告著作物のうち、NHK資料の要約に係る部分については、正確性が重視される歴史作品としての制約、裁判記録等の原資料の性質等から、表現の独自性を発揮し得る範囲が限定される場合があり、そのような場合にも、原告著作物の創作性の範囲は狭いものとして、ほぼ同一であるという理由のみによって、当然には複製権を侵害したことにはならないというべきである」

エ　タレントのインタビュー中の、タレントの回答部分
東京地判平成10・10・29判時1658号166頁「SMAP大研究事件」

「著作権は創作的な表現を保護するものであるから、既存の著作物の利用を著作権侵害というためには、その中の創作的な表現形式を複製又は翻案したものであることを要し、既存の著作物の内容となっている事実のみを抽出してこれを再製した場合など、既存の著作物中の創作性の認められない部分を利用し

たにすぎない場合には、複製権又は翻案権を侵害しないものというべきである」

　オ　交通標語

東京高判平成13・10・30判時1773号127頁「交通標語事件」

「交通標語の著作物性の有無あるいはその同一性ないし類似性の範囲を判断するに当たっては、①表現一般について、ごく短いものであったり、ありふれた平凡なものであったりして、著作権法上の保護に値する思想ないし感情の創作的表現がみられないものは、そもそも著作物として保護され得ないものであること、②交通標語は、交通安全に関する主題（テーマ）を盛り込む必要性があり、かつ、交通標語としての簡明さ、分りやすさも求められることから、これを作成するに当たっては、その長さ及び内容において内在的に大きな制約があること、③交通標語は、もともと、なるべく多くの公衆に知られることをその本来の目的として作成されるものであること（原告スローガンは、財団法人全日本交通安全協会による募集に応募した作品である。）を、十分考慮に入れて検討することが必要となるというべきである。

そして、このような立場に立った場合には、交通標語には、著作物性（著作権法による保護に値する創作性）そのものが認められない場合も多く、それが認められる場合にも、その同一性ないし類似性の認められる範囲（著作権法による保護の及ぶ範囲）は、一般に狭いものとならざるを得ず、ときには、いわゆるデッドコピーの類の使用を禁止するだけにとどまることも少なくないものというべきである」

　(b)　図画の著作物の場合

広告図案

大阪地判昭和60・3・29無体集17巻1号132頁「商業広告事件」

「本件広告(1)が著作物と認められるのは、本件広告(1)が前認定の構成・素材を総合的に釣合よく配置構成して、見る者をして全体として一つの纏まりのあるグラフィックな作品と見させることによるものであるから、その著作物として表現形式上の本質的特徴部分を形成する個性的表現部分は、右具体的な構成と結びついた特徴のある表現形態から直接把握される部分に限られ、前記個々の構成・素材を取り上げたアイデアや構成・素材の単なる組合わせから生ず

イメージなどの抽象的な部分にまでは及ばないものと認めるのが相当である」

　(C)　設計図面の場合

建築設計図

判例コメント4＝マンションの設計図の著作物性事件(2)

　マンションの建築設計図の複製権侵害が問題となった事案について、「作図上の表現において設計者による独自の工夫の入る余地は限られているといえる」「もっとも、……各部屋や通路等の具体的な形状や組合せ等も含めた具体的な設計については、……個性が発揮される余地は残されているといえるから、……図面全体については、これに作成者の個性が発揮されていると解することができ、創作性が認められる」「ただし、……本件においては設計者による選択の幅が限定されている状況下において作成者の個性が発揮されているだけであるから、その創作性は、その具体的に表現された図面について極めて限定的な範囲で認められるにすぎず、その著作物性を肯定するとしても、そのデッドコピーのような場合に限って、これを保護し得るものであると解される」と判示した。

　(d)　文字の場合

　ア　広告用書道文字

　大阪地判平成11・9・21判時1732号137頁「装飾文字『趣』事件」

　「文字自体は、情報伝達手段として、万人の共有財産とされるべきところ、文字は当該文字固有の字体によって識別されるものであるから、同じ文字であれば、その字形が似ていてもある意味では当然である。したがって、書又はこれと同視できる創作的表現として、著作物性が認められるといっても、独占排他的な保護が認められる範囲は狭いのであって、著作物を複写しあるいは極めて類似している場合のみに、著作権の複製権を侵害するというべきであり、単に字体や書風が類似しているというだけで右権利を侵害することにはならない」

　イ　書　画

　東京高判平成14・2・18判時1786号136頁「雪月花事件」

　著作者（控訴人の被相続人）の著作に係る書が写されている（と控訴人が主張する）写真を、被控訴人が照明器具の宣伝広告用カタログに掲載し、これを制

作、発行したため、著作者が損害賠償等を請求した事案。

判決は、書の著作物としての特性について、「書の著作物としての本質的な特徴、すなわち思想、感情の創作的な表現部分は、字体や書体のほか、これに付け加えられた書に特有の……美的要素に求めざるを得ない」ことから、書を写真により再製した場合に、その行為が美術の著作物としての書の複製にあたるといえるためには、「一般人の通常の注意力を基準とした上、当該書の写真において、上記表現形式を通じ、単に字体や書体が再現されているにとどまらず、文字の形の独創性、線の美しさと微妙さ、文字群と余白の構成美、運筆の緩急と抑揚、墨色の冴えと変化、筆の勢いといった上記の美的要素を直接感得することができる程度に再現がされていることを要するものというべきである」とした。

(e) その他

イラストの二次的著作物である人形について、その創作性は先行著作物であるイラストを立体的に表現した点にのみ存在するとしたうえで、そのような創作的部分が被告イラスト等に感得されないことを理由として、控訴人の請求を棄却した裁判例が存在する（東京高判平成13・5・30判時1797号131頁「キューピー事件Ⅱ」）。

(4) 依拠性

判例（**関連判例9－1－1**「ワン・レイニー・ナイト・イン・トーキョー事件」）によると、著作物の複製とは、「既存の著作物に依拠し、その内容及び形式を覚知させるに足りるものを再製することをいう」とされており、依拠性が要件である。

依拠とは、既存の著作物に基づき創作することである。つまり、ある新作の著作物が既存の著作物と偶々同一もしくは類似であっても、著作者が既存の著作物を知らず、それと関係なく独自の創作として新作の著作物を生み出した場合には、複製ではない。

依拠性の要件は、ほとんどの場合、「依拠したか、しなかったか」という事実認定の問題である。この要件の立証責任は被侵害者のほうにあるが、新作著作物の著作者が既存の著作物にアクセス（見聞）する可能性があったとか、新旧著作物がその性質や内容に鑑みて相互に独立して創作されることが考えがた

いほどに類似しているとかの事情があれば、依拠性は認められるであろう。

なお、**判例コメント50**＝マンション読本事件では、1つのキャラクターを表現した多数の原告イラストについて、被告らが実際に依拠したイラストを厳密に特定する必要がなく、それらのいずれかに依拠したことを主張・立証することをもって、依拠性の主張・立証としては足りる旨を判示している。

(5) コンピュータ・プログラムやデジタルコンテンツの一時的記憶

コンピュータ・プログラムやデジタルコンテンツを、ROM（Read Only Memory）や外部記憶装置に記憶させる行為が複製に該当することは明らかであるが、コンピュータ・システム内のRAM（Random Access Memory）などの一時的記憶装置（一時的な使用後にデータが消去させることを予定されている装置）に読み出す行為が複製に該当するか否かという問題がある。たとえばSaaS（インターネットなどを通じてソフトウェアを利用するサービスを提供すること）やストリーミング配信の問題がこれに含まれる。

この点、音楽データが受信チューナーのRAMに蓄積される行為が一時的・過渡的なものであることに着目して著作権法上の「複製」に該当しないとする裁判例（東京地判平成12・5・16判時1751号128頁「スターデジオ事件」）、ストリーミング配信について視聴した後にパソコン等にデータが残らないことを理由に複製物が作成されたとは認められない（ため、ストリーミングの再生回数が114条1項にいう受信複製物の数量とはならない）とする裁判例（**判例コメント49**＝動画配信サイトのストリーミング配信事件）があり、いずれも一時的な使用が複製に該当しないと解しているようである。著作権法の平成30年改正後の47条の4第1項1号（改正前の47条の8）は、著作権者の利益を不当に害することとなる場合を除き、電子計算機のキャッシュのための複製を許容している。

2　上演・演奏権（22条）

(1) 権利の内容

著作者は、著作物を、公衆に直接見せまたは聞かせることを目的として（以下、「公に」という）上演し、または演奏することのできる権利を専有する（22条）。

上演は、「演奏（歌唱を含む。以下同じ。）以外の方法により著作物を演ずる

こと」（2条1項16号）をいい、演奏は、著作権法上定義規定はなく、音楽（歌唱を含む、同号括弧書）を演ずることをいう。公衆とは、通常は、「不特定多数」をいう概念と考えられるが、著作権法上は、「特定かつ多数」も含む概念である（同条5項）。

また、「上演」「演奏」には、「著作物の上演、演奏又は口述で録音され、又は録画されたものを再生すること（公衆送信又は上映に該当するものを除く。）及び著作物の上演、演奏又は口述を電気通信設備を用いて伝達すること（公衆送信に該当するものを除く。）」を含むと規定されている（2条7項）。

たとえば、友人の前での歌唱や、多数の客が出入りするホテルでピアノ演奏をする行為のほか、CD・DVDやカラオケ装置を利用して録音された音楽を再生する行為も演奏に含まれる。

このように、上演権、演奏権（22条）の対象としては、生演奏や生上演だけでなく、著作物の上演・演奏の録音物・録画物による再生が含まれる。ただし、録画するものを再生することが公衆送信に該当する場合には公衆送信権が働き、上映に該当する場合には、上映権が働く。

また、上演権、演奏権（22条）の対象として、電気通信設備を用いた伝達も含まれるが、著作物の上演、演奏が公衆送信され、それが受信装置を用いて公に伝達される行為には伝達権（23条2項）が働くこととなる。

(2) 上演権・演奏権に関する裁判例

まず、著作物の公衆に対する使用行為と評価できるか問題となった事案として、入会金を支払えば入会できるダンス教室において、ダンスの伴奏としてCDプレーヤーを使用しCDに録音された音楽著作物を再生する行為につき、公衆に対するものと評価した裁判例がある（名古屋高判平16・3・4判時1870号123頁、名古屋地判平15・2・7判時1840号126頁「社交ダンス教室事件」）。

次に、著作物を直接的に演奏しているのは歌唱している客であることから、間接的にこれにかかわっているとも考えられるクラブ・スナックや、カラオケボックスの経営者、リース業者について、演奏権侵害の主体として責任を問えるのかという侵害者の主体が問題になっている。

この点、最高裁は、スナックの店主が客にカラオケ伴奏で楽曲を歌唱させる行為について、当該客の歌唱による音楽著作物の演奏の主体は店主であると判

示した（**関連判例9－3－1**「クラブ・キャッツアイ事件」）。その後の下級審は、おおむね同事件の判例理論に従っており、カラオケボックスについても同様の判断を示した裁判例として、大阪地決平成9・12・12判時1625号101頁「カラオケルームネットワーク事件」、東京地判平成10・8・27判時1654号34頁「ビッグ・エコー事件」があげられる。

また、カラオケの演奏をめぐっては、カラオケ装置のリース業者の責任がしばしば問題となるところ、この点に関して、カラオケリース契約を締結したリース業者は、当該カラオケを利用した音楽著作物の著作権侵害行為につき侵害者たるリース契約の相手方と共同不法行為責任を負うことを認めた判例がある（**関連判例9－4－1**「ビデオメイツ事件」）。

ライブハウスにおける演奏については、**関連判例9－3－1**「クラブ・キャッツアイ事件」を参照判例として引用したうえで、ライブハウスの経営者を演奏主体（著作権侵害主体）にあたると評価した判例が出ている（**判例コメント27**＝ライブハウス事件）。その一方で、レストランカフェの店舗における第三者主催のライブについて、店舗経営者の演奏主体性を否定した裁判例もある（大阪高判平成20・9・17判時2031号132頁「デサフィナード事件」）。

3　上映権（22条の2）

(1)　権利の内容

著作者は、その著作物を公に上映する権利を専有する（22条の2）。

上映とは、「著作物（公衆送信されるものを除く。）を映写幕その他の物に映写することをいい、これに伴って映画の著作物において固定されている音を再生すること」を含むとされている（2条1項17号）。

映写される場所は、映画のスクリーンだけでなく、コンピュータのディスプレイ、テレビ受像器、ビル壁面の大型ディスプレイなども含まれる。

たとえば、大学の教授が自らのコンピュータ内にある映像を同じ教室内の多数の学生のコンピュータに送信しディスプレイに映し出す行為は、上映権の対象となるが、一方で、大学の教授がインターネットを通じて異なる構内にいる多数の学生に対し映像を送信しこれを端末の受像機に映し出して提示する行為は、「公衆送信されるもの」に該当するため、上映権の対象とはならない（2

条1項17号括弧書)。

　また、「映画の著作物において固定されている音」(2条1項17号後段)とは、映画のサウンド・トラックに固定されている映画音楽等を意味する。そのため、映画音楽を生演奏したりCDから再生する行為は演奏にあたるが、映画とともに劇場で再生される場合は、上映に該当する。

(2) 上映権に関する裁判例

　レーザーディスクカラオケによって映像とともに再生される音楽について、経営者は、「顧客の選曲に従って自ら直接カラオケ装置を操作する代わりに顧客に操作させているということができる」ことを理由に、管理著作物の複製物を含む映画著作物の上映を行っている主体を経営者であると認めたうえで、経営者のレーザーディスクカラオケの上映行為につき上映権侵害を認めた裁判例がある(東京地判平成10・8・27判時1654号34頁「ビッグ・エコー事件」)。

4　公衆送信権(23条1項)・伝達権(同条2項)

(1) 公衆送信とは(2条1項7号の2)

　著作者は、その著作物について、公衆送信を行うことのできる権利を専有する(23条1項)。

　公衆送信とは、「公衆によって直接受信されることを目的として無線通信又は有線電気通信の送信……を行うこと」をいう(2条1項7号の2)。

　「公衆送信」にはさまざまな種類があり、「公衆送信」は、放送(2条1項8号)、有線放送(同項9号の2)、自動公衆送信(同項9号の4)等を含む上位概念である。

　公衆送信のうち、たとえばテレビ、ラジオなどのような、公衆によって同一の内容の送信が同時に受信されることを目的として行う送信であって無線通信の送信を、「放送」という(2条1項8号)。一方、そのような送信であって、無線通信ではなく有線電気通信によるものは、「有線放送」である(同項9号の2)。「放送」と「有線放送」の違いは、通信方法が無線か有線かという点にある。

　また、公衆送信のうち、たとえばインターネットなどのような、公衆からの求めに応じ自動的に行うもの(放送または有線放送に該当するものを除く)は、

無線通信か有線電気通信かを問わず、「自動公衆送信」である（2条1項9号の4）。

このように、「公衆送信」の概念の中には、「放送」「有線放送」および「自動公衆送信」と、たとえばFAXによって多数の者に同一内容の送信を行う場合など、その他の公衆送信がある。

なお、公衆送信は、「公衆によって直接」受信させることを目的とするものでなければならないため、たとえば、特定人への電話やFAX、電子メールによる送信は、公衆送信には該当しない。

また、著作権法2条1項7号の2括弧書において、公衆送信から「電気通信設備で、その一の部分の設置の場所が他の部分の設置の場所と同一の構内（その構内が二以上の者の占有に属している場合には、同一の者の占有に属する区域内）にあるものによる送信（プログラムの著作物の送信を除く。）」を除外している。同一構内での送信を公衆送信の対象から除外するものである。同一構内の場合は、公衆送信権が働かなくとも、上演権・演奏権・口述権・上映権によって処理できる場合も多いからである（加戸・逐条講義33頁、中山・著作権法258頁）。

一方、プログラムの著作物の送信については、公衆送信の対象から除外されないため（2条1項7号の2括弧書内の括弧書）、プログラムの著作物の送信には、同一構内での送信であっても、公衆送信権が及ぶこととなる。同一構内の送信であっても、プログラム著作物については、プログラムの複製物を1つだけ購入してLANを通じてホストコンピュータから同一構内の端末に送信して利用するような場合は、上述のように上演権等ほかの支分権によって捉えることができず、このことがプログラムの著作者に著しい経済的不利益を与えることが考えられるため、このような複雑な規定となっている（加戸・逐条講義34頁、中山・著作権法258頁）。

(2) 送信可能化（2条1項9号の5）

公衆送信のうち自動公衆送信に限っては、現に自動公衆送信が行われるに至る前の準備段階の行為である送信可能化にも権利が及ぶ（23条1項括弧書）。

具体的には、「送信可能化」には、ネットワークに接続された自動公衆送信装置（2条1項9号の5イ括弧書）に情報を記録・入力する行為等（同号イ）と、情報が記録・入力されている自動公衆送信装置をネットワークに接続する行為

（同号ロ）がある。

「自動公衆送信装置」とは、「公衆の用に供する電気通信回線に接続することにより、その記録媒体のうち自動公衆送信の用に供する部分（以下この号において「公衆送信用記録媒体」という。）に記録され、又は当該装置に入力される情報を自動公衆送信する機能を有する装置をいう」（2条1項9号の5イ括弧書）と定義されている。このように、技術的な特性によって定義された「自動公衆送信装置」（同）とはどのような装置であるかについて判示した事案がある（**判例コメント45**＝まねきTV事件）。

(3) 公衆送信権に関する裁判例

社会保険庁の職員が、同庁内のLANシステムにおける掲示板上に著作物を掲載した行為につき、社会保険庁内部部局、施設等機関、地方社会保険事務局および社会保険事務所をネットワークで接続するLANシステムは同一の構内に限定されていない電気通信設備に該当するとして、当該掲載行為は、公衆送信権侵害とされた事案がある（**判例コメント28**＝社保庁LAN事件）。

さらに、詳細は第9章に譲るが、物理的に侵害行為を行っていない者について侵害主体性の判断を行った事案がある。電子ファイル交換サービス提供者の法的責任が問題となった事案において、他人の著作物を複製した電子ファイルを自己のパソコンの共有フォルダに蔵置してサーバに接続する行為は、送信可能化に該当するとされ、このようなファイル交換サービスを提供した者が自動公衆送信権の主体であるとされた（東京地判平成15・1・29判時1810号29頁「ファイルローグ事件」）。そのほか、著作隣接権の事案であるがマンション内に設置され、マンションの区分所有者（居住者）からの録画予約に応じて共同受信したテレビ放送番組を録画し、各専有部分内の端末装置からのアクセスにより、当該端末へ送信する行為が公衆送信に該当するとされ、このような集合住宅用の自動録画装置の販売事業者につき、送信可能化行為の主体となるとされた事案もある（大阪地判平成17・10・24判時1911号65頁、大阪高判平成19・6・14判時1991号122頁「選撮見録事件」）。また、テレビ放送をインターネット経由で転送できる市販の機器を事業者が預かって転送サービスを行っていた事案において、その送信行為は自動公衆送信に該当するとされ、転送サービスを行っていた事業者が送信主体であると判断されている（**判例コメント45**＝まねきTV事件）。

さらに、近年 SNS（ソーシャルネットワーキングサービス）等のオンラインサービスが広がりをみせているが、インターネット上の短文投稿サイト「ツイッター」におけるいわゆるリツイート行為（他のユーザーの短文投稿を自分のアカウントから発信すること）につき、著作権侵害のあるツイートをリツイートした場合に、リツイートした者も著作権侵害となるか争われた事案がある（**判例コメント31**＝ツイッターへの発信者情報開示請求事件）。詳細は**判例コメント31**に譲るが、第1審判決においては、自動公衆送信の主体は、本件リツイート者らではないし、本件リツイート者らを幇助者と認めることもできないとして、公衆送信権侵害が否定されている。なお、控訴審判決においては、第1審判決と同じく著作権侵害は否定したものの、リツイート行為によって、タイムライン（ツイッターにおける、発言が時系列で並んだ状態の表示画面のことをいう）うえで、著作物が異なった形や大きさで表示されるとして、同一性保持権や、氏名表示権の侵害を認める判断がされており（**判例コメント31**＝ツイッターへの発信者情報開示請求事件）、その射程も注目される。

　刑事事件としては、Winny というファイル共有ソフトを用いて映画等の情報をインターネットでダウンロードできるようにした行為につき、著作権侵害罪の成立が認められた事案がある（京都地判平成16・11・30判時1879号153頁「Winny ファイル交換事件」）。この事件で使用されたファイル共有ソフト Winny を開発し改良のうえウェブサイト上で不特定人に公開していた者につき、正犯者らの犯行に先立つ Winny の提供行為が、正犯者らの著作権法違反罪の幇助犯にあたるとして起訴された事案がある（**判例コメント52**＝ Winny 幇助事件）。詳細は**判例コメント52**に譲るが、控訴審で無罪とされ、上告審である最高裁で上告棄却され、無罪が確定した。

(4) 伝達権（23条2項）

　著作者は、公衆送信されるその著作物を受信装置を用いて公に伝達することについて権利を専有する（23条2項）。

　ここにいう伝達とは、受信した著作物をそのまま直接的に伝達する行為を指す。著作物をいったん録音または録画して固定したものを再生して、公衆に直接見せまたは聞かせる行為は、上演権、演奏権、上映権の対象となるが（2条7項、22条、22条の2）、伝達権（23条2項）は、これらの権利の対象となるも

のを除き、公衆送信されてきた著作物をそのまま公衆に伝達する行為を対象とするものである（加戸・逐条講義195頁）。

たとえば、公衆の面前あるいは公衆に開かれた場所において、テレビ受信機を設置し、放送される著作物を受信して視聴させる行為については、本条の対象となる。

なお、伝達権は大幅に制限されており、放送または有線放送される著作物を、営利を目的とせず、かつ、聴衆または観衆から料金を受けずに受信装置を用いて公に伝達する場合や、家庭用受信装置を介して伝達する場合は、伝達権は及ばない（38条3項）。

5　口述権（24条）

著作者は、その言語の著作物を公に口述する権利を専有する（24条）。

口述は、「朗読その他の方法により著作物を口頭で伝達すること（実演に該当するものを除く。）」と定義されている（2条1項18号）。

言語の著作物でなければ口述できないため、口述権は、言語の著作物のみを対象とする。詩の朗読が典型例である。

上演権や演奏権と同様、口述権は、口述で録音されたものを再生することや電気通信設備を用いて伝達することについても及ぶ（2条7項）。ただし、公衆送信や上映に該当する場合は、別途公衆送信権や上映権が働くために、口述権から除かれている（同項括弧書）。

6　展示権（25条）

(1)　権利の内容

著作者は、その美術の著作物またはまだ発行されていない写真の著作物をこれらの原作品により公に展示する権利を専有する（25条）。

展示権の対象は、美術の著作物、未発行の写真の著作物の原作品であり、原作品でない複製物の展示には、展示権は及ばない。

「原作品」の定義については、著作権法上規定されていない。たとえば、絵画の場合、原作品は通常1個しかなく明らかである。他方、版画や鋳型彫刻等のように複数の原作品が存在するものについては、そのすべてが本条にいう原

作品と解される。また、写真の場合、原作品はネガフィルムではなく、印画紙にプリントされたものが原作品であるとされているところ、大量の原作品が現れる可能性を考慮し、未発行のものに限定されたとされている（加戸・逐条講義191頁～192頁）。

(2) 所有権との調整

展示権の対象は、著作物という無体の情報であるが、原作品という有体物を通じて具現化する権利であるため、展示権と所有権との間で抵触が生ずる場合がある。そのため、美術の著作物、写真の著作物の原作品の所有者またはその同意を得た者は、その原作品を自由に展示することができる（45条1項）。ただし、美術の著作物の原作品を屋外に恒常的に設置する場合は除かれている（同条2項）。このような権利制限規定により、展示権の効力が及ぶのは、所有者の同意を得ない者による展示（同条1項反対解釈）、美術の著作物の原作品を公園等に恒常的に設置する場合（同条2項）に限られることとなる。

7　頒布権（26条）

(1) 権利の内容

著作者は、その映画の著作物をその複製物により頒布する権利を専有する（26条1項）。

頒布とは、「有償であるか又は無償であるかを問わず、複製物を公衆に譲渡し、又は貸与すること」であり、「映画の著作物又は映画の著作物において複製されている著作物にあっては、これらの著作物を公衆に提示することを目的として当該映画の著作物の複製物を譲渡し、又は貸与すること」を含むものとして定義されている（2条1項19号）。

また、映画の著作物において複製されている著作物の著作権者は、当該映画の著作物の複製物により頒布する権利を専有する（26条2項）。これは、映画の中に複製されている著作物、すなわち映画音楽や美術作品などの著作者が、その映画に複製されている自己の著作物の映画としての一体的利用に関し、頒布権を有する旨の規定である。

(2) 頒布権の限界（消尽論）

頒布権には、いったん適法に譲渡された後は、当該複製物について権利を行

使できないとする、いわゆる権利消尽に関する明文の規定はない。

　頒布権は、劇場用映画の配給制度を考慮し設けられた規定であり、一般に、映画フィルムの流通によっても消尽しないと解されてきた。しかし、映画の著作物には、「映画の効果に類似する視覚的又は視聴覚的効果を生じさせる方法で表現され、かつ、物に固定されている著作物」を含むものとされており（2条3項）、配給制度を前提としないDVDやゲームソフトなども映画の著作物に含まれるところ、これらの著作物について、映画の著作物と同様に、複製物の適法な譲渡によっても頒布権が消尽しないかが争われた。

　この点につき、最高裁は、「公衆に提示することを目的としない家庭用テレビゲーム機に用いられる映画の著作物の複製物の譲渡」については、「当該著作物の複製物を公衆に譲渡する権利は、いったん適法に譲渡されたことにより、その目的を達成したものとして消尽し、もはや著作権の効力は、当該複製物を公衆に再譲渡する行為には及ばないものと解すべきである」とし（最一小判平成14・4・25（大阪事件：平成13年（受）第952号、東京事件：平成13年（受）第898号）判時1785号3頁「中古ゲームソフト事件」）、ゲームソフトの適法な譲渡により、頒布権のうち譲渡する権利については消尽すると判断している。

　かかる最高裁判決の「公衆に提示することを目的としない……映画の著作物の複製物の譲渡」の射程範囲が問題となるが、この点、ビデオソフトに関する頒布権の消尽について、最高裁判決後になされた裁判例において、ビデオソフトは、配給制度による上映により公衆に提示することを目的としていない点において、家庭用テレビゲーム機用ソフトウェアと同じであり、最三小判平成9・7・1民集51巻6号2299頁「BBS並行輸入事件」の権利消尽の原則についての説示は、本件各ビデオソフトにもあてはまるというべきである、として、ビデオソフトに関して、頒布権の消尽を認めた裁判例がある（東京地判平成14・1・31判時1791号142頁「中古ビデオ販売事件」）。

　なお、上記最高裁判決以前の裁判例において国内に並行輸入されたビデオソフトの事案であるが、並行輸入されたビデオソフトを国内で譲渡することは頒布権侵害とされた事案もある（東京地判平成6・7・1知裁集26巻2号510頁「101匹ワンちゃん並行輸入事件」）。

8　譲渡権（26条の2第1項）

　著作者は、映画の著作物以外の著作物をその原作品または複製物（映画の著作物において複製されている著作物にあっては、当該映画の著作物の複製物を除く）の譲渡により公衆に提供する権利を専有する（26条の2第1項）。

　譲渡権は、違法に複製したものも含め、すべての複製物を対象としている。

　もっとも、著作物の円滑な流通を保護し、権利者の二重利得を防止するため、適法に譲渡された著作物の原作品・複製物については、譲渡権を行使できないとされている。このように、譲渡権においては、いわゆる権利消尽の規定により、以下の場合に譲渡権が消尽すると定めている（26条の2第2項）。①譲渡権者またはその許諾を得た者により公衆への譲渡が行われた場合（同項1号）、②裁定（第8章参照）等を受けて公衆への譲渡が行われた場合（同項2号）、③著作権法67条の2第1項（裁定申請中の著作物の利用：第8章参照）の適用を受けて公衆への譲渡が行われた場合（同項3号）、④譲渡権者またはその承諾を得た者により特定少数の者に譲渡が行われた場合（同項4号）、⑤外国において、譲渡権に相当する権利を害することなく、または譲渡権に相当する権利を有する者もしくはその承諾を得た者により譲渡が行われた場合（同項5号）である。

　なお、これらの消尽規定は、強行規定であり、譲渡当事者間の特約等によって、譲渡権が消尽しないこととすることはできないとされている。ただし、消尽を否定する契約であっても当事者間では原則として有効であるから、譲受人は契約違反の責任を問われることがあり得る。

9　貸与権（26条の3）

(1)　権利の内容

　著作者は、映画の著作物以外の著作物を、その複製物の貸与により、公衆に提供する権利を専有する（26条の3）。

　貸与には、「いずれの名義又は方法をもってするかを問わず、これと同様の使用の権原を取得させる行為」が含まれる（2条8項）。

　その趣旨は、脱法的行為を規制することであり、たとえば売買契約の形式をとっていても、その実態をみれば貸与にあたる行為となれば、貸与権が及ぶこ

とになる。

　譲渡権（26条の2第1項）とは異なり、貸与権においては、文言上、その対象は複製物のみとされており、貸与権は、原作品には及ばないとする理解がある（加戸・逐条講義211頁～212頁）。ただし、著作権法26条の3にいう「複製物」には、原作品も含むと解する学説もある（作花・詳解272頁～273頁、田村・概説169頁注1）。

(2) 貸与権に関する裁判例

　貸与権に関する裁判例としては、パソコン用ソフトウェアプログラムの著作物の著作者が、パソコン用ソフトウェアの公衆へのレンタル業者に対して、貸与権に基づいてソフトウェアのレンタルにつき差止めの仮処分を求めた事案において、形式的には貸与とはいえない中古販売方式についても、貸与と同様の使用の権原を取得させる行為であるとして、請求が認められた裁判例がある（東京地決昭和62・4・6判時1227号132頁「パソコン用ソフトレンタル差止仮処分事件」）。

10　翻案権（27条）

(1) 概　説

　著作者は、自らの著作物（原著作物）を翻訳、編曲、変形、脚色などの翻案する権利（翻案権、翻案の結果創作された著作物を「二次的著作物」という）を有する（27条）。たとえば、小説（原著作物）を元に映画（二次的著作物）を製作する場合、原著作物となる小説の著作権者の許諾を要する。また、上記映画（二次的著作物）を元に漫画（小説および映画の二次的著作物）を創作する場合には、その漫画の創作についても小説の原著作権者の許諾を要することとなる（28条）。

　なお、他人の著作物を変更する場合では同一性保持権（20条）も、問題となる。この権利は、著作権者以外に著作物の改変を許さない権利であるが、これは著作者人格権の1つである。詳細は第3章4参照。

(2) 翻案権の帰属

　このように、原著作者は原著作物について翻案権を有することとなる。そして、複数の者が創作にかかわっている場合や原著作物の創作当初より翻案が予

定されている場合などに、翻案権の帰属、すなわち著作者は誰かが問題となることがある（**判例コメント18**＝グッドバイ・キャロル事件、**判例コメント19**＝マクロス事件Ⅱ、東京地判平成10・10・29判時1658号166頁「SMAP大研究事件」、大阪地判平成12・12・26知財管理52巻4号489頁「マイコンテストボックス事件」、東京地判平成14・3・25判時1789号141頁「宇宙戦艦ヤマト事件」、東京地判平成14・8・28判時1816号135頁「はだしのゲン事件」）。

　まず、著作物の原作品に実名等が表示されている場合には、著作者と推定される（14条）。しかし、実際の創作過程への関与の有無や内容によっては、推定が覆されることもある（**判例コメント25**＝駒込大観音事件）。

　次に、著作権の帰属について契約等を締結し、そこで明確に規定していれば契約内容に従うことになるが、契約がない場合や帰属についての規定が不明確であれば、著作権法の規定に従い（15条、16条、29条等）、実際の創作過程などの具体的な事情が考慮される。

　また、翻案権も譲渡することができるが（61条1項）、著作権を譲渡する契約において、翻案権（27条）または二次的著作物の利用に関する原著作者の権利（28条）が譲渡の目的として特掲されていないときは、これらの権利は、譲渡した者に留保されたものと推定される（61条2項）ので、注意を要する（**判例コメント13**＝どこまでも行こう事件（損害賠償請求事件）、**判例コメント37**＝ひこにゃん事件、**判例コメント38**＝CRフィーバー大ヤマト事件）。

　なお、同一性保持権は、翻案権とは別の著作者人格権であり、一身専属権として譲渡はできないとされているので（59条1項）、同一性保持権については不行使の特約を入れるなどの対応が必要となる。

(3) **翻案の意義**

　言語の著作物の翻案とは、既存の著作物に依拠し、かつ、その表現の本質的な特徴の同一性を維持しつつ、具体的表現に修正、増減、変更等を加えて、新たに思想または感情を創作的に表現することにより、これに接する者が既存の著作物の表現上の本質的な特徴を直接感得することのできる別の著作物を創作する行為であるとされる（**関連判例9－1－2**「江差追分事件」）。そして、言語の著作物以外の著作物においても、この定義が利用されている（**判例コメント26**＝自動接触角計プログラム侵害事件、**判例コメント29**＝舞妓写真事件、**判例コメ**

ント30＝歴史小説の"参考文献"事件(2)、**判例コメント32**＝釣りゲーム事件）。

(4) 複製権等との関係

複製権、上演権、演奏権等は、著作物をそのまま利用する行為や表現をそのまま利用する行為を対象とする。

これに対し、翻案権は、原著作物の具体的表現に修正、増減、変更等を加えて、新たに思想または感情を創作的に表現する点で複製権等とは異なる。また、翻案権は、新たに思想または感情を創作的に表現し、この新たな創作的表現に接する者が既存の著作物の表現上の本質的な特徴を直接感得することのできる別の著作物を創作する行為を対象とするので、修正等の結果、既存の著作物の表現上の本質的な特徴を直接感得することができないような著作物が創作された場合には、もはや翻案にも該当しないこととなる。

(5) 翻案権侵害の要件

翻案権侵害の要件は、①既存の著作物に依拠すること、②ⓐその表現の本質的な特徴の同一性を維持していること、②ⓑ具体的表現に修正、増減、変更等を加えて、新たに思想または感情を創作的に表現すること、②ⓒこれにより、これに接する者が既存の著作物の表現上の本質的な特徴を直接感得することのできること、②ⓓ別の著作物を創作することとされる。

(A) 依拠（①、主観的要件）

依拠とは、行為者が既存の著作物の存在、内容を知っており、かつ、これを作品の表現上の素材としたことをいうとされ、複製と同様、翻案においても必要とされる。

(B) 本質的な特徴の同一性（②ⓐ、②ⓒ）

原著作物の翻案と別個独立の著作物の創作を区別するための要件である。②ⓐは創作者側から、②ⓒはこれに接する者の側から捉えたものであり、翻案の判断基準の中核となる要件である。

(a) 翻案の判断基準

この点、著作物の本質を「内容」「内面的形式」「外面的形式」に三分類し、「内容」自体の保護は否定するが、「内面的形式」の利用は翻案権、「外面的形式」の利用は複製権により保護するという見解がある。この見解では、翻案権侵害は内面的形式の利用が認められるかどうかにより判断する（名古屋地判平

成 6・7・29 判時1540号94頁「女優貞奴事件」）。

これに対し、**関連判例 9 − 1 − 2**「江差追分事件」では、**関連判例 4 − 10 − 1**「パロディ写真事件」の同一性保持権侵害を認めた判旨を参考にして、表現形式上の本質的特徴を直接感得できるかにより判断し、現在では実務上、この判断基準が一般的に利用されている。

【関連判例 4 − 10 − 1「パロディ写真事件」最三小判昭和55・3・28（昭和51年(オ)第923号）民集34巻3号244頁、判時967号45頁、判タ415号100頁】

グラフィックデザイナーのYは、写真家Xのスキーヤーが雪山の斜面を滑降する写真（以下、「本件写真」という）の右上部にタイヤを配したモンタージュ写真（以下、「本件モンタージュ写真」という）を作成し、Yの写真集に収録するとともに、B社の雑誌に掲載した。Xは、Yに対し、著作権および著作者人格権（同一性保持権）の侵害を理由に損害賠償等を求めた。これに対し、Yは、本件モンタージュ写真は本件写真とは別の新たな著作物であるから、本件写真の偽作ではないなどと主張した。

最高裁は、「他人の許諾なくして利用することが許されるのは、他人の著作物における表現形式上の本質的な特徴をそれ自体として直接感得させないような態様においてこれを利用する場合に限られる」とし、同一性保持権の侵害を認めた。

(b) 裁判例

翻案の該当性について争われた裁判例としては、①インタビュー記事の翻案権侵害などが問題となった事案（東京地判平成10・10・29判時1658号166頁「SMAP大研究事件」）、②プログラムの翻案などが問題となった事案（大阪地判平成12・12・26知財管理52巻4号489頁「マイコンテストボックス事件」、**判例コメント26**＝自動接触角計プログラム侵害事件）、③翻訳本（二次的著作物）のパロディについて翻案権侵害が争われた事案（東京地決平成13・12・19（平成13年(ヨ)第22090号等）裁判所HP「チーズはどこへ消えた？事件」）、④演劇の公演が伝記小説の翻案に

あたるかが問題となった事案（大阪地判平成13・8・28（平成11年(ワ)第5026号）裁判所HP「コルチャック先生事件」）、⑤楽曲の編曲が問題となった事案（東京高判平成14・9・6判時1794号3頁「記念樹事件Ⅰ」）、⑥携帯電話用ゲームについて翻案が問題となった事案（**判例コメント32**＝釣りゲーム事件）、⑦舞妓の写真から日本画を作成したことについて翻案が問題となった事案（**判例コメント29**＝舞妓写真事件）、⑧歴史小説の参考文献が翻案にあたるか問題となった事案（**判例コメント30**＝歴史小説の"参考文献"事件(2)）などがある。

(C) 修正等（②ⓑ）

複製との区別をするための要件である。修正等がないものや修正等があっても新たな創作的表現とはいえないようなものは、翻案ではなく複製の問題となる。

(D) 別の著作物の創作（②ⓓ）

二次的著作物は、既存の著作物とは別の著作物であるので、この点を明らかにした要件である。

(6) 表現でない部分または創作性のない部分の同一性

関係判例9－1－2「江差追分事件」は、「思想、感情若しくはアイデア、事実若しくは事件など表現それ自体でない部分」や「表現上の創作性がない部分」において、既存の著作物と同一性を有するにすぎない場合には、翻案にはあたらないと判示している。前者については著作権法では具体的な表現は保護の対象となるが、アイデアは保護の対象にはならないこと（アイデアと表現の二分論）、後者は事実それ自体も著作権の保護対象ではないことを明らかにしたものである。

したがって、これらの点において類似しているとしても、翻案権侵害とはならない。

(7) **翻案権侵害と著作物の成立**

翻案権侵害により創作された著作物であっても、その著作物には著作権は有効に成立する。翻案権侵害と著作物の成立とは、別問題であり、著作権の成立には、創作的表現であることは要するが、適法性までは要求されていないからとされる。したがって、翻案権侵害により創作された著作物も、著作権者に無断で使用することは許されない。

11　二次的著作物の利用（28条）

(1)　概　説

　二次的著作物の原著作物の著作権者は、二次的著作物の利用に関し、二次的著作物の著作者と同一の種類の権利を有する（28条）。たとえば、二次的著作物を出版（複製）する場合には、二次的著作物の著作権者だけでなく、原著作者からも複製についての許諾を受けなければならない。また、頒布権（26条）は映画の著作物に認められる権利であるが、小説を映画化した場合には、小説の著作者にも頒布権が認められることになる。このように、原著作物の著作権者は、二次的著作物を作成するかしないか、また作成された場合の二次的著作物への権利が認められている。

　また、二次的著作物が保護されるとしても、それにより原著作物に対する保護が制限されるものではない（11条）。したがって、原著作者は一度、二次的著作物の作成を許諾した場合でも、その二次的著作物の著作権者の同意がなくても、さらに同様の許諾をすることができる。

(2)　二次的著作物の成立

　二次的著作物の原著作物の著作者には、二次的著作物の利用に関し、二次的著作物の著作者と同一の種類の権利が認められるが、著作物が原著作物の二次的著作物にあたるか問題となる場合がある。

【関連判例4－11－1　「キャンディ・キャンディ事件」最一小判平成13・10・25（平成12年(受)第798号）判時1767号115頁、判タ1077号174頁】

　最高裁は、本件連載漫画は、被上告人（著述家）が各回ごとの具体的なストーリーを創作し、小説形式の原稿にし、上告人（漫画家）において、おおむねその原稿に依拠して漫画を作成するという手順を繰り返すことにより制作されたものであることから、本件連載漫画は被上告人作成の原稿を原著作物とする二次的著作物であるとした。そして、二次的著作物である本件連載漫画の利用に関し、原著作物の著作者である被上告人は本件連載漫画の著作者である上告人が有するものと同一の種類の権利を専有し、上告人の権利と被上告人の権利とが併存することになる

のであるから（28条）、上告人の権利は上告人と被上告人の合意によらなければ行使することができないとした。

　また、控訴審（東京高判平成12・3・30判時1726号162頁）では、控訴人（上告人（漫画家））は、漫画のコマ絵には、漫画のストーリーを表しているコマ絵と、ストーリーを表していないコマ絵とがあり、後者のコマ絵は、物語原稿に依拠しておらずその翻案とはいえないから、物語原稿の二次的著作物ではなく、原著作者の権利は及ばないと主張していた。この点、高裁は、著作権法28条により、原著作物の著作権者は、二次的著作物の利用に関して、二次的著作物の著作者と同じ内容の権利を有することになることが明らかであり、他方、控訴人（上告人（漫画家））が、二次的著作物である本件連載漫画の著作者として、本件連載漫画の利用の一態様としての本件コマ絵の利用に関する権利を有することも明らかである以上、本件コマ絵につき、それがストーリーを表しているか否かにかかわりなく、被控訴人（被上告人（著述家））が控訴人（上告人（漫画家））と同一の権利を有することも、明らかというべきであるとして、ストーリーを表していないコマ絵についても、原著作者の権利が及ぶとした。

　なお、この点については、第1審（東京地判平成11・2・25判時1673号66頁）においても、同様に判示されている。すなわち、本件連載漫画は、原告（被上告人（著述家））の創作に係る原作という言語の著作物を、被告（上告人（漫画家））が漫画という別の表現形式に翻案することによって成立したもので、絵のみならず、ストーリー展開、人物の台詞や心理描写、コマの構成などの諸要素が不可分一体となった1つの著作物というべきであるから、それが専ら被告（上告人（漫画家））の創作によるからその部分のみの利用は被告（上告人（漫画家））の専権に属するということはできず、本件連載漫画が原告（被上告人（著述家））作成の原作との関係において、その二次的著作物と認められる以上、原告（被上告人（著述家））は、絵という要素も含めた不可分一体の本件連載漫画に関し、原著作物の著作者として、被告（上告人（漫画家））と同様の権利を有することになり、本件原画（絵葉書作成のためのリトグラフ）のような本件

連載漫画の登場人物を描いた絵は、本件連載漫画における当該登場人物の絵の複製と認められるとした。

この点、本件連載漫画が二次的著作物ではなく、共同著作物の場合には、共同著作物の利用について全員の合意が必要とされるが、共有者は正当な理由がない限り、同意を拒むことはできないとされる（65条）。そのため、同意が強制されない原著作者と比べて共同著作物のほうが利用しやすい面がある。両者の役割や制作過程などの事情によっては、類似の事例においても共同著作物と判断されることもあり得る。

(3) 二次的著作物の著作権の成立部分

二次的著作物の著作権は、二次的著作物において新たに付与された創作部分についてのみ生じ、原著作物と共通し、その実質を同じくする部分には生じない（**関連判例4－11－2**「ポパイ・ネクタイ事件」）。

【関連判例4－11－2「ポパイ・ネクタイ事件」最一小判平成9・7・17（平成4年(オ)第1443号）民集51巻6号2714頁】

原告（上告人）は、ポパイ等を登場人物とする連載漫画（以下、「本件漫画」という。1929年に第一回作品を公表）の著作権者であった。被告（被上告人）は、ポパイの図柄を商標登録した者から、その商標権を譲り受け、同様の図柄（以下、「本件図柄」という）を付したネクタイの販売を行っていた。そこで、原告は、被告に対し、ポパイのキャラクターの著作権または本件漫画の著作権等に基づきネクタイの販売差止め等を求めた。これに対し、被告は、本件漫画の第一回作品の著作権は1990年5月に保護期間満了のため消滅したから、ポパイのキャラクターないし本件漫画中のポパイの絵の著作権も消滅した等と主張し争った。

最高裁は、まず、キャラクターの著作物性については否定した。そして、連載漫画においては、後続の漫画は、先行する漫画を翻案したものということができるから、先行する漫画を原著作物とする二次的著作物であるとし、二次的著作物の著作権は、二次的著作物において新たに付与された創作的部分のみについて生じ、原著作物と共通しその実質を同

じくする部分には生じないとした。そして、著作権の保護期間については、各著作物ごとにそれぞれ独立して進行するが、後続の漫画に登場する人物が、先行する漫画に登場する人物と同一と認められる限り、当該登場人物については最初に掲載された漫画の著作権の保護期間によるとした（保護期間については、第6章参照）。

　そして、本件図柄に描かれている絵は、第一回作品の主人公ポパイを描いたものであるとして、第一回作品の著作権の保護期間は公表後50年の経過により満了したから、第一回作品の著作権は消滅したと判断した。

　以上のように本件は、著作物の保護期間の関係で同一の表現形式の二次的著作物（原著作物、二次的著作物ともに漫画）が問題となった事案である。そして、東京地判平成11・11・17判時1704号134頁「キューピー事件」では、異なる表現形式における二次的著作物（原著作物は二次元のイラスト、二次的著作物は三次元の人形）の著作権の成立範囲について、具体的な適用が争われ、立体化した部分についてのみ二次的著作物としての権利が認められた。

(4) 二次的著作物の範囲

　原著作物の著作権者は、二次的著作物自体を元に作成された著作物（三次的著作物）についても、複製権等の権利を有する。そうすると、原著作物の著作権者の権利が、四次的著作物、五次的著作物と永久に広がることになる。このような不都合を回避するためには、二次的著作物の利用の必要性なども考慮して「翻案」等の解釈を厳格にする必要がある。

(5) 権利の存続期間

　原著作者は、二次的著作物の著作者と同一の種類の権利を専有する。しかし、原著作権者の権利の存続期間は二次的著作物の著作者の権利の存続期間とは、別である。つまり、二次的著作物の権利の存続期間にかかわりなく、原著作者の権利それ自体は、その生存間および死後70年間存続するのみである。そうしないと、二次的著作物が作成され続ける限り、原著作者の権利が永久的に存続することになるからである。

○第 5 章　著作権の制限○

1　序　章

　著作権者は、自身が著作権を有する著作物の利用について、原則として排他的権利を有するが、著作権法では、著作物の公正な利用の観点から、一定の場合にその排他的権利が制限されており、当該制限の範囲内で、著作権者の許諾を得ることなく、その著作物の自由な利用が認められる（30条〜50条）。また、これらの制限は、実演、レコード、放送または有線放送の利用に係る著作隣接権にも準用されている（102条）。ただし、当該制限規定は、著作者人格権および実演者人格権には影響を与えないため注意すべきである（50条、102条の 2）。

　日本の著作権法における権利制限規定は限定列挙方式であり、規定されていない著作物の利用は、すべて権利侵害行為となる。なお、米国には、包括的な権利制限規定として Fair Use 規定が存在するが、日本にはこのような規定は存在せず、先例においても、Fair Use の抗弁は、否定されている（東京地判平成 7・12・18判時1567号126頁「ラストメッセージ in 最終号事件」）。

　すでに述べたとおり、平成30年改正著作権法が一部を除き施行されているため（35条、104条の11ないし104条の17は平成30年 5 月25日から起算して 3 年を超えない範囲内において政令で定める日に施行）、以下では、すでに施行されている平成30年改正著作権法を前提に、権利制限規定についての説明を行う。

2　私的使用のための複製（30条 1 項、102条 1 項）

⑴　趣旨と適用範囲

　「個人的に又は家庭内その他これに準ずる限られた範囲内において使用することを目的」とする「私的使用」の場合には、著作物を複製することが認められている（30条 1 項、102条 1 項）。また、この場合、当該著作物を翻訳、編曲、変形、翻案することも許容される（47条の 6 第 1 項 1 号）。

　立法当時は、上記の「私的使用」の場合、零細かつ使われる範囲が狭いという理由から著作権者の正当利益を不当に害することはないと考えられていたが、

複製技術の急速な発展により、必ずしもこのような考えが妥当しない状況となったため、本条については、当該状況に対応するための改正が重ねられている。

現行法では、公衆提供の自動複製機による複製を行う場合並びに、技術的保護手段の回避による複製および平成21年改正により新設された著作権を侵害する自動公衆送信を受信して行う録音録画をその事実を知りながら行う場合は、「私的使用」の場合であっても、著作権侵害行為となる（30条1項1号・2号・3号）。

(2) 要　件
(A) 「私的使用」

本規定における「個人的に」とは、「使用者一人で」との意味を、また、「家庭内」とは、「同一家庭内」との意味を有し、また、「その他これに準ずる限られた範囲内」とは、本規定の趣旨から、家庭に準じた緊密で閉鎖的かつ個人的な関係を意味するものと解される。

いずれも、「使用」の「目的」が重要であり、複製自体が家庭内でなされた場合であっても、多人数での使用を目的とする場合には、「私的使用」にはあたらない（東京地判昭和52・7・22判タ369号268頁「舞台装置事件」参照）。

(B) 「その使用する者が複製する」

本規定の適用を受けるためには、著作物を「使用する者が複製」しなければならず、第三者に複製させることは許容されていない。

この点、近時、書籍を電子データ化する技術が急速に普及しているが、当該書籍の電子データ化をサービスとして提供する、いわゆる「自炊代行業者」による行為が問題となった事件として、**判例コメント33**＝自炊代行サービス事件がある。同事件において、裁判所は、複製行為に該当する電子データ化の作業は専ら自炊代行業者が行っているとして、複製行為の主体を当該業者であると認定したうえ、当該電子データの利用者が、当該業者とは異なることを理由に、「その使用する者が複製する」という要件を欠くとして、本規定の適用を否定し権利侵害を認めた。

(3) 私的録音・録画に対する補償金制度（30条2項）

著作権法施行令1条に定めるデジタル方式の機器を用いて、CD-R等の同施

行令1条の2で定めるデジタル記録媒体に録音・録画する場合については、私的使用の目的であっても、著作権者に対する補償金の支払いが義務付けられている（30条2項）。当該補償金の支払いについては、著作権法104条の2から104条の10においてその詳細が定められている。

3 付随対象著作物の利用（30条の2、102条）

本規定は、写り込みの対象となる著作物（「付随対象著作物」）の利用が、通常、著作権者の利益を不当に害するものではないことを前提に、平成24年改正により追加された規定である。

本規定により、写真の撮影、録音または録画によって著作物を創作する際に、付随対象著作物が、当該写真等から分離することが困難であると認められる場合、当該写真等の創作に伴い付随対象著作物を複製することが許容される（30条の2第1項、102条）。また、この場合、当該著作物を翻案することも許容される（47条の6第1項2号）。

上記のとおり、本規定において対象となる行為は、写真の撮影、録音または録画のみであり、これを伴わない生放送といった行為は含まれない。また、分離することが困難であるとは、写真等から付随対象著作物を分離することが、社会通念上困難であると客観的に認められることを意味する。さらに、付随対象著作物は、撮影された写真等において「軽微な構成部分」であることを要し、これは、写真における面積割合や録音録画における時間といった要素を踏まえ、個別具体的に判断されることとなる。

なお、本規定により創作された写真等を利用する場合、これに伴い複製等をされた付随対象著作物を利用することができ（30条の2第2項）、これにより、当該写真等をブログ等により配信することが可能となる。

4 検討過程における利用（30条の3、102条）

漫画のキャラクター等の商品化において、著作権者の許諾を得る前に、社内会議用の資料や企画書等に当該漫画を複製して掲載するといった行為は、通常、著作権者の利益を不当に害するものではなく、それゆえ、これらの行為が著作権侵害に該当しないことを明らかにする必要があった。

上記の必要から、平成24年改正により、著作者の許諾を得て、または著作物の利用に係る裁定（67条1項、68条1項、69条）を受けて著作物を利用しようとする者については、これらの利用についての検討の過程（当該許諾を得、または当該裁定を受ける過程を含む）における利用に供することを目的とする場合、必要限度内において、当該著作物の利用が許容されることが明らかとなった（30条の3、102条）。

　本規定の適用を受けるためには、著作物を適法に「利用しようとする者」であれば足り、最終的に当該著作物が利用されることまでは必要ではない。

5　著作物に表現された思想または感情の享受を目的としない利用（30条の4、102条）

　人工知能（AI）の開発のための学習用データとして著作物をデータベースに記録する行為は、著作物に表現された思想または感情を自ら享受しまたは他人に享受させることを目的とするものではなく、通常、著作権者の利益を不当に害するものではないため、わが国のデジタル化・ネットワーク化を促進するためにも、これらの行為が著作権侵害に該当しないことを明らかにする必要があった。この必要から、平成30年改正により、同改正前著作権法30条の4および同47条の7を統合して、本規定が新設された。

　本規定により、①著作物の録音、録画その他の利用に係る技術の開発または実用化のための試験の用に供する場合（30条の4第1号、102条）、②情報解析の用に供する場合（30条の4第2号、102条）、③著作物の表現についての人の知覚による認識を伴うことなく当該著作物を電子計算機による情報処理の過程における利用等（プログラムの著作物にあっては、当該著作物の電子計算機における実行を除く）に供する場合（30条の4第3号、102条）、④これら以外の当該著作物に表現された思想または感情を自ら享受しまたは他人に享受させることを目的としない場合には、必要限度内において、当該著作物の利用が許容されることとなった。

　①は、平成30年改正前著作権法30条の4の場合を、②は、同法47条の7の場合を意味し、また、①ないし③は、いずれも④の例示となる。

　著作物を利用したAI開発のためのディープラーニングで採用されている

「代数的」「幾何学的」な解析や、AI開発用データセットを複数の事業者で共有する行為等は、本規定により適法であることが明らかとなった。

6　図書館等における複製等（31条、102条）

公共サービスによる円滑な著作物の利用を優先するという趣旨で、国立国会図書館等の図書館は、一定の場合に、蔵書等の複製・翻訳が許容されている（31条1項1号ないし3号、47条の6第1項3号、102条）。

また、図書館等における資料のデジタル化、ネットワーク化に向けて、平成21年改正によって追加された著作権法31条2項により、国立国会図書館における、図書館資料の電子データ化が認められ、また、平成24年改正によって追加された同条3項により、「絶版等資料」に限定して、公共図書館等（施行令1条の3）の求めに応じて、同条2項の電子データを自動公衆送信することが可能となり、また、当該電子データの自動公衆送信を受けた公共図書館等において、当該電子データの一部分の複製物を作成し、これを1人につき1部提供することができることとなった。

7　引用（32条、102条）

(1)　趣旨・適用範囲

公正な慣行・公正な目的の場合の新たな著作活動における著作物の円滑な利用を優先するという趣旨により、公表された著作物は、公正な慣行に合致するものであり、かつ、報道、批評、研究その他の引用の目的上正当な範囲内で行われるものであれば、引用して利用することができる（32条1項、102条1項）。また、引用による利用は、複製のみでなく、翻訳して掲載することも許容されており（47条の6第1項3号）、また、明文の規定はないが下級審において要約引用することも認められている（東京地判平成10・10・30判時1674号132頁「血液型と性格事件」）。

また、国もしくは地方公共団体の機関等が一般に周知させることを目的として作成し、その著作の名義の下に公表する広報資料、調査統計資料、報告書その他これらに類する著作物は、転載を禁止する旨の表示がない場合に限り、説明の材料として新聞紙、雑誌その他の刊行物に転載することができる（32条2

項)。

(2) **要　件**

　引用による利用の要件は、文言上、①公表された著作物であること、②引用であること、③公正な慣行に合致するものであること、④報道、批評、研究その他の引用の目的上正当な範囲内であることの4つとなる。

　過去の裁判例においては、本規定の要件として、明瞭区別性と主従関係性という不文の要件を定立するものがあったが（**関連判例4－10－1**「パロディ写真事件」）、最近では上記4要件によって判断する裁判例が増加しており（たとえば、**判例コメント34**＝絵画の鑑定書事件）、このような考え方が主流になりつつあるものと思われる（島並良ほか『著作権法入門〔第2版〕』183頁）。

　要件②における「引用」の意味について、明文には規定はないが、自己の創作に係る引用部分と他者の創作に係る被引用部分が明瞭に区別できること（「明瞭区分性」）と、量的・質的に引用部分が主、被引用部分が従という関係が存在すること（「主従関係性」）の2要素が必要であると解されている。本要件に関し、「明瞭区分性」を否定した裁判例として東京地判昭和61・4・28判時1189号108頁「豊後の石風呂事件」が、「主従関係性」を否定した裁判例として、東京高判昭和60・10・17判時1176号33頁「藤田嗣治絵画複製事件」、東京地判平成12・2・29判時1715号76頁「中田英寿事件」がある。他方、本要件を肯定した裁判例として、東京高判平成12・4・25判時1724号124頁「脱ゴーマニズム宣言事件」がある。

　なお、引用後の作品が新たな創作性を備える必要があるかについて争いがあるが、当該創作性を必要であると判断した裁判例として東京地判平成10・2・20判タ974号204頁「バーンズ・コレクション事件」が存在する。

　要件③については、一般的な基準はなく、引用による利用を認める必要性と、これにより著作権者が被る経済的打撃との相関関係により判断される。なお、出所の明示（48条）を怠った引用について、本要件の充足性を否定した裁判例が存在するが（東京高判平成14・4・11（平成13年(ネ)第3677号等）裁判所HP、増田雅史「判批」判例百選〔第6版〕140頁「絶対音感事件」）、学説にはこれに反対するものも多く、このような考え方においては、出所の明示の有無は、本要件の充足性を判断するための一要素にすぎないと捉えられる。

8　教科用図書などへの掲載（33条）

　教育の場における円滑な著作物の利用を優先するという趣旨により、公表された著作物は、学校教育の目的上必要と認められる限度において、教科書用図書に掲載することが許容されている（33条1項）。この場合、掲載は複製のみならず、原著作物を翻訳、編曲、変形、翻案することも許容されている（47条の6第1項1号）。

　上記の趣旨より、大学で用いられる教科書や、副教材・参考書については本規定の適用外と解される（東京地判平成3・5・22判時1421号113頁「英語教科書録音テープ事件」参照）が、高等学校等の通信教育用学習図書および教科用図書に係る当該図書発行者の発行に係る教師用指導書については、教科書用図書に準じた扱いがなされている（33条4項）。

　なお、著作物を本規定に基づき教科書用図書に掲載しようとする者は、その旨を著作者（著作「権」者でないことに注意されたい）に通知するとともに、著作権者に対して補償金の支払いをしなければならない（33条2項）。

9　教科用拡大図書等の作成のための複製等（33条の2）

　教育目的による著作物の利用を優先する趣旨から、教科用図書に掲載された著作物は、視覚障害・発達障害等の著作物を使用することが困難な児童等の学習に供するため、文字・図形等を拡大するといった必要な方式による複製をすることができる（33条の2第1項）。また、この場合、当該著作物を変形・翻案することも許容される（47条の6第1項4号）。

　本規定による複製は、点字により複製するものを除き、当該教科用図書に掲載された著作物の全部または相当部分に限られ、また、複製にあたっては、当該教科用図書の発行者への事前通知が必要となる（33条の2第2項）。

　なお、当該通知は、方式を問わず、手紙や電子メールでもよく、また、当該発行者の承諾は必要とせず、あくまで事前通知のみで足りる。

　また、本規定では、補償金の支払いが義務付けられているが（33条の2第2項）、本規定で想定されている複製物の多くが、ボランティア等によって作成されていた事実に鑑み、補償金の支払義務は、営利を目的として当該複製物を

頒布する場合に限定されている。

10　学校教育番組の放送等（34条）

　学校教育のために授業の補助的手段として用いられる学校教育番組の放送等においては、著作物の利用について、教育目的上の高い必要性が認められる。そのため、公表された著作物は、学校教育の目的上必要と認められる限度において、学校向けの放送番組または有線放送番組において放送し、または有線放送し、これらの番組用の教材に掲載することが許容されている（34条1項）。また、この場合、当該著作物を翻訳、編曲、変形、翻案することも許容される（47条の6第1項1号）。

　本規定により著作物を利用する場合、その旨を事前に著作者に通知するとともに、補償金の支払いが義務付けられている（34条2項）。

11　学校その他の教育機関における複製等（35条）

　平成30年改正著作権法では、35条において学校その他の教育機関における複製等に関する定めが置かれている。すでに述べたとおり、本条の施行は平成30年5月25日から起算して3年を超えない範囲内において政令で定める日とされ、本書公刊時点において未施行ではあるが、以下では平成30年改正著作権法35条の内容を前提に説明を行う。

　学校その他の教育機関において教育を担任する者および授業を受ける者は、その授業の過程における使用に供することを目的とする場合には、著作権者の利益を不当に害する場合を除き、必要と認められる限度において、公表された著作物を複製、公衆送信（自動公衆送信の場合は、送信可能化を含む）し、また、公衆送信されるものを受信装置を用いて公に伝達することができる（35条1項）。なお、いずれの場合も、原著作物を翻訳、編曲、変形、翻案することも許容されている（47条の6第1項1号）。

　本規定の趣旨は、教育目的による著作物の利用を優先する点にあるところ、従前は、対面授業を想定した複製および同時中継を前提とした遠隔合同授業における公衆送信のみが許容されており、生徒が任意に講義映像をダウンロードして受講するオンデマンド授業等の公衆送信を行う場合には、都度、著作権者

からの許諾を得る必要があった。しかし、学校等におけるICTを活用した教育における円滑な著作物の利用を促進するべく、平成30年改正により、新たに、上記のオンデマンド授業等を想定した公衆送信が許容されることとなった。

ただし、同時中継以外の公衆送信を行う場合には、当該教育機関を設置する者において、補償金の支払いが義務付けられている（35条2項・3項）。

12　試験問題としての複製（36条）

公表された著作物は、著作権者の利益を不当に害する場合を除き、入学試験その他人の学識技能に関する試験または検定の目的上必要と認められる限度において、当該試験または検定の問題として複製または公衆送信することが許容されている（36条1項）。また、この場合、当該著作物を翻訳することも許容される（47条の6第1項3号）。

本規定の「試験又は検定」とは、試験の問題として利用する著作物を秘密にする必要があり、あらかじめ著作権者の許諾を受けることが困難なものを意味すると解され、著作物を掲載した小学校用国検定教科書に準拠した小学校用国語テスト等の副教材は、これに該当しないとされる（知財高判平成18・12・6（平成18年(ネ)第10045号）裁判所HP「国語ドリル事件」参照）。

なお、試験等の公共性の高さに鑑み、営利目的により複製または公衆送信を行う場合にのみ補償金の支払義務が規定されている（36条2項）。

13　視覚障害者・聴覚障害者などのための複製等（37条、37条の2）

視覚障害者および聴覚障害者等の福祉を図るという公共目的の趣旨から、一定の場合には、点字による複製、点訳の記録・公衆送信（37条1項・2項）、および、音声・映像の字幕等による複製等（37条の2第1号・2号）が許容されている。

ただし、著作権者等の許諾の下、すでにこのような方式での提供がなされている場合には、これとの競合を避け、また、権利者の利益を阻害しないため、上記各規定の適用が除外されている（37条3項但書、37条の2但書）。

なお、平成30年改正により、著作権法37条3項が「視覚障害者その他視覚による表現の認識に障害のある者」から「視覚障害その他の障害により視覚によ

る表現の認識が困難な者」へと変更されたことにより、いわゆる肢体不自由等により書籍を読むことが困難な者についても、本規定の対象に追加されることとなった。

14　営利を目的としない上演等（38条、102条）

　営利を目的としない上演等は、公共目的があり、また、権利者の権利を不当に害さないことから、公表された著作物は、営利を目的とせず、かつ聴衆または観衆から料金を受けない場合には、公に上演、演奏、上映、口述（38条1項）、その複製物の貸与により公衆に提供すること（同条4項）ができ、放送される著作物は、同様の場合に、有線放送、専ら当該放送に係る放送対象地域において受信されることを目的として自動公衆送信（同条2項）、受信装置を用いて公に伝達すること（同条3項）ができる。なお、受信装置を用いた公への伝達については、有線放送される著作物も同様である（同項）。また、放送され、または有線放送される著作物については、通常の家庭用受信装置を用いて伝達することも許容されている（同項後段）。さらに、公表された映画の著作物については、政令（施行令2条の3第1項）で定める視聴覚教育施設等および聴覚障害者等の福祉に関する事業を行う者が頒布すること（38条5項）が許容されている。

　なお、頒布については、主体が限定されるとともに、補償金の支払義務が規定されている（38条5項）。

15　時事問題に関する論説の転載、政治上の演説の利用（39条、40条）

　時事問題に関する論説および政治上の演説については、公共の利益を図る趣旨から、一定の場合に新聞紙等への転載等（39条、40条）および当該著作物の翻訳（47条の6第1項3号）が許容されている。

　なお、「論説」とは、学術的な性質を有するものを除く「言論機関としての意見表明」を意味すると解され、単なる時事問題の解説はこれにあたらない。また、「転載」とは、当該論説のそのまま全部を掲載することも含まれる。

　なお、政治上の演説等の利用について、特定の政治家の演説集を出版する等

の行為は、同一の著作者のものを編集して利用する場合に該当するため、その利用が制限される点に注意が必要である（40条1項）。

16　時事の事件の報道のための利用（41条、102条）

　時事問題における報道の迅速性を保障し、公共の利益を図る趣旨から、時事の事件を報道するにあたり、一定の場合には、著作物の複製等を行うことが許容され（41条）、また、この場合には、当該著作物を翻訳することも許容される（47条の6第1項3号）。

　本規定において利用が許容される著作物に該当するか否かは、上記の趣旨に照らし判断されることところ、肯定例としては、暴力団の一斉摘発を報道するに際し、組長の襲名式のビデオの一部を放送した大阪地判平成5・3・23判時1464号139頁「山口組5代目継承式事件」が、否定例としては、東京地判平成10・2・20判時1643号176頁「バーンズ・コレクション事件」および東京地判平成13・11・8（平成12年(ワ)第2023号）裁判所HP「いちげんさん事件」がある。

17　裁判手続等における複製（42条、102条1項）

　司法、立法、行政における著作物の円滑な利用を優先するという公共目的により、裁判手続、および、立法または行政において必要と認められる場合には、一定の限度において、著作物の複製を行うことが許容されている（42条1項、102条1項）。また、この場合、当該著作物を翻訳することも許容される（47条の6第1項3号）。また、特許審査および医薬品・医療機器の承認審査等の迅速化の目的から、当該手続における文献提出等のための複製も、同様に許容されている（42条2項）。

　本規定により、捜査機関が捜査の目的または裁判手続に使用する証拠を収集する目的等からニュース番組を録画することは、適法とされる（東京地決昭和55・3・26判時968号27頁「テレビニュース録画事件」）。他方、社会保険庁職員が、社会保険事務所等の関係機関におけるネットワークシステム上の電子掲示板用の記録媒体に週刊誌に掲載された記事を記録する行為は、当該著作物の公衆送信権を侵害するものであるため、複製のみを許容する本規定は、当該行為には適用されないとされた、**判例コメント28**＝社保庁LAN事件がある。

18　行政機関情報公開法による開示のための利用（42条の2、86条1項、102条1項）

　本規定は、平成11年改正により追加された条文であり、憲法21条で保障される国民の知る権利に由来する情報公開請求権が、憲法29条で保障される財産権としての著作権に優先することを立法的に明らかにした規定である。

　本規定により、行政機関の長等が、行政機関情報公開法等の規定により著作物を公衆に提供・提示することを目的とする場合には、各根拠規定に基づき情報を開示するために必要と認められる限度で、著作物を利用することが許容されることとなった（42条の2）。なお、上記の趣旨により、出版権や著作隣接権についても同様の権利制限が適用される（86条1項、102条1項）。

19　公文書管理法等による保管等のための利用（42条の3）

　本規定は、歴史公文書等の適切な保存および利用等を図ることを目的とする公文書管理法および公文書管理条例の円滑な運用を趣旨として、平成24年改正により追加された。

　上記の趣旨により、国立公文書館等の長等は、一定の場合、歴史的公文書等に係る著作物の複製および利用が許容される（42条の3）。

20　国立国会図書館法によるインターネット資料およびオンライン資料の収集のための複製（43条）

　本規定は、国立国会図書館法の円滑な運用をその趣旨とするものである。

　本規定により、国立国会図書館の館長は、国立国会図書館法25条の4第1項および3項に定めるインターネット資料およびオンライン資料を収集するために、国立国会図書館の記録媒体にこれらの著作物を記録することができる（43条1項）。また、同様の趣旨から、国や地方公共団体の諸機関は、インターネット資料またはオンライン資料を、国立国会図書館の館長の求めに応じて提供する限度において、それぞれ複製することが許容される（43条2項1号・2号）。

21　放送事業などによる一時的固定（44条）

　放送事業における著作物の円滑な利用を優先する趣旨から、放送事業者等は、公衆送信権等（23条1項）を害することなく放送することができる著作物を、自己の放送または有線放送のために、自己の手段により、一時的に著作物を録音・録画することができる（44条1項・2項）。ただし、当該録音物・録画物については、公的な記録保存所において保存する場合（施行令第2章において定めがある）を除き、録音・録画の後6か月を超えて保存できない（44条3項）。

　一時的な録音・録画に該当するかの判断は、当該録音等が、その目的とされる放送等の実態に照らし、具体的な放送等に通常必要とされる範囲内のものか否かという観点から行われることとなる（東京地判平成12・5・16判時1751号128頁「スターデジオ事件」参照）。

　なお、6か月の保存期間を超えて保存した場合には違法に複製をしたものとみなされる（49条1項2号）。

22　美術の著作物などの原作品の所有者による展示（45条）

　美術・写真の著作物の利用の確保という公益目的を重視し、円滑な利用を優先させる趣旨から、美術もしくは写真の著作物の原作品の所有者またはその同意を得たものは、これらの著作物をその原作品により公に展示することが許容される（45条1項）。

　ただし、美術の著作物の原作品を街路、公園その他一般公衆に開放されている屋外の場所または建造物の外壁その他一般公衆の見やすい屋外の場所に恒常的に設置することは、著作権者の利益を不当に害するため許容されない（45条2項）。

　なお、「一般公衆に開放されている屋外の場所」とは、一般公衆が自由に出入りできるよう開放された場所を意味し、公有地のみでなく私有地をも含むと解される。

23　公開の美術の著作物等の利用（46条）

　公開の美術、建築の著作物等の公共利用という公益目的を重視し、また、一

般人の行動の自由に対する過度の制約を回避し、その円滑な利用を優先させるとの趣旨から、原作品が著作権法45条2項に規定する屋外の場所に恒常的に設置されている美術の著作物または建築の著作物について、一定の場合を除き、自由に利用することが許容されている（46条柱書）。

この「恒常的に設置」する場合とは、社会通念上、ある程度の長期にわたり継続して、不特定多数の者の観覧に供する状態に置くことで足りると解される（東京地判平成13・7・25判時1758号137頁「はたらくじどうしゃ事件」）。

他方、①彫刻を増製し、もしくはその増製物の譲渡により公衆に提供する場合（46条1号）、②建築著作物を建築により複製し、もしくはその増製物の譲渡により公衆に提供する場合（同条2号）、③著作権法45条に規定する屋外の場所に恒常的に設置するために複製する場合（46条3号）、④専ら美術の著作物の複製物の販売を目的として複製し、またはその複製物を販売する場合（同条4号）は、同法46条柱書の適用が除外されている。

なお、本規定における適用除外のうち、4号に該当する典型例としては、カレンダーやポスターといった形で屋外恒常設置の美術作品を写真に撮影して複製し、これを販売するような場合があげられるが、その該当性判断に関しては、前掲「はたらくじどうしゃ事件」において、「著作物を利用した書籍等の体裁及び内容、著作物の利用態様、利用目的などを客観的に考慮」するとの基準が示されている。

24 美術の著作物等の展示に伴う複製等（47条）

本規定は、美術・写真の著作物の円滑な利用を優先させるという趣旨より、従前から許容されていた美術・写真の著作物の原作品の展示に伴う、当該著作物の解説または紹介をすることを目的とする小冊子への当該著作物の掲載に加え、新たに、タブレット端末等で閲覧可能なデジタル媒体としての当該著作物の利用を認めるため、平成30年改正より新設された規定である。

本規定により、著作権者の展示権（25条）を害さずに、美術・写真の著作物の原作品を公に展示する場合には、観覧者のために当該著作物の解説もしくは紹介をすることを目的とする小冊子に当該著作物を掲載し、または、上映、自動公衆送信を行うために必要とされる限度において、当該著作物を複製するこ

とが許容され（47条1項）、また、同様の目的・限度において、当該著作物を上映、自動公衆送信をすることが許容されている（同条2項）。また、この場合、当該著作物を変形・翻案することも許容される（47条の6第1項4号）。

本規定により、たとえば、会場で貸し出される電子機器を用いて、作品の細部を拡大して製作手法を解説することや、展示方法の制約上、目視しづらい立体展示物の背面等の造形を解説すること等が、著作権者の許諾なく行うことができることとなる。

また、当該原作品の展示を行う者等は、当該著作物の所在に関する情報を公衆に提供するために必要と認められる限度で、当該著作物を複製し、公衆送信することが許容される（47条3項）。これは、美術館等に行く前に、観覧者が施設のウェブサイト等で展示作品の情報を調べることが一般的になっていることを踏まえ、当該作品に係る著作物のサムネイル画像等をインターネット上で公開することを可能にしたものである。

なお、本規定に基づく著作物の小冊子への掲載や上映・自動公衆送信を行う場合には、著作権者の利益を不当に害してはならない（47条各項但書）が、この判断の基準については、平成30年改正前著作権法47条の「小冊子」要件に関する先例が、参照に値するものと思われる。

たとえば、東京地判平成10・2・20判時1643号176頁「バーンズ・コレクション事件」において、平成30年改正前著作権法47条における「小冊子」とは、観覧者のために展示作品を解説または紹介することを目的とする小型のカタログ、目録または図録等を意味し、鑑賞用の画集や写真集等と同視し得るものは、これに該当しないと判断されており、本規定においても当該判断が参考になるものと解される（同種の事案として、東京地判平成元・10・6判時1323号140頁「レオナール・フジタ展事件」、東京地判平成9・9・5判時1621号130頁「ダリ事件」）。

25　美術の著作物等の譲渡などの申出に伴う複製等（47条の2）

本規定は、美術品等の所有者等の適法な取引行為の円滑化を趣旨として、平成21年改正により追加された規定である。

本規定により、美術・写真の著作物の原作品または複製物の譲渡等の権原を有する者が、譲渡等の申出の用に供するために、これらの著作物についての複

製または公衆送信を行うことが許容された結果（47条の2）、ネットオークションに美術品を出品する場合等において、適法に当該美術品の画像をウェブサイト等に掲載することが可能となった。

　ただし、本規定に基づき複製等を行う場合には、著作権法施行令7条の2に規定される「著作権者の利益を不当に害しないための措置」（より具体的な内容については、規則4条の2に規定がある）を講じなければならないことに注意が必要である。

26　プログラムの著作物の複製物の所有者による複製等（47条の3）

　バージョンアップ等のために複製・翻案を必要とするプログラムの特殊性に鑑み、円滑なプログラムの利用を優先する趣旨から、プログラム著作物の複製物の所有者は、自ら当該著作物を電子計算機において利用するために必要と認められる限度において、当該著作物を複製することが許容されている（47条の3第1項）。また、この場合、当該著作物を翻案することも許容される（47条の6第1項2号）。

　ただし、本規定による利用の対象となるプログラム著作物の複製物が、違法に複製されたものであることを知っている場合には、著作権法113条1項2号に規定するみなし侵害行為に該当し、本規定の適用から除外される（47条の3第1項但書）。

　なお、プラグラム著作物の複製物の所有者が、譲渡といった滅失以外の事由により、プログラム著作物の複製物のマスターまたは著作権法47条の3第1項により複製された複製物の所有権を失った場合には、残余のプログラム著作物の複製物を保有することはできず、破棄しなければならない点に注意が必要である（同条2項）。

27　電子計算機における著作物の利用に付随する利用等（47条の4）

　本規定は、電子計算機におけるキャッシュ作成のための複製や、サーバ管理者による送信障害防止等のための複製等、電子計算機における著作物利用に付随する著作物の利用を円滑化・効率化することを趣旨として、平成30年改正により新設された規定である。

上記趣旨により、電子計算機における利用（情報通信の技術を利用する方法による利用を含む）に供される著作物は、①電子計算機におけるキャッシュのための複製（47条の4第1項1号）、②サーバ管理者による送信障害防止等のための複製（同項2号）、③ネットワークでの情報提供準備に必要な情報処理のための複製・翻案をする場合（同項3号）、および④これらと同様に当該著作物の電子計算機における利用を円滑または効率的に行うために当該電子計算機における利用に付随する利用に供することを目的とする場合には、必要な限度において、著作物を自由に利用することができる。なお、①が平成30年改正前著作権法47条の8に、②が同法47条の5に、③が同法47条の9にそれぞれ相当する規定となる。

　また、同様の趣旨により、当該著作物は、⑤複製機器の保守・修理のための一時的複製（47条の4第2項1号）、⑥複製機器の交換のための一時的複製（同項2号）、⑦サーバの滅失等に備えたバックアップのための複製をする場合（同項3号）、および⑧これらと同様に当該著作物の電子計算機における利用を行うことができる状態を維持し、または当該状態に回復することを目的とする場合には、必要な限度において、自由に利用することができる。なお、⑤が平成30年改正前著作権法47条の4第1項、⑥が同条2項、⑦が同法47条の5にそれぞれに相当する規程となる。

　このように、著作権法47条の4は、1項をキャッシュ作成等の関係について、2項をバックアップ作成等の関係として、それぞれ整理して規定している。

28　電子計算機による情報処理およびその結果の提供に付随する軽微利用等（47条の5）

　本規定は、データ等の解析技術において、著作物に含まれるアイデアや背景事情等を抽出することを目的に行われる複製等に関して、当該複製等が著作権者に与える不利益が軽微である一方で、当該新技術の円滑な利用およびこれによるイノベーション創出の促進の必要性が高いことに鑑み、後者を優先することを趣旨として、平成30年改正により新設された規定である。

　上記の趣旨により、①書籍検索サービス等の求める情報を特定するための情報や、その所在に関する情報を検索する行為を行う者（47条の5第1項1号）、

②論文剽窃検証サービス等の大量の情報を構成する要素を抽出し解析する行為を行う者（同項2号）、③これらのほか、電子計算機による情報処理により新たな知見・情報を創出する行為であって国民生活の利便性向上に寄与するものとして政令で定めるものを行う者（同項3号）は、公衆への提供・提示がなされた著作物について、各行為の目的から必要と認められる限度において、当該情報処理の結果の提供に付随して、自由に軽微利用を行うことが許容される。なお、①が平成30年改正前著作権法30条の4、②が同法47条の7にそれぞれに相当する規定となる。

「軽微利用」に該当するかは、当該利用の対象となる著作物について、その利用に供される部分の占める割合、利用に供される部分の量、利用に供される際の表示の精度、その他の要素に照らして判断されることとなる。

なお、①ないし③に該当するためには、政令に定める基準に従う必要があり、また、当該著作物の公衆への提供・提示が著作権者の権利を侵害することを知っていた場合その他権利者の利益を不当に害する場合には、本規定の適用除外となる（47条の5第1項柱書但書）。

さらに、①ないし③の行為の準備としてデータベースを作成する等の準備行為を行う者は、当該著作物について、複製、公衆送信およびその複製物の頒布を行うことが許容されている（47条の5第2項）。また、この場合、当該著作物を翻訳、編曲、変形、翻案することも許容される（47条の6第1号）。

○第 6 章　保護期間○

1　定義・趣旨

　著作権法上の権利には、一定の存続期間が定められている。これを「保護期間」という。この保護期間は、著作権者等の権利を保護しなければならない一方で、一定期間経過後は社会全体の財産として自由に利用できるようにすることが文化の発展に寄与するとの価値判断から設けられている。

2　原　則

　平成30年12月30日、著作権法を含む11法の改正を内容とする「環太平洋パートナーシップ協定の締結及び環太平洋パートナーシップに関する包括的及び先進的な協定の締結に伴う関係法律の整備に関する法律」（以下、「整備法」という）が施行され、著作権の存続期間は、著作者の死後70年に延長された。

　すなわち、著作権の存続期間は、原則として、著作物の創作時から著作者の死後（共同著作物については、最終に死亡した著作者の死後）70年を経過した時までである。

3　例　外

　著作権法は、以下の(1)から(5)のとおり、例外規定が設けられている。

(1)　無名・変名の著作物（52条）

　公表（4条1項）後70年である（52条1項本文）。ただし、期間満了前に死後70年経過していることが明らかであればその時までである（同項但書）

　ただし、以下の場合には、原則どおり、著作者死後70年の原則基準が適用される（52条2項）。

① 　変名の著作物における著作者の変名がその者のものとして周知のものであるとき（同項1号）。

② 　無名・変名の著作物の著作者が公表後70年内に実名の登録をしたとき（同項2号）。

③ 著作者が公表後70年内にその実名または周知の変名を著作者名として表示してその著作物を公表したとき（同項3号）。

(2) 団体名義の著作物（53条）

公表後70年であるが（53条1項）、創作後70年内に公表されていなければ創作後70年である（同項括弧書）。

一方、公表後70年内に当該著作物の著作者である個人がその実名または周知の変名を著作者名として表示してその著作物を公表した場合には、原則どおり著作者死後70年の基準が適用される（53条2項）。

また、法人等の職務著作となるプログラムの著作物の場合には、当該法人等の団体名義の下公表されないことがある。このような場合には、当該法人等を著作名義者とみなし、公表された場合には公表後70年、未公表の場合には創作後70年が保護期間とされている（53条3項）。

(3) 映画の著作物（54条）

平成15年改正により公表後50年から公表後70年に延長されたが（54条1項）、創作後70年内に公表されない場合、創作後70年（同項括弧書）である。

上記改正は、施行日に著作権が存するものに適用され施行日にすでに保護期間が終了している場合には適用がない（平成15年法律第85号附則2条）。

また、保護期間後の映画の著作物の利用を保護するため、映画の著作物の著作権が期間満了により消滅したときには、当該映画の著作物に翻案されている脚本や小説等の原著作物の著作権についても、当該映画の著作物の利用に関して当該映画の著作物の著作権とともに消滅したものとされる（54条2項）。

(4) 継続的刊行物・逐次公表著作物（56条）

保護期間が公表時から起算される著作物（無名または変名の著作物、団体名義の著作物および映画の著作物）の場合、いつの時点をもって「公表」時とするかは、重要な問題である。

新聞・雑誌のように、冊、号、回を追って公表する著作物（以下、「継続的刊行物」という）については、毎冊、毎号、毎回の公表時をもって「公表時」とされている（56条1項前段）。一方、連続テレビドラマや連載小説のように一部分ずつを逐次公表して完成する著作物（以下、「逐次公表著作物」という）については、最終部分の公表時をもって「公表時」とされているが（同項後段）、

継続すべき部分が直近の公表の時から3年を経過しても公表されない時は、すでに公表されたもののうち最終の部分をもって著作権法56条1項の最終部分とみなしている（同条2項）。

このように継続的刊行物と逐次公表著作物については、「公表」の意義につき特別な規定が設けられているものの、両者の区別は明確ではなく、たとえば、一話完結型の長編連載漫画であるポパイがいずれにあたるかについて下級審において判断が分かれていた。

関連判例4－11－2「ポパイ・ネクタイ事件」は、「著作権の保護期間は、各著作物ごとにそれぞれ独立して進行するものである」として「継続的刊行物」とする一方で、後続の漫画に登場する人物が先行する漫画に登場する人物と同一と認められる限り、当該登場人物については、最初に掲載された漫画の著作権の保護期間によるとした。

(5) 著作者人格権

著作者人格権は、死者にはないと考えられており、また、一身専属的なものであるから相続もされないが、著作者死亡後においても一定の場合を除き著作者人格権の侵害となるべき行為をしてはならないとされている（60条）。

4 計算方法

保護期間を計算するときは、著作者が死亡した日または著作物が公表され、もしくは、創作された日のそれぞれ属する年の翌年の1月1日から起算する（57条）。

5 保護期間に関する旧法との関係

明治32年制定法（いわゆる旧著作権法）と現行の著作権法とでは著作物の保護期間が異なるが、著作権法施行時（昭和46年1月1日）に旧法下で著作権が消滅している著作物の著作権は復活せず（附則2条）、旧法下で公表された著作物の保護期間は旧法が長い場合は旧法による（同附則7条）とされた。

そのため、現時点で著作権が存続している著作物を考える際には、旧法の保護期間を調べる必要があるが、現在、著作権の存続している著作物の詳細については、文化庁編著『著作権法入門〔2017-2018年版〕』34頁を参照されたい。

6　外国人の著作物

(1)　原　則

外国人の著作物も条約上保護義務を負う著作物については、わが国の著作権法の保護期間が適用される（内国民待遇の原則：ベルヌ条約5条1項）。

(2)　特　例

(A)　**相互主義（58条）**

わが国より保護期間が短い国の著作物は、日本国民の著作物（6条1号に該当するもの）を除き、その国の保護期間に限って保護される。

(B)　**戦時加算（連合国及び連合国民の著作権の特例に関する法律4条）**

わが国と連合国との平和条約において、条約関係にある連合国の国民が第二次世界大戦前または大戦中に取得した著作権については、通常の保護期間に戦争期間（たとえば、米国・イギリス・オーストラリア・カナダ・フランスについては、3794日）を加算する（文化庁編著・前掲37頁参照）。

(C)　**翻訳権10年留保（附則8条）**

現行著作権法施行前に発行された著作物についてのみ、翻訳権不行使による10年消滅制度（旧法7条）が適用される。

(D)　**翻訳権の7年強制許諾（万国著作権条約の実施に伴う著作権法の特例に関する法律5条）**

万国著作権条約に基づく保護を受ける国の著作物については、著作権が最初に発行されてから7年以内に翻訳物が発行されない場合で、翻訳権者から翻訳を許諾されない場合、文化庁長官の許可を受け所定の補償金を払って翻訳することができる。

7　消　滅

(1)　消滅時効

現行民法は、167条2項において「債権又は所有権以外の財産権は、20年間行使しないときは、消滅する」と規定され、平成29年に成立し令和2年4月1日に施行される改正民法（平成29年法律第44号）も、166条2項において「債権又は所有権以外の財産権は、権利を行使することができる時から20年間行使し

ないときは、時効によって消滅する」と規定されている（消滅時効の制度）。

しかし、著作権は、他人の複製等を禁止する権利であり、他人が複製等侵害行為を行わない以上、行使できないのであるから、消滅時効により消滅しないと解すべきである。この点、東京高判平成13・9・18（平成12年(ネ)第4816号）裁判所HP「エスキース事件」においても「著作権は、その性質上、当該著作物を利用することもせず、他人に対して権利行使をしていないとしても、それによって消滅時効が進行するというものではなく、かつ、消滅時効とは関係なく、法定の保護期間満了をもって権利が消滅することになる」と判示されている。

また、著作権侵害に基づく差止請求権は、現在、または将来の侵害行為の差止めを求める権利であり消滅時効を観念し得ないが、著作権侵害に対する損害賠償請求権（民709条）は、民法724条前段により、3年の消滅時効にかかる。

(2) 取得時効

著作権が取得時効の対象となるか否かについて学説上争いがある。

前掲**関連判例4－11－2**「ポパイ・ネクタイ事件」は、「複製権が著作物の複製についての排他的支配を内容とする権利であることに照らせば、時効取得の要件としての複製権の継続的な行使があるというためには、著作物の全部又は一部につきこれを複製する権利を専有する状態、すなわち外形的に著作権者と同様に複製権を独占的、排他的に行使する状態が継続されていること」を必要とする旨判示し、「独占的排他的行使」を要件に取得時効の可能性を認めた。この独占的排他的行使がいかなる場合を指すのか必ずしも明確ではないものの、**関連判例4－11－2**「ポパイ・ネクタイ事件」の最高裁調査官解説は、以下の2つの具体例をあげている（三村量一「判解」最判解民事篇平成9年度(中)963頁）。

① 著作権譲渡契約において意思表示の瑕疵があった場合、たとえば著作権譲渡契約における譲受人や同人からの転得者が当該著作物について出版や商品化事業を継続して行っていたところ、譲渡契約が無効であったというような場合

② 真の著作者がはっきりしない著作物について著作者と称して権利行使をしていた者が死亡しその相続人が著作権を相続財産として取得したものと信じて権利行使を継続していたところ、真実は被相続人は著作者ではなかった場合

○第7章　著作隣接権○

1　概　説

(1)　序　説

　著作物が文化の所産として維持、拡布、伝承されていくためには、著作者の創作行為が必要であることはいうまでもないが、一方で、これら著作物を公衆に伝達する媒介手段となる者の存在も不可欠である。たとえば、音楽を作詞作曲する著作者の存在なくして音楽という著作物は存在し得ないのであるが、著作者によって創作された音楽が公衆に伝達され、文化として維持、伝承されていく過程には、その音楽を演奏ないし歌唱する者（実演家）や、かかる演奏ないし歌唱をレコード等に固定化して公衆に提供する者（レコード製作者）、さらにはその演奏ないし歌唱をラジオやテレビ、インターネットといった媒体で放送する者（放送事業者、有線放送事業者）等の存在が不可欠である。

　ところが、これらの者については、いずれも「著作物を創作する者」（2条1項2号）にあたらないため、著作者ではなく、著作権を享有し得ない。

　そこで、健全な著作物の伝達を保護すべく、著作者ではないこれらの者に対して、一定の法的保護を与えるべく規定されたのが、著作隣接権である。

(2)　著作隣接権の種類

　上述のとおり、著作隣接権は、著作権とは本質的に異なるものであるし、また、その範囲を拡大しすぎれば、権利関係の処理をいたずらに複雑化することとなり、かえって著作物の利用が妨げられるおそれもある。

　そこで、著作権法は、著作隣接権として保護される者を実演家、レコード製作者、放送事業者、有線放送事業者に限定するとともに、その権利内容についても、他者の行為を禁止する許諾権を認めるものと、そのような許諾権はなく、単に報酬請求権が認められるにすぎないものと詳細に分類して規定している（第4章1から8参照）。

(A)　許諾権が認められるもの

　法律上、著作隣接権としての許諾権が認められるものについては、権利侵害

に対して、これら著作隣接権に基づく差止請求を行うことができる。

この類型に属するものとしては、以下のようなものがある。

① 実演家の権利として、実演の録音・録画権、放送権・有線放送権、送信可能化権、譲渡権、貸与権（ただし、政令で定める期間内に限る）
② レコード製作者の権利として、レコードの複製権、送信可能化権、譲渡権、貸与権（ただし、政令で定める期間内に限る）
③ 放送事業者の権利として、放送の複製権、再放送権・有線放送権、送信可能化権、テレビジョン放送の伝達権
④ 有線放送事業者の権利として、有線放送の複製権、放送権・再有線放送権、送信可能化権、有線テレビジョン放送の伝達権

(B) 報酬請求権のみが認められるもの

一方、著作隣接権としての許諾権までは認められないものについては、権利侵害に対して著作隣接権に基づく差止請求を行うことはできず、ただ、金銭の支払いを求めることができるにすぎない。

この類型に属するものとしては、以下のようなものがある。

① 実演家の権利として、商業用レコードの二次的使用料請求権、配信音源を放送等に使用する場合の報酬請求権、期間経過商業用レコードの貸与に関する報酬請求権、有線放送事業者に対する放送される実演の有線放送に対する報酬請求権、放送の同時再送信に対する補償金請求権、私的録音録画補償金請求権
② レコード製作者の権利として、商業用レコードの二次的使用料請求権、配信音源を放送等に使用する場合の報酬請求権、期間経過商業用レコードの貸与に関する報酬請求権、放送の同時再送信に対する補償金請求権、私的録音録画補償金請求権

(3) **実演家人格権**

(A) **総　説**

上述の著作隣接権に加え、実演家には、著作権における著作者人格権に対応するものとして、氏名表示権、同一性保持権が認められており（90条の2、90条の3）、これらは実演家人格権と呼称されている。

(B) 氏名表示権

　実演家は、実演家名を表示し、または表示しないことを決定することができる（90条の2第1項）。ただし、「実演の利用の目的及び態様に照らし実演家がその実演の実演家であることを主張する利益を害するおそれがないと認められるとき又は公正な慣行に反しないと認められるとき」は、その表示を省略することができる（同条3項）。したがって、たとえば、エキストラやバックコーラスなどの氏名を表示しない取扱いも許される。

(C) 同一性保持権

　実演家は、その演奏の同一性を保持する権利を有する（90条の3）。

　ただし、そこでいう同一性保持権は、著作者人格権における同一性保持権と異なり、「自己の名誉又は声望を害する」場合にのみ、改変等を禁止することができるにとどまる点に注意を要する（同条1項、半田・概説273頁）。

(4) 無方式主義

　著作隣接権の保護を受けるにあたっては、著作権の場合と同様に、何らの方式も必要としない（89条5項）。

(5) 著作権との関係

　著作隣接権による保護は、著作権とは別個独立のものである。そこで、著作権法も、著作隣接権が「著作者の権利に影響を及ぼすものと解釈してはならない」（90条）と規定し、著作隣接権によって著作権の行使に制限が加えられないことを明示している。

(6) 保護期間

　著作隣接権の保護期間は、次のとおりである。

① 実演家については、実演が行われたときからその日の属する年の翌年から起算して70年を経過したとき（101条1項1号・2項1号）

② レコードに関しては、その音を最初に固定したときから、当該レコードの発行が行われた日の属する年（その音が最初に固定された日の属する年の翌年から起算して70年を経過する時までの間に発行されなかったときは、その音が最初に固定された日の属する年）の翌年から起算して70年を経過したとき（同条1項2号・2項2号）

③ 放送に関しては、その放送が行われたときから、その日の属する年の翌

年から起算して70年を経過したとき（同条1項3号・2項3号）

④　有線放送に関しては、その有線放送が行われたときから、その日の属する年の翌年から起算して70年を経過したとき（同条1項4号・2項4号）

2　実演家の権利

(1)　総　説

「実演」とは、「著作物を、演劇的に演じ、舞い、演奏し、歌い、口演し、朗詠し、又はその他の方法により演ずること（これらに類する行為で、著作物を演じないが芸能的な性質を有するものを含む。）」（2条1項3号）をいい、「実演家」とは、「俳優、舞踊家、演奏家、歌手その他実演を行う者及び実演を指揮し、又は演出する者」（同項4号）をいう。

実演家には、前述の実演家人格権のほか、以下の著作隣接権が認められている。

(2)　録音・録画権（91条）

(A)　権利内容

実演家は、その実演を録音し、または録画する権利を専有する（91条1項）。したがって、実演を録画・録音しようとする者は、その実演家の許諾を得なければならない。なお、「録音」「録画」には、すでに作製された固定物（レコードやテープなど）をさらに増製する場合も含まれるので（2条1項13号・14号）、増製の場合にも、あらかじめ実演家の許諾を得る必要がある。

(B)　制　限

実演家の許諾の下にその実演が固定された映画の複製物を映画として複製することについては、録音物を録音する場合を除き、実演家の著作隣接権は働かず、実演家の許諾は不要である（ワンチャンス主義：91条2項）。

(3)　放送権・有線放送権（92条）

(A)　権利内容

実演家は、その実演を放送し、または有線放送する権利を専有する（92条1項）。したがって、実演を放送または有線放送しようとする者は、あらかじめ実演家の許諾を得る必要がある。

(B) 制　限

　放送される実演を、固定することなく、同時に再送信する場合には、実演家の許諾は不要である（92条2項1号、ただし、有線放送事業者は、放送される実演を有線放送した場合には非営利無料の場合を除き、実演家に対し相当額の報酬支払義務を負う（94条の2））。

　また、実演家の許諾を得て作成された実演の録音・録画物を用いて放送・有線放送を行う場合、および実演家の許諾を得て実演が収録された映画の増製物を用いて放送・有線放送を行う場合は、実演家の許諾は不要である（92条2項2号イおよびロ）。

　さらに、実演の放送について許諾を得た者は、その実演を放送のために録音・録画することができ（93条1項本文）、当該許諾にかかる放送はもちろん、①放送事業者が作製した録音・録画物を利用する放送（リピート放送）、②当該録音・録画物の供給を受けて行う放送（テープネット放送）、③当該許諾放送事業者から放送番組の供給を受けて行う放送（マイクロ・ネット放送）も、実演家の新たな許諾なく行うことができる（94条1項各号）（ただし、実演者は、①ないし③を行う放送事業者に対し報酬請求権を有する（同条2項））。

(4) 送信可能化権（92条の2）

(A) 権利内容

　実演家は、その実演を送信可能化する権利を専有する（92条の2）。したがって、インターネットに接続されたサーバにアップロードするなどして、アクセスに応じて自動的に実演を公衆に送信できる状態に置くためには、実演家の許諾が必要となる。

(B) 制　限

　実演家の許諾を得て録画された実演と、実演家の許諾を得て映画著作物に録音・録画された実演については本条の適用はない（92条の2第2項各号）。

　また、実演家においては、放送の対象地域内における同時再送信行為につき許諾権（送信可能化権）は制限されるものの、送信可能化を行う者に対し補償金の支払請求権を有する（102条5項・6項）。

(5) 商業用レコードの二次使用料請求権（95条）

(A) 権利内容

商業用レコードを用いた放送が頻繁になされることによる実演の機会の喪失から実演家の権利を守るため、放送事業者や有線放送事業者が商業用レコードを用いて放送を行った場合に、実演家においては、放送事業者らに対して二次使用料請求権が発生する（95条1項）。

また、実演者は、インターネット等から直接配信される音源（配信音源）を放送等に使用される場合においても、放送事業者らに使用料請求権を取得する（95条1項）。

そして、二次使用料請求権が円滑に行使され得るため、実演家の相当数を構成員とする団体を文化庁長官がその同意を得て指定した場合には、指定された当該団体のみが権利行使できるものとされており（95条5項）、令和元年7月末現在、公益社団法人日本芸能実演家団体協議会（芸団協）のみが指定団体に指定されている。

(B) 二次使用料

二次使用料は、毎年、指定団体と放送事業者等またはその団体との協議により決定し（95条10項）、協議が成立しない場合は、文化庁長官の裁定を求めることができる（同条11項）。

(6) 譲渡権（95条の2）

(A) 権利内容

実演家は、その実演をその録音物または録画物の譲渡により公衆に提供する権利を専有する（95条の2）。したがって、実演の録音・録画物を譲渡する場合には原則として実演家の許諾を得なければならない。

(B) 制限

実演家の許諾を得て収録された録画物の譲渡（95条の2第2項1号）や実演家の許諾を得てとられた映画著作物に録音・録画されている実演の録音・録画物の譲渡（同項2号）については、実演家の許諾は、不要である。

さらに、これら以外にも、実演家により譲渡の許諾を得て譲渡された録音・録画物をさらに譲渡する場合には、新たに実演家の許諾を得る必要はない（95条の2第3項）。これは、第一譲渡後の譲渡権の消尽を定めた規定である。

(7) 貸与権および貸与報酬請求権（95条の3）

実演家は、その実演を商業用レコードの貸与により公衆に提供する権利を専有する（95条の3第1項）。したがって、実演の録音されている商業用レコードを貸与する場合は、実演家の許諾を得なければならない。

そして、本条の適用があるのは、最初に販売された日から起算して政令で定める期間（施行令57条の2より、現在は12か月）内の貸与のみであり（95条の3第2項）、期間経過後の貸与には、実演家に許諾権がないが、期間経過後は、貸レコード業者に対し相当額の報酬支払請求権を取得する（同条3項）。

支払いの方式は、商業用レコードの二次的使用料請求権の指定団体に関する規定が準用される（95条の3第4項）。

なお、貸与報酬請求権は、著作隣接権の存続期間中存続する（実演が行われた日の属する年の翌年から起算して70年）。

(8) 私的録音録画補償金請求権

大量かつ高品質な複製が容易に可能となるデジタル方式の録音・録画技術の発達による実演家の経済的利益を保護するため、デジタル方式の特定機器および記録媒体を用いて行われる録音・録画については、私的使用目的であっても、実演家に補償金を受ける権利が認められている（102条、30条2項）。

3 レコード製作者の権利

(1) 総説

「レコード製作者」とは、「レコードに固定されている音を最初に固定した者」である（2条1項6号）。単に原盤からその複製物をつくる行為（リプレス）は、レコード製作者には含まれない（半田・概説280頁）。

かかるレコード製作者には、次の各権利が著作隣接権として認められている。

(2) 複製権（96条）

レコード製作者は、そのレコードを複製する権利を専有する。したがって、複製を行おうとする者は、レコード製作者の許諾を得なければならない。

なお、ここでいう「複製」には、原盤からのプレスによる増製のほか、既存のレコードの再生によって生ずる音の録音、放送室でのレコードの再生によって生じた音の受信による録音も含まれる（半田・概説280頁）。

(3) 送信可能化権（96条の2）

　レコード製作者は、そのレコードを送信可能化する権利を専有する。したがって、インターネットに接続されたサーバにレコードの音のデータを蓄積する場合は、レコード製作者の許諾が必要となる。

　レコード製作者においても放送の対象地域内における同時再送信行為につき許諾権（送信可能化権）が制限されるものの、送信可能化を行う者に対し補償金支払請求権を有する（102条5項・6項・7項）。

(4) 商業用レコードの二次使用料請求権（97条）

　放送事業者等が商業用レコードを用いて放送または有線放送を行った場合（当該放送または有線放送を受信して放送または有線放送を行った場合を除く）は、レコード製作者から放送事業者等に対して二次使用料請求権が発生する（97条1項）。また、レコード製作者は、配信音源を放送等に使用する放送事業者等に対しても二次使用料請求権を取得する（同項）。

　二次使用料請求権は、国内において商業用レコードの製作を業とする者の相当数を構成員とする団体（その連合体を含む）でありその同意を得て文化庁長官が指定する団体があるときは、その団体のみが行使でき個々のレコード製作者は請求権を行使できない（97条3項）。令和元年7月末現在、社団法人日本レコード協会のみが指定団体に指定されている。

　なお、実演家の二次使用料請求権に関する著作権法95条6項から14項までの規定は、レコード製作者の場合にも準用されている（97条4項）。

(5) 譲渡権（97条の2）

　レコード製作者は、そのレコードをその複製物の譲渡により公衆に提供する権利を専有する。

　実演家の譲渡権の制限と同趣旨の制限規定が置かれている（97条の2第2項）。

(6) 貸与権および貸与報酬請求権（97条の3）

　レコード製作者は、そのレコードを、それが複製されている商業用レコードの貸与により公衆に提供する権利を専有する（97条の3第1項）。ただし、実演家の場合と同様最初にレコードが販売された日から12か月を経過した後は、貸与権は行使できず、期間経過後は、相当額の報酬請求権を取得する。

　指定団体による権利行使は、実演家の場合と同様である。

4　放送事業者・有線放送事業者の権利

(1)　総　説

放送事業者とは、公衆によって直接受信されることを目的として無線通信の送信を行うことを業とする者をいう（2条1項8号・9号）。

放送事業者には、以下の各権利が著作隣接権として認められている。

(2)　複製権（98条）

放送事業者は、その放送またはこれを受信して行う有線放送を受信して、その放送にかかる音または影像を録音し、録画し、または写真その他これに類似する方法により複製する権利を専有する（98条）。

ただし、私的利用のための録音・録画には、放送事業者の許諾は必要ない（102条、30条）。

(3)　再放送権および有線放送権（99条）

放送事業者は、その放送を受信してこれを再放送し、または有線放送する権利を専有する（99条1項）。再放送、有線放送のいずれの場合も、放送事業者が送信する放送信号を受信してこれと同時に再放送または有線放送する場合（同時送信）と、いったんこれを固定化してその固定物を用いて再放送または有線放送する場合（異時送信）の両方が存するが、どちらも本条の適用範囲である。

(4)　送信可能化権（99条の2）

放送事業者は、その放送またはこれを受信して行う有線放送を受信して、その放送を送信可能化する権利を専有する。

ここでいう「放送」とは、送信行為を指し（2条1項8号）、放送にかかる音や影像を録音・録画したものは含まない。

したがって、いったん放送された音や影像を録音・録画したものを送信可能化した場合は、本条の適用はなく、複製権（98条）侵害となる。

(5)　テレビジョン放送の伝達権（100条）

放送事業者は、そのテレビジョン放送またはこれを受信して行う有線放送を受信して、影像を拡大する特別の装置を用いてその放送を公に伝達する権利を専有する。したがって、テレビジョン放送を受信して、これを大型プロジェク

ター等により公衆に視聴させる場合には、放送事業者の許諾が必要となる。

(6) 有線放送事業者

著作隣接権による保護を受ける有線放送事業者とは、有線放送を業として行う者であり（2条1項9号の2）、ここでいう有線放送とは、有線送信のうち、公衆によって同一の内容の送信が同時に受信されることを目的として行うものをいう（同項9号の3）。

その内容は、複製権（100条の2）、放送権・再有線放送権（100条の3）、送信可能化権（100条の4）、有線テレビジョン放送の伝達権（100条の5）であり、基本的には、放送事業者の著作隣接権と同様の権利となっている。

○第8章　著作権の譲渡・利用許諾その他契約関係○

　著作権は財産権であり、著作権者は原則として、これを自由に譲渡したり利用許諾を行ったり、あるいは担保の目的として利用することができる。

　逆に、わが国において保護されている他人の著作物を利用しようとする者は、権利制限規定（30条以下）に該当しない限り、著作権の譲渡を受けるか、利用許諾等により利用権限を取得する必要がある。

　以下では、著作物の利用に際して一般に用いられることの多い著作権の譲渡および利用許諾と、出版権設定について概説したうえで、著作権に関する契約の解釈に関する紛争事例を概観する。

1　著作権の譲渡

(1)　著作権譲渡の効力

　著作権は、その全部または一部を譲渡することができる（61条1項）。著作権の譲渡は、所有権その他の物権の譲渡の場合と同様に、当事者の意思表示のみによってその効力を生じ、移転の効力発生のために書面の作成や登録その他の手続を必要としない。すなわち、売買、交換、贈与、信託などの原権利者の意思表示によって直ちにその効力を生じる（加戸・逐条講義439頁）。

　わが国と異なり、米国においては、著作権の譲渡契約は書面によらなければならないとされており（米国連邦著作権法204条(a)）、著作権侵害訴訟の提起には、登録が必要とされている（同法411条(a)）。

(2)　一部の譲渡

　著作権は、その一部を譲渡することができるとされており（61条）、著作権を法21条以下の各支分権ごとに譲渡することができるのは当然であるが、内容、場所、時間の制限付きの移転や、さらにそれより細かい部分についても、それが明確なものであれば原則として任意に分割譲渡が可能であり、たとえば複製権に含まれる録音権や録画権を分離して譲渡することもできると解されている（中山・著作権法414頁ないし415頁）。

　この点に関する裁判例として、東京地判平成6・10・17判時1520号130頁

「ポパイ・ベルト事件」は、著作権の一部の譲渡の可否について、一般論として、「著作権の一部の譲渡、移転が可能であるとはいえ、どこまで細分化した一部であっても譲渡、移転することが認められるものではなく」、「その程度まで細分化した一部の譲渡、移転の社会的必要性と、そのような一部の譲渡、移転を認めた場合の権利関係の不明確化、複雑化等の社会的な不利益を総合して、一部の譲渡、移転を許容できる範囲を判断すべきものである」としている。また、期間を限定した著作権譲渡を認めた事例として、東京地判平成9・9・5判時1621号130頁「ダリ事件」がある。

(3) 翻案権等、二次的著作物利用に関する原著作者の権利の譲渡

著作権を譲渡する契約において、著作権法27条または28条に規定する権利が譲渡の目的として特掲されていないときは、これらの権利は、譲渡した者に留保されたものと推定される（61条2項）。

したがって、著作権法27条ないし28条の権利を譲渡するのであれば、単に「著作権を譲渡する」とするのではなく、たとえば「すべての著作権（著作権法第27条および第28条に規定する権利を含む）」というように明記する必要がある。仮に、「小説Aの著作権は甲に譲渡する」との譲渡契約がなされた場合、翻案権等については何ら記載されていないので、同法61条2項により、原権利者に留保されたものと推定される。そうすると、小説Aを映画化する場合には原権利者の許諾が必要となる。

この点について、**判例コメント37** = ひこにゃん事件は、著作権法61条2項の特掲がされたというためには「単に『著作権等一切の権利を譲渡する』というような包括的な記載をするだけでは足りず、譲渡対象権利として、著作権法27条や28条の権利を具体的に挙げること」が必要との一般論を示したうえで、本件契約書には「著作権等一切の権利は実行委員会に帰属する」旨が記載されているのみであるとして、特掲を否定し、翻案権が譲渡人に留保されたものと推定されるとした。そのうえで、契約内容として立体的利用の予定が明示されていること等に基づき、予定されていた一定の範囲で推定の覆滅を認めた。

他の裁判例では、**判例コメント38** = CRフィーバー大ヤマト事件も、「すべての著作権を譲渡する」というような包括的な記載をするだけでは「特掲され」たとはいえないとして翻案権の留保を推定したうえで、推定の覆滅も否定

している。これに対して、知財高判平成18・8・31判時2022号144頁「振動制御システムK2事件」は、特掲は否定したものの、当該プログラムについて将来、改良がなされることが前提となっていたこと等から、推定の覆滅を認めている。

(4) 共有著作権

共同著作物の著作権その他共有に係る著作権については、各共有者は、他の共有者の同意を得なければ、その持分を譲渡し、または質権の目的とすることができない（65条1項）。また、共有者全員の合意によらなければ、「行使」することができない（同条2項）。そこで、著作権の譲渡、出版権の設定や著作物の利用許諾を行う際には、共有者全員の同意ないし合意が必要となる。

この点について、各共有者は、「正当な理由がない限り」譲渡等の同意を拒み、または権利行使の合意の成立を妨げることができないとされる（同条3項）。これは、共有者の恣意的な判断によって持分の処分が妨げられたり、著作権の行使が行えなくなったりすることを防止するための規定であり、「正当な理由」の存在は譲渡に反対する共有者の側で立証する必要があるとされる。ここで、正当な理由が認められる具体例としては、許諾を与えようとする出版者の財政状態が悪く印税の支払いが焦げつくおそれがあるとか、放送局との間にトラブルがあるため紛争解決までの間利用させたくない、譲受人が信用のおけない人物であることなどがあげられている（加戸・逐条講義460頁ないし461頁）。

他の共有者が正当な理由なく同意を拒むときには、その共有持分を譲渡しようとする共有者は、他の共有者に同意を求めるため、譲渡に同意せよとの判決を求めることができる。これを認めた裁判例として、東京地判平成11・10・29判タ1018号250頁「イメージボックス事件」がある。

(5) 対抗要件

著作権は、著作物を創作することにより発生するものであって、特許権等のように所轄官庁への設定登録により権利が発生するものではない。また、上述のように移転においても登録は効力発生要件としては不要であるが、対抗要件としての登録制度が設けられている。すなわち、著作権の移転または処分の制限に関する登録は、第三者に対する対抗要件であり（77条1号）、著作権の譲受人は登録を受けなければ著作権の取得ないし変動を第三者に主張し得ない。

著作権の二重譲渡がなされた場合の規律について、**判例コメント39**＝「Von Dutch」ブランド事件は、著作権法77条1号の「第三者」の意義についても、民法177条の「第三者」と同様に、背信的悪意者は「第三者」にあたらないことを示している。

2　著作物の利用

(1)　利用許諾

著作権者は、他人に対し、その著作物の利用を許諾することができる（63条1項）。

利用許諾契約は、諾成、無方式の債権契約で、黙示の意思表示によっても成立しうる。なお、特許権における実施権のように、利用許諾を登録することはできない。そのため、利用許諾を受けるライセンシーとしては、ライセンサーが真に権利を有していることや、権利を第三者に譲渡しないことが重要となる。そのため、ライセンス契約締結時においては、著作権者であることの保証条項や、著作権の移転の制限が検討されることとなる。

著作権者は、複数の者に対して同一内容の許諾を行うことも可能であり、逆に、著作権者が被許諾者以外の者に利用許諾をしてはならないとする独占的利用許諾をすることも可能である。もっとも、独占的利用許諾は当事者間で債権的な効力を有するのみであり、独占的利用許諾契約に違反して第三者に同一の許諾がなされた場合、当該第三者に対して独占的許諾を受けた地位を主張して利用を制限することはできない。独占的許諾を受けた者は、許諾をした著作権者に対し、他の者に利用許諾をしないという不作為請求権を有するにすぎないからである。

独占的利用の許諾を受けた者が第三者に対して差止請求権を有するかについては議論があるが、固有の差止請求権を認めないのが通説である（中山・著作権法602頁）。もっとも、独占的利用の許諾を受けた者については、著作権者に代位して侵害者に対し、著作権に基づく差止請求権を行使することを認めるべきとする見解が多数であり（中山・著作権法602頁）、これが認められる余地を示した判決として、東京地判平成14・1・31判時1818号165頁「トントゥぬいぐるみ事件」がある。

(2) 利用許諾の内容

　著作権利用の許諾を得た者は、その許諾に係る利用方法および条件の範囲内において、その許諾に係る著作物を利用することができる（63条2項）。逆に、著作権者は、著作権の譲渡の場合と異なり、許諾の内容として、同一支分権の範囲で場所や方法を限定した利用許諾も可能である。

　許諾に係る利用方法および条件を定める契約を締結したものの、利用方法や条件に違反した場合、違反者が債務不履行責任を負うことは当然であるが、直ちに著作権侵害となるかについては、利用方法および条件が「著作権の本来的内容なのか著作権の行使に際して著作権者から附加された債権債務なのかで判断する必要がある」と解されている（加戸・逐条講義450頁）。

　この点について、東京地判平成19・11・16（平成19年(ワ)第4822号）裁判所HP「おりがみあそび事件」は、イラストを本文中の挿絵としてのみ使用するという使用許諾の範囲を逸脱して、許諾がないのに本件書籍の表紙に使用したとして複製権侵害が認められている。

3　出版権設定契約・出版許諾契約

(1) 出版権の設定

　出版権とは、複製物を頒布する目的をもって、著作物を原作のまま、印刷その他の化学的方法により、文書または図画として複製することについての著作物の利用権であって、設定行為で定めた範囲内において、設定者が第三者に対して重複許諾をしてはならない義務および自らも著作物を利用しない義務を負うものをいう（渋谷・著作権法500頁）。複製権者は、その著作物を文書または図画として出版することを引き受ける者に対し、出版権を設定することができる（79条1項）とされているように、出版権は、複製権に対する一種の用益権として定められたものである。出版権に電子出版が含まれるかについては議論があったが、平成26年改正により、これが含まれることが明確にされた。

　出版権の設定は当事者間の合意のみで可能であるが、出版権を第三者に対抗するには設定の登録が必要である（88条）。

(2) 出版権の内容

　出版権者は、頒布の目的をもって、出版権の目的である著作物を原作のまま

印刷その他の機械的または化学的方法により文書または図画として複製する権利の全部または一部を専有する（80条1項1号）。また、出版権者は、原作のまま、記録媒体に記録された当該著作物の複製物を用いて公衆送信を行う権利の全部または一部を専有する（同項2号）。

　他人の著作物の出版を行うのは、債権的な出版の許諾を受けることによっても可能である。もっとも、出版許諾契約では、独占的出版許諾を内容とするものであっても、複製権者は第三者に同一内容の出版許諾を行わないという契約上の義務を負うだけのこととなる。

　出版権が侵害された場合、出版権者は侵害者に対して差止請求、損害賠償請求をすることができる（112条、114条）。これに対して、独占的出版許諾の被許諾者はこれらの権利を有しないと解される。

　出版権者は、権利者であるのみではなく出版の義務を負う者でもある。すなわち、出版権者は、複製権等保有者からその著作物を複製するために必要な原稿その他の原品もしくはこれに相当する物の引渡しまたはその著作物に係る電磁的記録の提供を受けた日から6か月以内に当該著作物について出版行為を行わなければならず（81条1号）、慣行に従い継続して出版行為を行う義務も負う（同条2号）。

(3)　出版権に関する紛争事例

　出版権に関する紛争事例として、東京地判平成10・10・22判時1660号125頁「マンガ原稿返還請求事件」がある。同事件は、マンガの原稿を返却しなかったことが不法行為ないし債務不履行にあたるかが問題となった事件であるが、判決は、原告被告間の契約が出版権設定契約であったとすれば最初の出版があった日から3年で出版権は消滅したことになり（83条2項）、単なる出版許諾契約であったとすれば、本件書籍の印刷を完了した時点で原稿を原告に返還すべき義務を負うとして、合意が出版権設定契約であったか出版許諾契約であったかを問わず、本件原稿の返却を拒むことはできないと判示した。

4　著作権に関する契約の解釈

(1)　著作権等譲渡契約の解釈

　著作権等譲渡契約の解釈が問題となった事案における1つの特色として、契

約当時に現れて間もない利用方法や予定されていなかった利用方法に関する紛争、契約当時に存在しなかった権利に関する紛争が複数生じていることがあげられる。

テレビ用特撮映画の放送権譲渡契約の解釈が問題となった事案として東京高判平成15・8・7（平成14年(ネ)第5907号）裁判所HP「怪傑ライオン丸事件」がある。同事件は、「怪傑ライオン丸」などの特撮映画に関する放送権の譲渡契約に、有線放送および衛星放送する権利が含まれていたかが問題となった事案である。裁判所は、「本件契約は、被控訴人ピープロの有する本件作品の著作権の一部である『放送権』を、特に放送条件、放送期間の定めなく譲渡することを内容とするものであり」、「本件作品の著作権に極めて重大な制限を加えるものであるから、その譲渡対象の範囲の認定は厳格に行い、一定以上の疑問が残るものについては範囲に入らないとするのが、著作権法の立法趣旨に合致する契約解釈である、というべきである」との視点を示したうえで、契約書に明記されていないこと、明記することが可能であったこと、交渉時の立場からしても明記させることが容易であったこと等を指摘し、本件譲渡契約における「放送権」に「衛星放送権」および「有線放送権」が含まれないとした。

また、東京地判平成19・4・27（平成18年(ワ)第8752号等）裁判所HP「HEAT WAVE事件」は、「HEAT WAVE」という名称のロックバンドのメンバーXらがレコード会社と締結した専属実演家契約に含まれる「原盤に係る一切の権利（原告らの著作隣接権を含む）」がレコード会社に帰属する旨の規定（本件契約4条）により、同契約時には法定されていなかった送信可能化権がレコード会社の地位を承継した被告に帰属するのかが問題となった事案である。裁判所は、「本件契約4条の『一切の権利（原告らの著作隣接権を含む）』に実演家の送信可能化権が含まれるか否かについては、契約の解釈の手法に則り、①本件契約の文言、各条項の関係、②契約締結当時における音源配信に関する状況、③契約締結当時における著作権法の規定、④業界の慣行、⑤対価の相当性等の諸事情を総合的に考慮して判断するのが相当である」としたうえで、契約書に著作隣接権が留保されることをうかがわせる記載はないこと、契約締結時に将来の配信が予測できたこと、契約上頒布形態の特殊性などに応じた相当な率による印税が支払われる規定となっていること等を総合的に考慮し、送信可能化権

がレコード会社に譲渡されていたとした。

これと同種の事案である東京地判平成19・1・19判時2003号111頁「THE BOOM事件」も、同様に送信可能化権が譲受人に移転しているとの結論を示したものであるが、同判決は、前掲「怪傑ライオン丸事件」との相違として、同判決は、「著作権の一部譲渡の事案であって、包括的な全部譲渡を目的としたものではなかったため、契約文言中の『放送権』の内容をめぐる当事者の意思解釈が結論を左右したものであり、同じく権利の譲渡を問題とするものではあるが、本件のように当初から包括的な全部譲渡を目的とする契約の場合とは、おのずと当事者の意思解釈の手法や内容が異なるというべきである」との判断を示している点が興味深い点である。

(2) 利用許諾契約の解釈

著作権利用の許諾の有無ないし利用許諾の内容が不明確であるために生じた紛争も多数存在する。

たとえば、**判例コメント40**＝岡山イラスト事件は、ウェブページ上にパンフレットを掲載したことが二次利用に係る許諾の範囲内の行為か否かが問題となった事案であるが、判決は、「一般に、二次利用とは、著作物を引用（転載）、複製するなどして利用することをいうところ、本件で、Xらが、Y_1に対し、許諾した二次利用の具体的態様は必ずしも明らかではないが、その一方で、二次利用の範囲について何らかの限定を付していたというような事情は見当たらない」としたうえで、「本件掲載行為の態様は、著作物の二次利用としてみた場合に、当該著作物の著作権に及ぼす影響が非常に少ない態様のものであるということでき」、むしろ、「本件掲載行為についてまで二次利用としての許諾の範囲に含まれないとすると、許諾の範囲に含まれる適法な二次利用を想定しがたい」として、許諾の範囲に含まれることを示した。

東京高判平成10・7・13知裁集30巻3号427頁「スウィートホーム事件」では、利用許諾契約において、映画化および映画の劇場等における上映のほか、ビデオへの複製・販売、テレビ放送等をすること（二次的利用）も対象として含まれていたか、本件映画のビデオ化による利用について、映画業界の慣行に従い追加報酬を支払う旨の合意がされたかが争われた。判決は、ビデオ化やテレビ放送による収益を前提とした資金計画が立てられその説明がされたこと、

本件映画のビデオ化について異議を述べていないこと、ビデオ販売宣伝用のメイキングビデオの撮影がなされ、これを認識していたこと、報酬の額が高額であったことなどの事情を認定し、二次的利用に関しても承諾があったと判示した。また、日本映画製作者連盟と原著作者三団体との二次的利用に関する覚書が業界慣行となっているとは認められないとして追加報酬合意を否定した。

　他にも、出版許諾契約において出版部数が4000部に限定されていたかが争われた事案として、東京地判平成13・11・30（平成12年(ワ)第15312号）裁判所HP「とんぼの本事件」がある。同事案においては、契約締結の際に使用料については協議がなされているが発行部数については協議がなされていないこと、作成された覚書にも発行部数の記載がないことなどの出版に至る経緯および契約締結後の経緯から、出版許諾契約において出版部数を4000部に限定するとの合意はなかったとされている。

○第9章　著作権の侵害○

1　著作権侵害の一般的要件

(1)　総説

著作権侵害に基づいて差止請求や損害賠償請求をなす場合、①原告に権利が帰属していること、②被告が著作権侵害行為をしていること（またはそのおそれがあること）を主張・立証する必要がある（損害賠償請求においては、これら以外にも故意または過失、損害発生およびその額、および因果関係も主張・立証する必要がある）。

もっとも、著作権法では、いかなる場合に著作権侵害が成立するかについて明文の規定は設けられていない。しかし、過去の最高裁判例により著作権（複製権と翻案権）侵害が成立するための要件が示されたことにより、現在では、一般に著作権侵害が成立するためには①既存の著作物に依拠し（依拠性）、②既存の著作物の表現上の本質的な特徴を直接感得できること（類似性）が必要であると整理されている。

(2)　権利が帰属していること

著作権侵害に基づく請求をするためには、当然、自らが権利者であることを主張・立証することが必要となる。著作権法において権利を取得する主な原因としては、自らがその著作物を創作した著作者（2条1項2号）であること、権利者からその著作物に係る権利の譲渡を受けたこと、その著作物が職務著作に該当することにより著作者となること（15条）などがある。

(3)　依拠性

(A)　依拠性が侵害成立要件とされている

「依拠」とは、一般に、他人の著作物に接し、それを自己の作品の中に用いることを指すと解されている（中山・著作権法587頁）。著作権法上は「依拠」が必要であるとは明示されていないが、従来から必要と考えられており、**関連判例9－1－1**「ワン・レイニー・ナイト・イン・トーキョー事件」で改めて確認された。

したがって、たとえ他人の著作物と類似性の認められる著作物であるとしても、他人の著作物に依拠することなく独立して創作したのであれば著作権侵害は成立しない。

他人の著作物を知らないことについて過失があったとしても、他人の著作物を知らない以上、依拠性は否定される。もっとも、依拠性を肯定するためには、必ずしも表現内容まで認識していることは必要とされない。たとえば、書物の内容を見ずにコピー機でコピーをとった場合や、プログラムの著作物についてプログラムの表現を見ずにその複製物を作成した場合も、依拠性は肯定されることになる。

⑻ **依拠の立証**

依拠の立証責任は、著作権侵害を主張する権利者側が負うことになるが、依拠したか否かは立証が困難な場合も多い。

依拠の立証のために、データベースやプログラムの著作物などにおいては、意図的に無意味なデータを潜り込ませるトラップを設けられる場合もある。このようなトラップや意図しない誤りまで複製されていたような場合は、依拠性を肯定する有力な証拠となりうる（名古屋地判昭和62・3・18判時1256号90頁「用字苑事件」）。

一般的には、既存の著作物の著名度、作成時期等のほか、依拠していなければこれほど類似することはないといえるほど類似しているか否か、という経験則から判断されることになる。もっとも、依拠性の場面でいう類似と、後述の著作権侵害の成立要件としての類似性とは異なる。たとえば、創作性のない表現についてかなり類似している場合は、依拠性が肯定されることはありうるが、これのみで著作権侵害の成立要件としての類似性が認められることにはならない。

多数の著作物（イラスト）のうちのどの著作物に依拠したのか個別に特定することが困難なケースの依拠性について判断した裁判例として、**判例コメント50**＝マンション読本事件がある。

【関連判例9－1－1「ワン・レイニー・ナイト・イン・トーキョー事件」最一小判昭和53・9・7（昭和50年㈹第324号）民集32巻6号1145

頁、判時906号38頁、判タ371号71頁】

「旧著作権法（明治32年法律第39号）の定めるところによれば、著作者は、その著作物を複製する権利を専有し、第三者が著作権者に無断でその著作物を複製するときは、偽作者として著作権侵害の責に任じなければならないとされているが、ここにいう著作物の複製とは、既存の著作物に依拠し、その内容及び形式を覚知させるに足りるものを再製することをいうと解すべきであるから、既存の著作物と同一性のある作品が作成されても、それが既存の著作物に依拠して再製されたものでないときは、その複製をしたことにはあたらず、著作権侵害の問題を生ずる余地はないところ、既存の著作物に接する機会がなく、従って、その存在、内容を知らなかった者は、これを知らなかったことにつき過失があると否とにかかわらず、既存の著作物に依拠した作品を再製するに由ないものであるから、既存の著作物と同一性のある作品を作成しても、これにより著作権侵害の責に任じなければならないものではない」。

(4) 類似性
(A) 類似性に関する最高裁判決

類似性という言葉も著作権法上に規定はないが、著作権侵害が成立するために類似性が必要とされていることについて異論はない。

類似性について言及した判決としては、まず、**関連判例9－1－1**「ワン・レイニー・ナイト・イン・トーキョー事件」があげられる。この判決では、「著作物の複製とは、既存の著作物に依拠し、その内容及び形式を覚知させるに足りるものを再製することをいうと解すべきである」とされた（この判決は旧法下のものであり、この「複製」には現行法下の「翻案」も含まれる）。

次に類似性について判示した裁判例（これも旧法下のもの）として、**関連判例4－10－1**「パロディ写真事件」がある。この事件は、他人の著作物である写真（本件写真）を取り込み利用してモンタージュ写真（本件モンタージュ写真）を作成した行為についての同一性保持権が問題となった事案であるが、「本件モンタージュ写真から本件写真における本質的な特徴自体を直接感得することは十分できるものである」とされて同一性保持権が肯定された。

その後、**関連判例9－1－2**「江差追分事件」において、「言語の著作物の翻案（著作権法27条）とは、既存の著作物に依拠し、かつ、その表現上の本質的な特徴の同一性を維持しつつ、具体的表現に修正、増減、変更等を加えて、新たに思想又は感情を創作的に表現することにより、これに接する者が既存の著作物の表現上の本質的な特徴を直接感得することのできる別の著作物を創作する行為をいう」とされた。この判決は言語の著作物の翻案について判示されたものであるが、一般に他の著作物や複製においても同様に判断できると考えられている。

以降の多くの裁判例においても、**関連判例9－1－2**「江差追分事件」が示した「表現上の本質的な特徴を直接感得できる」か否かという判断基準によって類似性の判断がなされている（**判例コメント7**＝パチンコ「CR松方弘樹の名奉行金さん」事件、**判例コメント26**＝自動接触角計プログラム侵害事件、**判例コメント30**＝歴史小説の"参考文献"事件(2)、**判例コメント32**＝釣りゲーム事件など）。

(B) 類似性の判断

以上のとおり、共通する表現部分において既存の著作物の「表現上の本質的な特徴を直接感得できる」か否か、が類似性の判断基準とされている。

「表現上の本質的な特徴」であることを要するから、共通する部分が思想、感情、アイデア、事実などにとどまる場合は類似性が否定される（**関連判例9－1－2**「江差追分事件」）。

なお、現実の侵害判断においては、創作性のある部分の認定、著作物の性質、侵害の態様、選択可能性（選択可能な表現の幅）、競争上の意味、社会的影響などを総合考慮されることになる（中山・著作権法595頁）。

【**関連判例9－1－2**「江差追分事件」最一小判平成13・6・28（平成11年（受）第922号）　民集55巻4号837頁、判時1754号144頁、判タ1066号220頁】

「言語の著作物の翻案（著作権法27条）とは、既存の著作物に依拠し、かつ、その表現上の本質的な特徴の同一性を維持しつつ、具体的表現に修正、増減、変更等を加えて、新たに思想又は感情を創作的に表現することにより、これに接する者が既存の著作物の表現上の本質的な特徴を

> 直接感得することのできる別の著作物を創作する行為をいう。そして、著作権法は、思想又は感情の創作的な表現を保護するものであるから（同法2条1項1号参照）、【要旨2】既存の著作物に依拠して創作された著作物が、思想、感情若しくはアイデア、事実若しくは事件など表現それ自体でない部分又は表現上の創作性がない部分において、既存の著作物と同一性を有するにすぎない場合には、翻案には当たらないと解するのが相当である」。

2 侵害とみなす行為

(1) 総 説

　著作者人格権や複製権等の支分権に該当する行為を無権原でした場合に侵害となるが、著作権法では、それ以外の一定の行為についても侵害とみなすと規定されている（113条。同条では、著作者人格権や著作権のほか、出版権、実演家人格権、著作隣接権についても侵害とみなすと規定されている）。著作者・著作権者の利益の保護を図るために、本来侵害行為ではないものにまで拡張して規制したものである。

　侵害とみなす行為についても、各支分権を侵害した場合と同様に差止請求や損害賠償請求の対象となり、また、刑罰規定の適用もある（119条2項3号・4号、120条の2第3号・4号）。

(2) 著作権法113条1項1号

　本号は、国内において頒布する目的をもって、輸入の時において国内で作成したとしたならば侵害となるべき行為によって作成された物を輸入する行為を侵害とみなすと規定している。

　外国における複製等の行為は侵害とならず、輸入する行為も支分権に該当せず侵害とならないが、本号で規制される。

　また、頒布（2条1項19号で定義されている）の目的をもってする必要があるので、頒布目的がなければ本号に該当しない。

(3) 著作権法113条1項2号

　本号は、侵害行為による作成物（113条1項1号の輸入に係る物を含む）を情

を知ってする頒布行為・頒布目的での所持行為・頒布の申出行為と、業としてする輸出行為・業としての輸出目的をもっての所持行為を侵害とみなすと規定している。

頒布目的での所持行為は、取得時点で善意であっても取得後に悪意となれば「情を知って」に該当し、頒布目的を有する限り侵害とみなされることになる。

(4) 著作権法113条2項

本項は、プログラムの著作物に関し、①著作権侵害行為により作成された複製物、②①の複製物の所有者により著作権法47条の3第1項の規定により作成された複製物、③同法113条1項1号に該当する輸入に係る複製物、および④③の複製物の所有者により同法47条の3第1項の規定により作成された複製物の業務上電子計算機における使用行為について、これらの複製物の使用権原取得時に情を知っていた場合に侵害行為とみなすと規定している。

著作物を見たり聴いたりする使用行為は侵害とされていないが、プログラムの著作物について使用行為を禁止できないと保護の実効性に欠けることから、これを規制するものである。

使用権取得時に悪意であることが必要であるので、取得後に悪意となっても本項に該当しない。

(5) 著作権法113条3項

本項は、技術的利用制限手段（いわゆるアクセスコントロール。2条1項21号に定義規定がある）の回避行為について、技術的利用制限手段に係る研究または技術の開発の目的上正当な範囲内で行われる場合その他著作権者等の利益を不当に害しない場合を除き、当該技術的利用制限手段に係る著作権、出版権または著作隣接権の侵害行為とみなすと規定している。

当該回避行為の例としては、暗号化等が施され契約者以外視聴不可とされた放送について、技術的利用制限手段を回避する装置を用いることにより不正に視聴できるようにする行為がある。当該回避行為については、刑事罰の対象とはならない（119条1項括弧書）が、当該回避を行う装置の販売等については刑事罰の対象とされている（120条の2第1号）。

本項は、整備法の成立による改正であり、TPP11協定が日本国について効力を生じる日である平成30年12月30日に施行された。

(6) 著作権法113条4項

本項は、①権利管理情報として虚偽の情報を故意に付加する行為、②権利管理情報を故意に除去・改変する行為（記録または送信の方式の変換に伴う技術的な制約による場合その他の著作物または実演等の利用の目的および態様に照らしやむを得ないと認められる場合を除く）、③①または②の行為が行われた著作物もしくは実演等の複製物を、情を知ってする頒布行為および頒布目的の輸入・所持行為、当該著作物もしくは実演等を情を知ってする公衆送信行為および送信可能化行為を侵害とみなすと規定している。

(7) 著作権法113条6項

本項は、①著作権者・著作隣接権者が国内において頒布することを目的とする商業用レコード（国内頒布目的商業用レコード）を自ら発行し、または他の者に発行させていること、②当該国内頒布目的商業用レコードと同一の商業用レコードであって、専ら国外において頒布することを目的とするもの（国外頒布目的商業用レコード）を国外において自ら発行し、または他の者に発行させていること、③当該国外頒布目的商業用レコードが国内で頒布されることにより当該国内頒布目的商業用レコードの発行により当該著作権者・著作隣接権者の得ることが見込まれる利益が不当に害されること、④国内において最初に発行された日から起算して7年を超えない範囲内において政令で定める期間を経過していないこと、という要件をすべて満たす限り、情を知ってする、当該国外頒布目的商業用レコードを国内において頒布する目的での輸入行為または当該国外頒布目的商業用レコードの国内での頒布行為、もしくは国内において頒布する目的での所持行為を、侵害行為とみなすと規定している。

これは、レコード会社が海外で現地の物価水準に合わせて低価格でライセンスした商業用レコードが国内に還流すると権利者の経済的利益が害されるとともに、海外進出を躊躇することになりかねないため、海外頒布目的商業用レコードが国内に還流するのを一定期間に限って禁止することにより権利者の利益を図ろうとしたものである。

(8) 著作権法113条7項

本項は、著作者の名誉または声望を害する方法による著作物利用行為をその著作者人格権の侵害行為とみなす、と規定している。

「名誉又は声望を害する」とは、著作者の個人的な名誉感情を害する行為ではなく、社会的な名誉・声望を低下させる行為と考えるべきであり、単に著作者の意図と異なる利用法がなされたというだけでは足りず、客観的に名誉・声望を害する方法での利用行為に限られる、と解されている（中山・著作権法658頁）。

また、本項は利用権原を有する者の行為にも適用される。

3　差止請求

(1)　総　説

著作権法112条1項は、権利者が著作権等を侵害する者または侵害する者に対して侵害の停止または予防を請求することのできる差止請求権を規定し、同条2項は、1項の請求に付帯して、侵害組成物の廃棄など侵害の停止または予防に必要な措置を請求することができる旨を規定している。

このような規定は他の知的財産法でも設けられているところであるが（特100条など）、後述のように、差止請求を受ける侵害主体としていかなる範囲まで認めるべきかという問題について、判例において著作権法に特徴的な解釈がなされている。

(2)　差止請求（112条1項）

(A)　請求権者

差止請求をすることができるのは、著作者、著作権者、出版権者、実演家または著作隣接権者である（112条1項）。

ただし、著作者が存しなくなった後においても著作者が存しているとしたならばその著作者人格権の侵害となるべき行為は禁止されており（60条）、当該請求はその遺族（死亡した著作者または実演家の配偶者、子、父母、孫、祖父母または兄弟姉妹）がすることができる（請求することのできる者およびその順位については、116条に規定されている）。

また、無名・変名の著作物については、その発行者が、その著作物の著作者または著作権者のために自己の名をもって差止請求をすることができるとされている（118条）。

(B) **侵害主体**

(a) 総　説

　著作権法112条1項は、差止請求を受ける者として「その著作者人格権、著作権、出版権、実演家人格権又は著作隣接権を侵害する者又は侵害するおそれがある者」と規定している。物理的に侵害行為を行っている者がこれらの者に該当することは問題がないが、物理的に侵害行為を行ってはいないが差止めの必要性が認められる行為をなす者について、いかなる範囲でいかなる理論によって侵害主体と認めるべきかという問題があり、この点に関して判例においてさまざまな理論が展開されている。

(b) カラオケ法理

　店内で客に有料でカラオケ機器を利用させ歌わせていたカラオケスナック店に対し、演奏権侵害の主体であるとして差止めおよび損害賠償請求を求めた事案で、最高裁は、「管理・支配」と「利益の帰属」を中心的なメルクマールとして、店について侵害主体と認めた（**関連判例9－3－1**「クラブ・キャッツアイ事件」）。この最高裁判決のように規範的に侵害主体性を検討する考え方は、「カラオケ法理」と呼ばれ、この最高裁判決以降の判決に影響を与えた。

【**関連判例9－3－1**「クラブ・キャッツアイ事件」最三小判昭和63・3・15（昭和59年(オ)第1204号）民集42巻3号199頁、判時1270号34頁、判タ663号95頁】

　音楽著作物管理団体（JASRAC）が、店内で客に有料でカラオケ機器を利用させ歌わせていたカラオケスナック店に対し、演奏権侵害を理由に差止めと損害賠償請求を求めた事案である。

　最高裁は、次のようにカラオケ店を演奏権侵害の主体であると判断した。

　「上告人らは、上告人らの共同経営にかかる原判示のスナック等において、カラオケ装置と、被上告人が著作権者から著作権ないしその支分権たる演奏権等の信託的譲渡を受けて管理する音楽著作物たる楽曲が録音されたカラオケテープとを備え置き、ホステス等従業員においてカラオケ装置を操作し、客に曲目の索引リストとマイクを渡して歌唱を勧め、

客の選択した曲目のカラオケテープの再生による演奏を伴奏として他の客の面前で歌唱させ、また、しばしばホステス等にも客とともにあるいは単独で歌唱させ、もって店の雰囲気作りをし、客の来集を図って利益をあげることを意図していたというのであり、かかる事実関係のもとにおいては、ホステス等が歌唱する場合はもちろん、客が歌唱する場合を含めて、演奏（歌唱）という形態による当該音楽著作物の利用主体は上告人らであり、かつ、その演奏は営利を目的として公にされたものであるというべきである。けだし、客やホステス等の歌唱が公衆たる他の客に直接聞かせることを目的とするものであること（著作権法22条参照）は明らかであり、客のみが歌唱する場合でも、客は、上告人らと無関係に歌唱しているわけではなく、上告人らの従業員による歌唱の勧誘、上告人らの備え置いたカラオケテープの範囲内での選曲、上告人らの設置したカラオケ装置の従業員による操作を通じて、上告人らの管理のもとに歌唱しているものと解され、他方、上告人らは、客の歌唱をも店の営業政策の一環として取り入れ、これを利用していわゆるカラオケスナックとしての雰囲気を醸成し、かかる雰囲気を好む客の来集を図って営業上の利益を増大させることを意図したというべきであって、前記のような客による歌唱も、著作権法上の規律の観点からは上告人らによる歌唱と同視しうるものであるからである。

　したがって、上告人らが、被上告人の許諾を得ないで、ホステス等従業員や客にカラオケ伴奏により被上告人の管理にかかる音楽著作物たる楽曲を歌唱させることは、当該音楽著作物についての著作権の一支分権たる演奏権を侵害するものというべきであり、当該演奏の主体として演奏権侵害の不法行為責任を免れない」。

　　　(c)　以降の判例
　この最高裁判決以降、「管理・支配」と「利益の帰属」を中心に検討する判決が一般的であったが、これらのみではなく、種々の要素を総合的に勘案して侵害主体性の判断をするようになっていった。**判例コメント45**＝まねきTV事件の最高裁判決では、送信可能化権を規定した趣旨・目的から自動公衆送信の

主体を「当該装置が受信者からの求めに応じ情報を自動的に送信することができる状態を作り出す行為を行う者」であるとし、複製の態様、方法、自動公衆送信装置の管理、自動公衆送信への関与等を勘案して、侵害主体性の判断を行った。また、これと同時期の**関連判例9−3−2**「ロクラクⅡ事件」でも、「複製の主体の判断に当たっては、複製の対象、方法、複製への関与の内容、程度等の諸要素を考慮して、誰が当該著作物の複製をしているといえるかを判断するのが相当である」とした。

これら以外にも、侵害主体性の判断をした判決として、東京地決平成14・4・11判時1780号25頁「ファイルローグ仮処分事件」、大阪地判平成15・2・13判時1842号120頁「ヒットワン事件」、大阪高判平成19・6・14判時1991号122頁（第1審：大阪地判平成17・10・24判時1911号65頁）「選撮見録事件」、**判例コメント27**＝ライブハウス事件、**判例コメント47**＝2ちゃんねる小学館事件、**判例コメント46**＝MYUTA事件、**判例コメント33**＝自炊代行サービス事件がある。

> **【関連判例9−3−2「ロクラクⅡ事件」最一小判平成23・1・20（平成21年（受）第788号）民集65巻1号399頁、判時2103号128頁、判タ1342号100頁】**
>
> 　この事案は、親機と子機の2台の機器がセットであり、親機が、地上波アナログ放送のテレビチューナーを内蔵し、受信した放送番組等をデジタルデータ化して録画する機能や録画に係るデータをインターネットを介して送信する機能を有し、子機が、インターネットを介して、親機ロクラクにおける録画を指示し、その後親機ロクラクから録画に係るデータの送信を受け、これを再生する機能を有するロクラクⅡという機器をレンタルし、海外で日本国内のテレビ番組の視聴を可能とするサービスを提供していた者に対し、放送事業者が複製権侵害等を主張して当該サービスの差止等を求めた事案である。
>
> 　最高裁は、次のように種々の要素を勘案して侵害主体性の判断を行うべきとし、請求棄却した原判決を破棄した。
>
> 　「放送番組等の複製物を取得することを可能にするサービスにおいて、

サービスを提供する者（以下「サービス提供者」という。）が、その管理、支配下において、テレビアンテナで受信した放送を複製の機能を有する機器（以下「複製機器」という。）に入力していて、当該複製機器に録画の指示がされると放送番組等の複製が自動的に行われる場合には、その録画の指示を当該サービスの利用者がするものであっても、サービス提供者はその複製の主体であると解するのが相当である。すなわち、複製の主体の判断に当たっては、複製の対象、方法、複製への関与の内容、程度等の諸要素を考慮して、誰が当該著作物の複製をしているといえるかを判断するのが相当であるところ、上記の場合、サービス提供者は、単に複製を容易にするための環境等を整備しているにとどまらず、その管理、支配下において、放送を受信して複製機器に対して放送番組等に係る情報を入力するという、複製機器を用いた放送番組等の複製の実現における枢要な行為をしており、複製時におけるサービス提供者の上記各行為がなければ、当該サービスの利用者が録画の指示をしても、放送番組等の複製をすることはおよそ不可能なのであり、サービス提供者を複製の主体というに十分であるからである」。

(C) 差止請求権の行使の制限

著作権侵害が肯定されても、常に差止請求が認容されるわけではなく、権利濫用として差止請求が棄却される場合がある。東京地判平成8・2・23判時1561号123頁では、権利者自身の重大な懈怠や背信行為という事情を根拠に権利濫用とされた（ただし、損害賠償請求についても権利濫用とされた）。また、**判例コメント43**＝写真で見る首里城事件では、被告（侵害者）が職務著作であると誤解していたという主観的事情のほか、原告（権利者）の受ける損害が極少額であること、差止めにより被告に重大な不利益が生じることという利益衡量的な客観的事情も考慮されたうえで、損害賠償請求は認容されながら差止請求は権利濫用として棄却された。

(3) **必要な措置の請求（112条2項）**

(A) **付帯請求**

著作権法112条2項は、著作権者等は「前項の規定による請求をするに際し、

侵害の行為を組成した物、侵害の行為によって作成された物又は専ら侵害の行為に供された機械若しくは器具の廃棄その他の侵害の停止又は予防に必要な措置を請求することができる」と規定されている。

本項で定める請求については、「前項の規定による請求をするに際し」と規定されていることから、差止請求に付帯して請求することが認められ、差止請求を伴わず独立して請求することはできない、と解されている（中山・著作権法598頁）。

(B) 「侵害の行為を組成した物」

「侵害の行為を組成した物」とは、一般にその使用等の行為が権利侵害の内容をなす物であるとされ、具体的には無断上映に使用された映画フィルムなどがあげられる（加戸・逐条講義730頁）。

(C) 「侵害の行為によって作成された物」

また、「侵害の行為によって作成された物」とは、一般に権利を侵害することによって作成された複製物とされ、具体的には権利者に無断で作成された小説の印刷物などがあげられる（加戸・逐条講義730頁）。

(D) 「専ら侵害の行為に供された機械若しくは器具」

「専ら侵害の行為に供された機械若しくは器具」とは、その使用の目的が主として権利侵害物の作成または権利侵害手段としての使用にあった機械・器具をいうとされ、具体的には海賊版業者が権利侵害物作成に常時使用していた複製機器などがあげられる（加戸・逐条講義731頁）。

(E) 「必要な措置」

必要な措置の具体的内容については規定されておらず、各事案の事情を考慮して裁判所が決めることになる。侵害者に担保の提供を求めることや、侵害の用に供される危険性のある機器・器具を執行吏の封印に付することなどが例としてあげられている（加戸・逐条講義731頁）。

4　損害賠償

(1)　総　説

著作権・出版権・著作隣接権侵害が生じた場合の救済手段として、損害賠償請求が認められている。もっとも、著作権法には、損害賠償請求を基礎付ける

規定は存在せず、民法の不法行為（民709条）が根拠規定となる。損害賠償請求をするための要件としては、①故意または過失、②著作権侵害行為、③損害の発生およびその額、④損害と著作権侵害行為との因果関係ということになる。

著作権侵害行為とは、著作権者以外の者が、法的な権原なく、著作権法上規定される支分権該当行為を行うことであるところ、侵害行為があっても権利者による利用行為が妨げられていないため、損害としては、積極損害よりも消極損害（逸失利益）の問題となることが多い。そのため、著作権法では、損害額の推定等の特則が設けられている（114条～114条の8）。

(2) **請求権者および侵害主体**

請求権者および侵害主体に関しては、基本的には差止請求（前掲3）と同じである。しかし、請求権者に関しては、差止請求権者とは認められない独占的利用許諾を受けている利用権者も、損害賠償請求権の請求権者と考えられている。

また、侵害主体についても、差止請求権とは違い、著作権法113条で侵害とみなす行為とされていない行為であっても、侵害行為の教唆・幇助として賠償義務を負う場合がある（民719条）。直接的な著作権侵害行為をしていないが、カラオケ装置のリース業者に幇助による不法行為責任を認めた**関連判例9－4－1**「ビデオメイツ事件」などがある。

【**関連判例9－4－1「ビデオメイツ事件」最二小判平成13・3・2（平成12年（受）第222号）民集55巻2号185頁、判時1744号108頁、判タ1058号107頁**】

「カラオケ装置のリース業者は、カラオケ装置のリース契約を締結した場合において、当該装置が専ら音楽著作物を上映又は演奏して公衆に直接見せ又は聞かせるために使用されるものであるときは、リース契約の相手方に対し、当該音楽著作物の著作権者との間で著作物使用許諾契約を締結すべきことを告知するだけでなく、上記相手方が当該著作権者との間で著作物使用許諾契約を締結し又は申込みをしたことを確認した上でカラオケ装置を引き渡すべき条理上の注意義務を負うものと解するのが相当である。けだし、(1)カラオケ装置により上映又は演奏される

音楽著作物の大部分が著作権の対象であることに鑑みれば、カラオケ装置は、当該音楽著作物の著作権者の許諾がない限り一般的にカラオケ装置利用店の経営者による前記1の著作権侵害を生じさせる蓋然性の高い装置ということができること、(2)著作権侵害は刑罰法規にも触れる犯罪行為であること（著作権法119条以下）、(3)カラオケ装置のリース業者は、このように著作権侵害の蓋然性の高いカラオケ装置を賃貸に供することによって営業上の利益を得ているものであること、(4)一般にカラオケ装置利用店の経営者が著作物使用許諾契約を締結する率が必ずしも高くないことは公知の事実であって、カラオケ装置のリース業者としては、リース契約の相手方が著作物使用許諾契約を締結し又は申込みをしたことが確認できない限り、著作権侵害が行われる蓋然性を予見すべきものであること、(5)カラオケ装置のリース業者は、著作物使用許諾契約を締結し又は申込みをしたか否かを容易に確認することができ、これによって著作権侵害回避のための措置を講ずることが可能であることを併せ考えれば、上記注意義務を肯定すべきだからである」として、カラオケリース業者の不法行為責任を肯定した。

(3) 故意または過失

著作権法は、登録を権利発生要件とせず、公示されないため、特許法（特103条）などのような過失の推定規定はない。したがって、損害賠償を請求する権利者は、侵害者の故意または過失を立証する必要があり、具体的な事案に即して故意または過失の成否を検討する必要がある。

もっとも、著作権侵害の判断における依拠性が認定されれば、侵害行為者に故意（少なくとも過失）が認められるのが通常である。独自創作の場合には、そもそも依拠性が認められず、著作権侵害とならない。

依拠が認められたとしても違法であることを知らなかったという場合には過失の成否が問題となる。著作権の期間満了に関する著作権法の解釈を誤信していた場合の過失の成否を判断した裁判例として、**判例コメント48**＝暁の脱走事件がある。また、著作権者から著作物の利用許諾を受けていた者が、許諾の範囲を超えて利用した場合に、過失が認められる（東京地判平成12・9・28判時

1732号130頁)。

利用する著作物の作成に直接携わっていない場合には、利用した行為者の故意または過失の成否が問題となる。すなわち、著作権侵害行為によって作成された著作物を利用して、出版したり、放送したりする場合であり、出版者等の過失とされる問題である。

出版者等の過失の成否は、出版者等に、利用する著作物の権利侵害性に関する調査義務を尽くしたといえるか否かという点にかかる。出版者等の過失が問題になる事案では、専門事業者である出版社や放送事業者の過失が認められることが多い(東京地判平成15・12・19判時1847号70頁「記念樹事件Ⅱ」等)。しかし、過失を否定した裁判例もある(千葉地判昭和54・2・19無体集11巻1号62頁、東京地判平成7・5・31判時1533号110頁など)。過失の成否は、さまざまな事情を考慮して決せられるものである(中山・著作権法630頁)。

(4) 共有の場合

共同著作物の著作者人格権、共有著作権、著作隣接権が共有に係る場合は、全員の合意によらなければ行使できない(64条、65条、103条)が、差止請求や自己の持分に対する損害賠償請求は、各共有者は、他の共有者の同意を得ることなく請求できる(117条)。

(5) 不当利得返還請求

他人の著作物を無断で利用する行為は、法律上の原因なく他人の財産によって利益を受けるものであり、それにより著作権者に損失が生じているので、不当利得返還請求義務が生じる(民703条)。

一般に、消滅時効の関係で、不法行為に基づく損害賠償請求事件は、損害および加害者を知ったときから3年(不法行為の時から20年)で消滅時効(民724条)にかかるのに対し、不当利得返還請求権の消滅時効は10年(民167条1項)なので、不法行為に基づく損害賠償請求権の消滅時効が経過してしまった場合に不当利得返還請求を行うこととなる。

なお、民法の一部を改正する法律(平成29年法律第44号)により、消滅時効の規定が変わるので注意が必要である(令和2年4月1日施行)。不当利得返還請求権の消滅時効は、平成29年改正民法166条1項によれば、債権者が権利を行使することができることを知った時から5年、権利を行使することができる

時から10年間行使しないときは、時効により消滅するものとされている。不法行為に基づく損害賠償請求権の消滅時効については、変更はない（平成29年改正民法724条1項）。

5　立証の困難の救済規定

(1)　損害額

(A)　総　説

不法行為（民709条）に基づく損害賠償請求を行う場合には、損害の発生およびその額に関しては、著作権者が立証する必要がある。

著作物は情報材であるから、著作権侵害行為が行われたとしても、著作権者の利用が直接妨げられないという性質を有する。それゆえ、著作権侵害行為によって生じる損害としては、逸失利益（消極損害）が中心となる。逸失利益は、著作権侵害行為が行われたことによって著作権者が得られなかった利益であるところ、当該損害額の算定においては、侵害者の営業努力やその他の競合品の存在等により、因果関係を立証することは非常に困難である。

そこで、著作権法は損害賠償額の算定に関して、特則（114条）が設けられている。なお、著作権法114条は、逸失利益の算定規定であり、精神的損害の算定に関しては適用されないので、著作者人格権侵害等による損害には適用されない。

(B)　著作権法114条1項

侵害品の譲渡数量によって損害額を推定する規定である。著作権法114条1項は、侵害行為によって作成された物を譲渡し、または侵害行為を組成する公衆送信を行った場合にあっては、譲渡した物の数量または公衆により受信されることにより作成された複製物の数量に、権利者が侵害行為がなければ販売することができた物の単位数量あたりの利益額を乗じた額を、権利者の能力に応じた額を超えない限度において、著作権者が受けた損害額とするものである。また、権利者が、譲渡数量の全部または一部に相当する数量を販売できない事情がある場合は、当該数量に応じた額が控除される（114条1項但書）。

公衆送信の場合は、「受信されることにより作成された著作物若しくは実演等の複製物」とは、ダウンロードされた数量が基礎と考えられている（中山・

著作権法631頁）。**判例コメント49**＝動画配信サイトのストリーミング配信事件において、ストリーミング配信によっては、パソコン等にデータは残らないので、受信複製物が作成されたとは認められず、著作権法114条1項の適用が否定されている。

著作権法114条1項における「利益の額」とは、限界利益と考えられている。限界利益とは、侵害商品の個数だけ売上を増加させるのに必要な変動費をその販売価格から控除した後の利益のことである。

また、「著作権者等がその侵害の行為がなければ販売することができた物」とは、侵害物と被侵害物との間に代替性が必要であることを意味している（中山・著作権法632頁）。著作権法114条1項の適用に関し、**判例コメント41**＝クレイジーレーサーR事件においては、「権利者において、『その侵害の行為がなければ販売することができた』というためには、その侵害行為の時点において、侵害品と代替性のある製品を販売しているか、少なくともその準備ができていることを必要とすると解すべき」と判示されている。

著作権法114条1項における損害額の推定は、侵害者が権利者よりも低廉で販売している場合などにおいて、有用である。

(C) **著作権法114条2項**

侵害者が侵害により受けた利益の額を損害額と推定する規定である。ここにおける「利益の額」とは、同条1項と同様に、限界利益であるとするのが多数である。限界利益とは、権利者はすでに、開発に投資等はすでに行っていることからこれらの費用を控除するべきではなく、新たに増産するのに必要な変動費を粗利益から控除した利益というものである（中山・著作権法635頁）。なお、著作権法114条2項は、推定規定であり、反証をあげて覆滅させることも可能である。

また、本項は、あくまでも損害額の推定規定であり、損害の発生までも推定するものではないので、権利者が当該著作物を利用していない場合には、適用されないと解釈されている。著作権法114条2項と同様の規定が特許法にもある（特102条2項）。特許権と比して、著作権の場合には権利者が自己利用する比率が低いという特徴があるので、自己利用という要件を不要とするべきという見解もある。また、特許法102条2項に関するものとして、知財高判平成

25・2・1判時2179号36頁「紙おむつ処理容器事件」において、「特許権者に、侵害者による特許権侵害行為がなかったならば利益が得られたであろうという事情が存在する場合」に適用が認められる旨を述べた裁判例があることから、著作権法114条2項の解釈においても一定の影響があるものと考えられる。もっとも、通常の場合、著作物の創作者が自ら出版等の利用行為を行う蓋然性は低いので、同項が適用される場合はあまりないものと考えられる（中山・著作権法637頁）。

(D) **著作権法114条3項**

著作権法114条3項は、ライセンス料相当額の損害額を請求できることを定める規定である。最低限の損害額を補償する趣旨である。

従来は、「通常受けるべき金銭の額」と規定されていたものであるが、平成12年の改正により「通常」が削除されたものである。「通常」という文言から、過去のライセンス料や業界平均値と解釈されて、事前に許諾を得て支払うライセンス料と、無許諾で侵害が発見された段階で支払う損害賠償額とが同額となってしまうおそれがあることから、「通常」の文言が削除された。

また、平成26年改正までは、出版権者には再許諾が認められていなかったので、著作権法114条3項の適用は認められていなかったが、平成26年改正により出版権者に再許諾（80条3項）が認められることに伴い、本項も出版権者にも適用されることとなった。

(E) **著作権法114条4項**

著作権法114条4項は、「著作権者又は著作隣接権者は、前項の規定によりその著作権又は著作隣接権を侵害した者に対し損害の賠償を請求する場合において、その著作権又は著作隣接権が著作権等管理事業法第2条第1項に規定する管理委託契約に基づき同条第3項に規定する著作権等管理事業者が管理するものであるときは、当該著作権等管理事業者が定める同法第13条第1項に規定する使用料規程のうちその侵害の行為に係る著作物等の利用の態様について適用されるべき規定により算出したその著作権又は著作隣接権に係る著作物等の使用料の額（当該額の算出方法が複数あるときは、当該複数の算出方法によりそれぞれ算出した額のうち最も高い額）をもって、前項に規定する金銭の額とすることができる」とするものである。

整備法が施行され、新設された条項である。

侵害された著作権等が、著作権等管理事業者により管理されている場合は、著作権等管理事業者の使用料規程により算出された額を損害額として賠償することができるとするものである。

(F) **著作権法114条5項**

著作権法114条3項に規定する損害額を超える損害額を認定することができることを定めるものである。また、裁判所は、侵害者に故意または重過失がなかったとき、すなわち、侵害者が軽過失であった場合に、この事実を考慮して損害額を減額することできる。

(2) **具体的態様の明示義務（114条の2）**

著作者人格権、著作権、出版権、実演家人格権または著作隣接権の侵害訴訟において、侵害行為についての主張・立証責任は、原則として権利者側が負う。権利者が侵害の行為を組成したものまたは侵害の行為によって作成されたものとして主張する物の具体的態様を否認するときは、相手方は自己の行為の具体的態様を明らかにする必要がある（114条の2）。もっとも、明らかにすることができない相当の理由がある場合（営業秘密など）においては、明らかにする必要はない（同条但書）。

著作権法114条の2は、著作権等の侵害に係る訴訟に関して適用されるので、差止請求訴訟および損害賠償請求訴訟のいずれにおいても適用される。

(3) **書類等の提出（114条の3）**

著作者人格権、著作権、出版権、実演家人格権または著作隣接権の侵害に係る訴訟において、裁判所は、当事者の申立てにより、当事者に対し、侵害の行為について立証するため、または侵害の行為による損害の計算をするため必要な書類の提出を命ずることができる（114条の3第1項）。当事者双方が申し立てることができる。

もっとも、書類の所持者においてその提出を拒むことについて正当な理由があるときは、提出を拒否することができる（114条の3第1項但書）。正当な理由の中心は営業秘密とされており、裁判所の判断による。裁判所は、正当な理由を判断するために、書類の提示を求めることができ、当該書類について何人も開示を求めることはできない（同条2項）。裁判所は、正当な理由の判断に

当事者の意見を聴く必要があると認めるときは、当事者等（法人の代表者や当事者の代理人や使用人）に当該書類を開示することができる（同条3項）。

本規定は、民事訴訟法220条の文書提出義務を補充する特則と考えられている。書類等の提出命令を正当な理由なく拒否した場合や相手方の使用を妨げる目的で提出の義務がある文書を滅失させるなどした場合には、裁判所は相手方の主張を真実と認めることができる（民訴224条）。

(4) **計算鑑定人に対する説明義務（114条の4）**

著作権、出版権または著作隣接権の侵害に係る訴訟において、当事者の申立てにより、裁判所が損害の計算をするために必要な事項について鑑定を命じたときは、当事者は、鑑定人に対し、当該鑑定をするため必要な事項について説明しなければならない（114条の4）。

民事訴訟法212条～218条に定める鑑定の特則であり、当事者の協力義務を定めたものである。

(5) **相当な損害額の認定（114条の5）**

著作権、出版権または著作隣接権の侵害に係る訴訟において、損害が生じたことが認められる場合において、損害額を立証するために必要な事実を立証することが当該事実の性質上極めて困難な場合に、裁判所は、相当な損害額を認定することができる（114条の5）。

民事訴訟法248条と同趣旨の規定とされているところ、民事訴訟法248条の趣旨については、損害額に関する証明度を軽減したものとする見解と、損害額の算定について裁判所の裁量的評価を認めた規定とする見解とその双方を定めた規定とする折衷的な見解がある。

同趣旨の規定ではあるが、民事訴訟法248条は、「損害の性質上その額を立証することが極めて困難であるとき」とされているのに対し、著作権法114条の5は、「事実の性質上極めて困難であるとき」と規定されている点で異なっている。また、両規定ともに裁判所は「相当な損害額を認定できる」とされているが、適用に関して全面的な裁量が与えられているわけではなく、損害額の立証が極めて困難な場合には、口頭弁論の全趣旨および証拠調べの結果に基づいて相当な損害額を認定する必要があると考えられている（最三小判平18・1・24判時1926号65頁、最三小判平成20・6・10判時2042号5頁）。もっとも、裁判所

は、相当な損害額と認めたとしても、請求額を超える損害額を認容することは認められない（民訴246条）。

違法複製行為がなされた回数を特定することが困難であるとして、本規定の適用により損害額を認めた裁判例として、**判例コメント8**＝土地宝典事件がある。

(6) **秘密保持命令（114条の6、114条の7）**

著作者人格権、著作権、出版権、実演家人格権または著作隣接権の侵害に係る訴訟において、裁判所は、営業秘密について一定の場合には、決定で、当事者等、訴訟代理人または補佐人に対し、秘密保持を命ずることができる（114条の6）。

原則、何人も訴訟記録の閲覧を請求でき、当事者および利害関係人は訴訟記録の謄本等を請求することができる（民訴91条1項・3項）。もっとも、当事者の営業秘密等が記載されている場合には、当事者の申立てにより、訴訟記録の当該部分の閲覧・謄写等を制限することが可能である（民訴92条）。本規定はこれらの規定をさらに進めたものである。

制度趣旨は、著作権等の侵害に係る訴訟において、提出を予定している準備書面や証拠の内容に営業秘密が含まれる場合には、当該営業秘密を保有する当事者が、相手方当事者によりこれを訴訟の追行の目的以外の目的で使用され、または第三者に開示されることによって、これに基づく事業活動に支障を生ずるおそれがあることを危惧して、当該営業秘密を訴訟に顕出することを差し控え、十分な主張・立証を尽くすことができないという事態を回避する点にある。

秘密保持命令を受けるべき者は、当事者等、訴訟代理人または補佐人である（114条の6第1項）。ここにおける当事者等とは、当事者（法人である場合には、その代表者）または当事者の代理人（訴訟代理人および補佐人を除く）、使用人その他従業者である（114条の3第3項）。

秘密保持命令を受けた者は、当該営業秘密を訴訟追行の目的以外の目的使用すること、当該営業秘密に関して秘密保持命令を受けた者以外の者に対する開示が禁止される（114条の6第1項）。違反すると、刑事罰が科される（122条の2）こととなるものである。

秘密保持命令には有効期限がなく、消滅させるためには、申立てをした者あ

るいは受けた者が、著作権法114条の6第1項の規定する要件を欠くことまたは欠くに至ったことを理由として秘密保持命令の取消しを申し立てなければならない（114条の7）。

6 信用回復措置（115条）

(1) 総説

故意または過失によって、著作者人格権または実演家人格権を侵害された場合は、損害の賠償に代えて、または損害の賠償とともに、名誉回復に必要な措置を請求できる（115条）。

民法723条における名誉毀損に対する回復措置請求と同趣旨のものであり、同条の要件を満たせば、著作権侵害の場合においても民法723条を根拠に請求できるものと考えられる。

なお、著作者の名誉・声望を害する方法により著作物を利用する行為は、著作者人格権を侵害する行為とみなされる（113条）ので、本規定の適用がある。

(2) 措置内容

本規定では、①著作者または実演家であることを確保する措置、②訂正その他著作者または実演家の名誉・声望を回復する措置である。ここにおける名誉・声望とは、「著作者がその品性、徳行、名声、信用等の人格的価値について社会から受ける客観的な評価、すなわち社会的声望名誉を指すものであって、人が自己自身の人格的価値について有する主観的な評価、すなわち名誉感情は含まれない」（最二小判昭61・5・30判時1199号26頁「パロディ写真事件（第2次）」）ものである。

①の著作者または実演家であることを確保する措置の例としては、氏名表示権侵害の場合に、著作物に氏名を表示させる措置である。②の訂正その他著作者または実演家の名誉・声望を回復する措置としては、訂正広告や謝罪広告等がある。

謝罪広告に関しては、謙抑的であり、すでに他の方法で名誉が回復されていたり、侵害が軽微であったり、侵害態様が悪質でない場合は認めない傾向にある（中山・著作権法644頁）が、認められた裁判例もある（東京高判平成8・10・2判時1590号134頁「市史事件」）。

名誉回復等措置として、謝罪広告を求めたが、「名誉回復のために必要な範囲の事実経過を広告文の内容として摘示、告知すれば足りる」として、お知らせとして掲載を命じた裁判例がある（東京地判平成11・10・18判時1697号114頁「三島由紀夫手紙事件」）。また、**判例コメント25**＝駒込大観音事件においては、「名誉声望を維持するためには、事実経緯を広告文の内容として摘示、告知すれば足りる」として、広告文の掲載として認容されている。

また、**判例コメント16**＝ジョン万次郎銅像事件控訴審においては、著作権法115条の適当な措置として、著作物の所有者に対し、著作者を通知するという方法を認めている。

7　刑事罰

(1)　総　説

著作権法には、第8章において罰則規定が置かれている。ほとんどが親告罪であり、公益性の強いものに関して非親告罪となっていたところ、整備法による著作権法改正により、一部について非親告罪とされることとなった。

(2)　著作権等侵害罪（119条）

著作権、出版権または著作隣接権を侵害した者は、10年以下の懲役もしくは1000万円以下の罰金に処し、またはこれを併科する（119条1項）。権利管理情報の付加・除去・改変等を行った者（113条4項）は、著作権法119条は適用されない（119条1項括弧書）。改正により新設された、侵害行為とみなされる技術的利用制限手段の回避を行う行為（113条3項）も同法119条の適用対象外行為とされている（119条1項括弧書）。

著作者人格権または実演家人格権を侵害した者は、5年以下の懲役または500万円以下の罰金に処し、またはこれを併科する（119条2項1号）。また、営利目的で、著作権法30条1項1号に違反して自動複製機器を複製に使用させた者（119条2項2号）、侵害物の輸入（113条1項1号）または知情頒布・所持行為（同項2号）により侵害行為とみなされる行為を行った者（119条2項3号）および違法作成プログラムの複製物を使用する権原を取得した時に情を知って使用する行為を行った者（113条2項、119条2項4号）は、5年以下の懲役または500万円以下の罰金に処し、またはこれを併科する（119条2項）。

自動複製機器を使用する者は、処罰対象とはされていない。

(3) 違法ダウンロードの罪（119条3項）

私的使用の目的をもって、録音録画有償著作物等の著作権または著作隣接権を侵害する自動公衆送信を受信して行うデジタル方式の録音または録画を、自らその事実を知りながら行って著作権または著作隣接権を侵害した者は、2年以下の懲役もしくは200万円以下の罰金に処し、またはこれを併科する（119条3項）という内容である。

対象の客体は、「有償」の著作物とされ、有償で販売されているCD・DVDや有料で配信されている著作物である。テレビ放送（民放）のように企業から広告を得ていても、著作物の対価を受けていないので、有償著作物にはあたらない。もっとも、テレビ番組についてDVDとして販売している作品や、オンデマンド放送のように有料で配信している作品については有償著作物である。

また、自動公衆送信を受信して行うデジタル方式の録音と録画に限られているので、文書・画像やプログラム等のダウンロードは対象外である。録音または録画を伴っていない場合には本条の適用はない。

ストリーミングの方法によって配信されている動画等については、パソコンのメモリやディスク上にキャッシュとしてデジタル情報が複製されているが、当該複製については、著作権法47条の4第1項1号に該当するので、違法とはならずに本条にも該当しないと考えられている（中山・著作権法297頁、298頁）。

(4) 著作者なき後の人格的利益侵害の罪（120条）

著作物を公衆に提供等行う者は、当該著作物の著作者が存しなくなった後においても、著作者が存していたならばその著作者人格権を侵害する行為をしてはならないものと規定されており（60条）、当該規定に違反した者は、500万円以下の罰金に処せられる（120条）。

実演家についても同様である（101条の3）。本条は親告罪ではない（123条1項）。

(5) 技術的保護手段の回避装置等の譲渡等の罪（120条の2）

技術的保護手段・技術的利用制限手段の回避を行うことをその機能とする装置・プログラムの複製物を公衆に譲渡等した者（120条の2第1号）や業として公衆からの求めに応じて技術的保護手段・技術的利用制限手段の回避を行った

者（同条2号）は、3年以下の懲役もしくは300万円以下の罰金に処し、またはこれを併科する（同条柱書）。

そのほか、権利管理情報の付加・除去・改変・知情頒布等の侵害行為とみなされる行為（113条4項）を、営利を目的として行った者は、同様に3年以下の懲役もしくは300万円以下の罰金に処し、またはこれを併科する（120条の2第3号）。

国外頒布目的商業用レコードの輸入等を行い、著作権法113条6項の規定により著作権等を侵害する行為とみなされる行為を行った者も同様である（120条の2第4号）。

著作権法120条の2第3号および4号は親告罪とされている（123条1項）。

(6) **著作者名詐称の罪（121条）**

著作者でない者の実名または周知の変名を著作者名として表示した著作物の複製物を頒布した者は、1年以下の懲役もしくは100万円以下の罰金に処し、またはこれを併科する（121条）。二次的著作物において原著作物の著作者名等を詐称した場合も含まれる。

本条の処罰の対象は、表示した者ではなく、頒布した者である。もっとも、表示した者も共犯となりうる。また、演劇や演奏などの無形的利用は処罰対象とはなっていない。

公衆に対する詐欺行為の防止という公益保護の目的もあるため、非親告罪となっている（123条）。

(7) **外国商業用レコード原盤無断複製の罪（121条の2）**

国内において商業用レコードの製作を業として行う者（リプレッサー）が、レコード製作者（原盤の制作者）からレコード（8条に該当するものを除く）の原盤の提供を受けて作成した商業用レコードの複製物を、レコード原盤の固定した翌年から起算して70年間、商業用レコードとして複製し、頒布し、頒布の目的で所持した者は、1年以下の懲役もしくは100万円以下の罰金に処し、またはこれを併科する（121条の2第1号）。国内のリプレッサー保護を目的とする規定である。

著作権法8条に該当するレコードについては、レコード製作者に複製権（96条）があるため、その侵害に対する刑事責任としては同法119条1項が適用さ

れるので、本条の適用から除外されている。

それゆえ、本条は、外国商業用レコードで、著作権法8条の適用を受けない原盤の無断複製の場合に限られる。

国外の商業用レコード製作を業として行う者が、実演家等保護条約締約国、WTO加盟国、レコード保護条約の締約国の国民であるレコード製作者から原盤の提供を受けて製作した商業用レコードの複製物についても同様である（121条の2第2号）。

本条は親告罪となっている（123条1項）。

(8) **出所不明示罪（122条）**

著作権法48条に規定されている著作物の出所明示義務違反、および同法102条2項に規定する実演等の出所明示義務違反者は、50万円以下の罰金に処する（122条）。たとえば、他者の著作物を引用して利用する場合（32条）、出所の明示は適法な引用となるための成立要件ではないが、出所明示義務（48条1項1号・3号）があるため、故意に出所を明示しない場合には、本規定により刑事罰の対象となる。

出所不明示罪は、公正な慣行を確保するという公益的見地に基づくため、非親告罪（123条1項）となっている。

(9) **秘密保持命令違反の罪（122条の2）**

前掲5(6)で記載した秘密保持命令に違反した者は、5年以下の懲役もしくは500万円以下の罰金に処し、またはこれを併科する（122条の2第1項）。また、国外において同項の罪を犯した者にも適用される（同条2項）。

秘密保持命令の実効性を担保するために刑罰規定を置いている。親告罪とされている（123条1項）が、国外犯は親告罪ではない（122条の2第2項、123条1項）。

(10) **親告罪および非親告罪（123条）**

著作権法119条（著作権等侵害罪、違法ダウンロードの罪）、同法120条の2第3号および4号（技術的保護手段の回避装置等の譲渡等の罪）、同法121条の2（外国商業用レコード原盤無断複製の罪）並びに同法122条の2第1項（秘密保持命令違反の罪）が親告罪であり、その他の罪は非親告罪である（123条1項）。

告訴権者は、刑事訴訟法230条に規定されている。独占的利用許諾を受けた

者は、告訴権者に含まれる（最三小決平7・4・4刑集49巻4号563頁「海賊版ビデオ販売事件」）

　また、整備法施行に伴い、一部が非親告罪とされた（123条2項・3項）。非親告罪とされている行為類型は、著作権法119条1項（著作権等侵害罪）のうち、①対価を得る目的または権利者の利益を害する目的で、②有償著作物等について原作のまま譲渡・公衆送信を行う行為（123条2項1号）、または当該譲渡・公衆送信行為を行うための複製する行為（同項2号）であって、③有償著作物等の種類および用途、行為の態様等の事情に照らして、当該有償著作物等の提供・提示により著作権者等の得ることが見込まれる利益が不当に害される場合である（同項）。有償著作物等とは、有償で公衆に提供・提示されている著作物等のことである（同条3項）。

　非親告罪の対象となる行為の具体例としては、販売中の漫画や小説の海賊版を販売する行為や映画等の海賊版をネット配信する行為が考えられる。非親告罪ではなく、親告罪の対象となる行為の例としては、漫画の同人誌をコミックマーケットで販売したり、漫画のパロディをブログに投稿する行為などが考えられる。

〇第10章　著作権の国際的保護〇

1　概　説

　著作権は各国の法律で定められているが、著作物は著作権が成立した国以外でも利用されることがある。そのため、国家間で条約を締結することにより、著作権の国際的保護が図られている。なお、条約には、二国間で締結されるものと多国間で締結されるものがある。著作権に関する条約は多数存在し、また加盟国も変動するので、わが国の著作物が外国で保護されるか、外国の著作物がわが国で保護されるかを検討するにあたっては、わが国や相手国がどの条約に加盟しているかについての最新の情報を確認する必要がある。また、これらの場合には、国際管轄や準拠法についても問題となることがあるので、注意を要する。

2　わが国が加盟している条約

　わが国が加盟している条約で代表的なものとして、著作権に関して、ベルヌ条約、万国著作権条約、戦時加算義務に関する著作権条項を含む平和条約、著作者隣接権に関して、実演家、レコード製作者及び放送機関の保護に関する国際条約、双方に関して、TRIPs協定などがある。そして、これらの条約の加盟に伴い、著作権法の改正が行われている。なお、後述のように、米国とわが国との間では、特殊な経緯がある。

(1)　主な条約

(A)　ベルヌ条約

　ベルヌ条約は、1886年に成立し、わが国は1899年に加盟し、その後、改正がなされている。この条約は、主に①内国民待遇の原則（ベルヌ条約5条(1)項）、②条約の効力（同2条(6)項）、③保護期間（同7条）、④無方式主義の原則（同5条(2)項1文）などについて規定している。具体的な内容は、次のとおりである。

　まず、①内国民待遇の原則とは、著作者は、その著作物の本国以外の締約国において、当該締約国がその国民に与える保護と同じ権利を享有することであ

る。次に、②条約の効力については、「すべての同盟国において保護を受ける」とし、条約の直接適用を規定している。そして、③保護期間については、著作者の生存間および死後50年を原則的な保護期間としている。最後に、④無方式主義の原則とは、著作権の享有や行使には、登録や作品の納入、著作権の表示などのいかなる方式も必要としないことである。

(B) WIPO著作権条約、WIPO実演・レコード条約

WIPO著作権条約は、世界知的所有権機関（WIPO）で検討された条約であり、2002年に発効している。この条約は、①コンピュータ・プログラムの保護、②データ・ベースの保護、③頒布権の享有などについて規定している。

また、WIPO実演・レコード条約には、①実演家の人格権、②固定されていない実演に関する放送権等、③アップロード権などについて規定されている。

(C) TPP協定（環太平洋パートナーシップ協定）

わが国はTPP協定を締結したものの、米国が批准していないため、まだ発効はしていない。同協定の締結のために必要な国内法の整備はすでに成立し公布されている。主な事項は、①著作物および著作隣接権の保護期間の延長（50年から70年に延長）、②著作権等侵害罪の一部について非親告罪化、③法定損害賠償または追加的損害賠償に関する制度整備、④著作物の利用を管理する技術的手段（アクセスコントロール）に関する制度整備、⑤配信音源の二次使用に関する使用料請求権の付与に関する規定の整備等である。ただ、一部を除き同法の施行日は、TPP協定がわが国において効力を生じる日とされているため、米国が批准しない限り、施行されないこととなっている。

なお、米国を除いたTPP11協定についても、わが国はすでに締結済みで国内法の整備（主な内容は上記①、②、④、⑤と同じ）を完了した。同協定はすでには発効しており、改正法は平成30年12月30日に施行された。

(D) 条約における保護

以上の各条約により、日本人または外国人の著作物は次のような国際的保護を受けることとなる。

(a) 日本人の外国における保護

まず、①日本人が日本で最初に公にした著作物および未公表著作物は、同盟国においてその国の法律がその国民に現に許与し、または将来許与すべき権利

およびベルヌ条約によって特に許与される権利を享有する。また、ベルヌ条約同盟国の中でもWIPO著作権条約に加入している国においては同条約の許与する権利を享有する。

次に、②日本人が、ベルヌ条約同盟国で最初に公にした著作物は、その国において、その国の法律がその国の国民に許与する権利と同一の権利を享有する。また、他の同盟国においては上記①の権利を享有する。

さらに、③日本人が非同盟国で最初に公にした著作物は、同盟国においては、上記①の権利を享有する。

(b) 外国人の日本における保護

まず、①同盟国国民が日本で最初に公にした著作物は、内国著作者の著作物と同一の権利を享有する。

次に、②同盟国国民が本国で最初に公にした著作物は、わが国の法令が日本国民に現に許与しまたは将来許与すべき権利およびベルヌ条約パリ改正条約により特に許与される権利を享有する。ただし、**判例コメント51**＝北朝鮮映画事件では、未承認国である北朝鮮が、わが国が加盟するベルヌ条約に加入しても、わが国は、北朝鮮との間における同条約に基づく権利義務関係を発生させるか否かを選択することができ、わが国は、同条約に基づく権利義務関係は発生しないという立場をとっているとして、北朝鮮の著作物についてわが国での保護を否定した。

さらに、③同盟国国民が本国以外の同盟国で最初に公にした著作物、同盟国国民の未公表著作物は、上記②と同じ権利を享有する。

(2) 著作権法と条約の効力関係

著作権の国際的保護のため、各国で条約が締結されており、わが国も加盟しているが、著作者の権利およびこれに隣接する権利に関し条約に別段の定めがあるときは、その規定による（5条）とされ、条約がわが国の著作権法に優位することになっている。現在は、条約上の保護義務については、著作権法で規定されているので、著作権法5条が直接問題となることはない（6条3号、7条5号等）。ただし、将来、条約の改正や新たな条約の締結がされ発効したのにもかかわらず、わが国の著作権法が改正されず、著作権法と条約が抵触する場合には、著作権法5条が適用される。

3　国際裁判管轄

条約により日本国民が国外でも著作権の保護を受ける場合に、侵害行為が国外で行われたときなどに、日本の裁判所に訴えを提起することができるか、国際裁判管轄が問題となることがある。

(1)　管轄の有無の判断

まず、わが国の裁判所に管轄があるかは、職権により判断される。したがって、被告が本案前の主張をせず、管轄を争う主張・立証をしない場合であっても、裁判所は職権で判断することができる（東京地判平成14・11・18判時1812号139頁「鉄人28号事件第1審」、東京高判平成16・2・25（平成15年(ネ)第1241号）裁判所HP同控訴審）。

(2)　不法行為地管轄

不法行為地の裁判籍（民訴5条9号）による場合、原則として、被告（侵害者）がわが国においてした行為により原告（著作権者）の法益について損害が生じたとの客観的事実関係が証明されれば足りる（最二小判平成13・6・8民集55巻4号727頁「ウルトラマン国際管轄事件」）。

4　準拠法

条約等により外国で創作された著作物等がわが国でも保護の対象となる場合など、わが国の裁判所は、どこの国の法を適用すべきか、準拠法が問題となる。

ベルヌ条約は、内国民待遇の原則（同5条1項等）を採用していることから、原則としてわが国で保護される著作物はわが国の著作権法が適用されるとされる（属地主義）。この点、**判例コメント35**＝オークションカタログ事件では、わが国で保護される著作権の外国における移転については、法の適用に関する通則法13条により日本法を準拠法として判断された。

5　米国との関係

米国とわが国の間では、著作物の保護に関して、戦前は日米二国間条約（日米著作権条約）、戦後は日米暫定保護協定、さらに万国著作権条約、米国のベルヌ条約加盟と推移しているので、条約等相互の効力関係、たとえば、内国民待

遇の有無、保護期間等について、問題となることがある。

保護期間については、米国のベルヌ条約加盟前に米国を発行国としわが国で内国民待遇を受けていた著作物は、米国のベルヌ条約加盟によっても、日米間で内国民待遇を定めた万国著作物条約特例法11条は排除されず、現在も万国著作権条約により内国民待遇を維持され、戦時加算等により保護期間が延長される（東京高判平成13・5・30判時1797号111頁「キューピー事件」）。また、米国のベルヌ条約加盟前に米国を本国として発行された著作物に対しては、保護期間の相互主義を定める著作権法58条は遡及的には適用されず、日米著作権条約が適用され、保護期間が短縮、消滅することはない（上記「キューピー事件」）。

6　輸入禁止・水際規制

外国で作成された著作権侵害品をわが国へ輸入する行為は、著作権侵害とみなされる（113条1項1号）。これに対し、著作権者は、これを差し止めることができる。

また、著作権侵害品は、輸入禁制品（関税法69条の11第1項9号）に該当するので、水際規制の対象となり、通関できない（東京地決昭和62・11・27判時1269号136頁「レオナール・ツグハル・フジタの生涯と作品事件」、大阪高判平成9・5・28知裁集29巻2号481頁「エルミア・ド・ホーリィ贋作事件」参照）。

さらに、侵害品が通関した場合でも、侵害品であることを知って頒布または頒布の目的で所持することは、侵害行為とみなされる（113条1項2号）。

7　並行輸入

平成11年の著作権法改正により26条の2で譲渡権が規定され、この法律の施行地外において、譲渡権に相当する権利を害することなく、または譲渡権に相当する権利を有する者もしくはその承諾を得たものにより譲渡された著作物の原作品または複製物は、譲渡権の対象外とされた（26条の2第2項5号、国際消尽原則）。その結果、並行輸入は自由にできることになっている。

なお、平成16年著作権法改正で、音楽レコードに関して還流防止措置が規定されることとなった。この改正により、専ら国外において頒布することを目的とする商業用レコードを情を知って国内において頒布する目的をもって輸入す

る行為等は、侵害行為とみなされる（113条6項）。

　しかし、映画の著作物については頒布権の規定（26条）があるので、注意を要する。この点、映画「101匹ワンチャン」の著作権者から日本国内でのビデオカセットの販売について許諾を受けた者が、並行輸入された「101匹ワンチャン」のビデオカセットを販売することが違法である旨の文書を販売店に配布した行為について、並行輸入業者が損害賠償を求めた東京地判平成6・7・1判時1501号79頁「101匹ワンチャン並行輸入事件」がある。裁判所は、並行輸入品が当然に著作権（頒布権）の侵害とならないとする明文の法令も確立した判例もないこと、映画の著作権者である映画会社が各国における劇場公開時期、ビデオカセット販売時期等を計画的に調整する一環として、映画の著作物について著作権法26条の頒布権を行使することは、著作権法が目的とした著作者の権利の保護の手段として予定されていることなどを理由に、文書の配布行為には違法はないとした。

○第11章　著作権法と周辺法○

1　著作権と所有権

(1) 著作権と所有権の意義等

　著作権も所有権もいずれもそれぞれの権利の対象を直接排他的に支配する権利であるが、著作権の保護する対象は無体物であるのに対し、所有権の保護する対象は有体物である。

(2) 著作権と所有権の関係

　上記のとおり、著作権と所有権とは保護する対象を異にするため、両権利は併存し得る。ただし、美術の著作物の原作品は、それ自体有体物であるとともに、著作物としては無体物であるため、両者の調整が必要となる。そこで、著作権法は、たとえば、著作権者にその美術の著作物等の原作品を公に展示する権利を専有させつつ（25条）、美術の著作物等の原作品の所有者またはその同意を得た者は、著作者の許諾なしに、原作品を公に展示することができるとしている（45条1項）。ただし、一般公衆に開放されている屋外の場所に恒常的に設置される場合は除かれている（同条2項）。

　著作権と所有権との関係については、**関連判例11－1－1**「顔真卿自書建中告身書事件」が、所有権は有体物をその客体とする権利であるから、美術の著作物の原作品に対する所有権は、その有体物の面に対する排他的支配権能であるにとどまり、無体物である美術の著作物自体を直接排他的に支配する権能ではないとしたうえで、著作権消滅後に第三者が有体物としての美術の著作物の原作品に対する排他的支配権能を侵すことなく原作品の著作物の面を利用したとしても、原作品の所有権を侵害するものではない旨判示し、著作権と所有権との関係を明確にした。この判決の立場は、東京地判平成14・7・3判時1793号128頁「かえでの木事件」などでも踏襲されている。

【関連判例11－1－1　「顔真卿自書建中告身書事件」最二小判昭和59・1・20（昭和58年(オ)第171号）民集38巻1号1頁、判時1107号127頁、判

タ519号129頁】
　中国の著名な書家顔真卿真蹟の「顔真卿自書建中告身書」の所有者が、この複製物の無断出版者に対し、所有権侵害を理由に販売の差止めおよび複製部分の廃棄を求めた事案において、最高裁は、「美術の著作物の原作品は、それ自体有体物であるが、同時に無体物である美術の著作物を体現しているものというべきところ、所有権は有体物をその客体とする権利であるから、美術の著作物の原作品に対する所有権は、その有体物の面に対する排他的支配権能であるにとどまり、無体物である美術の著作物自体を直接排他的に支配する権能ではないと解するのが相当である。そして、美術の著作物に対する排他的支配権能は、著作物の保護期間に限り、ひとり著作権者がこれを専有するのである。そこで、著作権の保護期間内においては、所有権と著作権とは同時に併存するのであるが、……著作権の消滅後は、……著作物は公有（パブリック・ドメイン）に帰し、何人も、著作者の人格的利益を害さない限り、自由にこれを利用しうる」と判示した。

(3) 著作権法上の保護が及ばない物に対する保護
(A) 保護期間経過後の著作物等
　美術館等においては、著作権の保護期間経過後においても、著作物の原作品の観覧や写真撮影について料金を徴収し、あるいは写真撮影をするのに許可を要するとしている。このことについて、**関連判例11－1－1**「顔真卿自書建中告身書事件」は、「それは、所有権者が無体物である著作物を体現している有体物としての原作品を所有していることから生じる反射的効果にすぎない……原作品の所有権者はその所有権に基づいて著作物の複製等を許諾する権利をも慣行として有するとするならば、著作権法が著作物の保護期間を定めた意義は全く没却されてしまうことになるのであって、仮に右のような慣行があるとしても、これを……法的規範として是認することはできない」と判示した。この点に関し、第三者が当該物を撮影し出版するために所有者の許諾を要するのは、所有権の効果と考えるべきではなく、第三者が当該物について合法的にアクセスできないことの結果にすぎない旨の指摘（中山信弘「判批」法学協会雑誌102

巻5号102頁)や、上記許諾を要する根拠を所有権に求めることは、所有権が著作権と異なり保護期間や著作権法30条以下の権利制限がないことに鑑み、情報流通が過度に制限されることから妥当ではない旨の指摘(茶園茂樹「有体物の写真撮影・利用に対する保護－ドイツにおける所有権による保護を中心に」飯村敏明先生退官『現代知的財産法　実務と課題』1336頁)などがなされている。

関連判例11－1－1「顔真卿自書建中告身書事件」以前の関連判例11－1－2「広告用ガス気球事件」の判示内容は、所有権を単に有体物的な使用にとどまらず、所有物の映像使用という無体物的な使用についてまでも所有権によって基礎付けていたものと評価することができるが、関連判例11－1－1「顔真卿自書建中告身書事件」によって、かかる理論は明確に否定されたといえる。

(B)　不法行為に基づく損害賠償請求等

著作権として保護されないものは誰でも自由に利用できるのが原則であり、著作権の侵害が成立しない以上、原則として不法行為も成立しないと解すべきである(三山・詳説85頁)。知財高判平成23・5・10判タ1372号222頁「廃墟写真事件」においても、控訴人が「廃墟」を最初に被写体として取り上げた者と認識されることに伴って生じる法的保護に値する利益を侵害するなどと主張したが、「廃墟が既存の建築物である以上、撮影することが自由な廃墟を撮影する写真に対する法的保護は、著作権及び著作者人格権を超えて認めることは原則としてできないというべきである」として、不法行為の成立が否定された。

ただし、利用行為が社会的相当性を欠く場合など、相応の違法性が認められる場合には、不法行為の成立が認められる(三山・詳説95頁～96頁参照)。

【関連判例11－1－2「広告用ガス気球事件」東京地判昭和52・3・17(昭和48年(ワ)第7540号)　判時868号64頁、判タ362号288頁】

　　広告宣伝業を営む原告の所有する広告用気球の写真が、原告に無断で被告たる自動車会社のポスター等の広告に使用された事案において、裁判所は、「そもそも、所有者は、その所有権の範囲を逸脱しもしくは他人の権利・利益を侵奪する等の場合を除いて、その所有物を、如何なる手段・方法によっても、使用収益することができる(従って、所有物を撮影してその影像を利用して使用収益することもできる。)、と解すべきであ

> る。……さらに、第三者は、(所有者から使用収益権能を付与されもしくは使用収益自体を承認されている場合を除いて) 他人の所有物を如何なる手段・方法であっても使用収益することが許されない (従って、他人の所有物を撮影してその影像を利用して使用収益することも許されない。)、と解すべきである。……本件において、被告らは本件気球の『影像』を利用したにすぎないものではあるけれども、その手段の故を以って、かかる利用が許される、と判断することはできないものである」と判示した。

2 物のパブリシティ権

顧客吸引力を有する「物」の所有者には、所有権以外に「パブリシティ権」が認められないだろうか。

以下において、パブリシティ権一般について若干考察したうえで「物のパブリシティ権」について検討する。

(1) パブリシティ権

パブリシティ権とは、顧客吸引力のある個人識別情報の有する経済的利益ないし価値を排他的に支配する権利と称される。パブリシティ権は米国の判例法上確立されたものである (Haelan Laboratories Inc.v.Toppes Chewing Gum Inc.202F.2d 886 [2ndCir.1953] でフランク判事が「自分の肖像写真のパブリシティ・バリュウについての独占的な権利」を初めて「パブリシティの権利 (right of publicity)」と称することができると述べた)。

パブリシティ権の本質の捉え方については、諸説が存在するが、それらを大きく分類すれば、以下の2つのアプローチに分けることができる (内藤篤=田代貞之『パブリシティ権概説〔第3版〕』48頁以下参照)。

(A) 人的属性アプローチ

パブリシティ権とその出自である人格権との関係を重視し、氏名・肖像といった人的属性の財産的価値を人格価値との関係という側面から考察することによってパブリシティ権の基本的構造を明らかにしようとする捉え方。

(B) 万物属性アプローチ

パブリシティ権の本質を純粋な経済価値と捉え、顧客吸引力を有する非人的

な特徴的属性も包含するという捉え方。

　日本においても、東京地判昭和51・6・29判時817号23頁「マークレスター事件」において、俳優等が「人格的利益とは異質の、独立した経済的利益」を有することを初めて認められて以降、多くの下級審において実質的にパブリシティ権が認められてきたが（東京高判平成3・9・26判時1400号3頁「おニャン子クラブ事件」、東京高判平成11・2・24公刊物未登載「キング・クリムゾン事件」、東京地判平成12・2・29判時1715号76頁「中田英寿事件」、東京地判平成17・6・14判時1917号135頁「矢沢永吉事件」、東京高判平成18・4・26判時1954号47頁「ブブカスペシャル事件」、東京地判平成22・10・21（平成21年(ワ)第4331号）裁判所HP「ペ・ヨンジュン事件」等）、**関連判例11－2－1**「ピンク・レディー事件」において、最高裁は、初めて明文でパブリシティ権を認め、不法行為の成立要件を示したが、パブリシティ権の本質については、人的属性アプローチを採用したものといい得る。そして、その後、**判例コメント54**＝女性タレントの写真無断掲載事件において、裁判所は、パブリシティ権の侵害を認めたうえで、その損害として、パブリシティ権の使用料相当額の損害およびパブリシティ価値毀損の損害を認定したが、精神的損害については、「パブリシティ権は、人格権に由来する権利の一内容であっても、肖像等それ自体の商業的価値に基づくものである」として否定した。

【関連判例11－2－1「ピンク・レディー事件」最一小判平成24・2・2（平成21年(受)第2056号）民集66巻2号89頁、判時2143号72頁、判タ1367号97頁】

　上告人らを被写体とする14枚の写真を無断で週刊誌に掲載した被上告人に対し、上告人らの肖像が有する顧客吸引力を排他的に利用する権利が侵害されたと主張して、不法行為に基づく損害賠償を求めた事案において、裁判所は、「人の氏名、肖像等（以下、併せて「肖像等」という。）は、個人の人格の象徴であるから、当該個人は、人格権に由来するものとして、これをみだりに利用されない権利を有すると解される……そして、肖像等は、商品の販売等を促進する顧客吸引力を有する場合があり、このような顧客吸引力を排他的に利用する権利（以下「パブリシティ権」

という。）は、肖像等それ自体の商業的価値に基づくものであるから、上記の人格権に由来する権利の一内容を構成するものということができる。他方、肖像等に顧客吸引力を有する者は、社会の耳目を集めるなどして、その肖像等を時事報道、論説、創作物等に使用されることもあるのであって、その使用を正当な表現行為等として受忍すべき場合もあるというべきである。そうすると、肖像等を無断で使用する行為は、①肖像等それ自体を独立して鑑賞の対象となる商品等として使用し、②商品等の差別化を図る目的で肖像等を商品等に付し、③肖像等を商品等の広告として使用するなど、専ら肖像等の有する顧客吸引力の利用を目的とするといえる場合に、パブリシティ権を侵害するものとして、不法行為法上違法となると解するのが相当である」と判示した。

(2) 物のパブリシティ権

物についてもパブリシティ権を認めるか否かは、その本質の捉え方いかんに関連し、人的属性アプローチによれば、物に関する情報はパブリシティ権の客体になり得ないことになるのに対し、万物属性アプローチによれば物に関する情報もパブリシティ権の客体になり得ることになる。

以下において、物のパブリシティ権に関する判例・裁判例を考察する。

(3) 判例・裁判例の状況

物のパブリシティ権に関連する判決としては、**関連判例11-1-2**「広告用ガス気球事件」、高知地判昭和59・10・29判タ559号291頁「長尾鶏事件」、神戸地裁伊丹支判平成3・11・28判時1412号136頁「クルーザー・プリンス号事件」等、注目すべき判決が存する。

特に注目されたものとして、競走馬の名称がゲームソフトに登録されていることについて、馬主がゲーム会社に当該ゲームソフトの制作販売の差止め・損害賠償を求めた事件がある。

このような事件において、**判例コメント55**＝ギャロップレーサー事件の第1審および控訴審は、差止請求を否定しつつも損害賠償請求を肯定したが、東京地判平成13・8・27判時1758号3頁「ダービースタリオン事件第1審」および東京高判平成14・9・12判時1809号140頁同控訴審は、差止請求のみならず損

害賠償請求についても否定した。このように結論が異なったのは、パブリシティ権の本質について、前者が万物属性アプローチに立つのに対し、後者は人的属性アプローチに立つという理論的相違が存すると言い得るが、実質的には、前者が「経済的価値の保護」の観点を重視するのに対し、後者が「国民の経済活動の自由」の観点を重視するという相違にあるといえる。

このような状況の中、**判例コメント55**＝ギャロップレーサー事件の最高裁判決は、差止請求のみならず損害賠償請求も否定した（なお、最高裁は、「ダービースタリオン事件」についても、上告を棄却し、かつ、不受理としている）。このことからすれば、最高裁は人的属性アプローチに立った判断をしたといえるが、そもそも下級審で判断された内容まで踏み込んだ認定をしなかったとも評価できる。また、最高裁は、民法709条において保護される法的利益の侵害を理由とする損害賠償請求まで一切否定したとはいえないと解すべきである。

3　他の知的財産権（主に意匠権・商標権）との関係等

(1)　総　説

産業財産権（特許権、実用新案権、意匠権、商標権）は、基本的に人間の精神的活動の所産たる無体物を排他的に支配する権利であり、これは無体物たる著作物を排他的に支配する権利としての著作権と目的物において共通である（半田・概説8頁）。しかし、産業財産権が「産業の発達に寄与すること」（特1条、実1条、意1条、標1条）を目的とするのに対し、著作権が「文化の発展に寄与すること」（1条）を目的とすることから、著作権は、産業財産権と次のような違いを有する。

(A)　権利の発生

産業財産権が登録を権利発生要件としている（特66条、実14条、意20条、標18条）のに対し、著作権は、登録を必要とせず、創作と同時に権利が発生する（無方式主義、17条2項）。なお、著作権に関しては権利発生要件としてではなく、著作者・創作年月日の推定などのために登録制度が設けられている（75条ないし78条の2）。

(B)　権利の性質

産業財産権が先願主義をとり（特39条、実7条、意9条、標8条）、絶対的独

占権であるのに対し、著作権は、結果として既存の著作物と同じ著作物が創作されたとしても（偶然の暗合）、既存の著作物とは各々独自に創作されたものであれば、独自の著作物として保護される（相対的独占権）。

(C) **権利の保護対象**

産業財産権の保護対象である発明等は、自然法則の利用に関するものであるが、著作権の保護対象である著作物は、おおむね自然法則の利用に関しない精神的創作物である（半田・概説9頁）。

(D) **権利の維持**

産業財産権には権利存続期間中一定の料金を納付する義務がある（特107条、実31条、意42条、標40条）が、著作権にはそのような義務はない。

(E) **権利の保護期間**

著作権の存続期間は、原則として著作物の創作時から著作者の死後70年を経過するまでの間、存続するとされており（51条）、相当長期間である（第6章）。これに対し、特許権は、出願日から20年（特67条）、実用新案権は、出願日から10年（実15条）、意匠権は、設定登録日から20年（意21条）と比較的短期間となっている。この相違は、主に、著作権が相対的独占権であるのに対し、特許権等が絶対的独占権であることによるものといえる。

なお、商標権の保護期間は、設定登録日から10年とされているが（標19条1項）、更新申請により一定の拒絶理由がない限り更新できる（同条2項）ため、更新すれば半永久的に存続する。これは、商標権が本来商品識別標識としての機能と商標に化体された信用を保護するものであるから、あえて存続期間を設ける必要がない一方、一度設定された商標権がその後何らのチェックを受けずに存続することは、使用の事実もその意思もない商標をも永久に存置させることになり商標権の保護の目的にも反する結果となるという趣旨も基づくものと考えられる（三山＝松村・実務解説310頁参照）。

また、著作権法と他の知的財産法との適用が問題となるような場面にいきあたった場合には、著作権法の趣旨や目的に立ち戻って検討を行うよう心掛ける必要がある（松村＝三山・要説9頁）。

(2) 著作権と意匠権との関係

(A) 保護対象の交錯

　意匠法の保護する意匠が、物品の形状、模様もしくは色彩またはこれらの結合であって、視覚を通じて美感を起こさせるもので、新規性、工業上利用可能性を有するものでなければならない（意2条1項、3条）のに対し、著作権法の保護する創作物は、思想または感情を創作的に表現したものであって、文芸、学術、美術または音楽の範囲に属するもの（2条1項1号）であれば、新規性も工業上利用可能性も必要ない。このような両者の保護対象の相違は、前述した両者の目的の違いに起因している。

　しかし、著作権と意匠権は、ともに創作活動によって作成された創作物を保護の対象とするため、両者の交錯が生じる。

　ちなみに、著作物が著作者の内面にある美の思想または感情を表現したものであるのに対して、意匠は、見る者に美感を起こさせるものであり、それは、内から表出させるものというよりは、外から見た際の視覚的効果に重きを置いていることから、美術の著作物と意匠とは、美を把握する視点が大きく異なっているとの指摘もある（斉藤・著作権法86頁）。

　交錯領域について、意匠法は、工業上利用することのできる意匠である限り、一定の要件を具備すれば意匠権を取得できる（意3条）。これは意匠権がたまたま著作権の扱うべき文化の領域に進出してきたとしても、意匠のほうが要件が厳格で存続期間の短い権利であるから、実体的に著作権制度の趣旨が害されるという影響はない（田村・概説32頁）などの理由に基づくものといえる。

　これに対し、意匠法の及ぶ領域にも著作権法の保護が及ぶかについては争いがある。著作権法は、美術の著作物には「美術工芸品」が含まれると定めている（2条2項）ものの、「美術工芸品」以外の応用美術が著作物に含まれるのか否かにつき、明文規定を置いていないため、解釈上の争いが生ずるのである。

　この点について、裁判例・学説の全体的な傾向としては、量産品の雛形や実用品の模様として用いられることを目的とするものについては、原則として著作権法の保護は及ばず、意匠法等による保護に委ねられるとする一方で、それが純粋美術としての性質をも有する場合には、著作権法の保護が及ぶと解されている。ただし、**判例コメント10**＝トリップ・トラップ事件においては、「著

作権法2条2項の規定を例示規定であるとしたうえで、例示に係る『美術工芸品』に該当しない応用美術であっても、同条1項1号所定の著作物性の要件を充たすものについては、『美術の著作物』として、同法上保護されるものと解すべきである」旨判示しており、従前の裁判例の傾向とは異なる。応用美術に関する詳細については、第1章1(5)を参照されたい。

　また、交錯領域の問題として、印刷用文字書体（タイプフェイス）も問題となるが、この点については第1章6(1)を参照されたい。

　以上のように応用美術にも著作権法の一定の保護が及ぶところ、意匠法と著作権法の適用領域を区別する明確な基準がない以上、ある程度、両者の重畳的保護を是認せざるを得ないと解すべきである（田村・概説34頁、斉藤・著作権法87頁参照）。そのように解さなければ、境界線上に位置する創作物について、著作権の保護が及ぶと考えて意匠の出願をしなかった創作者に対して裁判所が意匠であって著作物に該当しないとして保護を否定する場合など、振り分けの判断のリスクが創作者の負担に帰することになり、ともに創作者を保護する趣旨であるにもかかわらず、両者が併存することによりかえってその趣旨が全うされないという矛盾を招くことになってしまうのである（田村・概説36頁）。ただし、応用美術全部について重畳的保護を与えることは、両法制の境界付けを放棄することにより、両法制の共存する積極的な根拠に疑問を生ぜしめるとともに、著作権の耐えがたい氾濫を招来するため、対象の性質との関係で応用美術を限定し、両法の重畳的保護を認めるべきであるとして、わが国が純粋美術と同視しうる範囲として厳格に制限していく限り、両法の重畳的保護を認めてよい旨の指摘もなされている（紋谷暢男「意匠法と周辺法－主として著作権との関係－」日本工業所有権法学会年報12号118頁）。

(B) 意匠権の登録出願前に成立した著作権（意26条）

　意匠法は、登録意匠がその出願日前に生じた他人の著作権と抵触する場合には業としてその登録意匠を実施することはできない旨定め（意26条）、著作権との交錯を調整している。もっとも、著作権は相対的独占権であるため、登録意匠権に係る意匠の創作が、出願日前に成立した著作権の対象となる著作物と同一または類似であったとしても、登録意匠権者が当該著作物に依拠せず全く別個独立に意匠を創作したとするならば、当該意匠は著作権を侵害せず両者が

抵触することもない（三山＝松村・実務解説254頁参照）。

(3) 著作権と商標権との関係
(A) 保護対象の交錯

商標法の保護する商標が、文字、図形、記号、立体的形状もしくは色彩またはこれらの結合、音などであって、業として商品を生産、証明、譲渡する者がその商品について使用するもの、あるいは、業として役務を提供し、または証明する者がその役務について使用するものであって、識別力を有するものでなければならない（標2条1項、3条）のに対し、著作権法の保護する創作物は、思想または感情を創作的に表現したものであって、文芸、学術、美術または音楽の範囲に属するもの（2条1項1号）であれば、識別力は必要ない。このような両者の保護対象の相違は、著作権法が著作物の創作的表現を保護し（創作法）、「文化の発展」に寄与しようとするものであるのに対し、商標法が創作を保護しているのではなく、商標の有する顧客吸引力を保護し（標識法）、「産業の発展」に寄与しようとするものであることから生じる。

しかし、漫画等の著作物として表現されたキャラクターを商標として使用する場合などには、両者が交錯する。

キャラクターに関して保護してもらいたいのは、その顧客吸引力であるから、本来、創作法ではなく、標識法で保護が図られるべきである。もっとも、キャラクターが商標として使用されていない場合にも保護されるべきであるし、他の法制（商標法、意匠法、不正競争防止法等）による保護と重畳的に保護を図っても支障はない。

そこで、裁判所もキャラクターに著作権法上一定の保護を与えようとしている。その詳細は、第1章2(2)(D)(c)を参照されたいが、これまでの裁判所の判断からすれば、①漫画キャラクター自体が漫画と離れてそれ自体別個の独立した著作物となるものではないが、②キャラクターを無断利用すれば漫画（原画）の著作物（美術の著作物）の複製権侵害となり、③複製権侵害を判断するにあたり、どの画面、どの場面の絵を複製したものであるかを特定する必要はないということになる（三山・詳説65頁）といえる。

なお、キャラクターを著作権法によって保護した場合、存続（保護）期間経過後は保護されないことになるが、キャラクターを商標として登録すれば、更

新を重ね半永久的に保護されることになるため、この間のギャップをどう調整するかという問題が残る（三山・詳説66頁）。

⑻　**商標権の登録出願前に成立した著作権（標29条）**

商標法は、意匠法と同様に、登録商標がその出願日前に生じた他人の著作権と抵触する場合には業としてその登録商標を使用することはできない旨定め（標29条）、著作権との交錯を調整している。もっとも、著作権法は自己の著作権に依拠しこれを複製・翻案等をすることを禁止する権利であるから、後発商標が先行著作物に依拠して複製・翻案した場合でなければ両者の抵触は生じない（三山＝松村・実務解説317頁参照）。この点に関し、最二小判平成2・7・20民集44巻5号876頁「ポパイ・マフラー事件」は、「商標法29条は、商標権がその商標登録出願日前に成立した著作権と抵触する場合、商標権者はその限りで商標としての使用ができないのみならず、当該著作物の複製物を商標に使用する行為が自己の商標権と抵触してもその差止等を求めることができない旨を規定していると解すべきである」と判示している。なお、商標法29条の趣旨等については、三山峻司＝松村信夫編『最新商標権関係判例と実務』177頁〔塩田千恵子〕を参照されたい。

⑷　**その他**

著作権法は、不正競争防止法、独占禁止法等、多くの法令との関係が問題となるが、以下においては、不正競争防止法および独占禁止法との関係について若干考察する。

⑷　**著作権法と不正競争防止法との関係**

不正競争防止法は、他人の成果を冒用する行為をも規律している点で、著作権法等の知的財産法と交錯することとなり、知的財産法の保護が及ぶ成果物を冒用する行為に対しては、知的財産権者がその権利に基づいて差止めあるいは損害賠償を請求することになることから、成果冒用行為を規制する制度として不正競争防止法と各種知的財産法が併存していることになる（田村善之『不正競争防止法〔第2版〕』28頁）なお、著作権法は、登録等がなくても保護される点でも不正競争防止法と類似する。

創作性を認めがたい場合（ドレスデザインや題名等）や著作権法の保護期間を経過した場合（古美術等）であっても、周知性や誤認混同のおそれ等の不正競

争防止法の要件を具備すれば、同法による保護が考えられる（三山・詳説154頁等参照）。この点、題名に関して、著作権の保護は、その保護期間が経過すれば終了し、その題名も当該著作物とともに自由に用いることができるが、それは別の著作物にその著作物の題名を混同するような方法で用いることまで許しているものではなく、題名による混同問題は、題名に著作権法上の保護があるかどうかとは別問題であって、この意味で、不正競争防止法による著作物の題名保護は、著作権の保護期間を超えて存続するとの指摘がなされている（小野昌延＝松村信夫『新・不正競争防止法〔第2版〕』72頁）。

(B) 著作権法と独占禁止法との関係

　独占禁止法と知的財産法とは、いずれも不正競業に関して規制しているが、知的財産法は、私人間において侵害問題が起こったときに、私人間で個別に処理する手法をとるのに対し、独占禁止法は競争のフィールドのいわば環境整備という手法をとってアンフェアな競争を防止しようとしている（三山＝松村・実務解説5頁）。

　独占禁止法においては、知的財産法との関係に関し、「この法律の規定は、著作権法、特許法、実用新案法、意匠法又は商標法による権利の行使と認められる行為にはこれを適用しない」と規定しており（独21条）、この具体的な適用に関しては、公正取引委員会が「知的財産の利用に関する独占禁止法上の指針」（平成19年9月28日）を示しており、著作権法との関係ではプログラム著作物について定めている。

　著作権法による「権利の行使と認められる行為」の該当性については、これまで**関連判例11－3－1**「着うた事件」のほか、公取委審判審決平成13・8・1判時1760号39頁「ソニー・コンピューターエンタテイメント事件」においても、「中古品取扱い禁止行為が再販売価格の拘束行為と一体として行われ、同行為を補強するものとして機能しており、中古品取扱い禁止行為を含む全体としての再販売価格の拘束行為が公正競争阻害性を有するものである以上、……PSソフトが頒布権が認められる映画の著作物に該当し、中古品取扱い禁止行為が外形上頒布権の行使とみられる行為に当たるとしても、知的財産保護制度の趣旨を逸脱し、あるいは同制度の目的に反する」との判断が示されており、実務的にも参考となる。

3 他の知的財産権（主に意匠権・商標権）との関係等

【関連判例11－3－1 「着うた事件」東京高判平成22・1・29（平成20年（行ケ）第19号等）裁判所HP】

　いわゆる着うた提供事業に関し、原盤権を有するレコード会社等が、その共同出資により運営される会社に着うた配信業務を業務委託する一方、他の着うた提供業者に対してはその業務のために必要な楽曲の原盤権の利用許諾を拒絶している行為が、「不公正な取引方法」に該当し、独占禁止法19条の規定に違反するものであるとして排除措置を命じた審決の適法性が問題となった事案において、裁判所は、「5社それぞれが有する著作隣接権に基づく原盤権の利用許諾の拒絶行為も、それが意思の連絡の下に共同してなされた場合には、それぞれが有する著作隣接権で保護される範囲を超えるもので、著作権法による『権利の行使と認められる行為』には該当しないものになる」などと解釈を示したうえで、当該会社等には、原盤権の利用許諾を拒絶することについて「意思の連絡」があったと認められるとして、審決を適法とした。

第 2 部

判例コメント編

判例コメント1　英会話教材キャッチフレーズの著作物性事件

【判決裁判所】　（控訴審）知財高等裁判所（平成27年(ネ)第10049号）
　　　　　　　　　（第1審）東京地方裁判所（平成26年(ワ)第21237号）
【判決年月日】　（控訴審）平成27年11月10日
　　　　　　　　　（第1審）平成27年3月20日
【出　典】　（控訴審）裁判所HP
　　　　　　　（第1審）裁判所HP
【請求内容】　差止請求、損害賠償請求
【結　論】　（控訴審）控訴棄却
　　　　　　　（第1審）請求棄却

【事案の概要】

　控訴人（原告）と被控訴人（被告）は、いずれも英会話教材の通信販売業者である。

　控訴人は、新聞や自社ウェブサイトにおいて、英会話教材の広告を行い、その中に次のようなキャッチフレーズ（控訴人キャッチフレーズ）を記載もしくは掲載した。

①　音楽を聞くように英語を聞き流すだけ
　　英語がどんどん好きになる
②　ある日突然、英語が口から飛び出した！（以下、このキャッチフレーズを「控訴人キャッチフレーズ2」という）
③　ある日突然、英語が口から飛び出した

　被控訴人は、新聞や自社ウェブサイト、インターネット上のショッピングモールのウェブサイトや広告枠で、次のようなキャッチフレーズ（被控訴人キャッチフレーズ）を記載もしくは掲載した。

①　音楽を聞くように英語を流して聞くだけ
　　英語がどんどん好きになる
②　音楽を聞くように英語を流して聞くことで上達

英語がどんどん好きになる
　③　ある日突然、英語が口から飛び出した！
　④　ある日、突然、口から英語が飛び出す！

　控訴人は、被控訴人キャッチフレーズが控訴人キャッチフレーズに関する控訴人の著作権を侵害し、もしくは被控訴人による被控訴人キャッチフレーズの使用が不正競争防止法違反もしくは一般不法行為に該当するなどと主張して、被控訴人キャッチフレーズの使用差止めおよび損害賠償請求を求めて訴訟を提起した（以下では、著作権侵害に関する部分のみをとりあげる）。

　第1審判決は、被控訴人キャッチフレーズに著作物性が認められないとの理由で著作権侵害を否定した。これに対して、控訴人が控訴したものが本件である。

【争　点】
　控訴人キャッチフレーズの著作物性

【裁判所の判断】

1　第1審判決
　控訴人キャッチフレーズは「平凡かつありふれた表現というべきであって、作成者の思想・感情を創作的に表現したものとは認められない」として、著作権侵害の主張を否定した。

2　控訴審判決
　控訴審において控訴人は、控訴人キャッチフレーズ2について、「五七調を用いて、口に出しやすく語呂のよい、俳句に近い表現となるように工夫されている」、「あえてユーザーではなく『英語』を主語にすることによって、また、『飛び出す』というダイナミックな勢い・動きがある表現を、英語の現在完了形に近い時制で用いることによって、読み手の視覚にも訴えかけるような強い効果を演出することに成功している」、「全体として見た場合に、『ユーザーが英語を自然かつ流暢に話すことができるようになる』という意味内容を強く印象付ける非常に独創的なものとなっている」などとして、創作性があることを主張した。

　これに関して控訴審判決は、「キャッチフレーズのような宣伝広告文言の著作物性の判断においては、個性の有無を問題にするとしても、他の表現の選択

肢がそれほど多くなく、個性が表れる余地が小さい場合には、創作性が否定される場合があるというべきである」としたうえで、控訴人キャッチフレーズ2について、「控訴人商品を英会話教材として利用した場合に、自然に流暢に英語を話すことができるようになるという効果があることを謳ったものであるが、その使用方法や効果自体は、事実であるし、消費者に印象を与えるための五七調風の語調の利用や、商品を主語とした表現の採用自体は、アイデアにすぎない。また、劇的に学習効果が現れる印象を与えるための『ある日突然』という語句の組合せの利用や、ダイナミックな印象を与えるための『飛び出した』という語句の利用に関しても、上記アイデアを表現する上で一定の副詞や動詞を使用することは不可欠であるから、他の表現の選択肢はそれほど多くないといわざるを得ない」「控訴人キャッチフレーズ2における語句の選択は、ありふれたものということができる」などとして、控訴人キャッチフレーズ2の著作物性を否定した第1審判決の判断を支持した。

【コメント】

著作権法上、「著作物」として法律上の保護を受けるためには、その物が創作的に表現されたものでなければならない（2条1項1号）。これを創作性の要件という。

表現が創作的であるとは、思想・感情が創作的かどうかではなく、思想・感情を創作的に表現していることである。したがって、アイデアが創作的であってもその表現方法が創作的でない場合は、著作物性は否定される（田村・概説15頁以下、加戸・逐条講義19頁以下、中山・著作権法34頁以下、作花・詳解66頁以下）。思想・感情（アイデアや事実を含む）を表現する方法が1つしかない場合、または非常に限定されていて、誰が表現してもほぼ同様の表現にならざるを得ない場合は、表現につき著作者の個性を発揮する余地がなく、その表現について創作性は否定される。

文章（短文）について、創作性の要件が問題となった主要な裁判例としては、次のようなものがある。

① 東京地判平成7・12・18知裁集27巻4号787頁「ラストメッセージin最終号事件」

休刊または廃刊となった雑誌の最終号における挨拶文の著作物性が問題

となった。「日頃よく用いられる表現、ありふれた言い回しにとどまっている」とされた7つの挨拶文については著作物性が否定され、その他は「執筆者の個性がそれなりに反映された表現として大なり小なり創作性を備えている」として著作物性を認めた。

② 東京高判平成11・9・30判タ1018号259頁「古文単語語呂合わせ書籍事件」

大学入試用参考書において、古文単語の記憶を促進するための「語呂合わせ」の著作物性が問題となった。第1審（東京地判平成11・1・29判時1680号119頁）判決は、検討された42個の語呂合わせのうち、9個について著作物性を認め、3個について著作権侵害を認めた。これに対して控訴審では、1審原告は問題とする語呂合わせを20個に限定し、判決はうち3個について著作物性を認めた（もっとも、依拠性や実質的同一性を否定し、結論としては請求を棄却した）。

③ 東京高判平成13・10・30判時1773号127頁「交通標語事件」

「ボク安心　ママの膝（ひざ）より　チャイルドシート」というスローガンについて著作物性を認めた（もっとも、結論としては被告スローガンとの実質的同一性ないし類似性を否定し、請求は棄却された）。

④ **判例コメント53**＝ヨミウリ・オンライン事件控訴審

大手新聞社が自社ウェブサイト上で掲出していた記事見出しについて、いずれもありふれた表現の域を出ないとして著作物性を否定した。

⑤ 東京地判平成27・11・30（平成26年(ワ)第22400号）裁判所HP「英単語語呂合わせ事件」

英単語学習用書籍に掲載されている英単語の「語呂合わせ」について、いずれもありふれた表現で思想または感情を創作的に表現したものとは認めることは困難であるとした。

また、宣伝広告文言について創作性の要件が問題となった主要な裁判例としては、知財高判平成23・5・26判時2136号116頁「データ復旧サービス事件」（被控訴人（被告）が開設するウェブサイトに掲載したデータ復旧サービスに関する文章が、控訴人（原告）が開設するウェブサイトに掲載したデータ復旧サービスに関するウェブページのコンテンツまたは広告用文章について、

創作性のない部分において共通点を有するにすぎないため、著作権侵害等は認められないとした）をあげることができる。

　一般に、短文であるからというだけの理由で創作性が否定されるとは限らない（俳句や短歌が最たる例である）が、文章もしくは語句が短いものであると、それだけ作成者の個性を発揮させることは難しい。また、それが宣伝広告であると、どうしても商品の機能の説明や機能の表現が必要であり、表現の選択の範囲が限られてくることは否めない。本件では、控訴人キャッチフレーズ２は被控訴人キャッチフレーズと実質的に同一であり、被控訴人の行為の妥当性は問題にはなり得る（上記④**判例コメント53**＝ヨミウリ・オンライン事件控訴審では、著作物性は否定されたが一般不法行為（民709条）の成立を一部認めている）が、少なくともそれは著作権法によって保護される性質のものではないと言わざるを得ない。

　　　　　　　　　　　　　　　　　　　　　　　　（寺中　良樹）

| 判例コメント*2* 　教科書「新しい日本の歴史」盗用事件(2)

【判決裁判所】　（控訴審）知的財産高等裁判所（平成27年(ネ)第10009号）
　　　　　　　　（第１審）東京地方裁判所（平成25年(ワ)第9673号）
【判決年月日】　（控訴審）平成27年９月10日
　　　　　　　　（第１審）平成26年12月19日
【出　　典】　　（控訴審）判時2279号64頁
　　　　　　　　（第１審）判時2279号89頁
【請求内容】　損害賠償請求、差止請求、廃棄請求
【結　　論】　（控訴審）控訴棄却（確定）
　　　　　　　（第１審）請求棄却

【事案の概要】
　1　当事者
　控訴人（原告）は、学習指導要領の「我が国の歴史に対する愛情を深める」という目標に沿った歴史教科書を推進する目的で設立されたＡ会の理事（元会長）であり、被控訴人（被告）乙が出版していた中学校用歴史教科書（平成17年3月30日検定済み、平成18年2月15日初版発行。以下、「控訴人書籍」または「原告書籍」という）の代表執筆者であり、その本文の著作権者の1人である。
　被控訴人（被告）甲は、被控訴人書籍（以下、「被告書籍」ともいう）１（市販本）および同２（教科書）を出版している。被控訴人乙は、かつて控訴人をはじめとする控訴人書籍の著作者らから許諾を受けて控訴人書籍を出版していたものであり、現在は、被控訴人書籍1の発行者となっている。被控訴人甲および同乙は、いずれもＢグループに属する会社であり、被控訴人甲は、同乙の100％子会社である。
　被控訴人丙、同丁、同戊は、かつてＡ会に所属したが脱退し、共同して被控訴人書籍の制作にあたった。
　2　控訴人（原告）による被控訴人（被告）らに対する請求内容
　主位的請求として、被控訴人書籍中の個別の記述が控訴人書籍中の個別の記

述に係る著作権(複製権および翻案権)および著作者人格権(同一性保持権および氏名表示権)を侵害するとしてなされた著作権法112条1項および2項に基づく被控訴人書籍の出版等の差止めおよび廃棄請求、並びに損害賠償請求。

予備的請求として、一般不法行為に基づく損害賠償(慰謝料)請求。

【争　点】

1　第1審
被告各記述が原告各記述を「翻案」したものか否か

2　控訴審
① 被控訴人各記述が控訴人各記述を「翻案」したものか否か
② 被控訴人各記述が控訴人各記述を「複製」したものか否か
③ 被控訴人書籍の単元構成が控訴人書籍の単元構成を「翻案」または「複製」したものか否か
④ 控訴人が有する著作者人格権(同一性保持権・氏名表示権)の侵害の有無
⑤ 控訴人の執筆者利益を害したものとして、一般不法行為が成立するか否か

【裁判所の判断】

1　第1審判決

(1)　翻　案

「歴史上の事実や歴史上の人物に関する事実は、単なる事実にすぎないから、著作権法の保護の対象とならず、また、歴史上の事実等についての見解や歴史観といったものも、それ自体は思想又はアイデアであるから、同様に著作権法の保護の対象とはならない」。

「他方、歴史上の事実等に関する記述であっても、その事実の選択や配列、あるいは歴史上の位置付け等において創作性が発揮されているものや、歴史上の事実又はそれについての見解や歴史観をその具体的記述において創作的に表現したものについては、著作権法の保護が及ぶことがある」。

「『創作性』又は『創作的』というためには、厳密な意味で独創性が発揮されたものであることは必要ではなく、筆者の何らかの個性が表現されたもので足りるというべきであるが、他方、文章自体がごく短く又は表現上制約があるため他の表現が想定できない場合や、表現が平凡かつありふれたものである場合

には、筆者の個性が表現されたものとはいえないから、創作的な表現であるということはできない」。

(2) 教科書およびその検定

中学校においては、文部科学大臣の検定を経た教科用図書（教科書）を用いなければならず、その教科書検定の基準は、文部科学大臣が公示する教科用図書検定基準の定めるところによるとされている（教科用図書検定規則3条）。

そして、同規則を受けた「義務教育諸学校教科用図書検定基準」において、「公正・中立でバランスのとれた」記述とするため、おおむね次の点が求められる。

①学習指導要領所定の事項につき過不足のないこと、②生徒の心身の発達段階への適応、③授業時数に照らした適切な配分、④話題や題材の選択等につき、特定の事項等に偏ることなく全体として調和がとれていること、⑤系統的、発展的に構成、排列され、網羅的または羅列的にならないこと。

(3) 原告各記述および被告各記述

「原告が表現の視点と主張する内容は、いずれも原告のアイデア、制作意図・編集方針又は歴史観ないし歴史認識など、それ自体表現ではなく、著作権法による保護の対象とならない」。

また、「原告各記述と被告各記述は、上記認定に係る事項が選択されている点で共通し」、「事項の配列や、それらの事項を用いた記述内容において共通する部分がある」が、「いずれも、歴史的事実や歴史認識それ自体であって表現ということができないものであるか、あるいは、事項の選択・配列及びその具体的表現内容のいずれにおいても創作性を認めることができないものである」。

「他方で、それ以外の点では、原告各記述及び被告各記述の文章表現は異な」り、「その具体的な表現内容が共通していない」。

「したがって、原告が主張する47項目における被告各記述は、いずれも原告各記述の翻案に当たるものとは認めることができない」。

(4) 結　論

「被告各記述は、表現それ自体でない部分又は表現上の創作性がない部分において、原告各記述と同一性を有するにすぎないから、被告各記述が原告各記述を翻案したものであるということはできない」。

2　控訴審判決

(1)　争点①

(A)　「翻案」「教科書及びその検定」

上記第1審判決記載のとおりとした。

(B)　歴史教科書の個々の記述

「歴史教科書は、……他社の歴史教科書とのみ対比して創作性を判断すべきものではなく、一般の簡潔な歴史書と対比しても創作性があることを要する」。
「同等の分量の他書に一見すると同一の記述がなかったとしても、それが、他書が選択した歴史的事項の範囲内に含まれる事実として知られている場合や、当該歴史的事項に一般的な歴史的説明を補充、付加するにすぎないものである場合には、歴史書の著述として創意を要するようなものとはいえない」。

(C)　結　論

判決は、控訴人書籍と被控訴人書籍につき、21項目をとりあげて、事項の選択、事項の配列、具体的表現形式について対比した。すなわち、控訴人書籍と被控訴人書籍が選択した事項はごく普通のものであってありふれていること、控訴人書籍における事項の配列も羅列ないし時系列・因果列に従っているだけであってありふれていること、控訴人書籍における具体的表現形式もありふれていることなどを指摘し、当該項目における控訴人書籍の創作性を否定した。

そのうえで、「『著作物』（著作権法2条1項1号）には該当せず、その翻案も認められない」と判示した。

(2)　争点②

当該項目における控訴人書籍には創作性がなく、「著作物」（2条1項1号）には該当しないとして、その複製を認めなかった。

(3)　争点③

控訴人書籍の単元構成につき、「他社の歴史教科書と異なることをもって直ちに個性の発揮が根拠付けられるわけではなく」、「ありふれたものである」として、その創作性を否定し、翻案権または複製権侵害を認めなかった。

(4)　争点④

当該項目における控訴人書籍には創作性がなく、「著作物」（2条1項1号）には該当しないとして、その著作者人格権の侵害を認めなかった。

(5) **争点⑤**

判決は、「被控訴人各記述を用いることが公正な競争として社会的に許容する限度を超えるということはでき」ず、一般不法行為は成立しないとした。

【コメント】

本件と同様に歴史的事実に関する記述（歴史的事実に基づき物語的に再構成した原稿）の著作物性が争われた事案として、東京地判平成10・11・27判時1675号119頁「歴史書籍・壁の世紀事件」がある。

裁判所は、「歴史的事実に関する記述であっても、数多く存在する基礎資料からどのような事実を取捨選択するか、また、どのような視点で、どのように表現するかについては、様々な方法があり得るのであるから、歴史的事実に関して叙述された作品が、思想又は感情の創作的に表現したものではないといえないことは明らかである。また、翻訳や要約の対象が、裁判記録・新聞記事・契約書であったとしても、筆者の個性を発揮した創作的な表現になり得るのであり、個性的な表現の余地がある。さらに、翻訳・紹介・引用・要約については、翻訳者ないし筆者の見識に基づいて、どのように表現するか等に創意工夫を伴うものであって、個性的な表現の余地がある」。「したがって、原告著作物は、表現上の創意、工夫の発揮される余地のある部分については、二次的著作物として、著作権法上の保護の対象となる」とした。ただし、①ごく短い文章からなる資料の機械的な直訳にすぎない翻訳、②原資料の引用にすぎない要約においては、創作性がないと判断すべき場合もあり得るとした。

上記「歴史書籍・壁の世紀事件」は歴史的事実に基づき物語的に再構成した原稿についての判示であるのに対し、本件は、「制限に従った表現にならざるを得ない」（第１審判決）教科書についての判示ではある。しかし、歴史的事実の叙述に認められる創作性の範囲につき、本件においても、「一般の簡潔な歴史書と対比」（控訴審判決）して判断することが求められているのであるから、上記「歴史書籍・壁の世紀事件」における判断と軌を一にするものと思われる。

なお、本件第１審判決では、歴史上の事実、認識を、ありふれた構文や一般的な言い回しで、生徒が理解しやすいような文章として記述したというだけでは、創作性は認められない、と判示している。この点につき、整理された文章表現をすると創作性がないものとして保護されず、難解な言葉や冗長なレト

リックを凝らした拙劣な文章で表現すれば創作性があるとして保護されるとすれば、常識的な感覚から乖離する、との批判がなされている（作花・詳解73頁）。

　しかし、このような批判はあるものの、本判決は、歴史的事実や認識に関して、どのような表現であれば創作性が認められるのかという点を個別具体的に検討しており、実務上、参考になると思われる。

（國祐　伊出弥）

判例コメント3　プロ野球ドリームナイン事件

【判決裁判所】　（控訴審）知的財産高等裁判所（平成26年(ネ)第10004号）
　　　　　　　　　（第1審）東京地方裁判所（平成23年(ワ)第29184号）
【判決年月日】　（控訴審）平成27年6月24日
　　　　　　　　　（第1審）平成25年11月29日
【出　　典】　（控訴審）裁判所HP
　　　　　　　　（第1審）公刊物未登載
【請求内容】　（主位的請求）差止め、損害賠償
　　　　　　　　（予備的請求）損害賠償
【結　　論】　（控訴審）変更、一部認容
　　　　　　　　（第1審）請求棄却

【事案の概要】

「プロ野球ドリームナイン」というタイトルのゲーム（以下、「原告ゲーム」という）をソーシャルネットワーキングサービス上で提供・配信している控訴人（原告）が、自社のゲーム（以下、「被告ゲーム」という）を提供・配信している被控訴人（被告）に対して、主位的に、著作権侵害（複製権、翻案権、公衆送信権）および不正競争防止法2条1項1号ないし3号の不正競争に該当すると主張して、損害賠償および差止めを、予備的に、控訴人の営業活動上の利益を不法に侵害する一般不法行為を主張して損害賠償を求めた。

【争　点】

1　被告ゲームの制作・配信行為は原告の著作権を侵害するか
2　被告ゲームの配信行為は一般不法行為に該当するか
3　損害額

【裁判所の判断】

1　争点1

　原告ゲームと被告ゲームは、「①黒色の画面上に白を基調としたパッケージが現れ、クリックすると当該パッケージの上部に左から右へと高速で白色の光線が走り、当該部分が左から右へ水平方向に切り取られて開封され、すると、

パッケージ内に在中して既にカード上端が露出している選手カードがせり上がり、当該パッケージの開封部から当該選手カードの上部背景が露出し、続けて、当該パッケージが下方向に移動して画面下部に消えるとともに、当該選手カードは当該パッケージから上方向に移動するという一連の流れの点、②最終的に選手カードが出現する直前に画面全体が一瞬白く光る点、③その後、当該選手カードが上部に『NEW』という表記を伴って画面上に現れ、その背景には金色の後光が差している、という点において、共通している」としたが、いずれも単なるアイデア、事実の表現またはありふれた表現にすぎないとして、ゲーム自体は複製または翻案にあたらないとした。

次に、ゲームで用いられている選手カードについて「本体写真のポーズ及び配置、多色刷りで本体写真を拡大した二重表示部分の存在、部位や位置関係、背景の炎及び放射線状の閃光の描き方という具体的な表現が共通」であり「表現上の本質的特徴を同一にしているものと認められ、また、その表現上の本質的特徴を同一にしている部分において思想又は感情の創作的表現がある」として、2選手のカードについて翻案権侵害を認め、その他の選手カードについてはその表現上の本質的特徴を異にするとして複製または翻案を否定した。

2 争点2

「各種知的財産権関係の法律で保護の対象とされていないそのような無形のアイデアが、不法行為上保護すべき法益と認められるためには、単に、そのようなゲームシステムと全く同一のものは従前存在せず、それが控訴人に営業上の利益を生み出しているというのみでは足りず、そのような一般に公開されているゲームシステムのルールないしアイデアを他の同業者が採用して独自にゲームを製作することが禁じられるという規範が、法的規範として肯定できるほどに成熟し、明確となっていることが必要であると解される」として、原告ゲームの工夫は、「著作権法や不正競争防止法等の知的財産権関係の各法律による保護を超えて、不法行為法上の保護法益として認められるだけの特段の事情があるとは認められない」とした。

3 争点3

販売利益のうち少なくとも8％が、本件2選手カードの販売により被控訴人が受けた利益と認めるのが相当であるとして、著作権法114条2項により控訴

人が受けた損害の額と推定される額は、123万3225円（1541万5312円×0.08）とした。

次に、被控訴人の著作権侵害がなかったとしても控訴人が被控訴人の販売により得たとは認められない額の有無、すなわち、著作権法114条2項の推定を一部または全部覆滅する事由の有無について立証責任を被控訴人にあるとして、選手カードの表現以外の要素が寄与している割合、つまり、著作権侵害がなかったとしても、ゲームのカードを販売することができたとは認められない割合は、少なくとも90％であるとして、損害は12万3322円とした。

また、弁護士費用相当額として20万円を認めた。

【コメント】

1　ゲームの翻案権侵害

著作権侵害の判断方法としては、相互の著作物性を判断して、その後に類似性を比較する手法（2段階テスト）と、最初に共通の要素をとりだして、共通点に創作性を認めるか判断する手法（濾過テスト）があるが、本件では第1審、控訴審ともに濾過テストを採用したものである。

原告ゲームと被告ゲームの共通点についてはいずれも単なるアイデア、事実の表現またはありふれた表現にすぎないとして、共通点の創作性を否定した。

選手カードについて、第1審はすべてについて表現上の本質的な特徴を直接感得することはできないとしたが、控訴審は2カードについて表現上の本質的特徴を同一にしているものと認められ、また、その表現上の本質的特徴を同一にしている部分において思想または感情の創作的表現があるとしたが、事実認定の問題であり、この種の事案の判断の予測が難しいことを物語っている。

2　競合ゲーム販売による一般不法行為

当該共通部分に著作権として保護される程度の創作性が認められないとしても、法的に保護に値している利益を侵害されたという主張が考えられ**判例コメント53**＝ヨミウリ・オンライン事件控訴審などのようにこれが認められた事案もある。

本件は、第1審が「著作権法は、著作物の利用について、一定の範囲の者に対し、一定の要件の下に独占的な利益を認めるとともに、その独占的な利益と国民の文化的生活の自由との調和を図る趣旨で、著作権の発生原因、内容、範

囲、消滅原因等を定め、独占的な利益の及ぶ範囲、限界を明らかにしていることからすれば、ある著作物が同法による保護を受ける著作物に該当しないものである場合、当該著作物を独占的に利用する権利は法的保護の対象とはならないものと解すべきであるから、著作権法による保護を受けない著作物の利用行為は、同法の規律の対象とする著作物の利用による利益とは異なる法的に保護された利益を侵害するなどの特段の事情がない限り、不法行為を構成するものではないと解するのが相当である」と判断したことを支持し、本件では特段の事情はないと判断した。

なお、第1審では、不正競争防止法2条1項1号、2号および3号の主張をしているが、第1審は、ゲームの進行は1号および2号の「商品等表示」に該当せず、ゲームの影像が同号の「周知または著名な商品等表示」に該当しないこと、「各画面表示の展開の組み合わせ、及び各表示画面内の表示」は3号の「形態」に該当しないことから、不正競争防止法違反を否定しているが、控訴審ではこの点の判断はされていない。

3 損 害

損害について、平成15年著作権法改正により追加された114条1項に基づいて、譲渡等数量および単位数量あたりの利益を乗じた金額を求めるとともに、同項但書に基づき著作権者が販売等することができない額をその9割として、損害を算定した。

（壇　俊光）

判例コメント4　マンションの設計図の著作物性事件(2)

【判決裁判所】　（第1審）東京地方裁判所（平成25年(ワ)第2728号）
　　　　　　　　　（控訴審）知的財産高等裁判所（平成26年(ネ)第10130号）
【判決年月日】　（第1審）平成26年11月7日
　　　　　　　　　（控訴審）平成27年5月25日
【出　典】　（第1審）裁判所HP
　　　　　　　（控訴審）裁判所HP
【請求内容】　損害賠償請求
【結　論】　（第1審）請求棄却
　　　　　　　（控訴審）控訴棄却

【事案の概要】

　控訴人（原告・建築設計会社）は、開発業者から、マンション（メゾンA）の建替え図面の制作を依頼され、原告図面をマンションの区分所有者（被控訴人（被告））らに提示した。その後、マンションの建替えは、控訴人に図面の作成を依頼した業者とは別の開発業者に依頼することとなった。

　そこで、控訴人が、建替え後のマンションを企画・販売した別の開発業者、建築設計会社、マンションの区分所有者らに対し、原告図面の著作権（複製権、翻案権）侵害を主張して、損害賠償請求を求めた。

【争　点】

　原告図面の著作物性

【裁判所の判断】

1　第1審の判断

　第1審は、原告図面について、著作物性を否定した。その理由を、①「学術的な性質を有する図面」（10条1項6号）としての創作性は、作図上の表現としての工夫に作成者の個性が表現されている場合に認められるが、設計思想そのものは、アイデアなど表現それ自体ではないものとして著作権法の保護の対象ではない、②原告が原告図面の創作性として主張する点は、いずれも原告図面

の作図の対象である本件建物（メゾンA）に具現化された原告の設計思想にすぎないとした。また、原告が原告図面と被告図面との共通点であると主張する点については、いずれも設計思想の特徴というアイデアが共通するにすぎず、原告図面における作図上の工夫や図面による表現それ自体の創作性はないとし、著作物性を否定した。

また、本件建物（メゾンA）そのもの（建築の著作物）についても著作物性を否定した。

2 控訴審の判断

これに対し、控訴審は、極めて限定的な範囲ではあるが、原告図面の著作物性を認めた。ただ、その保護範囲は、デッドコピーのような場合に限られるとした。その理由は、①建築物の設計図は、設計士としての専門的知識に基づき、依頼者からのさまざまな要望、および、立地その他の環境的条件と法的規制等の条件を総合的に勘案して決定される設計事項をベースとして作成されるものであることから、その創作性は、作図上の表現方法やその具体的な表現内容に作成者の個性が発揮されている場合に認められる、②もっとも、その作図上の表現方法や建築物の具体的な表現内容が、実用的、機能的で、ありふれたものであったり、選択の余地がほとんどないような場合には、創作的な表現とはいえないとした。

そして、原告図面における「作図上の表現方法」については、通常の基本設計図の表記法に従って作成された平面的な図面であるとして、創作性はないとした。他方、原告図面の「具体的な表現内容」については、設計者による独自の工夫の入る余地は限られているとしながらも、創作性が認められる余地があるとした。

そのうえで、原告図面と被告図面を比較し、各階全体の構造や内部の各部屋の概略的な配置は類似するものの、各部屋や通路等の具体的な形状および組合せは異なる点が多くあり、原告図面の各部屋や通路の具体的な形状および組合せも、通常のマンションにおいてみられるありふれた形状や組合せと大きく相違するものではないことから、両者は実質的に同一ではないとして、複製権または翻案権の侵害を否定した。

【コメント】

1 従来の議論

設計図の著作物性判断では、①作図上の表現を基準に判断し、設計図に表現された内容（設計対象の具体的形状や寸法）については考慮しない見解（本件第1審の立場、作図限定説、表現方法限定基準）、②作図上の表現だけでなく、表現内容についても考慮する見解（本件控訴審の立場、対象考慮説（表現内容考慮基準））、③学術性を重視する見解（学術性重視基準）、④対象物に依存する見解（対象物依存基準）がある（奥邨弘司「判批」L＆T72号23頁）。今のところ、定説はないものの、……が有力とされる（金子敏哉「判批」平成27年度重判解268頁）。

2 設計図

設計図には……設計図がある。傾向としては、工業製品の設計……も対象考慮説でも、作図上の表現や表現内容に……ため、著作物性は認められることは少ない。……・4・30知裁集24巻1号292頁「丸棒矯正機事件」……（平成4年(ラ)第451号）「ベルトコンベアーカ……判平成9・4・25判時1605号136頁「スモーキ……東京地判平成9・6・30（昭和58年(ワ)第12196……」がある。

他……、設計図自体の学術性の高さなどから、著作……肯定例として、大阪地判昭和54・2・23判タ38……」、東京地判昭和54・6・20無体集11巻1号……地判平成元・5・23判時1319号67頁「神奈川県……事件差戻第1審」、福島地決平成3・4・9知……計事件」、名古屋地判平成12・3・8（平成4年……ッピングセンター設計図事件」、大阪高判平成……「高槻市情報公開条例事件」、東京地判平成15・……号）裁判所HP「フランステレコム事件」、否定例と……1・17（平成8年(ワ)第2575号）「青果協同組合会館ビル……12・19（平成14年(ワ)第2978号）裁判所HP「個人用住

宅の設計図事件」がある（設計図の著作物性が問題となった裁判例については、吉羽真一郎「判批」著作権研究43号177頁以下で多数あげられている）。

3 検　討

著作権法では具体的な表現を保護の対象としていることから作図限定説のほうが著作権法全体との整合性があり一貫性もあるとも思われるが、対象考慮説が妥当と考える。図形の著作物（10条1項6号）に該当するためには、学術性の要素が必要であるが、その判断において、単に作図上の表現だけでなく、表現内容についても考慮することは許されると思われるので、学術性が全くない設計図でない限り、その著作物性の判断において表現内容を考慮することも許容される余地はあると考える。また、設計図に著作物性を認めるとしてもその保護範囲を適切に調整することにより、他者の表現を不当に制約することを回避することができる。他方、作図限定説によると、設計図に著作物性が認められることはほとんどなくなるので、設計図についてはデッドコピーさえも許容されることになりかねない。中山・著作権法65頁以下は、創作性概念は、従来、「思想・感情の流出物」としての個性と考えられてきたが、「表現の選択の幅」と捉えるほうが妥当であるとして、設計図等の場合の具体的な表現とは、思想・感情を無視した裸の表現と考えるべきではなく、形状や寸法等を伴った具体的表現と考えなければ、設計図を著作物とする意味がなくなると指摘されている。

したがって、控訴審判決のように、著作物性については対象考慮説によって判断し、原告図面における創作的な部分を具体的に判断したうえで、その権利範囲を決定するのが妥当である。そして、末尾の両図表（原告図面、被告図面）を見比べると明らかなように、原告図面と被告図面は全体としては類似しているものの、細部については多数の差異があることから、著作権侵害を否定した結論についても相当であると思料する。

なお、建築物の設計図の利用をめぐっては多数の紛争が生じているが、実務的な対応としては、設計図の制作を依頼された段階、遅くとも図面を提出する段階で、目的外使用の禁止の合意などをすることにより、契約により紛争を未然に防止するような対応が望ましい。

4　設計図と建築物との関係

　設計図に著作権が認められたとしても、その設計図を元に建築されたというだけで、建築物自体に著作権が成立するわけではない。建築物自体については、「建築の著作物」（10条1項5号）に該当するかどうかにより判断されることとなる（2条1項15号ロ、前掲・「シノブ設計事件」参照）。

〈4－1〉　原告図面（8、9階平面図）　〈4－2〉　被告図面（8、9階平面図）

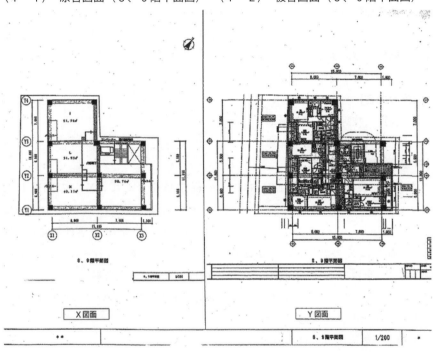

（著作権研究43号170頁から引用）

（井上　周一）

判例コメント5 「Forever21」ファッションショー事件

【判決裁判所】（控訴審）知的財産高等裁判所（平成25年(ネ)第10068号）
　　　　　　　（第1審）東京地方裁判所（平成24年(ワ)第16694号）
【判決年月日】（控訴審）平成26年8月28日
　　　　　　　（第1審）平成25年7月19日
【出　　典】（控訴審）判時2238号91頁
　　　　　　　（第1審）判時2238号99頁
【請求の内容】損害賠償請求
【結　　論】（控訴審）控訴棄却
　　　　　　　（第1審）請求棄却

【事案の概要】

　本件は、Xらが、Y_1（NHK）は、Y_2の従業員を介して、Xらの開催したファッションショーの映像の提供を受け、その映像の一部をそのテレビ番組において放送し、これにより、X_1の著作権（公衆送信権）および著作隣接権（放送権）並びにX_2の著作者および実演家としての人格権（氏名表示権19条1項、90条の2）を侵害したと主張し、Yらに対し、著作権、著作隣接権、著作者人格権および実演家人格権侵害の共同不法行為責任（Y_2については使用者責任）に基づく損害賠償を求めた事案である。

　前提となる事実は、以下のとおりである。

　イベント等の企画制作コンサルティング業務等を行うX_1と、X_1から業務委託を受けたX_2は、平成21年6月6日、「Forever21」の衣装等を使用したファッションショー（以下、「本件ファッションショー」という）を開催した。

　Xらの許諾を得て、Aは、本件ファッションショーを収録し、自ら運営するファッション専用チャンネル（fashion TV）において、収録した映像を放送した。

　Y_1（NHK）は、平成21年6月12日、「特報首都圏」「"激安"ファストファッション〜グローバル企業が狙うニッポン〜」（以下、「本件番組」という）を放送

した。本件番組中には、本件映像を使用した部分（以下、「本件映像部分」という）が約40秒間あった。

本件映像部分は、Aが撮影した映像の一部であり、Y_1がAから映像データの提供を受けたものである。

Y_2は、「Forever21」の日本におけるプロモーション代理店であるところ、Y_2が、本件ファッションショーの映像の提供をY_1から依頼され、Y_1にAを紹介したという事情がある。

Xらは、X_2が本件ファッションショーの下記①〜⑦の要素を創作した著作者であり、X_2からX_1に対してそれらの著作権が譲渡された結果、X_1が著作権者であると主張している。

Xらが著作物性を主張する要素は、以下のとおりである。
① 個々のモデルに施された化粧や髪型のスタイリング
② 着用する衣服の選択および相互のコーディネート
③ 装着させるアクセサリーの選択および相互のコーディネート
④ 舞台上の一定の位置で決めるポーズの振付
⑤ 舞台上の一定の位置で衣服を脱ぐ動作の振付
⑥ 化粧、衣服、アクセサリー、ポーズおよび動作のコーディネート
⑦ モデルの出演順序および背景に流される映像

第1審判決は、Xらが主張した著作権（公衆送信権）侵害、著作隣接権（放送権）侵害、人格権（氏名表示権）侵害をいずれも否定し、Xらの請求を棄却したため、Xらが控訴した。

【争　点】
1　本件ファッションショーの著作物性
2　「実演」該当性

【第1審の判断】
1　争点1
裁判所は、「公衆送信権侵害が認められるためには、『その著作物について』公衆送信が行われることを要するのであるから（同法23条1項）、上記公衆送信は、当該著作物の創作的表現を感得できる態様で行われていることを要する」としたうえで、本件映像部分における上記①〜⑦について、その創作性、ある

いは、感得できる態様を否定し、著作物性を否定した。
　2　争点2
　裁判所は、モデルの動作、ポーズ等は著作物にあたらないから、「著作物を…演ずる」（2条1項3号）ことにあたらず、また、ファッションショー自体についても、①ないし⑦の点に著作物性は認められないので「著作物を…演ずる」にあたらないとし、さらに、本件ファッションショーの本件映像部分に表れている部分以外の具体的内容は明らかでないとして、本件ファッションショーが「これらに類する行為で、著作物を演じないが芸能的な性質を有するもの」（同号）にもあたらないとして、「本件ファッションショーの一部である本件映像部分を放送することが、『その実演』を公衆に提供し、又は放送する場合に当たるものとは認められないから、本件映像部分の放送が、原告会社の放送権又は原告X_2の実演家としての氏名表示権を侵害するものとは認められない」と判示した。

【控訴審の判断】
　1　総　論
　　(1)　**実用に供される目的**
　裁判所は、「本件ファッションショーにおいて用いられた衣服やアクセサリーは、主として、大量生産されるファストファッションのブランドのものであり……、これらは、その性質上、実用に供される目的で製作されたものである」としたうえで、本件ファッションショーは「実用を想定したファッションに関するショーである」と認定し、①②③および⑥（⑥については、ポーズおよび動作の部分を除く）は、「あくまで、実用に供されることを目的としたものであると認められる」と判示した。
　　(2)　**応用美術**
　そのうえで、裁判所は、応用美術の著作物該当性について、次のように判示している。
　「実用に供され、あるいは産業上利用されることが予定されている美的創作物（いわゆる応用美術）が美術の著作物に該当するかどうかについては、……著作権法2条1項1号の上記定義規定からすれば、実用目的の応用美術であっても、実用目的に必要な構成と分離して、美的鑑賞の対象となる美的特性を備

えている部分を把握できるものについては、上記2条1項1号に含まれることが明らかな『思想又は感情を創作的に表現した（純粋）美術の著作物』と客観的に同一なものとみることができるのであるから、当該部分を上記2条1項1号の美術の著作物として保護すべきであると解すべきである。他方、実用目的の応用美術であっても、実用目的に必要な構成と分離して、美的鑑賞の対象となる美的特性を備えている部分を把握することができないものについては、上記2条1項1号に含まれる『思想又は感情を創作的に表現した（純粋）美術の著作物』と客観的に同一なものとみることはできないのであるから、これは同号における著作物として保護されないと解すべきである」。

2　争点1

(1)　著作物性を主張する要素①②③

裁判所は、これらコーディネートやスタイリングについて、「シティやリゾートのパーティ等の場面において実用されることを想定するものであり、それ全体が美的鑑賞を目的とするものではなく、また、実用目的のための構成と分離して、美的鑑賞の対象となり得る美的特性を備えた部分を把握できるものでもない」と判示して、著作物性を否定した。

(2)　著作物性を主張する要素④⑤

裁判所は、これら振付については、応用美術の問題でないとしたうえで、「ファッションショーにおけるモデルのポーズ又は動作として特段目新しいものではない」として著作物性を否定した。

(3)　その他

裁判所は、著作物性を主張する要素⑥⑦の点についても、「作成者の個性」が表れていない、「創作性を感得できる態様で公衆送信が行われているものとは認められない」などと述べて、著作物性を否定している。

3　争点2

第1審と同様である。

【コメント】

1　本判決の位置付け

本件は、ファッションショーの著作物性に関して判断がなされている点で注目されているが、事案が特殊であるため、ファッションショー一般に妥当する

ものではない点で注意を要する。

まず、ファッションショーを撮影した映像は、映画の著作物として保護される。本件では、Y_1は、映像を撮影したAから利用許諾を受けていたことから、映像自体に関する著作権侵害は問題になっていない。

次に、本件は、デザイナーズブランドが、斬新なデザインを発表するようなファッションショーではなく、実用目的のファストファッションに関する事例である。この点について、「パリ・オートクチュール・コレクションを代表する、意匠家が独創性を重視した新しい作品を発表するファッションショーの著作物性については事例に応じて別途判断されることになろう」（小泉直樹「判批」ジュリ1475号7頁）との意見が参考となる。

また、NHKによって放送された本件映像部分は、約40秒と極めて短いため、本件では、その「本件映像部分」から感得できる範囲で、①〜⑦の点（コーディネート、スタイリング、振付等）の創作性を判断している。そのため、ファッションショー全体を作品として見た場合の著作物性については、判断されておらず、また、実際になされた化粧、ヘアスタイル、コーディネート、振り付けについての著作物性も判断されていない。

2　著作物性の判断手法

第1審判決では、①〜⑦の要素について、ⓐ創作性が認められるか、ⓑ創作的表現を感得できる態様かという2つの観点で検討されている。

これに対して、控訴審では、本件映像部分に表れている①〜⑦の要素を特定したうえで、①②③（スタイリングやコーディネート）については、「美的鑑賞を目的とするものではなく、また、実用目的のための構成と分離して、美的鑑賞の対象となり得る美的特性を備えた部分を把握できるものでもない」として著作物性を否定し、④⑤（振付）については、「特段目新しいものではない」として著作物性を否定している。

応用美術の著作物性については、本判決後になされた**判例コメント10**＝トリップ・トラップ事件、さらにその後の下級審判決をめぐり、盛んな議論がなされているが、ここでは、本控訴審判決において、上記の基準（判時2238号93頁では、米国の「分離テスト」との類似性が指摘されている）が用いられている点を指摘するにとどめる（本判決について、応用美術を中心に解説するものとして、

本山雅弘「判批」平成26年重判解278頁)。
3 「実演」該当性
「実演」(2条1項3号)該当性について判断した裁判例は、今まで目にしないところ、本判決は、「実演」該当性について判断しているため、実務上、参考になる。

（室谷　和彦）

判例コメント6　f-MRI事件

【判決裁判所】　（控訴審）知的財産高等裁判所（平成22年(ネ)第10004号（控訴事件）第10011号（附帯控訴事件））
　　　　　　　　（第1審）東京地方裁判所（平成18年(ワ)第2591号）
【判決年月日】　（控訴審）平成22年5月27日
　　　　　　　　（第1審）平成21年11月27日
【出　　典】　（控訴審）判時2099号125頁、判タ1343号203頁
　　　　　　　　（第1審）裁判所HP
【請求内容】　損害賠償請求、（論文の）撤回通知請求
【結　　論】　（控訴審）（控訴事件）控訴棄却
　　　　　　　　　　　　　（附帯控訴事件）被控訴人敗訴部分の取消し、請求棄却
　　　　　　　　（第1審）損害賠償請求につき一部認容（撤回通知請求は棄却）

【事案の概要】

　控訴人兼附帯被控訴人（以下、「原告」という）は、大学教授であったが、自らが主催する研究室に属する大学院生であった被控訴人兼附帯控訴人（以下、「被告」という）に対し、論文原稿（英文）の執筆を指示し、原告は、被告の執筆に加筆修正して論文（英文）を完成させた（以下、「第1論文」という。未公表）。

　その後、被告らは、研究を継続し、研究目的、実験の課題、実験により得られた結果および結論において第1論文とは相違するものの、機能的磁気共鳴画像法（f-MRI）を用いていること、「音素－書記素変換」に活用される神経的基盤を明らかにする点などにおいて第1論文と共通する部分がある論文（以下、「第2論文」という）を作成し米国のLWW社が発行する学術誌に発表した。

　原告は、第1論文が原告と被告との共同著作物であり、②第2論文を作成、発表した被告らの行為は、第1論文に係る著作権者（共有者）である原告の合意に基づかずにした複製、翻案、改変および公表にあたるとして、（共有する）著作権（複製権、翻案権）および著作者人格権に基づいて、被告に対し、LWW社に第2論文の撤回の通知行為をするように求めるとともに、上記著作権侵害および著作者人格権侵害の不法行為に基づく損害賠償を求めた。

【争　点】
　第2論文を作成、発表した被告の行為は、複製権・翻案権の侵害にあたるか。
【裁判所の判断】
　1　第1審判決
　第1審判決（以下、「原審判決」という）は、原告が第1論文の共同著作者であることを認定したうえで、第2論文「Abstract」および「Discussion」の章における一部の表現と類似する第1論文の表現について、「専門用語など使用する単語に一定の制約があることは否めないが、各内容の記述の順序、各文章の配列、言い回し等において多様な表現が可能であり、表現の選択の幅が相当程度あるといえる」旨判示し、創作性を有する旨認定した。

　そして、原審判決は、被告が原告との共同著作物である第1論文に依拠する第2論文を原告の同意を得ることなく作成・改変・公表したとして、これらの行為が上記の第1論文の一部についての複製権、同一性保持権および公表権の侵害にあたると認定し、複製権および公表権侵害に基づく損害賠償義務を認めた。

　一方、原審判決は、第1論文の残りの表現については、第2論文が第1論文全体の表現上の本質的特徴な特徴を直接感得することができないものとして原告の翻案権侵害の主張を否定し、第2論文の撤回通知請求は、著作権法112条1項、2項所定の請求には該当せず、第2論文の学術誌への掲載により原告の社会的名誉または声望が毀損されたとまでは認められないことから、同法115条による請求についても理由がないものとして否定した。

　その結果、原審判決は、原告の請求について、第1論文につき原告が保有する（共有する）複製権および公表権を侵害したものとして、損害賠償金40万円の支払いを求める限度で認容し、その余の請求を棄却した。

　2　控訴審判決

　上記原審判決に対して、原告は、控訴を行い、被告は附帯控訴を行ったが、控訴審判決（以下、「本判決」という）は、原告の控訴を棄却し、原判決中の被告敗訴部分を取り消し、原審判決で認められた損害賠償請求も含め、すべて原告の請求を棄却した。

　本判決は、第1論文が原告と被告の共同著作物であるか否かの判断を留保し、

共同著作物であると仮定した場合に、「第2論文中の複製権又は翻案権を侵害したと原告が主張する英文記述部分（第2論文該当箇所）」が「第1論文中の原告が複製権又は翻案権を侵害されたと主張する英文記述部分（第1論文該当箇所）」を複製または翻案したものか否かにつき検討した。

そして、本判決は、著作権法により保護されるためには、思想または感情が創作的に表現されたものであることが必要であり、当該記述が、創作的に表現されたものであるといえるためには、厳密な意味で、作成者の独創性が表現として現れていることまでを要するものではないが、作成者の何らかの個性が表現として現れていることを要するとした。

また、著作権法が保護する対象は、思想または感情の創作的な表現であり、思想、感情、アイデアや事実そのものではないとして、両論文を対比するにあたり、各部位の名称、従来の学術研究の紹介、実験手法や研究方法の説明など、内容の説明に係る部分は、事実やアイデアに係るものであるから、それらの内容において共通する部分があるからといって、その内容そのものの対比により、著作権法上の保護の是非を判断すべきことにはならないとした。

さらに、研究論文において、執筆者が、自己の結論を導く前提として、先行する研究結果に触れたり、先行する研究結果から抽出される一般的な科学的知見等を説明することが必要であると判断した場合に、それらに言及することは、何ら不自然でなく、自己の論文の前提として、言及する対象となる先行研究成果がどのようなものであるかは、事実に関する事柄であるから、その事実を紹介する記述内容は、執筆者によって、さほど異ならないのは通常であり、また、表現の選択の幅も狭いものとなるとした。

そのうえで、本判決は、第1論文該当箇所のいずれについても判断を含めた事実について、ごく普通の構文を用いた表記をしたものであって、全体として、個性的な表現であるということはできず創作性はなく、また、表現の本質的な特徴部分も認められないことから、第2論文該当表記箇所は、第1論文該当表記箇所を複製したものということはできず、また、翻案ということができないとした（本判決は、同様の理由により、控訴人が主張する同一性保持権および公表権侵害についても否定している）。

また、本判決は、多数の書き方が存在するから第1論文該当箇所は創作性を

有する旨の控訴人の主張に対して、以下のとおり判示し否定した。

「ある内容を表現するに当たり、他の表現の選択が可能であったとしても、そのことから、当然に、当該表記部分に創作性が生じると解すべきではなく、創作性を有するとするためには、表現に個性が発揮されていることを要する。第1論文該当箇所は、いずれも、語句の選択、順序、配列を含めて格別の個性の発揮された表現であるということはできないから、控訴人の主張は、理由がない」。

その結果、本判決は、第1論文が共同著作物であるか否かの点を判断することなく控訴人の主張には理由がないものとして控訴人の請求をすべて棄却した。

【コメント】
1 はじめに

本判決は、学術論文についての著作権、著作者人格権の侵害の有無が争点となった事案であり、著作物、とりわけ、学術論文の創作性の判断方法に資する事例の1つである。

そして、本判決は、創作性がある旨原告から主張された第1論文該当箇所の創作性を否定したものである。

2 学術論文における著作権法の保護対象（表現と事実・アイデアとの区別）

本判決においても示されているとおり、著作権法が保護すべき対象は、思想または感情の創作的な表現であり、思想、感情、アイデアや事実そのものではない。

学術論文においては、いかなる範囲が事実やアイデアに係る部分に該当し、いかなる範囲が思想または感情の創作的な表現、すなわち、著作権法の保護の対象となるのかが問題となる。

本判決は、各部位の名称、従来の学術研究の紹介、実験手法や研究方法の説明など内容の説明に係る部分等は、事実およびアイデアに係る部分とし、また、自己の論文の前提として言及する対象となる先行研究成果がどのようなものであるかは、事実に関する事柄として、いずれの部分も著作権法の保護の対象にならないものとした。

そのため、本判決においては、（明言している訳ではないものの）具体的な文

章表現のレベルのみが著作権法の保護対象になると考えているように思われる（前田健「判批」判例百選〔第5版〕111頁参照）。

3 学術論文における創作性の有無の判断方法

創作性については、表現者の独創性が表現として現れていることまでは必要ではないが、表現者の何らかの個性が表現として現れていれば足りると解されている（中山・著作権法61頁参照）。

そして、表現に選択の幅が（相当程度）あるか否かによって創作性の有無を判断する考え方が有力であり（中山・著作権法65頁参照）、原審判決および本判決も第1論文該当箇所につき選択の幅の有無を意識した判断がなされている。

すなわち、原審判決は、多くの表現方法があることをもって選択の幅が（相当程度）ある旨認定し、第1論文該当箇所について創作性を肯定した。

これに対して、本判決は、ある内容を表現するにあたり、他の表現の選択が可能であったとしても、そのことから、当然に当該表記部分の創作性を肯定するのではなく表現に個性が発揮されているかを検討し、第1論文該当箇所には、語句の選択、順序、配列を含めて格別の個性が発揮されていないものとして、創作性を否定している。

多くの表現方法があったとしても、選択された表現がごく普通に考えられる平易な表現（ありふれた表現）であった場合には、そのような表現に創作性を肯定し独占させることは他者のとりうる表現の範囲を不当に狭くするものであり妥当ではない。

また、そもそも、多くの表現方法から選択された特定の表現であったとしても、ごく普通に考えられる平易な表現であれば、表現者の（何らかの）個性の発現があったと評価すること自体、困難である。

とりわけ、学術論文においては、専門的事項を正確に表現されることが要求されることに鑑みれば、多くの表現方法が想定できるとしても、ありふれた表現を特定の表現者に独占させることは、望ましいことではない。

したがって、本判決が第1論文該当箇所につき創作性を否定した判断は、妥当な判断であると思われる。

（白木　裕一）

判例コメント7　パチンコ「CR松方弘樹の名奉行金さん」事件

【判決裁判所】　東京地方裁判所（平成24年(ワ)第964号）
【判決年月日】　平成26年4月30日
【出　典】　裁判所HP
【請求内容】　損害賠償請求、差止請求、廃棄請求
【結　論】　一部請求認容

【事案の概要】

　本件は、テレビ放映用番組として製作された「遠山の金さんシリーズ」のうち、合計3話（以下、「原告著作物」という）の著作権を有し、「遠山の金さん」の商標権を有する原告東映が、パチンコ機「CR松方弘樹の名奉行金さん」（以下、「被告商品」という）を製造販売していた被告らに対し、著作権法112条1項または商標法36条1項に基づき、被告商品の部品（以下、「被告部品」という）の交換または提供の差止めを求めるとともに、原告東映、原告東映から原告著作物の著作権および本件商標権の独占的使用許諾を受けたとする原告BFK、原告BFKから原告著作物の著作権および本件商標権の独占的使用再許諾を受けたとする原告大一商会が、原告らの連帯債権として、被告らに対し、連帯して、民法709条、719条、著作権法114条2項または商標法38条2項に基づき、合計19億8000万円およびこれに対する被告商品の製造販売が終了した日である平成22年4月16日から支払済まで年5分の割合による遅延損害金の支払を求めた事案である。

【争　点】

　1　著作権侵害の有無
　2　商標権侵害の有無
　3　差止請求の可否
　4　損害賠償請求の可否および損害額

（なお、以下では、著作権侵害に関する判断以外については、紙幅の関係上割愛する）

【裁判所の判断】
1 類似性の判断手法

　裁判所は、原告著作物を映画の著作物に該当するとしたうえ、被告映像と原告著作物における映像（以下、「原告映像」という）との間での類似性の判断手法について、「著作物の創作的表現は、様々な創作的要素が集積して成り立っているものであるから、原告作品と被告作品の共通部分が表現といえるか否か、また表現上の創作性を有するか否かを判断する際に、その構成要素を分析し、それぞれについて、表現といえるか否か、また表現上の創作性を有するか否かを検討することは、有益であり、かつ必要なことであって、その上で、作品全体又は侵害が主張されている部分全体について、表現といえるか否か、また表現上の創作性を有するか否かを判断することは、正当な判断手法ということができる（知財高裁平成24年8月8日判決・判時2165号42頁［釣りゲーム事件］）」と判示した。

　また、「被告映像が原告著作物に類似するか否かは、原告らが侵害を主張する被告映像とそれに対応する原告著作物の部分について検討」し、「アイデアなど表現それ自体でない部分又は表現上の創作性がない部分において既存の著作物と同一性を有するにすぎない場合には、複製にも翻案にも当たらない（最高裁平成13年6月28日判決・民集55巻4号837頁［江差追分事件］参照）」としたうえ、原告著作物の構成要素に即して「被告映像と原告著作物との間で同一性を有すると主張する部分（侵害を主張する部分）が表現上の創作性がある部分といえるか、創作性のある部分について、被告映像から原告著作物の本質的特徴を感得できるか（類似性）」を検討し、結論として、原告映像の一部分について、被告映像の一部分との間で、創作性ある表現の類似を認めた。

　そのうえで、裁判所は、当該創作性ある表現の類似が認められる原告映像と被告映像とを、さらに詳細に比較したうえ、類似部分と非類似部分の分量の差を考慮し、被告映像全体が原告映像全体の翻案であると判断することはできないと判示し、他方、当該被告映像の一部分について、これに対応する原告映像の一部分の表現の本質的特徴を直接感得できるとして、当該限定的な一部分について、被告による複製に該当すると判断した。なお、被告は依拠性についても反論していたが、裁判所は、原告映像と被告映像との間に多数の類似点が存

することを理由に、被告映像が原告著作物から独立に創作されたとは認められないとして、依拠性を認めた。

2 実演家の特定の演技に係る創作性

被告は、原告映像における俳優による特定の演技（遠山金四郎が片肌を脱ぐ演技）について、当該演技に関する権利は、オリジナルなものである限り、当該俳優に属人的に帰属しているとして、当該演技が固定された映画の著作物の著作権侵害の判断においては、俳優に属人的に帰属する演技に係る創作的表現の共通性を基に判断すべきではないと主張していた。これに対し、裁判所は、当該俳優の実演をどのような演出等の下で映像として表現していくかについては、実演家の演技が映像表現に直結しているわけではなく、映画の著作物の著作者（16条）が関与しており、著作者が映画の著作物の製作に参加することを約束しているときは、映画製作者に著作権が帰属する（29条1項）としたうえで、実演家が考案した演技であっても、これを当該映画における演出等の下で映像化した場合には、当該映画自体については、映画製作者が著作権を有するものであるとした。さらに、映画の著作物の著作権は、その創作的な表現を考案したのが当該映画の著作物の著作者であるか、それ以外の、たとえば俳優等の関与者であるかを問わず、映画製作者に帰属するのであって、俳優の考案した演技を創作性の判断から除外する必要はないとし、被告の上記主張を排斥した。

3 小 括

最終的に、裁判所は、上記被告映像の限定的な一部分が、これに対応する原告映像の一部分の複製であることを前提に、被告映像の収載された被告商品の製造が原告東映の複製権（21条）を侵害し、被告商品の販売や被告部品の交換または提供が原告東映の頒布権（26条）を侵害すると判断した。

なお、裁判所は、上記の判断を前提に、原告らの差止請求については、被告サンセイが被告商品に係る被告部品をすべて廃棄したことを認定したうえ、被告サンセイが被告映像の収載された被告部品を交換または提供するおそれはすでに失われたことを理由に、差止めの必要性を否定して、これを棄却した。

また、裁判所は、原告らの著作権侵害を理由とする損害賠償請求について、原告東映の請求は一部認容したものの、原告BFKおよび原告第一商会については、本件金さんシリーズについての独占的利用許諾を受けているとは認めら

れないとして、その請求を棄却した。

【コメント】

　本件は、映画著作物に係る翻案または複製該当性の判断について、**関連判例9－1－2**「江差追分事件」および**判例コメント32**＝釣りゲーム事件を参照し、当該判決において示された判断基準を踏襲することを示した事案である。

　上記**関連判例9－1－2**「江差追分事件」において示された翻案該当性の判断手法は、原告著作物と被告著作物との共通点を抽出したうえ、当該共通点に創作性が認められるかを判断し、原告著作物の表現上の本質的な特徴が被告著作物に維持されているかどうかを判断する、いわゆる「ろ過テスト」と呼ばれる手法であるところ、本件も、同様の判断手法に基づき、翻案（複製）該当性の判断を行っている。

　また、上記の翻案該当性における「表現上の本質的な特徴が直接感得」し得るか否かの判断について、原告が原告著作物と被告著作物との対比の対象とした選択部分以外も考慮できるか否かが議論されていた（いわゆる全体比較論と部分比較論）ところ、上記**判例コメント32**＝釣りゲーム事件は、このうち全体比較論に親和性のある判断を行ったものと解される。本件も、上記**判例コメント32**を踏襲し、いわゆる全体比較論を採用したうえで、原告映像と被告映像について、創作性ある表現の類似を認めながら、各映像全体を比較し、類似点および非類似点の分量を考慮したうえで、映像全体としての翻案（複製）は否定している（ただし、各映像の一部については、複製を認めている）。

　なお、被告は、当該翻案該当性の判断において、原告映像中の俳優独自の演技部分については、当該俳優に属人的に帰属しているとして、創作性ある表現の類似判断の対象にすべきではないと主張していたが、この点について、裁判所は、俳優独自の演技の有無にかかわらず、映画著作物の著作権が映画製作者に帰属することを理由に、上記被告の主張を排斥している。

　以上のとおり、本件は、翻案該当性判断において全体比較論を採用したとされる上記**判例コメント32**＝釣りゲーム事件の後、同様に翻案該当性判断において、全体比較論を採用して具体的な翻案該当性の判断を行ったものであり、**翻案該当性の判断の検討において、実務上の意義を有するものと思われる。**

（甲斐　一真）

判例コメント8　土地宝典事件

【判決裁判所】　（控訴審）知的財産高等裁判所（平成20年(ネ)第10031号）
　　　　　　　　　（第1審）東京地方裁判所（平成17年(ワ)第16218号）
【判決年月日】　（控訴審）平成20年9月30日
　　　　　　　　　（第1審）平成20年1月31日
【出　典】　（控訴審）判時2024号133頁、判タ1285号267頁
　　　　　　　（第1審）判時2024号142頁、判タ1285号276頁
【請求内容】　損害賠償、不当利得返還
【結　論】　（控訴審）変更
　　　　　　　（第1審）一部認容

【事案の概要】

　本件は、被控訴人ら（原告ら）が、本件土地宝典を作成した者からその著作権を譲り受けたとして、同著作権に基づき、①本件土地宝典を不動産関係業者等をはじめとする不特定多数の第三者に貸し出した控訴人（被告、国）の行為、②各法務局内にコピー機設置場所を提供した控訴人の行為は、控訴人自身による複製権侵害行為であるか、少なくとも不特定多数の第三者による本件土地宝典の複製権侵害行為を教唆ないし幇助する行為であり、また、本件土地宝典の著作権の使用料相当額の支払いを免れた不当利得にもあたると主張して、控訴人に対し損害賠償および不当利得の支払いを求めた事案である。

【争　点】

1　本件土地宝典の著作物性
2　控訴人の行為につき著作権侵害行為が成立するか否か
3　不当利得の成否
4　損害額

【裁判所の判断】

1　争点1——本件土地宝典の著作物性

　一般に、地図は、地形や土地の利用状況等の地球上の現象を所定の記号によって、客観的に表現するものであるから、個性的表現の余地が少なく、文学、

音楽、造形美術上の著作に比して、著作権による保護を受ける範囲が狭いのが通例である。しかし、地図において記載すべき情報の取捨選択およびその表示の方法に関しては、地図作成者の個性、学識、経験等が重要な役割を果たし得るものであるから、なおそこに創作性が表われ得るものということができる。そこで、地図の著作物性は、記載すべき情報の取捨選択およびその表示の方法を総合して、判断すべきものである。

　本件土地宝典は、民間の不動産取引の物件調査に資するという目的に従って、地域の特徴に応じて複数の公図を選択して接合し、広範囲の地図として一覧性を高め、接合の際に、公図上の誤情報について必要な補正を行って工夫を凝らし、また、記載すべき公図情報の取捨選択が行われ、現況に合わせて、公図上は単に分筆された土地として表示されている複数の土地をそれぞれ道路、水路、線路等としてわかりやすく表示し、さらに、各公共施設の所在情報や、各土地の不動産登記簿情報である地積や地目情報を追加表示し、さらにまた、これらの情報の表現方法にも工夫が施されていると認められるから、その著作物性を肯定することができる（第1審判決書を引用して第1審判決の認定判断を維持）。

2　争点2──控訴人の行為につき著作権侵害行為が成立するか否か

　本件土地宝典が作成された動機、本件土地宝典が公図等を原図として作成された経緯、法務局に備え置かれるに至った経緯、公的申請にあたって本件土地宝典の写しの添付が義務付けられることがあるという実情、第三者が法務局から本件土地宝典の貸出しを受ける目的が本件土地宝典の一部を複写することにある等の諸般の事情を総合すると、控訴人において、第三者による違法複製がされないよう、あらかじめ、著作権者から包括的な許諾を受ける等の措置を講じるとか、第三者において著作権者からの許諾を得るための簡易かつ便宜な方法を構築するなどの相応の対応を図るべきであったといえる。また、控訴人がそのような包括的な許諾や簡便な方法を構築しなかった場合においても、少なくとも、本件土地宝典を第三者に貸し出すに先立ち、第三者が複製をする意図があるか否かの意思確認をし、複製をする意思があるときには、複製しようとする部分が、著作権の効力の及ぶ部分であるか否かを確かめ、著作権の効力の及ぶ部分である場合には、複製がされないよう注意を喚起するなど、違法複製を抑止する何らかの対応を図る作為義務があったといえる。

そして、控訴人は、漫然と本件土地宝典を貸し出し、不特定多数の者の複製行為を継続させていたといえ、貸出しを受けた第三者のした本件土地宝典の無断複製行為を幇助した点について、少なくとも過失があるといえるから、民法719条2項所定の共同不法行為責任を免れない。

3　争点3——不当利得の成否

　不法行為の制度は、加害者が被害者に対して、被害者の受けた被害を金銭賠償によって回復させる制度であるのに対して、不当利得の制度は、法律上の原因がないにもかかわらず、一方が損失を受け、他方がその損失と因果関係を有する利益を有する場合に、衡平の観点から、その点の調整を図る制度であって、それぞれの制度の趣旨は異なる。不当利得が成立するか否かは、あくまでも、損失と因果関係を有する利益を得ているか否かという、不法行為とは別個の観点から吟味すべきである。

　コインコピー機を設置したのは、民事法務協会であり、本件土地宝典を複製したのは、不特定多数の第三者であり、そのいずれの行為についても、控訴人自らが行ったものではない。控訴人は、民事法務協会からコインコピー機の設置使用料を得ているが、当該使用料は、国有財産（建物の一部）を占有させたことによる対価の性質を有するものであって、使用許可を受けた民事法務協会が、コインコピー機を設置し、不特定多数の第三者に本件土地宝典の複製をさせることによって受けるコピー代金に関連して得たものではない。

　したがって、控訴人が本件土地宝典の複製行為によって、民法703条所定の「利益」を得たということはできない。

4　争点4——損害額

　本件土地宝典の利便性、不特定多数の者による本件土地宝典の違法複製行為が各法務局においてどの程度の頻度でどの程度なされたかが不明であって、本件土地宝典において情報の取捨選択や表現上の工夫がされた部分がどの程度複製されたかも不明であること等の事情を考慮すると、本件土地宝典の違法複製行為による原告らの使用料相当額の損害は、本件土地宝典各1冊につき1万円と認めるのが相当であるとして、被控訴人らの損害額の総額は120万円である。

【コメント】

1 地図の著作物性

地図は、地形や土地の利用状況等の地球上の現象を所定の記号によって、客観的に表現するものであるから、個性的表現の余地が少なく、文学、音楽、造形美術上の著作に比して、著作権による保護を受ける範囲が狭いのが通例であるが、本判決は、本件土地宝典について、記載すべき公図情報の取捨選択およびこれらの情報の表示方法に工夫がなされていることを以て、著作物性を認めた第1審判決の判断を維持した。

地図の著作物性を肯定した近時の裁判例としては、東京地判平成26・12・18（平成22年(ワ)第38369号）裁判所HP（地名その他の情報および地番等の記載について、地図に掲載すべき情報を独自の基準で選択したうえで、その配置、文字の色、大きさ等にそれなりの工夫をして地図面上に記載したものであり、著作権の発生根拠となる創作的な表現行為にあたるということができる等として著作物性を肯定）、否定した裁判例としては、知財高判平成27・8・5（平成27年(ネ)第10072号）裁判所HP「現況実測図事件」（現況実測図の事案であり、測量の対象とされた本件土地に係る情報の取捨選択、その作図上の表示方法および表現内容のいずれにおいても、いかなる点で作成者である控訴人の個性が発揮されているといえるのかについて、控訴人による具体的な主張・立証がないとして著作物性を否定）がある。

2 幇助に基づく共同不法行為責任

本事案では、被告は、複製行為を直接に行ったものではなく、複製の対象となった本件土地宝典を不特定多数の第三者に貸し出し、また、各法務局内にコピー機設置場所を提供したにとどまる。著作権法には間接侵害の規定が設けられていないため、このような複製行為の準備行為については、著作権侵害行為にあたるか否か、著作権侵害行為にあたる場合にはその法律構成が問題となる。

本件では、第1審判決は、民事法務協会と被告とが、本件土地宝典の不特定多数の一般人による複製行為について共同侵害主体であるとしたが、その控訴審判決である本判決は、被告は、貸出しを受けた第三者のした本件土地宝典の無断複製行為を過失により幇助したとして、民法719条2項所定の共同不法行為責任を認めたものである。

3　不当利得の成否

　第1審判決は、被告については、民事法務協会とともに、本件土地宝典を違法に複製した共同侵害主体であると評価し、被告が本件土地宝典の複製行為により本来支払われるべき使用料の支払を免れてこれと同額の利益を得たものであるのに対し、原告らは、これにより損失を被ったとして、不当利得を肯定した。

　これに対し、本判決は、不法行為の制度と不当利得の制度とは趣旨が異なり、不当利得が成立するか否かは、あくまでも、損失と因果関係を有する利益を得ているか否かという、不法行為とは別個の観点から吟味すべきであるとして、不当利得を否定した。

4　著作権法114条の5による相当な損害額の認定

　本判決は、不特定多数の者による本件土地宝典の違法複製行為が各法務局においてどの程度の頻度でどの程度なされたかが不明であって、本件土地宝典において情報の取捨選択や表現上の工夫がされた部分がどの程度複製されたかも不明であること等として、著作権法114条の5による相当な損害額の認定をした。

　著作権法114条の5を適用して損害額の認定をした裁判例としては、知財高判平成28・11・2（平成28年(ネ)第10029号等）裁判所HP（本件原盤から複製された本件楽曲の無断配信の回数を立証することは極めて困難として、同条を適用）、東京地判平成24・9・28（平成23年(ワ)第9722号）裁判所HP（頒布等することが想定されずに製作されたものが違法に複製頒布された事案について、損害額を立証するために必要な事実を立証することが当該事実の性質上極めて困難であるとして、同条を適用）等がある。

　なお、第1審判決は、不当利得返還請求も認容しており、この不当利得にかかる使用料相当額について、著作権法114条の5の類推適用をしている。

　　　　　　　　　　　　　　　　　　　　　　　　　　　（森本　純）

判例コメント9　グルニエ・ダイン事件

【判決裁判所】　（控訴審）大阪高等裁判所（平成15年(ネ)第3575号）
　　　　　　　　（第1審）大阪地方裁判所（平成14年(ワ)第1989号（第1事件）、
　　　　　　　　第6312号（第2事件））
【判決年月日】　（控訴審）平成16年9月29日
　　　　　　　　（第1審）平成15年10月30日
【出　　典】　（控訴審）裁判所HP
　　　　　　　（第1審）判時1861号110頁、判タ1146号267頁
【請求内容】　差止請求、損害賠償請求
【結　　論】　（控訴審）控訴棄却
　　　　　　　（第1審）一部認容

【事案の概要】

1　第1事件

　第1事件は、控訴人（原告）が、高級注文住宅「グルニエ・ダイン」シリーズを企画開発したが、被控訴人（被告）が、「グルニエ・ダイン」シリーズの1つである「グルニエ・ダインJX」（以下、「控訴人建物」という）に類似した注文住宅（以下、「被控訴人建物」という）を住宅展示場に展示して販売していた。そこで、控訴人は、①控訴人建物は建築の著作物（10条1項5号）に該当し、被控訴人建物は控訴人建物を複製または翻案したものであるとして、被控訴人に対し、著作権法112条1項、2項に基づき、被告建物の建築等の差止めおよび被告建物の玄関側写真の掲載されたパンフレットの廃棄を請求するとともに、民法709条に基づく損害賠償を請求し、また、②被控訴人建物は控訴人建物の商品形態を模倣したものであるとして、被控訴人に対し、不正競争防止法4条に基づき損害賠償を請求した事案である。

2　第2事件

　第2事件は、控訴人が、建築した木造住宅（第1事件の控訴人建物とは別の建物）を撮影した写真をコンピュータグラフィック処理した写真を作成し、カタログに掲載していたところ、被控訴人がこれをさらにコンピュータグラフィッ

ク処理した写真を利用し、広告等を作成配布したとして、被控訴人に対し、著作権法112条1項、2項に基づき、被告写真の印刷、複写および同写真を掲載した印刷物（チラシその他の印刷物）の配布の差止めおよび被告写真のデータ等（被告写真、そのデータ、被告写真を使用したチラシその他の印刷物）の廃棄を求めるとともに、民法709条（著作権侵害による不法行為）に基づき損害賠償を請求した事案である。

【争　点】
  1　第1事件
    ①　控訴人建物の著作物性
    ②　被控訴人建物は、控訴人建物の形態を模倣したものか
  2　第2事件
    ①　控訴人写真の著作物性
    ②　被控訴人写真は、控訴人写真を複製または翻案したものといえるか

【裁判所の判断】
  1　第1審判決
  (1)　第1事件
    (A)　控訴人建物の著作物性

被控訴人建物の著作物性について、第1審裁判所は、著作権法により「建築の著作物」として保護される建築物は、「美的な表現における創作性を有するものであることを要する」とし、「通常のありふれた建築物は、著作権法で保護される『建築の著作物』には当たらない」が、一般住宅の場合であっても、「一般人をして、一般住宅において通常加味される程度の美的要素を超えて、建築家・設計者の思想又は感情といった文化的精神性を感得せしめるような芸術性ないし美術性を備えた場合、すなわち、いわゆる建築芸術といい得るような創作性を備えた場合」には、「建築の著作物」と認められるという判断基準を示した。そのうえで、控訴人建物は、通常の一般住宅が備える美的要素を超える美的な創作性を有し、建築芸術といえるような美術性、芸術性を有するとはいえないから、著作権法上の「建築の著作物」に該当するということはできないと判示した。

(B)　被控訴人建物は、控訴人建物の形態を模倣したものか

　第1審裁判所は、「不正競争防止法2条1項3号は、他人の商品の形態を模倣した商品を譲渡等する行為を不正競争とするものであるところ、ここにいう『商品の形態』とは、流通に置かれる当該商品全体の形態を指すものと解すべき」であり、「居住用の建物に関しては、玄関側の外観のみの特徴をもって建物全体の特徴であるとし、正面外観を『模倣』の判断基準とすることはできない」と示したうえで、控訴人建物と被控訴人建物は、その外観において相違があり、形態が同一ないし実質的に同一であるとはいえないから、被控訴人建物が控訴人建物を模倣した商品であると認めることはできないと判示した。

　(2)　第2事件

　　　(A)　控訴人写真の著作物性

　第1審裁判所は、控訴人写真は、「被写体の選定、撮影の構図、配置、光線の照射方法、撮影後の処理等において創作性があるものと認められ」、控訴人の「思想又は感情を創作的に表現したものとして、著作物性を有するものというべきである」と判示した。

　　　(B)　被控訴人写真は、控訴人写真を複製または翻案したものといえるか

　第1審裁判所は、控訴人写真と被控訴人写真を比較し、それらの共通点を指摘し、控訴人写真と被控訴人写真の「各被写体の建物は、建物の形状、屋根、壁面、窓、玄関、バルコニー等の配置、色彩等を含め、全体として極めてよく似た外観として表示されている」として、被控訴人写真は控訴人写真に依拠して控訴人写真を複製して作成されたものであると認められると判示した。

　(3)　小　括

　以上のように、第1審裁判所は、控訴人の第1事件の請求全部を棄却し、第2事件の請求のうち、差止請求の全部および損害賠償請求の一部を認容した。

　これに対し、控訴人は、第1事件について控訴を提起し、控訴審において、被控訴人の行為が、違法な模倣行為による不法行為であるとして民法709条に基づく損害賠償請求を予備的に追加した。

2　控訴審判決

　(1)　控訴人建物の著作物性

　控訴審裁判所は、著作権法により「建築の著作物」として保護される建築物

は、「同法2条1項1号の定める著作物の定義に照らして、知的・文化的精神活動の所産であって、美的な表現における創作性、すなわち造形芸術としての美術性を有するものであることを要し、通常のありふれた建築物は、同法で保護される『建築の著作物』には当たらないというべき」であり、「一般住宅が同法10条1項5号の『建築の著作物』であるということができるのは、客観的、外形的に見て、それが一般住宅の建築において通常加味される程度の美的創作性を上回り、居住用建物としての実用性や機能性とは別に、独立して美的鑑賞の対象となり、建築家・設計者の思想又は感情といった文化的精神性を感得せしめるような造形芸術としての美術性を備えた場合と解するのが相当である」という判断基準を示した。そのうえで、控訴人建物は、「客観的、外形的に見て、それが一般住宅の建築において通常加味される程度の美的創作性を上回っておらず、居住用建物としての実用性や機能性とは別に、独立して美的鑑賞の対象となり、建築家・設計者の思想又は感情といった文化的精神性を感得せしめるような造形芸術としての美術性を具備しているとはいえないから、著作権法上の『建築の著作物』に該当するということはできない」と判示し、著作物性を否定した。

(2) 被控訴人建物は、控訴人建物の形態を模倣したものか

控訴審裁判所は、第1審判決をおおむね引用し、控訴人建物と被控訴人建物は、その外観において相違があり、形態が同一ないし実質的に同一であるとはいえないから、被告建物が原告建物を模倣した商品であると認めることはできないと判示した。

(3) 小　括

以上のように、控訴審裁判所は、控訴人の控訴を棄却し、予備的請求についても理由なしとして棄却した。

【コメント】

本判決は、一般住宅における「建築の著作物」（10条1項5号）該当性について基準を示した事例として重要な意義がある。本判決によれば、通常のありふれた建築物（一般人向けの多数の同種の設計による一般住宅も含む趣旨である）は、原則として「建築の著作物」にはあたらず、一般住宅であっても、一般住宅の建築において通常加味される程度の美的創作性を上回り、独立して美的鑑賞の

対象となり、文化的精神性を感得せしめるような造形芸術としての美術性を備えた場合には、「建築の著作物」にあたるとしている。

　控訴人建築物は、財団法人日本産業デザイン振興会により平成10年度グッドデザイン賞を受賞した高級住宅であり、見方によっては、十分に美術性があると解する余地があるだろうが、本判決においては、著作物性を否定された。本判決は、「一般住宅のうち通常ありふれたものまでも著作物として保護すると、一般住宅が実用性や機能性を有するものであるが故に、後続する住宅建築、特に近時のように、規格化され、工場内で製造された素材等を現場で組み立てて、量産される建売分譲住宅等の建築が複製権侵害となるおそれがある」という危惧感を示していることから、控訴人建築物がグッドデザイン賞を受賞していることや高級住宅であることよりも、建築会社がシリーズとして企画し、一般人向けに多数の同種の設計による一般住宅として量産することを予定している建築物であるということを重視したのではないかとも考えられる。たしかに、日々の居住に用いる住宅ということに鑑みると、機能的制限や法令上の制限からくる外観上の限界は存在する。しかし、そのような実用面からくる制限の中でも、創意工夫を凝らしたデザインによる差別化は可能である。そのような知的創作の中には、シリーズ化された量産モデルの一般住宅であっても、著作権法上保護されるに値するものはあるだろう。また、不動産である建築物のデザインは、意匠法による保護対象とはならないため、デザインに要した投資の保護という見地も軽視できない。

　そもそも、著作権法は、「絵画、版画、彫刻その他の美術の著作物」(10条1項4号)を、保護の対象として例示している。建築物について、著作権法上保護される要件として独立して美的鑑賞の対象となるほどの美術性を要求するのであれば、「建築の著作物」をあえて別の条項で例示する必要性はなく、建築物を「その他美術の著作物」として保護すれば足りるだろう。あまりに要件のハードルを下げると、模倣建築をめぐる紛争が頻発するおそれがあることは否定できないが、「建築の著作物」を、あえて条文上例示した以上、「絵画、版画、彫刻その他の美術の著作物」とは異なる何らかの独自の意味を見出す余地はあると考えるべきだろう。

(黒根　祥行)

判例コメント10　トリップ・トラップ事件

【判決裁判所】　（控訴審）知的財産高等裁判所（平成26年(ネ)第10063号）
　　　　　　　（第1審）東京地方裁判所（平成25年(ワ)第8040号）
【判決年月日】　（控訴審）平成27年4月14日
　　　　　　　（第1審）平成26年4月17日
【出　　典】　（控訴審）判時2267号91頁
　　　　　　　（第1審）裁判所HP
【請求内容】　差止め、廃棄、損害賠償、謝罪広告掲載
【結　　論】　（控訴審）控訴棄却
　　　　　　　（第1審）請求棄却

【事案の概要】

　控訴人ら（原告ら）が、被控訴人（被告）に対し、被控訴人の製造、販売する幼児用椅子（以下、「被控訴人製品」という）の形態が、控訴人らの製造等に係る幼児用椅子「トリップ・トラップ」（以下、「控訴人製品」という）の形態的特徴に類似しており、被控訴人による幼児用椅子の製造等の行為は、著作権法等に違反するとして、被控訴人製品の製造、販売等の差止め、廃棄、損害賠償および謝罪広告の掲載を求めて提訴した事案である。控訴人らは、いずれもノルウェー法人であり、控訴人X_1代表者は、昭和47年頃、控訴人製品をデザインして控訴人X_2から発表し、その後、控訴人X_2が控訴人製品を製造、販売、輸出している。他方、被控訴人は、日本法人であり、平成18年2月以降、被控訴人製品を製造、販売している。

【争　点】

　1　控訴人製品の著作物性
　2　控訴人製品と被控訴人製品との類似性

【裁判所の判断】

　1　第1審判決

　第1審判決は、控訴人製品につき、「工業的に大量に生産され、幼児用の椅子として実用に供されるものであるから、そのデザインはいわゆる応用美術の

範囲に属する」とするとともに、そのデザインが「思想又は感情を創作的に表現した著作物（著作権法2条1項1号）に当たるといえるためには、著作権法による保護と意匠法による保護との適切な調和を図る見地から、実用的な機能を離れて見た場合に、それが美的鑑賞の対象となり得るような美的創作性を備えていることを要すると解するのが相当である」としたうえで、控訴人製品は、「幼児の成長に合わせて、部材G（座面）及び部材F（足置き台）の固定位置を、左右一対の部材Aの内側に床面と平行に形成された溝で調整することができるように設計された椅子であって、その形態を特徴付ける部材A及び部材Bの形状等の構成……も、このような実用的な機能を離れて見た場合に、美的鑑賞の対象となり得るような美的創作性を備えているとは認め難い」と判断し、著作権法の保護を受ける著作物にあたらない旨判示した。

2　控訴審判決
(1)　控訴人製品の著作物性

「著作権法が、『文化的所産の公正な利用に留意しつつ、著作者等の権利の保護を図り、もって文化の発展に寄与することを目的と』していること（同法1条）に鑑みると、表現物につき、実用に供されること又は産業上の利用を目的とすることをもって、直ちに著作物性を一律に否定することは、相当ではない。同法2条2項は、『美術の著作物』の例示規定にすぎず、例示に係る『美術工芸品』に該当しない応用美術であっても、同条1項1号所定の著作物性の要件を充たすものについては、『美術の著作物』として、同法上保護されるものと解すべきである」。

「応用美術は、装身具等実用品自体であるもの、家具に施された彫刻等実用品と結合されたもの、染色図案等実用品の模様として利用されることを目的とするものなど様々であり……表現態様も多様であるから、応用美術に一律に適用すべきものとして、高い創作性の有無の判断基準を設定することは相当とはいえず、個別具体的に、作成者の個性が発揮されているか否かを検討すべきである」。

「著作権法と意匠法とは、趣旨、目的を異にするものであり（著作権法1条、意匠法1条）、いずれか一方のみが排他的又は優先的に適用され、他方の適用を不可能又は劣後とするという関係は、明文上認められず、そのように解し得

る合理的根拠も見出し難い」。

「応用美術は、実用に供され、あるいは産業上の利用を目的とするものであるから、当該実用目的又は産業上の利用目的にかなう一定の機能を実現する必要があるので、その表現については、同機能を発揮し得る範囲内のものでなければならない。応用美術の表現については、このような制約が課されることから、作成者の個性が発揮される選択の幅が限定され、したがって、応用美術は、通常、創作性を備えているものとして著作物性を認められる余地が、上記制約を課されない他の表現物に比して狭く、また、著作物性を認められても、その著作権保護の範囲は、比較的狭いものにとどまることが想定される。……応用美術につき、他の表現物と同様に、表現に作成者の何らかの個性が発揮されていれば、創作性があるものとして著作物性を認めても、一般社会における利用、流通に関し、実用目的又は産業上の利用目的の実現を妨げるほどの制約が生じる事態を招くことまでは、考え難い」。

「控訴人製品の形態的特徴は、①『左右一対の部材A』の2本脚であり、かつ、『部材Aの内側』に形成された『溝に沿って部材G（座面）及び部材F（足置き台）』の両方を『はめ込んで固定し』ている点、②『部材A』が、『部材B』前方の斜めに切断された端面でのみ結合されて直接床面に接している点及び両部材が約66度の鋭い角度を成している点において、作成者である控訴人X_1代表者の個性が発揮されており、『創作的』な表現というべきである。したがって、控訴人製品は、前記の点において著作物性が認められ、『美術の著作物』に該当する」。

(2) 控訴人製品と被控訴人製品との類似性

「控訴人製品は、控訴人ら主張に係る控訴人製品の形態的特徴につき、①『左右一対の部材A』の2本脚であり、かつ、②『部材Aの内側』に形成された『溝に沿って部材G（座面）及び部材F（足置き台）』の両方を『はめ込んで固定し』ている点に著作物性が認められるところ、被控訴人製品は、いずれも4本脚であるから、上記①の点に関して、控訴人製品と相違することは明らかといえる。他方、被控訴人製品は、4本ある脚部のうち前方の2本、すなわち、控訴人製品における『左右一対の部材A』に相当する部材の『内側に床面と平行な溝が複数形成され、その溝に沿って部材G（座面）及び部材F（足置き

台）をはめ込んで固定』しており、上記②の点に関しては、控訴人製品と共通している。また、被控訴人製品3、4及び6は、『部材A』と『部材B』との結合態様において、控訴人製品との類似性が認められる。しかしながら、脚部の本数に係る前記相違は、椅子の基本的構造に関わる大きな相違といえ、その余の点に係る共通点を凌駕するものというべきである。……被控訴人製品は、控訴人製品の著作物性が認められる部分と類似しているとはいえない」。

【コメント】
1 はじめに
本判決は、応用美術に著作物性を認めたものであり、その判断過程を含め、注目に値するものである。
2 応用美術の著作物性等
応用美術とは、一般には、美術を実用品に応用したものとか、美術上の技法や感覚を実用品に応用したものとか、それ自体実用的機能を有する美的な創作物といわれている（中山・著作権法164頁）。

応用美術に関しては、著作権法上、「この法律にいう『美術の著作物』には、美術工芸品を含むものとする」（2条2項）と規定されているが、その立法経緯に鑑みても、「応用美術の著作権法上の明確な位置づけ、著作権法と意匠法の抜本的調整は持ち越され、現実的な処理は裁判所に委ねられてきた」と指摘されているところ（松村＝三山・要説54頁）、従前の裁判例においては、著作物性の判断基準について、創作性の要件をクリアーする必要があるのは当然として、さらに「文芸、学術、美術又は音楽の範囲に属する」創作物か否か吟味される傾向にあり、そこでよく用いられるのは、純粋美術と同視し得るか否かという基準である旨説明されている（田村・概説32頁）。

本判決の8か月前に出された**判例コメント5**＝「Forever21」ファッションショー事件控訴審においても、「実用目的の応用美術であっても、実用目的に必要な構成と分離して、美的鑑賞の対象となる美的特性を備えている部分を把握することができないものについては、上記2条1項1号に含まれる『思想又は感情を創作的に表現した（純粋）美術の著作物』と客観的に同一なものとみることはできないのであるから、これは同号における著作物として保護されないと解すべきである」と判示されている。

これに対し、本判決は、著作権法2条2項の規定を例示規定であるとしたうえで、例示に係る「美術工芸品」に該当しない応用美術であっても、同条1項1号所定の著作物性の要件を満たすものについては、「美術の著作物」として、同法上保護されるものと解すべきである旨判示しており、従前の裁判例の傾向とは異なる。

今後、裁判所において、本判決の判断が定着するのか、注視したい。

本判決は、控訴人製品の創作部分を絞ったうえで、その創作部分と被疑表現物との間の類似判断を行ったが、この判断に関しては、実務的観点から、「実用品の著作物性の絞り方により当該部分が被疑表現物にあれば足りることになるが、それがどの部分かという予測がつきにくい」などの指摘がなされているところである（三山峻司「判批」知財管理66巻3号322頁）。

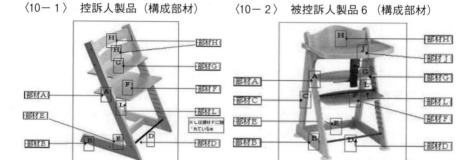

〈10-1〉 控訴人製品（構成部材）　　〈10-2〉 被控訴人製品6（構成部材）

（藤田　増夫）

判例コメント11　八坂神社写真事件

【判決裁判所】　東京地方裁判所（平成19年(ワ)第1126号）
【判決年月日】　平成20年3月13日
【出　典】　判時2033号102頁、判タ1283号262頁
【請求内容】　損害賠償請求
【結　論】　一部認容（確定）
【事案の概要】

1　当事者

原告は、趣味として、祇園祭を中心に写真撮影をする者である。

被告甲社は、印刷、デザイン企画等を目的とする株式会社（被告乙は、その代表取締役）、被告丙社は、雑誌単行本の出版等を目的とする株式会社（被告丁は、その代表取締役）である。

被告神社は、神社神道に従って祭祀等を行う宗教法人である。

2　原告の写真の著作権

原告は、平成14年に本件写真を撮影し、翌年、本件写真を表紙に掲載した「京乃七月」と題する祇園祭の写真集を、被告甲社の製版印刷により発行した。

3　被告らの行為

被告甲社は、被告神社からの依頼を受けて、平成17年、原告の許諾を得ずに、被告甲社の社員によって、本件写真に依拠した本件水彩画を制作した。

被告乙は、祇園祭の広告として、平成15年および平成16年に本件写真を、平成17年に本件水彩画を、それぞれ被告乙を広告主としてA新聞に掲載した。

被告甲社の代表者である被告乙は、被告神社から依頼を受けて、平成15年および平成16年に本件写真を大きく拡大して掲載した被告神社の祇園祭用の本件写真ポスターを、平成17年に本件水彩画を大きく掲載した被告神社の祇園祭用の本件水彩画ポスターを、それぞれ印刷し制作して、被告神社に納品した。そして、被告神社は、本件写真ポスターおよび本件水彩画ポスターを、掲出した。なお、本件ポスターには、いずれも原告の氏名は表示されていなかった。

被告丙社とその代表者である被告丁は、被告乙から本件写真のポジフィルム

を借りて、平成15年発行の月刊Ｂ７月号の祇園祭特集記事に、原告の氏名を表示したうえ、見開き2頁にわたる大きさで、本件写真を掲載し、これを発行した。

〈11－1〉 本件写真　　　　　　　〈11－2〉 本件水彩画

（判時2033号119頁）

（判時2033号119頁）

4　原告の請求内容

原告は、合計300万円の損害賠償を請求した（民709条、719条）。

被告乙に対しては、①本件写真のＡ新聞への掲載による本件写真の複製権の侵害（30万円）および原告の氏名表示権の侵害（37万5000円）、②本件水彩画の制作とそのＡ新聞への掲載による本件写真の翻案権の侵害（30万円）、原告の氏名表示権および同一性保持権の侵害（37万5000円）。

被告甲社および被告乙に対しては、本件写真の被告神社の本件写真ポスターへの掲載による本件写真の複製権の侵害（30万円）。

被告甲社、被告乙および被告神社に対しては、①本件写真の本件写真ポスターへの掲載による原告の氏名表示権の侵害（37万5000円）、②本件水彩画の本件水彩画ポスターへの掲載による本件写真の翻案権の侵害（30万円）、原告の氏名表示権および同一性保持権の侵害（37万5000円）。

被告甲社、被告乙、被告丙社および被告丁に対しては、本件写真の月刊Ｂへの掲載による本件写真の複製権の侵害（15万円）。

弁護士費用（15万円）。

【争点】
1 原告は、被告甲社または被告乙に対し、本件写真の使用許諾をしたか
2 原告の被告らに対する請求は権利の濫用か
3 本件水彩画の制作は、本件写真の翻案権を侵害するか
4 被告神社は、共同して侵害行為を行った者にあたるか
5 原告は、被告神社に対し、本件写真の使用許諾をしたか
6 被告神社には、故意または過失があるか
7 被告丁は、共同して侵害行為を行った者にあたるか
8 被告丙社および被告丁には、故意または過失があるか
9 損害額はいくらか

【裁判所の判断】
1 争点1
原告は、本件写真をA新聞や月刊Bに掲載することを許諾していない。
2 争点2
被告らは、原告が本件写真を月刊Bに掲載することにつき、いったん承諾したにもかかわらず、損害賠償請求をするのは禁反言の原則に反するとするが、この経緯によっても、本件写真の使用を許諾したものとは認められない。
3 争点3
(1) **本件写真の著作物性**

著作物の翻案の意義について、**関連判例9－1－2「江差追分事件」**を引用したうえで、本件につき、次のとおり判示した。

「本件写真は、祇園祭のイベントである神幸祭において被告神社の西楼門前に4基の神輿（子供神輿を含む。）を担いだ輿丁が集まり、神官がお祓いをする直前の場面を撮影したものである。本件写真の被写体が客観的に存在する被告神社の西楼門と、同じく客観的に存在しながらも時間の経過により移動していく神輿と輿丁及び見物人であり、これを写真という表現形式により映像として再現するものであること、及び、写真という表現形式の特性に照らせば、本件写真の表現上の創作性がある部分とは、構図、シャッターチャンス、撮影ポジション・アングルの選択、撮影時刻、露光時間、レンズ及びフィルムの選択等

において工夫したことにより表現された映像をいうと解すべきである」。

「本件写真のように、撮影者が人々の動きのある神幸祭のある一瞬の風景を、上記のような構図、撮影ポジション・アングルの選択、露光時間、レンズ及びフィルムの選択等を工夫して撮影し、これを再現した、その創作的表現を保護するのであれば」、同一の撮影場所であれば、誰が撮影したとしても同一となるものを保護することになるといったような「特段の弊害は生じない」。

(2) **本件写真の具体的な創作的表現**

「本件写真の創作的表現とは、被告神社の境内での祇園祭の神官によるお祓いの構図を所与の前提として、祭りの象徴である神官と、これを中心として正面左右に配置された４基の黄金色の神輿を純白の法被を身に纏った担ぎ手の中で鮮明に写し出し、これにより、神官と神霊を移された神輿の威厳の下で、神輿の差し上げ（神輿の担ぎ手がこれを頭上に担ぎ上げることをいう。）の直前の厳粛な雰囲気を感得させるところにある」。

(3) **本件写真と本件水彩画との対比**

本件水彩画は本件写真に依拠しているところ、「本件水彩画は、その全体の構成から細部の描写に至るまで、本件写真を基にして制作されたとみられる部分が多い」。

「本件水彩画においては、……デフォルメされている部分もあるものの、とりわけ、４基の神輿は、金色及び西楼門と同一の赤色で彩色を施され、多くの純白の法被の中で浮かび上がるがごとく、鮮明に描かれている」。

「本件水彩画のこのような創作的表現によれば、本件水彩画においては、写真とは表現形式は異なるものの、本件写真の全体の構図とその構成において同一であり、また、本件写真において鮮明に写し出された部分、すなわち、祭りの象徴である神官及びこれを中心として正面左右に配置された４基の神輿が濃い画線と鮮明な色彩で強調して描き出されているのであって、これによれば、祇園祭における神官の差し上げの直前の厳粛な雰囲気を感得させるのに十分であり、この意味で、本件水彩画の創作的表現から本件写真の表現上の本質的特徴を直接感得することができる」。

「なお、本件写真と本件水彩画では、神官の動作及び持ち物に違いが認められる。しかしながら、本件水彩画では、神官の動作を紙垂が付された棒を高く

掲げる動作に修正して、神官のお祓いの動作をより強調するものであって、この意味で、厳粛な雰囲気をより増長させるものと認められる。したがって、上記の表現の相違は、本件水彩画から本件写真の表現上の本質的特徴を直接感得できるという上記認定を左右する程のものではない」。

　　(4)　**結　論**
「本件水彩画に接する者は、その創作的表現から本件写真の表現上の本質的な特徴を直接感得することができると認められるから、本件水彩画は、本件写真を翻案したものというべきである」。

4　争点4
注文者である被告神社は、被告甲社と共同して原告の氏名表示権を侵害した。

5　争点5
原告が被告神社に対し、本件写真の使用許諾をしたと認めることはできない。

6　争点6
被告神社は、被告甲社が本件写真の著作者名を表示せずに本件写真ポスターに本件写真を掲載するのを漫然と容認しており、過失がある。

7　争点7
被告丁は被告丙社と共同して月刊Bを発刊し、本件写真の複製権を侵害した。

8　争点8
被告丙社および被告丁は、本件写真の複製権侵害について過失がある。

9　争点9
①被告乙に対しては30万円、②被告甲社に対しては22万円、③被告甲社・被告神社に対しては33万円、④被告乙・被告丙社・被告丁に対しては6万円がそれぞれ認容された。

【コメント】
写真著作物における創作性に関し、東京高判平成13・6・21判時1765号96頁「スイカ写真事件」は、最終的に当該写真として示されているものが何を有するかによって判断されるべきものであり、これを決めるのは、被写体とこれを撮影するにあたっての撮影時刻、露光、陰影の付け方、レンズの選択、シャッター速度の設定、現像の手法等における工夫の双方であり、その一方ではない、と判示した。

写真著作物の創作性については、①具体的な撮影方法、②撮影後の現像や仕上げ処理方法、③被写体自体の創作性までを含めて判断する、かかるスイカ写真事件判決に沿って処理を考えるべきであり（松村＝三山・要説68頁）、本判決は、そのような処理と軌を一にするものと考えられ、実務上参考となると思われる。

（國祐　伊出弥）

判例コメント12　薬剤便覧事件

【判決裁判所】　（控訴審）知的財産高等裁判所（平成24年(ネ)第10076号）
　　　　　　　　（第1審）東京地方裁判所（平成20年(ワ)第29705号）
【判決年月日】　（控訴審）平成25年4月18日
　　　　　　　　（第1審）平成24年8月31日
【出　　典】　　（控訴審）判時2194号105頁、判タ1417号132頁
　　　　　　　　（第1審）裁判所HP
【請求内容】　　損害賠償請求
【結　　論】　　（控訴審）一部認容
　　　　　　　　（第1審）請求棄却

【事案の概要】
　本件は、控訴人（原告）が、被控訴人（被告）に対し、被控訴人が「治療薬ハンドブック2008　薬剤選択と処方のポイント」（被控訴人書籍）を印刷および販売する行為は、「今日の治療薬　解説と便覧2007」（控訴人書籍）について控訴人が有する著作権（複製権および譲渡権。いずれも28条に基づくものを含む）の共有持分の侵害にあたる旨主張して、不法行為に基づく損害賠償等を求める事案である。
　控訴人は、控訴人書籍が同書籍内の①「一般薬」便覧部分の「薬剤」の選択と配列、②「漢方薬」便覧部分の「薬剤」の選択と配列、③「漢方薬」便覧部分の「薬剤情報」の選択と配列についてそれぞれ創作性を有する編集著作物であると主張し、被控訴人書籍における記載がこの編集著作物の複製または翻案にあたると主張した。第1審判決は、被控訴人書籍は、編集著作物としての控訴人書籍を複製または翻案したものとはいえないとして、控訴人の請求を棄却した。本件は控訴人が、これを不服として控訴したものである。

【争　　点】
　1　控訴人書籍の編集著作物性および被告による著作権侵害の有無
　2　控訴人の損害額

【裁判所の判断】
 1 編集著作物の創作性に関する判断
　本裁判例は、編集著作物の創作性に関して、以下のとおり判示した。
　「編集物でその素材の選択又は配列によって創作性を有するものは、編集著作物として保護されるものであるところ（著作権法12条１項）、編集著作物における創作性は、素材の選択又は配列に、何らかの形で人間の創作活動の成果が表れ、編集者の個性が表れていることをもって足りるものと解される。もっとも、編集著作物においても、具体的な編集物に創作的な表現として表れた素材の選択や配列が保護されるのであって、具体的な編集物と離れた編集方針それ自体が保護されるわけではない」。
 2 控訴人書籍の編集著作物性および被告による著作権侵害の有無
　(1) 認定事実
　本裁判例は、被控訴人書籍における控訴人書籍の複製、翻案の判断の前提として、大要以下のような事実を丁寧に認定している。すなわち、控訴人書籍の編集方針、同書籍の分類体系、便覧部分における薬剤の選択と掲載順序、被控訴人書籍の編集方針や分類体系、便覧部分の構成など、各当事者の書籍に関する事実のほか、控訴人書籍発行前には薬剤および薬剤情報に関する簡易迅速な検索が困難な状況にあったとの経緯や、漢方薬の取引の実情（各製薬会社のシェア、取扱いの実績、類書における掲載状況など）についてである。
　そのうえで本裁判例は、複製、翻案についてそれぞれ以下のとおり判示した。
　(2) 控訴人書籍「一般薬」便覧部分の薬剤の選択と配列
　本裁判例は、薬剤の選択と配列に関して、各当事者の書籍の共通点を認定したうえで、薬剤の選択について、全体としてみて、同一または類似であるとはいえず、共通する部分についても創作性が認められないなど、被控訴人書籍一般薬便覧部分における薬剤の選択について、控訴人書籍の表現上の本質的特徴を直接感得することができるとはいえない旨判示した。また薬剤の配列についても、被控訴人書籍の薬剤の具体的な配列から、控訴人書籍一般薬便覧部分に掲載された薬剤の具体的な配列の表現上の本質的特徴を直接感得することができないとして、複製にも翻案にもあたらないと判示した。

(3) 控訴人書籍「漢方薬」便覧部分の薬剤の選択および配列

本裁判例は、「漢方薬」の便覧部分の薬剤の選択および配列についても同じく各当事者の書籍の同一性を認定したうえで、薬剤の選択については、控訴人が漢方薬ではなく生薬である「ヨクイニンエキス」を漢方薬として選択し、このような選択をした類書が控訴人書籍の発行後に発行された類書にしかみられないこと、同書が控訴人書籍の発行後に発行されたこと等に照らし、同書をもってありふれていることの根拠とすることはできない旨指摘した。そのうえで当該漢方薬の薬剤の選択、特に「ヨクイニンエキス」を漢方製剤として選択したことには、控訴人らの創作活動の成果が表れ、その個性が表れているということができるとして創作性を認めた。

また、配列についても、控訴人書籍において漢方薬の148の処方名を掲載したほか、多数の生薬の中から「ヨクイニンエキス」のみを大分類「漢方薬」に分類するものとして選択したうえ、漢方3社が製造販売する薬剤がある漢方処方名については当該漢方処方名に属する漢方3社の薬剤をすべて選択し、漢方3社が薬剤を製造販売していない漢方処方名については、臨床現場における重要性や使用頻度等に鑑みて個別に薬剤を選択したという点に着目し、薬剤の選択に控訴人らの創作活動の成果が表れ、その個性が表れているということができ、上記のような考慮から薬剤を選択したうえ、歴史的、経験的な実証に基づきあえて音順の原則を崩して配列をした控訴人書籍の薬剤の配列には控訴人らの創作活動の成果が表れ、その個性が表れているから、一定の創作性があるとした。そのうえで、これと完全に同一の選択および配列を行った被控訴人書籍の薬剤の選択および配列は控訴人書籍のそれの複製にあたる旨判示した。

(4) 控訴人書籍「漢方薬」便覧部分の薬剤情報の選択および配列

さらに本裁判例は、薬剤情報の選択および配列についても、まず両書籍の共通性を認定した。そのうえで、同様の選択が類書でも行われていることや選択されている製薬会社の当時の国内シェアの高さなどを考慮し、「上記の共通点は、ありふれたものであり、表現上の創作性のない部分において共通するにすぎない」、「控訴人書籍と被控訴人書籍の漢方薬便覧部分の薬剤情報の選択及び配列は、いずれも、表現上の創作性のない部分において共通するにすぎない」などとして、創作性を否定した。

3　控訴人の損害額

本裁判例は、損害額について、著作権法114条2項に基づき、被控訴人書籍の売上高から変動費を控除した残額について、被控訴人書籍に占める侵害部分の割合および共有持分を考慮し、損害額を81万2430円と認定した。

【コメント】

1　編集著作物の創作性

編集著作物とは、編集物でその素材の選択または配列によって創作性を有する著作物である（12条1項）。これは編集物を構成する個々の素材の著作物性は問題とせず、個々の素材をどのように選択し、配列して編集物を構成するかという人間の創作活動に焦点をあて、著作権法上の保護を与えようとするものである。もっとも、著作物として保護されるためにはあくまで編集物（個々の素材の選択または配列）の具体的表現に個性が発露している必要があり、単なる編集方針といったアイデアについては保護されない（表現・アイデア二分論）。

本判決は、編集著作物における創作性は、素材の選択または配列に、何らかの形で人間の創作活動の成果が表れ、編集者の個性が表れていることをもって足りるものと判示した。また、編集著作物においても、具体的な編集物に創作的な表現として表れた素材の選択や配列が保護されるのであって、具体的な編集物と離れた編集方針それ自体が保護されるわけではないと判示している。

これは、従前の裁判例（名古屋地判昭和62・3・18判時1256号90頁「用字苑事件」、東京地判平成16・3・30（平成15年(ワ)第285号）裁判所HP等）の流れを踏襲したものであり、本判決は事例判決である。

2　創作性判断に関する検討手法等

本判決は、複製および翻案の各意義や上記のとおり編集著作物の著作物性に関して一般論を述べたうえで、素材である薬剤の選択と配列に関して控訴人書籍と被控訴人書籍の共通性を認定する。そのうえで共通部分について、控訴人書籍における薬剤の選択配列に創作性が認められるか（認められるとすれば、両書籍が全体としてみて同一または類似であるといえるか、当該部分が表現上の本質的特徴として被控訴人書籍から直接感得することができるか）を判断している。

このような判断手法は、いわゆる二段階テスト（権利者側の著作物のみに着目してどこにどのように創作性があるかを判断し、そのうえで相手側の表現物を観察

して、その創作的な表現の認められる部分が相手方の表現物にあるかを二段階で検討する方法）ではなく、ろ過テスト（権利者側と相手方双方の共通している表現上の要素を抽出し、当該共通する表現部分が創作的と認められるかを検討する方法）を用いたものと評価できる。

被疑侵害表現物がデッドコピーのケースや、実用的な機能を有する著作物については、一般的に二段階テストになじみやすい。この種の事案では被疑侵害表現物が著作物のすべてを含むか、一般的に共通部分が多く抽出されがちであり、ろ過テストによると検討に時間と手間がかかるためである。

本件のケースでは、表現物の性質上、薬剤の選択のみならず、見やすさや検索のしやすさという実用性の観点で配列にも一定の表現上の制約がある（したがって創作性に関する議論がありえ、仮に創作性が認められたとしてもその権利範囲は狭いと考えられる）。そのため、二段階テストによることも十分に考えられた。

この点については、本判決が一般薬の薬剤選択について類似性を否定しており、同配列についても一部類似性を否定していることから、裁判所は、単に類似性判断を創作性判断に先行させる（ろ過テストをとる）ことで、創作性に関する判示を必要とする範囲を狭めたものと考えられる。

3 被告の訴訟活動

本件で被告は、素材の選択や配列がありふれたものである、原告の個性が発露したものではない（創作性が認められない）などと主張・立証をし、薬剤の便覧に関する類書を提出したり、製薬会社のシェア・取扱いの実績などに関する主張・立証を行ったことが読み取れる。

編集著作物に関する権利侵害が問題となるケースにおける被告の訴訟活動としては、ろ過テストを用いるのであれば共通部分ができる限り少なくなるよう活動していくとともに、共通部分に創作性が認められないとの主張・立証を行うことになる。かかる主張・立証活動は、結果として、仮に共通部分に創作性が認められたとしても、その範囲は狭く認定される方向に結び付く。また結果として、損害論（侵害部分の割合）の議論にも結び付き、被告としては損害額の減額に関する主張へとつながっていくことになる。

本件は、編集著作物の創作性に関して被告がどのようなものを証拠として提

出し主張・立証を行っていったのか、それが裁判所のどのような判断に結び付いたのか、という点でも参考になるところがある。

（矢倉　雄太）

判例コメント13　どこまでも行こう事件（損害賠償請求事件）

【判決裁判所】　東京地方裁判所（平成15年(ワ)第8356号）
【判決年月日】　平成15年12月26日
【出　　典】　判時1847号109頁、判タ1149号232頁
【請求内容】　損害賠償請求
【結　　論】　一部認容
【事案の概要】

　原告は、作曲家Aが作詞作曲した歌曲「どこまでも行こう」の歌詞および楽曲（甲曲）の著作権について信託譲渡を受けた音楽出版社である。

　被告は、日本において大部分の音楽著作権を管理する社団法人日本音楽著作権協会（JASRAC）であり、音楽著作物の著作者から著作権の信託譲渡を受け、利用許諾し、著作物使用料を徴収し、各著作権者に分配することを業務内容としている。

　本件は、原告が、作曲家Bが作曲した楽曲「記念樹」（乙曲）を第三者に使用許諾した被告に対し、編曲権侵害を理由として損害賠償請求を求めた事案である。

　なお、別件訴訟の判決（東京高判平成14・9・6判時1794号3頁「記念樹事件Ⅰ」）において、乙曲の創作が甲曲の編曲権（27条）を侵害するとされ、最高裁も上告を棄却し、かつ、上告審として受理しない旨の決定がなされており、本件においては、乙曲による甲の編曲権侵害は争いのない事実等とされている。

　また、原告は被告に対し、甲曲の著作権を信託譲渡して管理を委託していたが、この信託譲渡の対象に編曲権は含まれないことについて争いはないが、著作権法28条の権利が含まれるか否かについて争いがあった（争点1に関係）。

【争　点】

1　被告の行為により原告の著作権が侵害されたか
2　被告に過失があるか
3　損害の発生の有無およびその額

【裁判所の判断】
1 争点1（原告の著作権が侵害されたか）
 (1) 著作権法27条
　原告は、二次的著作物を利用許諾する行為に対しても著作権法27条の編曲権侵害が成立すると主張したが、裁判所は次のように判示し、原告の主張は採用できないとした。
　「法27条は、『著作権者は、その著作物を翻訳し、編曲し、若しくは変形し、又は脚色し、映画化し、その他翻案する権利を専有する。』と規定し、法28条は、『二次的著作物の原著作物の著作者は、当該二次的著作物の利用に関し、この款に規定する権利で当該二次的著作物の著作者が有するものと同一の種類の権利を専有する。』と規定する。このように、法27条は、文言上、『著作物を編曲する権利を専有する』旨定めており、『編曲する』という用語に『編曲した著作物を複製する』とか『編曲した著作物を放送する』という意味が含まれると解することは困難である。そして、法27条とは別個に、法28条が、翻案した結果作成された二次的著作物の利用行為に関して、原著作物の著作権者に法21条から27条までの二次的著作物の経済的利用行為に対する権利を定めていることに照らせば、法27条は、著作物の経済的利用に関する権利とは別個に、二次的著作物を創作するための原著作物の転用行為自体、すなわち編曲行為自体を規制する権利として規定されたものと解される」。
 (2) 著作権法28条
　「本件において、甲曲について法27条の権利を専有する原告の許諾を受けずに創作された二次的著作物である乙曲に関して、原著作物である甲曲の著作権者は、法28条に基づき、乙曲を利用する権利を有するから、原告の許諾を得ずに被告から利用許諾を受けて乙曲を利用した者は、原告の法28条の権利を侵害することになり、原告は、上記利用者に対し、法27条に基づくのではなく、法28条に基づいて権利行使をすることができると解すべきである」。
 (3) 被告の主張
　被告は、原告との間の本件信託契約約款において、委託者は「其ノ有スル総テノ著作権並ニ将来取得スルコトアルベキ総テノ著作権」を信託財産として受託者に移転する旨が規定されていることを根拠に、原告が著作権法28条の権利

を有しない旨を主張したが、裁判所は、以下のとおり判示し、被告の当該主張は採用できないとした。

「法61条2項は、『著作権を譲渡する契約において、法27条又は28条に規定する権利が譲渡の目的として特掲されていないときは、これらの権利は、譲渡した者に留保されたものと推定する。』旨規定している。原告が被告に甲曲の著作権を信託譲渡した昭和40年当時の旧著作権法（明治32年法律第39号）においては、2条に『著作権ハ其ノ全部又ハ一部ヲ譲渡スルコトヲ得』と規定されているだけであったが、現行著作権法（昭和45年法律第48号）が施行される際、附則9条によって、旧法の著作権の譲渡その他の処分は、附則15条1項の規定に該当する場合を除き、これに相当する新法の著作権の譲渡その他の処分とみなす旨定められたため、法61条2項の推定規定は、旧法時代に行われた著作権譲渡契約にも適用される。

法61条2項は、通常著作権を譲渡する場合、著作物を原作のままの形態において利用することは予定されていても、どのような付加価値を生み出すか予想のつかない二次的著作物の創作及び利用は、譲渡時に予定されていない利用態様であって、著作権者に明白な譲渡意思があったとはいい難いために規定されたものである。そうすると、単に『将来取得スルコトアルベキ総テノ著作権』という文言によって、法27条の権利や二次的著作物に関する法28条の権利が譲渡の目的として特掲されているものと解することはできない。この点につき、法28条の権利が結果的には法21条ないし法27条の権利を内容とするものであるとして、単なる『著作権』という文言に含まれると解釈することは、法61条2項が法28条の権利についても法27条の権利と同様に『特掲』を求めている趣旨に反する」。

(4) **結　論**

「したがって、原告は、編曲権を侵害して創作された乙曲を二次的著作物とする法28条の権利を有し、乙曲を利用する権利を専有するから、原告の許諾を得ることなく乙曲を利用した者は、原告の有する法28条の権利を侵害したものであり、上記利用者に乙曲の利用を許諾した被告は、上記権利侵害を惹起したものというべきである」。

2　争点2（過失の有無）

まず、裁判所は、被告が平成13年9月30日までは文化庁長官より許可を受けた音楽著作権に関するわが国唯一の著作権管理団体であり、同年10月1日からは文化庁長官の登録を受け音楽著作権を管理している公益社団法人であることを指摘したうえ、被告の「音楽の著作物の著作権者の権利を擁護し、あわせて音楽の著作物の利用の円滑を図り、もって音楽文化の普及発展に資すること」という目的や、音楽の著作物の著作権に関する管理事業等の業務の性質上、「被告は、自ら管理し著作物の利用者に利用を許諾する音楽著作物が他人の著作権を侵害することのないように、万全の注意を尽くす義務がある」とした。そして、「本件においては、平成10年7月に別件訴訟が提起され、乙曲が甲曲に係る著作権等を侵害するか否かが問題になっていることは大きく報道されたのであるから……、被告は、遅くとも平成10年7月以降は、乙曲が甲曲に係る著作権を侵害するものか否かについて真摯にかつ具体的に調査検討し、著作権侵害の結果が生じることのないようにする方策をとるべき注意義務があったというべきである。そして、被告は、その事業の目的及び規模からしても、著作権侵害に当たるか否かについての調査能力を十分有しており、音楽専門家の間でも侵害非侵害の両論があったのであるから、著作権侵害の結果が生じる可能性を予見すべきであり、また、乙曲が甲曲に係る著作権を侵害していると判断される可能性があれば、乙曲の利用許諾を中止したり、利用者に訴訟が係属していることを注意喚起すること等によって、著作権侵害の結果を回避することができた」とした。

そのうえで、「本件において損害を請求されている平成15年3月期以降の著作物使用料分配保留分の利用許諾行為については、別件訴訟が提起された後であり、一部は編曲権侵害を肯定する別件訴訟控訴審判決が言い渡された後でもあるのであるから、被告としては、乙曲が甲曲の著作権を侵害するものであるか否かについてとりわけ慎重な検討をして著作権侵害の結果を回避すべき義務があった。しかるに、被告は、これを怠り、別件訴訟の控訴審判決前に関しては、利用者に対して、格別に注意喚起すら行っておらず、控訴審判決後も漫然と乙曲の利用許諾をし続けたのであるから、過失があったといわざるを得ない」とし、被告は、利用者による原告の著作権法28条の権利の侵害を惹起した

者として、その利用による損害を賠償すべき責任があるとした。

3　争点3（損害の発生の有無および額）

　裁判所は、「甲曲及び乙曲を含む音楽著作権の管理が、実際上は大多数の場合において、被告に対する信託を通じてされていること、当該管理は本件使用料規程……及び本件分配規程……に準拠して行われていること、本件使用料規程については、仲介業務法3条の規定により文化庁長官の認可を受けていたものであることから、本件使用料規程及び本件分配規程に基づく著作物使用料の徴収及び分配の実務は、音楽の著作物の利用の対価額の事実上の基準として機能するものであり、法114条2項の相当対価額を定めるに当たり、これを一応の基準とすることには合理性があると解される」とした。

　そのうえで、放送、放送用録音、録音、出版、通信カラオケ送信、通信カラオケ蓄積、インタラクティブ配信複製および同送信、および演奏のそれぞれの使用料相当額を、本件使用料規程および本件分配金規程に基づいて作曲者が受領すべき金額を算出して、損害額とした。

【コメント】

　楽曲「どこまでも行こう」（甲曲）と楽曲「記念樹」（乙曲）に関する訴訟としては、「事実の概要」で触れた別件訴訟のほか、本件の原告が乙曲のCD製作会社および音楽出版社に対し、原盤制作行為について損害賠償請求をした訴訟（東京地判平成15・12・19判時1847号70頁「記念樹事件Ⅱ」）、本件の原告および甲曲の作曲者が乙曲を放送した民間放送局に対し著作権法28条の権利の侵害として損害賠償請求をした訴訟（東京地判平成15・12・19判時1847号95頁「記念樹事件Ⅲ」）があり、いずれも原告の請求が一部認容されている。

　本件の事案は、被告が甲曲の著作権の信託譲渡を受けていたが、著作権法61条2項の規定の趣旨から同法28条の権利までその対象でないと判断された点、JASRACの目的や事業内容に即した結果回避義務が認定された点に特徴がある。前者の点については、本件の判断に鑑みると、同法27条または28条の権利を譲渡の対象とする場合は、本件事案の「総テノ著作権」といった包括的記載では足りず、これらの権利を具体的にあげて明記しておくべきである。

（面谷　和範）

判例コメント*14*　Shall We ダンス？事件

【判決裁判所】　東京地方裁判所（平成20年(ワ)第9300号)
【判決年月日】　平成24年2月28日
【出　典】　裁判所 HP
【請求内容】　（主位的）損害賠償請求、（予備的）不当利得返還請求
【結　論】　請求棄却

【事案の概要】

　本件は、日本で公開された映画「Shall we ダンス？」のダンスシーンで用いられたダンスの振付を創作したと主張する原告（ダンスの振付や指導を行い、自らもダンサーとして出演した者）が、被告（本件映画を製作し、その著作権を有している制作委員会の幹事会社）による上記映画のビデオグラムの販売・貸与、テレビでの放映等の二次利用によって、原告の有する上記ダンスの振付に係る著作権（複製権、上映権、公衆送信権および頒布権）が侵害されたと主張して、被告に対し、主位的に民法709条に基づく損害賠償を請求し、予備的に民法703条に基づく不当利得の返還を請求した事案である。なお、被告は、二次利用に際して、原告の許諾を求めたり、原告に対し対価を支払っていなかった。

【争　点】

　社交ダンスの振付の著作物性

【裁判所の判断】

1　社交ダンスの振付

　「社交ダンスは、原則として基本ステップや PV のステップ（「ポピュラーバリエーション」に掲載されているステップ）等の既存のステップを自由に組み合わせて踊られるものであるが、競技ダンスでは、基本ステップを構成する諸要素にアレンジを加えて踊ることは一般的に行われており、また、ある種目の基本ステップを、種目を超えて用いることも一般的に行われている。さらに、他の種類のダンスの動きを参考にするなどして、既存のステップにはない新たなステップや身体の動きを取り入れることも行われている。

　社交ダンスの振り付けとは、このような既存のステップを選択して組み合わ

せ、これに適宜アレンジを加えるなどして一つの流れのあるダンスを作り出すことをいう」。

2 社交ダンスの振付を構成する要素である個々のステップや身体の動き自体の著作物性

「社交ダンスが、原則として、基本ステップやPVのステップ等の既存のステップを自由に組み合わせて踊られるものであることは前記……のとおりであり、基本ステップやPVのステップ等の既存のステップは、ごく短いものであり、かつ、社交ダンスで一般的に用いられるごくありふれたものであるから、これらに著作物性は認められない。また、基本ステップの諸要素にアレンジを加えることも一般的に行われていることであり、前記のとおり基本ステップがごく短いものでありふれたものであるといえることに照らすと、基本ステップにアレンジを加えたとしても、アレンジの対象となった基本ステップを認識することができるようなものは、基本ステップの範ちゅうに属するありふれたものとして著作物性は認められない。社交ダンスの振り付けにおいて、既存のステップにはない新たなステップや身体の動きを取り入れることがあることは前記……のとおりであるが、このような新しいステップや身体の動きは、既存のステップと組み合わされて社交ダンスの振り付け全体を構成する一部分となる短いものにとどまるということができる。このような短い身体の動き自体に著作物性を認め、特定の者にその独占を認めることは、本来自由であるべき人の身体の動きを過度に制約することになりかねず、妥当でない。

以上によれば、社交ダンスの振り付けを構成する要素である個々のステップや身体の動き自体には、著作物性は認められないというべきである」。

3 社交ダンスの振付の著作物性

「社交ダンスの振り付けとは、基本ステップやPVのステップ等の既存のステップを組み合わせ、これに適宜アレンジを加えるなどして一つの流れのあるダンスを作り出すことである。このような既存のステップの組合せを基本とする社交ダンスの振り付けが著作物に該当するというためには、それが単なる既存のステップの組合せにとどまらない顕著な特徴を有するといった独創性を備えることが必要であると解するのが相当である。なぜなら、社交ダンスは、そもそも既存のステップを適宜自由に組み合わせて踊られることが前提とされて

いるものであり、競技者のみならず一般の愛好家にも広く踊られていることにかんがみると、振り付けについての独創性を緩和し、組合せに何らかの特徴があれば著作物性が認められるとすると、わずかな差異を有するにすぎない無数の振り付けについて著作権が成立し、特定の者の独占が許されることになる結果、振り付けの自由度が過度に制約されることになりかねないからである。このことは、既存のステップの組合せに加えて、アレンジを加えたステップや、既存のステップにはない新たなステップや身体の動きを組み合わせた場合であっても同様であるというべきである」と判断し、原告の主張する各ダンスシーンの振付（本件映画に再製されていると認められる部分の振付を含む）に著作物性は認められないと判断した。

4 原告が主張する振付の組合せの著作物性

(1) 同時に踊られるダンスシーン相互の組合せ

「振り付け自体に、原告が主張するそれぞれの振り付けの印象が表現されているとは認められず、著作物性のないこれらの振り付けの組合せによって独創性が認められるほどの顕著な特徴を有することになるということも困難」であり、振付の一部分しか本件映画に再製されていないものについては、「再製が認められる部分自体に、原告が主張するそれぞれの振り付けの印象が表現されているとは認められず、著作物性が認められない振り付けの一部分の組合せによって、独創性が認められるほどの顕著な特徴を有することになるということも困難である」と判断して、著作物性を否定した。

(2) 前後のキャラクターの変化を示すダンスの組合せ

それぞれの「振り付け自体」や、「振り付けのうち再製が認められる部分自体に、原告が主張するそれぞれの振り付けの印象が表現されているとは認められず、著作物性の認められない振り付けや、著作物性が認められない振り付けの一部分の組合せや配列によって、独創性が認められるほどの顕著な特徴を有することになるということも困難である」と判断して、著作物性を否定した。

【コメント】

1 本判決の意義

本件は、社交ダンスの振付の著作物性が争点となった事案であるが、同争点に関する初めての裁判例である。

本判決は、まず、社交ダンスの振付を構成する要素である個々のステップや身体の動き自体の著作物性については、ごく短いものであり社交ダンスで一般的に用いられるごくありふれたものであることや、短い身体の動き自体に著作物性を認め、特定の者にその独占を認めることは、本来自由であるべき人の身体の動きを過度に制約することになりかねないことを理由に、著作物性を否定している。

そのうえで、本判決は、社交ダンスの振付の著作物性について、社交ダンスの性質（既存のステップを適宜自由に組み合わせて踊られることが前提とされ、競技者のみならず一般の愛好家にも広く踊られていることから、組合せに何らかの特徴があれば著作物性が認められるとすると、わずかな差異を有するにすぎない無数の振付について著作権が成立し、特定の者の独占が許されることになり、振付の自由度が過度に制約されること）から、「単なる既存のステップの組合せにとどまらない顕著な特徴を有するといった独創性を備えることが必要である」という判断基準を示し、原告の主張する各ダンスシーンの振付について著作物性を否定している。

また、原告の主張する振付の組合せ（同時に踊られるダンスシーン相互の組合せ、前後のキャラクターの変化を示すダンスの組合せ）についても、「独創性が認められるほどの顕著な特徴を有することになるということも困難である」と判断して、著作物性を否定している。

著作権法10条1項3号には「舞踏又は無言劇の著作物」が例示としてあげられ、ダンスの振付は舞踏に該当すると一般的に考えられているが、本判決は、社交ダンスの振付に著作物性が認められる要件として「独創性」を必要としていることに大きな特色がある。

2　関連裁判例

本判決と同様に、著作物性が認められるために独創性を必要とした判例としては、印刷用書体の著作物性に関して争われた事案である最一小判平成12・9・7民集54巻7号2481頁「ゴナ書体事件」がある。

その他、関連する裁判例としては、東京地判平成10・11・20知裁集30巻4号841頁「ベジャール事件」、福岡高判平成14・12・26（平成11年(ネ)第358号）裁判所HP「日本舞踊家元事件」、東京地判平成21・8・28（平成20年(ワ)第4692号）

裁判所HP「手あそびうたブック事件」、**判例コメント5**＝「Forever21」ファッションショー事件控訴審がある。

（渡辺　充博）

判例コメント15 「著作権判例百選」の編集著作権事件

【決定裁判所】　（抗告審）知的財産高等裁判所（平成28年㋶第10009号）
　　　　　　　（第１審）東京地方裁判所（基本事件：平成27年㋵第22071号
　　　　　　　　　　　（仮処分命令申立事件）（以下、「仮処分決定」という）
　　　　　　　　　　　平成28年㋲第40004号（保全異議申立事件）（以下、
　　　　　　　　　　　「第１審決定」という））
　　　　　　　（許可抗告審）最高裁判所（平成28年（許）第53号）

【決定年月日】　（抗告審）平成28年11月11日
　　　　　　　（第１審）仮処分決定：平成27年10月26日
　　　　　　　　　　　第１審決定：平成28年４月７日
　　　　　　　（許可抗告審）平成29年３月21日

【出　　典】　（抗告審）判時2323号23頁、判タ1432号103頁
　　　　　　　（第１審）仮処分決定：裁判所HP
　　　　　　　　　　　第１審決定：判時2300号76頁

【請求内容】　複製・頒布等の差止め

【結　　論】　（抗告審）第１審決定の取消しおよび仮処分命令申立ての却下決定
　　　　　　　（第１審）仮処分決定（異議申立てに対しても、仮処分決定を認可）
　　　　　　　（許可抗告審）抗告棄却

【事案の概要】

　大学教授である相手方（債権者）は、編集著作物である著作権判例百選〔第４版〕（以下、「本件著作物」という）の共同著作者の一人であるところ、出版社である抗告人（債務者）が発行しようとしている著作権判例百選〔第５版〕（以下、「本件雑誌」という）は本件著作物を翻案したものであるから、本件著作物の著作権を侵害するなどと主張して、本件著作物の翻案権並びに二次的著作物の利用に関する原著作物の著作者の権利を介して有する複製権、譲渡権および貸与権、または著作者人格権（氏名表示権および同一性保持権）に基づく差止請求権を被保全権利として、抗告人による本件雑誌の複製・頒布等を差し止める

旨の仮処分命令を求める申立てをしたところ、地方裁判所が、この申立てを認める仮処分決定をした。

そこで、これを不服とした抗告人が保全異議を申し立てたが、第1審決定は、本件仮処分決定を認可したため、この第1審決定を不服とした抗告人が、第1審決定および本件仮処分決定の取消し並びに本件仮処分申立ての却下を求めた。

【争　点】

編集著作物の表紙等に「編」の字を付して氏名が表示されている者について
1　著作者の推定が及ぶか
2　著作者の推定を覆滅させる事情が認められるか

【判　旨】

1　争点1

裁判所は、以下の事情を根拠に、「本件著作物には、相手方の氏名を含む本件著作物編者らの氏名が編集著作者名として通常の方法により表示されているといってよい。したがって、相手方については、著作者の推定（法14条）が及ぶというべきである」と認定している。

①　本件著作物の表紙に、4名の氏名が「編」の字を付して表示されており、本件著作物のような編集著作物の場合、氏名に「編」と付すことは、一般人に、その者が編集著作物の著作者であることを認識させ得るものであること

②　はしがきには、本件著作物編者らの氏名が連名で表示されるとともに、「この間の立法や、著作権をめぐる技術の推移等を考慮し、第4版では新たな構成を採用し、かつ収録判例を大幅に入れ替え、113件を厳選し、時代の要求に合致したものに衣替えをした」と記載されており、本件著作物において編者として表示された者が編集著作物としての本件著作物の著作者であることを一般人に、認識させ得るものということができること

③　抗告人のウェブサイトにおいても、本件著作物につき、「著者」欄に、4名の氏名が「編」の字を付して表示され、「編」の表示が「著者」の表示に相当するものとして一般に理解されることを前提とするものとみられること

2 争点2

上記のとおり、相手方につき著作者の推定が及ぶことを前提に、以下の事情を根拠に、著作者の推定が覆滅されると認定している。

① まず、「創作性のあるもの、ないものを問わず複数の者による様々な関与の下で共同編集著作物が作成された場合に、ある者の行為につき著作者となり得る程度の創作性を認めることができるか否かは、当該行為の具体的内容を踏まえるべきことは当然として、さらに、当該行為者の当該著作物作成過程における地位、権限、当該行為のされた時期、状況等に鑑みて理解、把握される当該行為の当該著作物作成過程における意味ないし位置付けをも考慮して判断されるべきである」との一般論を示し、相手方による本件著作物の作成過程における行為の位置付けを検討する。

② 少なくとも本件著作物の編集にあたり中心的役割を果たしたB教授、その編集過程で内容面につき意見を述べるにとどまらず、作業の進め方等についても編集開始当初からEおよびB教授にしばしば助言等を与えることを通じて重要な役割を果たしたというべきA教授および抗告人担当者であるEとの間では、相手方につき、本件著作物の編集方針および内容を決定する実質的権限を与えず、または著しく制限することを相互に了解していたうえ、相手方も、抗告人から「編者」への就任を求められ、これを受諾したものの、実質的には抗告人等のそのような意図を正しく理解し、少なくとも表向きはこれに異議を唱えなかったことから、この点については、相手方と、本件著作物の編集過程に関与した主要な関係者との間に共通認識が形成されていたものといえる。しかも、相手方が本件原案の作成作業には具体的に関与せず、本件原案の提示を受けた後もおおむね受動的な関与にとどまり、また、具体的な意見等を述べて関与した場面でも、その内容は、仮に創作性を認め得るとしても必ずしも高いとはいえない程度のものであったことに鑑みると、相手方としても、上記共通認識を踏まえ、自らの関与を謙抑的な関与にとどめる考えであったことがうかがわれる。

③ これらの事情を総合的に考慮すると、本件著作物の編集過程において、相手方は、その「編者」の1人とされてはいたものの、実質的にはむしろ

アイデアの提供や助言を期待されるにとどまるいわばアドバイザーの地位に置かれ、相手方自身もこれに沿った関与を行ったにとどまるものと理解するのが、本件著作物の編集過程全体の実態に適すると思われる。

そうである以上、著作権法14条による推定にもかかわらず、相手方をもって本件著作物の著作者ということはできない。

【コメント】

1 はじめに

本決定は、判例および解説を収録した雑誌の「編者」として表示された「者」について、著作権法14条に基づく著作者の推定が及ぶとしたうえで、種々の事実関係から、かかる推定の覆滅を認め、著作者人格権に基づき雑誌の改訂版の複製等を差し止める内容の仮処分決定を認可した第1審決定を取り消し、仮処分命令申立てを却下した事例である。著作権法14条に関して、著作者の推定の覆滅を認めた事例は乏しく（なお、他の覆滅を認めた事例としては、**判例コメント16**＝ジョン万次郎銅像事件、大阪地判平成24・2・16判時2162号124頁「漢字検定対策用問題集事件」があげられる）、また、第1審と結論が異なっていることから限界的な事例であったと考えられることからも、参考となる重要な事例である。

2 著作者の推定が及ぶか否か

著作権法14条は、①著作物の原作品に、または著作物の公衆への提供もしくは提示の際に、②氏名または変名として周知のものが、③著作者名として通常の方法により表示されている者は、その著作物の著作者と推定すると規定している。③通常の方法により表示されているといえるためには、まえがきに暗示的な文章があるだけでは足りないとされており（加戸・逐条講義144頁）、書籍の場合であれば、表紙や奥付のような場所に表示されていなければならない（中山・著作権法201頁）。

本件では、本件著作物の表紙に、4名の氏名が「編」の字を付して表示されており、はしがきには、本件著作物編者らの氏名が連名で表示され、抗告人のウェブサイトにも4名の氏名が「編」の字を付して表示されている旨が認定されたうえで、通常、「編」の表示が「著者」の表示に相当するものとして一般に理解されるとして、著作物の原作品に氏名が通常の方法により表示されてい

る旨が認定されている。

3　著作者の推定を覆滅させる事情が認められるか

　著作者の推定が認められる場合、あくまで推定規定であることから、反証をあげれば覆滅することができるものの、一般論として、その反証は困難な場合が多いとされており、前述のとおり、反証を認める裁判例は乏しい。

　本件では、編集著作物の著作者性に関する一般論として、東京地判昭和55・9・17無体集12巻2号456頁「地のさざめごと事件」と同様の枠組みをとっている。そのうえで、複数の者によるさまざまな関与の下で共同編集著作物が作成された場合の著作者性の判断枠組みとして、著作物作成行為の具体的内容に加えて、著作物作成過程における地位、権限を重視しているものといえる。前記「地のさざめごと事件」においても、編集方針を決定することは、素材の選択、配列の創作性に寄与するもので、編集方針を決定した者も編集著作物の編集者となりうるが、素材の収集行為それ自体、また編集方針、素材の選択、配列につき相談にあずかって意見を具申することなどは直接創作に携わる行為とはいいがたいから、これらの行為をしたものは編集著作物の編集者とはなりえない、と判示している。要するに、編集方針を「決定」したか、単に「意見を具申」したにすぎないのかを判断する必要があり、その判断要素として、行為者がどのような編集権限を有していたのかが重要となる。客観的に同様の行為であっても、その行為者がどのような権限をもって行為したのかによって、意味合いが全く異なるからである。

　この点、本決定は、第1審と比較し、本件著作物の素材の選択、配列を確定する地位、権限があったか否かをより実質的に判断しているものであり、これにより結論が異なったものと考えられる。

4　最後に

　本決定に対して、相手方（債権者）は抗告を行ったものの、許可抗告審にて、本決定の判断は正当として是認できると判断され、抗告は棄却されている。

（冨本　晃司）

判例コメント16　ジョン万次郎銅像事件

【判決裁判所】　知的財産高等裁判所（平成17年(ネ)第10100号、第10116号）
【判決年月日】　平成18年2月27日
【出　典】　裁判所 HP
【請求内容】　著作者人格権の確認、名誉回復措置
【結　論】　控訴棄却、反訴請求棄却
【第1審】　東京地方裁判所平成17年6月23日判決（平成15年(ワ)第13385号）　裁判所 HP

【事案の概要】

彫刻家であるXは、Yを通じて依頼を受け、ジョン万次郎の銅像（昭和43年完成）およびほか一体の銅像を制作したが、銅像の台座には製作者としてYの通称が表示された。ジョン万次郎の銅像は、高知県土佐清水市が所有し、同市足摺岬公園内に設置されている。Xは、Yに対し、Xが本件銅像の著作者人格権を有することの確認とこれに伴い、銅像の所有者ないし管理者（以下、「所有者等」という）に銅像の製作者がXであることとその表示をX名義に改めるように通知することおよび謝罪広告を求めた事件である。

【争　点】

1　著作者の認定
2　他人名義の著作者名とする合意の存否
3　著作権法115条にいう著作者であることを確保するために適当な措置として、銅像の所有者等に対する著作者名の通知請求が認められるか
4　権利濫用

【裁判所の判断】

1　著作者の認定

裁判所は、本件各銅像の著作者について、著作物（2条1項1号）および著作者（同項2号）の各定義規定をあげ、「美術品である本件各銅像については、本件各銅像を創作した者をその著作者と認めるべきである。そして本件各銅像のようなブロンズ像は、塑像の作成、石膏取り、鋳造という3つの工程を経て

制作されるものであるが、その表現が確定するのは塑像の段階であるから、塑像を制作した者、すなわち、塑像における創作的表現を行った者が当該銅像の著作者というべき」とし、塑像の製作者が著作者であるとした。そのうえで、「ジョン万次郎像においては一審被告の通称である『Y』と……記入されているから、Yは、上記規定により、本件各銅像の著作者であるとの推定を受けることになる……上記規定は、著作者として権利行使しようとする者の立証の負担を軽減するため、自らが創作したことの立証に代えて、著作物に実名等の表示があれば著作者と推定するというものであるが、同規定の文言からして『推定する』というものにすぎず、推定の効果を争う者が反対事実の証明に成功すれば、推定とは逆の認定をして差し支えない」と判示した。

そして、創作的表現を行ったと主張するものが複数関与する場合であっても異なるところはないとして、「本件各銅像の塑像制作について創作的表現を行なった者はXのみであって、Yは塑像の制作工程においてXの助手として準備をしたり粘土付け等に関与しただけであると認め」、Xは反対事実の証明に成功したのでYに対し自らが著作者であることを主張できるとした。

2　Y名義での公表に関する合意の有無

Yは、Xが本件銅像にYの署名が入っていたことを認識したまま30年以上何ら異議を述べていなかった等の事情があることから、XY間には本件銅像につきY名義で公表する旨の合意が存在したと主張したが、裁判所は、「明示的にはもちろん、黙示的にも、Yが主張するような本件合意が成立したとまで認めることはできない」とこれを否定した。

なお、裁判所は、他人名義で公表する旨の合意について、傍論として「著作者人格権としての氏名表示権（著作権法19条）については、著作者が他人名義で表示することを許容する規定が設けられていないのみならず、著作者ではない者の実名等を表示した著作物の複製物を頒布する氏名表示権侵害行為については、公衆を欺くものとして刑事罰の対象となり得ることをも別途定めていること（同法121条）からすると、氏名表示権は、著作者の自由な処分にすべて委ねられているわけではなく、むしろ、著作物あるいはその複製物には、真の著作者名を表示をすることが公益上の理由からも求められているものと解すべき」であるとし、「仮にYとXとの間に本件各銅像につきY名義で公表する

ことについて本件合意が認められたとしても、そのような合意は、公の秩序を定めた前記各規定（強行規定）の趣旨に反し無効というべき」であるとした。

3　通知請求の当否

Yから本件各銅像の所有者等に対する銅像の著作者はXである旨の通知について、所有者等は、「本件訴訟の当事者ではないから、本件通知がなされたからといってこれに従う法的義務はないが……本件判決により現に制作者として表示されているYから本件通知がなされれば（Yが任意にこれを履行しないときは、民事執行法174条によりこれを擬制することができる。）、所有者等は本件各銅像の制作者表示を変更することが容易になる」ことから、本件通知請求は著作権法115条にいう名誉回復のための「適当な措置」として認められるとした。

4　権利濫用

Xが本件各銅像にYの署名が入っていたことを当初より認識していたにもかかわらず30年以上の間何ら異議を述べていなかった等の事情があるとしても、諸般の事情を考慮すると、YがXの氏名表示権に基づく権利行使が行われないと信頼すべき正当な事由が存在するとまでは認められず、また、Xの本訴請求が権利濫用に該当するということもできないと権利濫用の主張を排斥した。

【コメント】

1　著作者の認定

著作者が誰であるのかの立証は困難であり、また、第三者にとっても著作者を確定することは困難であることから、「著作物の原作品に……氏名若しくは名称……として周知のものが著作者名として通常の方法により表示されている者は、その著作物の著作者と推定」される（14条）。

本件においては、銅像の台座への表示が通常の方法による表示とされ、銅像にYの名称が記載されていたことからYが著作者であると推定されたものの、裁判所は、本件塑像を創作した者はXのみである旨認定して、かかる推定を覆した。本条は推定規定であるから、反証をあげることにより覆すことができるのであるが、そもそも著作者の立証が困難なことが多いことからして、反証に成功した例は多くはない（大阪地判平成24・12・6（平成23年(ワ)第15588号等）裁判所HP、大阪地判平成24・2・16判時2162号124頁「漢字検定対策用問題集事件」、

判例コメント25＝駒込大観音事件第１審、東京高判平成15・6・26（平成14年㈱第573号）裁判所 HP などがある）。本件は、反証が認められた事案の１つとして参考になろう。

2 著作者名の合意

本件では、Ｙ名義で公表することについて明示または黙示の合意は存在しないと認定されたが、傍論として、仮に合意が認められたとしても、そのような合意は公の秩序を定めた規定（強行規定）の趣旨に反し無効であるとされた。

この点、著作権法121条は、著作者名を偽って著作物の複製物を頒布する行為について、世人を欺く詐欺的行為の防止の見地および著作名義人の人格的利益の保護の見地から、その行為を犯罪と位置付け、刑事罰を定めた規定であるとされる（加戸・逐条講義836頁）。世人を欺く行為の防止を重視すれば著作物を他人名義で公表する旨の合意は無効といえよう。

しかし、著作物を他人名義で公表する旨の合意すべてを無効とすると、いわゆるゴーストライターを使用する場合などもすべて無効となりかねず妥当ではない。当事者間の契約により処理すべき場合も認めるべきである。この点、代作の場合には世人を欺くという反社会性は認めがたいことから、構成要件には該当しても違法性を欠く行為として処理したり（加戸・逐条講義841頁）、原則として無効としても、例外的な事例については権利濫用法理により処理すること（中山・著作権法491頁）も考えられる。

3 通知請求

著作者人格権等を侵害された場合、訂正その他「名誉・声望を回復するために適当な措置」を請求できる（115条）。典型的には、謝罪広告や訂正広告があげられる。適当な措置と認められるか否か、侵害の性質・程度と措置の妥当性を比較衡量して判断されることになる。

Ｙは、本件通知請求は、これを認めても、認めない場合と比して、Ｘの名誉回復等に役に立つといった事情は認められず、Ｘの名誉回復等に直接に役立たないから、「適当な措置」には該当しないと主張したが、裁判所は、所有者等は本件各銅像の制作者表示を変更することが容易になると認められるとして、かかる通知請求を認めた。

（西迫　文夫）

判例コメント17　テレビCM原版事件

【判決裁判所】　（控訴審）知的財産高等裁判所（平成24年(ネ)第10008号）
　　　　　　　（第1審）東京地方裁判所（平成21年(ワ)第4753号、第39494号）
【判決年月日】　（控訴審）平成24年10月25日
　　　　　　　（第1審）平成23年12月14日
【出　典】　（控訴審）裁判所HP、判例百選〔第5版〕80頁
　　　　　　（第1審）判時2142号111頁、判タ1378号213頁
【請求内容】　損害賠償
【結　論】　（控訴審）控訴棄却（請求棄却）
　　　　　（第1審）請求棄却

【事案の概要】
　本件は、広告制作会社である控訴人（原告）が、広告制作会社である被控訴人（被告）に対し、控訴人が制作した訴外Aを広告主とする新店舗告知のテレビCM原版（以下、「本件テレビCM原版」という）につき、被控訴人が無断で本件テレビCM原版を使用して新たに新店舗告知のテレビCM原版を制作し、そのプリントを作成した行為が、控訴人の有する著作権（複製権）を侵害するとして、損害賠償を求めた事案である。

　本件テレビCM原版は、広告主である訴外A、広告代理店である訴外B、元広告代理店職員でフリーのクリエイティブ・ディレクターである訴外C、控訴人、被控訴人等の関与の下制作されたが、現実の制作は、訴外Cがその全制作過程に関与し、CMのコンセプトを定め、出演タレントを決定するとともに、CM全体の予算を算定し、撮影・編集作業の指示を行い、控訴人、被控訴人らはその指示の下制作作業を担当した。そこで、控訴人は、本件テレビCM原版の著作権の帰属については著作権法の映画の著作物の著作権の規定（29条）を適用すべきではなく、広告主、広告会社、制作会社（控訴人）の三者の共有と解すべきである、仮に本件テレビCM原版が映画の著作物であるとしても、本件テレビCM原版は控訴人を著作者とする職務著作である、仮に、職務著作にあたらないとしても、控訴人が映画製作者（同条1項）にあたると

主張した。

【争　点】

1　本件 CM 原版の著作権の帰属
　①　本件 CM 原版が、著作権法の映画の著作物に該当し、それに関する著作権法の規定が適用されるか否か
　②　本件 CM 原版が、職務著作として制作されたものであるか否か
　③　本件 CM 原版について、控訴人が、著作権法29条1項の映画製作者であるか否か
　④　（控訴審にて追加）広告映像に関して、著作権法29条1項の適用が排除されるか否か

2　（控訴審にて追加）控訴人と広告代理店間の黙示の合意または慣習法に基づく、控訴人の「プリント業務を独占的に受注できる権利」を被控訴人らが不当に侵害した行為が、被控訴人らの不法行為に該当するか否か

【裁判所の判断】

1　第1審判決

(1)　**争点1①**

第1審は、「本件テレビ CM 原版は、……映像が動きをもって見えるという効果を生じさせる方法で表現され、ビデオテープ等に固定されており、創作性を有すると認めるのが相当である。……映画の効果に類似する視覚又は視聴的効果を生じさせる方法で表現され、かつ、物に固定されている著作物である」として、映画の著作物（2条3項）性、およびこれに関する規定の適用を認めた。

(2)　**争点1②**

第1審は、「本件テレビ CM 原版の著作者について検討するに、訴外 C は、本件テレビ CM 原版において、その全制作過程に関与し、CM のコンセプトを定め、出演タレントを決定するとともに、CM 全体の予算を策定し、撮影・編集作業の指示を行っていたのであるから……、映画の著作物の全体的形成に創作的に寄与した者（著作権法16条本文）として、本件テレビ CM 原版の著作者と認めるのが相当である」と判示した。しかし、職務著作についてはこれを否定した。

(3) **3 争点1③**

映画製作者については、広告代理店である訴外Bか広告主である訴外Aであると認定し、原告が本件CM原版の著作権を有するとは認められないと判断した。

2 控訴審判決

(1) **争点1①②**

控訴審は、争点1①について第1審と同様の判断をし、争点1②については、訴外Cが「少なくとも本件テレビCM原版の著作者の一人と認めるのが相当である」としたが、第1審と同様、職務著作については否定した。

(2) **争点1③**

控訴審は、「映画製作者の定義である『映画の著作物の製作に発意と責任を有する者』（著作権法2条1項10号）とは、その文言と著作権法29条1項の立法趣旨からみて、映画の著作物を製作する意思を有し、当該著作物の製作に関する法律上の権利・義務が帰属する主体であって、そのことの反映として当該著作物の製作に関する経済的な収入・支出の主体ともなる者であると解するのが相当である。これを本件についてみるに、本件テレビCM原版について、これを製作する意思を有し、当該原版の製作に関する法律上の権利・義務が帰属する主体となり、かつ、当該製作に関する経済的な収入・支出の主体ともなる者としては、広告主である訴外Bであると認めるのが相当である」と判示し、控訴人（原告）が、著作権法29条1項の映画製作者であるということはできないとして、これを否定した。

4 争点1④

控訴審は、「本件テレビCM原版が映画の著作物である以上……、その製作目的が、商品の販売促進等であることを理由として、同CM原版について同法29条1項の適用が排除されるとする原告の主張は、その主張自体失当であり、採用の余地はない」として、これを否定した。さらに、控訴審は、上記の理由に加え「本件テレビCM原版についてみると、同原版は、15秒及び30秒の短時間の広告映像に関するものであること……、他方、製作者たる広告主は、控訴人及び被控訴人に対し、約3000万円の制作費を支払っているのみならず、別途多額の出演料等も支払っていること、同広告映像により、期待した広告効果

を得られるか否かについてのリスクは、専ら、製作者たる広告主において負担しており、製作者たる広告主において、著作物の円滑な利用を確保する必要性は高いと考えられること等を総合考慮するならば、同CM原版について同法29条1項の適用が排除される合理的な理由は存在しない」旨判示している。

5 争点2

控訴審は、「制作会社が、CM原版のプリント（複製）をする例があったとしても……、本件において、訴外Bと控訴人（原告）間に、本件テレビCM原版のプリント業務について、控訴人（原告）に独占的に発注する旨の黙示の合意が成立していたと認めるに足りる証拠はない。原則としてプリント業務は制作会社に発注するという慣習法が存在すると認めるに足りる証拠もない。したがって、控訴人（原告）が訴外Bに対して本件テレビCM原版のプリント業務を独占的に受注できる権利を有していたとは認められず、その余について判断するまでもなく、これを前提とした、被控訴人（被告）の不法行為も認められない」と判示して、これを否定した。

【コメント】

1 テレビCM原版の著作権の帰属

本件は、制作会社、広告代理店、広告主等の多数の関係者が関与して制作されるテレビCMに関して、テレビCM原版の著作権が、上記関係者の誰に帰属するのかが問題となった事案である。テレビCM原版の著作権については、著作権法29条1項の「映画製作者」の解釈に基づき、制作会社、広告代理店ではなく、広告主に帰属する旨、裁判所の判断が示された初めての事例である（判時2142号112頁、高瀬亜富「判批」判例百選〔第5版〕80頁参照）として、重要な意義を有する。

また、広告業界の慣行では、広告主によるテレビCMの利用が円滑に行われるよう、広告会社、制作会社は、その利用を妨げないこととされる一方で、広告主は、テレビCMの改訂業務や複製業務について、当初制作を行った広告会社・制作会社へ優先的に発注するものとされていたようだが（金井重彦＝龍村全編著『エンターテイメント法』396頁〔西谷則昭〕）、そのような慣行による慣習法の存在は否定された点、本判決は実務的な影響もあるものと考えられる。

2 本件テレビCM原版が、著作権法の映画の著作物に該当するか

著作権法は、「『映画の著作物』には、映画の効果に類似する視覚的又は視聴覚的効果を生じさせる方法で表現され、かつ、物に固定されている著作物を含むものとする」（2条3項）と規定している。本件テレビCM原版が、同条文に照らして映画の著作物に該当するという本判断は、妥当なものと考えられる。

3 テレビCM原版の著作者

著作権法は、映画の著作物の著作者につき「映画の著作物の著作者は、……制作、監督、演出、撮影、美術等を担当してその映画の著作物の全体的形成に創作的に寄与した者とする」（16条本文）と規定する。映画の著作者については、一貫したイメージをもって映画製作の全体に参加したものと解されている（加戸・逐条講義152頁）が、裁判例としては総監督的な立場の者を著作者と認める東京地判平成14・3・25判時1789号141頁「宇宙戦艦ヤマト事件」、**判例コメント19**＝マクロス事件Ⅱ、**判例コメント18**＝グッドバイ・キャロル事件がある。本控訴審判決は、総監督的な立場の者につき、「少なくとも本件テレビCM原版の著作者の一人」と判示し、テレビCMにつき、総監督的な立場の者以外が著作者となる余地を示したものと考えられる。

4 テレビCM原版の映画製作者

著作権法は、映画製作者を「映画の著作物の製作に発意と責任を有する者をいう」（2条1項10号）と定義し、映画の著作物の著作権につき「映画の著作物……の著作権は、その著作者が映画製作者に対し当該映画の著作物の製作に参加することを約束しているときは、当該映画製作者に帰属する」（29条1項）と規定している。映画製作者については、映画製作に関する法律上の権利・義務が帰属する主体であって経済的な収入・支出の主体となる者と解されている（加戸・逐条講義45頁）。本第1審判決、控訴審判決では、映画製作者の判断基準を示したが、同様の基準を示した裁判例として、前掲**判例コメント19**＝マクロス事件Ⅱ控訴審、前掲**判例コメント18**＝グッドバイ・キャロル事件、がある。従前、劇場用映画およびこれに類する映画の著作物については、映画製作者は制作者と認定する裁判例が多かった（東京地判平成4・3・30判タ802号208頁「三沢市市勢映画事件」、大阪地判平成5・3・23判時1464号139頁「山口組5代目継承式事件」、前掲**判例コメント19**＝マクロス事件Ⅱ、前掲**判例コメント18**＝グッドバ

イ・キャロル事件第1審)。これに対して、テレビCMに関する映画の著作物について、第1審では、映画製作者は広告主または広告代理店であると認定していたが、本控訴審判決では、広告主が映画製作者に該当するとの認定を行っており、実務的に参考になると考えられる。

(塩田　千恵子)

判例コメント*18*　グッドバイ・キャロル事件

【判決裁判所】　（控訴審）知的財産高等裁判所（平成17年(ネ)第10076号）
　　　　　　　（第1審）東京地方裁判所（平成15年(ワ)第3184号）
【判決年月日】　（控訴審）平成18年9月13日
　　　　　　　（第1審）平成17年3月15日
【出　　典】　（控訴審）判時1956号148頁
　　　　　　　（第1審）判時1894号110頁、判タ1196号270頁
【請求内容】　差止請求、廃棄請求、損害賠償、謝罪広告
【結　　論】　（控訴審）一部変更、一部控訴棄却
　　　　　　（第1審）一部認容

【事案の概要】

　控訴人 X_1（原告 X_1）は、ロックバンドキャロルが所属していたレコード会社 A 社とキャロルのマネージメント会社 B 社と協議のうえ、控訴人 X_1 の代表者控訴人 X_2（一審原告 X_2）の監督の下、キャロルの解散コンサートのシーン等を中心とする「グッドバイ・キャロル」（以下、「本件作品」という）と題するドキュメンタリー映画の著作物を撮影した。

　A 社は、X_1 に依頼して、本件作品を編集しなおし、これを「燃えつきるキャロル・ラスト・ライブ」と題するビデオカセット商品（以下、「本件ビデオ」という）を製造販売した。

　その後、A 社から音楽関係の著作権その他のすべての権利を承継した Y が、上記ビデオカセット商品を DVD 化した DVD 商品（以下、「本件 DVD」という）を製造販売した。

　また、Y は後記 DVD 商品およびキャロルのベスト盤 CD（以下、「本件 CD」という）の宣伝のために本件作品を編集したプロモーション映像（以下、「本件プロモーション映像」という）を製作し、これをテレビで放映等するとともに、本件プロモーション映像を本件 CD の初回購入特典として、DVD に収録し（以下、「特典 DVD」という）これを本件 CD に付加して販売した。

　X らは、本件ビデオカセット商品や本件 DVD を製造した行為が X_1 の複製

権を侵害し、また、本件プロモーション映像を製作した行為や特典DVDを製造する行為がX_1の翻案権およびX_2の著作者人格権（同一性保持権および氏名表示権）を侵害すると主張して、X_1およびX_2は、Yに対し、本件ビデオ、本件DVD等の複製、頒布の差止めや損害賠償、謝罪広告などを求めた。

【争　点】（控訴審で判断したものだけ記載）
1　本件作品の著作者および著作権者は誰か
2　特典DVDおよび本件プロモーション映像はX_1の著作権およびX_2の著作者人格権を侵害するか
3　損害の発生およびその額、並びに謝罪広告の要否

【裁判所の判断】
1　第1審判決
　第1審は、本件作品の著作者はX_2であり、著作権者はX_1であるとしたうえ、本件ビデオはX_1らが製作販売を許諾していたからX_1の複製権を侵害しないが、本件DVDはX_1の複製権を侵害し、また、本件プロモーション映像および特典DVDはX_1の翻案権並びにX_2の著作者人格権を侵害すると判示した。

2　控訴審判決
(1)　争点1（本件作品の著作者および著作権者）
(A)　本件作品の著作者
　本判決は、著作権法16条を引いたうえで、「X_2は、本件作品の企画段階から完成に至るまでの全製作過程に関与し、本件作品の監督を務め、……ファンのインタビューを入れることなど作品の創作性の高い内容を決定し、自ら撮影、編集作業の全般にわたって指示を行っていることを総合して考えると、X_2が本件作品の『全体的形成に創作的に寄与した』唯一の者であると認めるのが相当である」として、本件作品の著作者をX_2であると判示した。

　なお、Yの職務著作（15条1項）の主張については、**関連判例2－3－1**「RGBアドベンチャー事件」の規範を引いたうえで、X_2が本件作品の内容を決定し、自ら撮影、編集作業の全般にわたる指示を行っており、かつ、本件作品の製作に関して、A社からX_2に対して支払った金銭があることを認めるに足りる証拠はないとして、X_2はA社の「業務に従事する者」に該当せず、本件作品についてA社の職務著作を否定した。

(B) 本件作品の著作権の帰属

本判決は、著作権法29条1項の立法趣旨と同法2条10号の文言を踏まえ、「『映画製作者』とは、映画の著作物を製作する意思を有し、著作物の製作に関する法律上の権利義務が帰属する主体であって、そのことの反映として同著作物の製作に関する経済的な収入・支出の主体ともなる者のことであると解すべきである」との規範を判示した。

そのうえで、X_2は、①撮影スタッフや機材等の発注先であるP社と撮影を発注する主体として契約を締結し、かつ、撮影費用等に関する経済的な支出の主体であり、②本件作品を放送したテレビ局との関係においては、本件作品に関する権利が帰属する主体として契約を締結し、放送権料に関する経済的な収入の主体であったということができるとして、本件作品の映画製作者は、X_2であると判示した。

(C) 著作権の譲受け

本判決は、著作権の譲受けについて次のとおり判示し、X_1からE、Eを経てYに著作権が移転したことを認めた。

「B社の代表者Eは、解散コンサートの映像を撮影しておくと、これをテレビで放送して……LPレコードのプロモーションに利用することができる上、将来何らかの利用価値が出るかもしれないと考えたというのであるから、LPレコードのプロモーションや将来の利用に支障を来たすことがないように、自ら又はB社が本件作品の著作権を取得しておくようにしたものと考えられる。しかも、解散コンサートは、B社がその運営に関する一切の業務を行い、その費用一式を負担し、Eが全体のプロデュースを行っているのであるから、Eが、これを撮影した作品の著作権が自ら又はB社に何ら帰属しないことを前提にX_2による解散コンサートの映像の撮影を認めるとは、通常考え難い」。

「X_1らは、本件作品のマスターテープをA社に引き渡している上、A社の許諾による全国の各地方テレビ局での本件作品の放送……については、格別問題としていないし、……本件ビデオのパッケージには『制作・著作・A社』と表示されているにもかかわらず、A社に疑義を質したり、抗議をしたり……、使用許諾による使用料を請求したこともない」。

「Eは、解散コンサートの終了後にその後の作業に関するメモを作成してい

るが、このメモには、『400万』、『18日テープ　編集　完成品　ビデオ　買い取る』との記載があることが認められる。上記メモ自体の記載に照らして、これに記載された『テープ』、『ビデオ』とは、解散コンサートの映像を収録したものであると考えられるところ、……A社は、X_1に撮影代金等を支払い、X_2からマスターテープの引渡しを受けている」。

　本判決は以上のとおり認定し、本件作品の映画製作者はX_1であり本件作品の著作権が帰属したものの、X_1は、その後、その著作権をEに譲渡し、その後の契約によりEはさらにA社にかかる著作権を譲渡したものと判示した。

(2) **争点2（特典DVDと本件プロモーション映像がX_2の著作者人格権を侵害するか）**

　本判決も第1審の判断を引用し、X_2の同一性保持権および氏名表示権を侵害すると判示した。第1審はこの点について、**関連判例9－1－2**「江差追分事件」の判旨を引きつつ、「本件作品の中で特徴的な映像が使用されていることから、特典DVDに接した者は、元の映像が本件作品であることは容易に看取でき、本件作品の表現上の本質的な特徴を直接感得することができる」として、特典DVDおよび本件プロモーション映像は、いずれも本件作品にかかるX_2の同一性保持権を侵害するものであると判示した。また、特典DVDおよび本件プロモーション映像に、X_2の氏名は表示されていないから、X_2の氏名表示権も侵害すると判示した。

(3) **争点3、4（損害の発生の有無およびその額、並びに謝罪広告の要否）**

　X_2の同一性保持権および氏名表示権侵害により精神的損害を被ったと認められるとしつつ、その慰謝料は100万円と認めるのが相当であると判示した。

　また、謝罪広告についても、第1審と同様、X_2の著作者人格権の侵害による損害は、前記慰謝料の支払いで填補されており、これ以上に名誉回復措置が必要であると認めるに足りる証拠はないとして、その請求を認めなかった。

【コメント】

　本件は、訴訟提起の約30年前に行われたZが所属していた人気ロックバンド「キャロル」の解散コンサートを撮影・製作した映画の著作物につき、その後これを編集したビデオやDVDの販売行為、プロモーション映像の作成・上

映・販売行為などについて著作権侵害および著作者人格権侵害が争われた事案である。

本判決は、「映画の著作者」、職務著作における「業務に従事する者」、映画参加契約における「映画製作者」につき、従来の裁判例や見解にしたがって判断したものであるが、約30年前の出来事につき、著作権に関する意識もまだ低く、契約書も作成されていない事案であり、このような事案の場合の上記争点に関する事実認定の方法や規範へのあてはめ方について参考になる事例といえる。

まず、本件映画の著作者について、X_2が「本件作品の企画段階から完成に至るまでの全製作過程に関与し、本件作品の監督」であると認定し、さらに、「自ら撮影、編集作業の全般にわたって指示を行っている」として、同人が「本件作品の『全体的形成に創作的に寄与した』唯一の者」と認定している。

本件では、キャロルのマネージメント会社B社が解散コンサートの企画・制作、演出等を行い、本件作品の制作費を支出したことから、補助参加したB社も本件映画の共同著作者であると主張していた。このような主張もあったことから、本判決では、X_2が本件映画の監督であると認定するだけでなく、X_2が自ら撮影、編集作業の全般にわたって指示を行っていたとして、X_2のみが本件作品の「全体的形成に創作的に寄与した」者であり、同人のみが著作者であると認定したものと思われる。

次に、「映画製作者」については、東京地判平成15・4・23（平成13年(ワ)第13484号）裁判所HP「角川映画事件」や学説の「法律上の権利・義務が帰属する主体であって経済的な収入・支出の主体になる者」（加戸・逐条講義45頁）と同様の見解にたち、「映画製作者」について上記規範を判示したうえで、P社やTBSと契約した事実に基づき、X_1が本件映画の製作に関する法律上の権利義務の帰属主体であり、経済的収入・支出の主体であると認定している。

最後に、本判決と第1審との違いは、X_1からB社の代表者Eへの著作権の譲渡が認められたか否かという点にある。そして、その判断の大きなポイントは、本件映画の「マスターテープ」のX_1からEに対する引渡しの有無である。

本判決では、当時作成されたメモの記載からマスターテープの引渡しを認定しているが、第1審でもこのメモは証拠として提出されており、控訴審でその

証拠の評価が変更されている。控訴審で新たな証拠調べが行われ、その結果が影響したものと思われる。

　なお、本判決では、著作権の譲渡を認めているが、著作権法61条2項の同法27条、28条権利の「特掲」について触れられていない。これは本件ビデオやDVDなどは本件作品のマスターテープを元に編集されるものであるところ、これが譲渡されたということは同法27条や28条の権利についても黙示の許諾があったものと推認されるため、あえて特掲の論点について触れていないと思われる。

（藤原　正樹）

判例コメント19　マクロス事件Ⅱ

【判決裁判所】　（控訴審）東京高等裁判所（平成15年(ネ)第1107号）
　　　　　　　　（第1審）東京地方裁判所（平成13年(ワ)第6447号）
【判決年月日】　（控訴審）平成15年9月25日
　　　　　　　　（第1審）平成15年1月20日
【出　典】　（控訴審）裁判所HP
　　　　　　　（第1審）判時1823号146頁、判タ1123号263頁
【請求内容】　著作権確認、妨害行為の差止請求
【結　論】　（控訴審）控訴棄却
　　　　　　（第1審）一部認容（著作権確認請求部分）

【事案の概要】

　X（原告・被控訴人）はアニメーション製作会社、Yらはアニメ製作に関する企画等を行う会社である。Y_1（被告・被控訴人）は、「超時空要塞マクロス」と題するアニメ製作を企画し、広告代理店のY_2（被告・被控訴人）がテレビアニメ（以下、「本件テレビアニメ」という）化に向けたスポンサー集めや放送枠の確保を行った。本件テレビアニメの制作作業については、大手のXに製作作業を依頼し、放送事業者M（以下、「M社」という）の希望でXがMとの間で本件テレビアニメの製作・放送契約（以下、「本件製作契約」という）を締結した。

　Xは、Y_1、Xの子会社等、本件テレビアニメ製作作業にかかわったスタッフの報酬等の製作費用を先行して負担し、本件製作契約に基づいて本件テレビアニメを製作、完成させた。M社は、本件製作契約に基づいて、作品納品の翌月にXに対して製作費を支払い、Y_2はスポンサーから広告料の支払いを受け、本件テレビアニメ放映期間中、M社に放映料を支払っている。

　本件テレビアニメのシナリオ作成、アフレコ、フィルム編集に至るまでの現場での製作作業全般にかかわり、出来栄えの最終責任を負い、実際の作業においても動画作成、カットに関する最終決定、撮影後のラッシュフィルムのチェック、編集に最終決定を行ったのは総監督Iである。Iは本件製作契約を

認識して、総監督として本件テレビアニメ製作に参加し、XからXの子会社を通じて報酬を受け取った。

本件テレビアニメの著作権をめぐって、XとYらとの間に紛争が生じ、Xが本件テレビアニメの著作権（著作権および著作者人格権）の確認、Xによる本件テレビアニメの上映、複製物の頒布に対するYらの妨害行為の差止めを求めた。

【争　点】
1　本件テレビアニメが、著作権法15条1項の職務著作として、Xに著作者人格権および著作権が帰属するか
2　Xが、著作権法29条1項により映画製作者として本件テレビアニメの著作権を取得したか

【裁判所の判断】
第1審は、本件テレビアニメにおいて、著作権法16条の定める「著作物の全体的形成に創作的に寄与した者」は総監督Iであり、Xのプロデューサー等は創作面での具体的な関与はなかったとして、同法15条1項の職務著作としてXが本件テレビアニメの著作権を取得したとは認められないとした。

一方、Xは著作権法29条1項の映画製作者にあたり、Iが本件テレビアニメの製作に参加したとして、Xに本件テレビアニメの著作権の帰属を肯定したため、控訴審では、主に、同法29条1項を適用する前提となる同法2条1項10号の映画製作者にXが該当するか否か（「発意」・「責任」の意味）が争点となった。

1　「発意」

「最初にその映画を自ら企画、立案した場合に限られると解すべき理由はなく、他人からの働きかけを受けて製作意思を有するに至った場合もこれに含まれると解するのが相当である」とし、Xは最初に本件テレビアニメの企画を立案していないものの、Y_2からの働きかけを受けてM社と本件製作契約を締結することにより製作意思を有するに至ったとして、Xの「発意」を認定した。

2　「責任」

「製作自体について法律上の権利義務の主体であると認められるか否か、製作自体についての法律上の権利義務の主体であることの反映として、製作自体につき経済的収入・支出の主体ともなる者であると認められるか否かによって

決せられるべきである」とし、Xが本件製作契約における法律上の権利義務の主体（「責任」の主体）であって、本件製作契約締結に至るまでの寄与やXが負担した製作費の原資が何であるかは、「責任」の主体の判断に影響しない。

【コメント】

　著作権法2条1項10号の映画製作者の要件たる「発意」とは、自己の計算において製作にかかることを意味し、「映画を製作したい」と企画した者や映画会社に製作委託したにすぎない者は映画製作者とならない（加戸・逐条講義45頁）。本判決では、映画製作者の要件である「発意」の意義について、自ら企画立案をせず、他人からの働きかけであったとしても、M社との間で本件テレビアニメの製作義務を負う本件製作契約を締結したことをもって「発意」を認定した。

　「責任」の意義においても、同様に本件製作契約の主体となったか否かが重視されている。

　結局のところ、誰が映画製作にかかる法律上の権利義務の主体となっているのか（映画製作契約の主体となったか否か）が、映画製作者の認定において非常に重要な要素といえよう。

　本件以外に、映画製作者の判断を行ったものとして、東京地判平成4・3・30判タ802号208頁「三沢市市勢映画事件」、東京地判平成15・4・23（平成13年(ワ)第13484号）裁判所HP「角川映画事件」、**判例コメント18**＝グッドバイ・キャロル事件第1審、**判例コメント38**＝CRフィーバー大ヤマト事件などがある。

（高橋　幸平）

判例コメント20　北見工業大学事件

【判決裁判所】　（控訴審）知的財産高等裁判所（平成22年(ネ)第10029号）
　　　　　　　（第1審）東京地方裁判所（平成20年(ワ)第7142号）
【判決年月日】　（控訴審）平成22年8月4日
　　　　　　　（第1審）平成22年2月18日
【出　　典】　（控訴審）判時2101号119頁、判タ1344号226頁
　　　　　　　（第1審）裁判所HP
【請求内容】　損害賠償請求、差止請求、廃棄請求
【結　　論】　（控訴審）控訴棄却
　　　　　　　（第1審）請求棄却

【事案の概要】

　控訴人（原告）は、被控訴人（被告）において准教授として勤務していた。平成5年度から平成15年度まで、被控訴人は北見市や常呂川水系環境保全対策協議会との間で共同研究契約を締結し、控訴人は被控訴人からの参加者として共同研究に参加し、研究代表者を務め、平成15年度研究報告書が作成された。

　控訴人は、被控訴人から平成17年3月17日付で停職処分を受け、共同研究に参加することができなくなった。控訴人以外の被控訴人の教員が参加して共同研究が継続的に実施され、平成16年度、平成17年度の各共同研究に係る研究報告書（以下、「平成16年度研究報告書」「平成17年度研究報告書」という）が作成された。平成15年度研究報告書について、控訴人が著作者であり、著作権および著作者人格権を有するとして、平成16年度および平成17年度研究報告書が平成15年度研究報告書に依拠して作成された複製物であるから、被控訴人が被控訴人名義で平成16年度および平成17年度研究報告書を印刷発行し、頒布した行為が、控訴人の著作権（複製権）および著作者人格権（同一性保持権）を侵害する行為であると主張して、当該研究報告書の発行、頒布の差止めおよび同研究報告書の廃棄を求め、1100万円の損害賠償を請求した事案である。

【争　点】

　控訴人が平成15年度研究報告書の著作者であるか否か（15条1項の適用の有

無）

【裁判所の判断】

1 第1審判決

「法人その他使用者の発意」の要件に関して、本件各共同研究は、北見市等からの共同研究の申請を受けて被告内部での意思決定を経た後、被告と北見市等との間で締結された各共同研究契約に基づき実施されたものであること、本件平成15年度報告書は、共同研究契約における「被告及び北見市（又は協議会）とは、双方協力して、本共同研究の実施期間中に得られた研究成果について報告書を、本共同研究終了後にとりまとめる」との約定（4条）に基づき契約上の義務の履行として作成されたものであり、本件各平成15年度報告書の作成は、被告の判断にかかっていたものとして、被告の発意に基づくものである旨判示した。

また、「法人等の業務に従事する者が、職務上作成する著作物」との要件については、原告と被告との間には雇用関係があったこと、原告が平成15年度の研究代表者を務めたのは、被告が北見市等との約定によるものであること、被告が、共同研究契約上の義務として、共同研究終了後に、研究成果についての報告書をとりまとめる義務（4条）を負っていたことから、原告は、被告の研究担当者として、上記約定に基づき本件各平成15年度報告書を作成したことが認められるので、本件各平成15年度報告書は、被告の業務に従事する者が、職務上作成したものであるという旨の判断をした。

2 控訴審判決

(1) 著作権法15条1項の趣旨

「著作権法15条1項は、法人等において、その業務に従事する者が指揮監督下における職務の遂行として法人等の発意に基づいて著作物を作成し、これが法人等の名義で公表されるという実態があることにかんがみて、同項所定の著作物の著作者を法人等とする旨を規定したものである（最高裁平成13年（受）第216号同15年4月11日第二小法廷判決・裁判集民事209号469頁参照）」。

(2) 法人その他使用者（法人等）の発意に基づくこと

「法人等が著作物の作成を企画、構想し、業務に従事する者に具体的に作成を命じる場合、あるいは、業務に従事する者が法人等の承諾を得て著作物を作

成する場合には、法人等の発意があるとすることに異論はないところであるが、さらに、法人等と業務に従事する者との間に雇用関係があり、法人等の業務計画や法人等が第三者との間で締結した契約等に従って、業務に従事する者が所定の職務を遂行している場合には、法人等の具体的な指示あるいは承諾がなくとも、業務に従事する者の職務の遂行上、当該著作物の作成が予定又は予期される限り、『法人等の発意』の要件を満たすものと解すべきである」と判示した。

そのうえで、本件共同研究契約の締結の経緯や、控訴人の役割、平成15年度報告書作成の経緯および内容等に照らせば、控訴人の平成15年度報告書の作成は、被控訴人の北見市等に対する契約上の義務を履行するため、控訴人も被控訴人の従業者として契約に従った内容の研究を実施、遂行すべき義務を負うとともに、被控訴人と北見市等との間で締結した契約に従って、被控訴人の研究担当者としての控訴人の職務の遂行上その作成が予定されていたものであったといえ、被控訴人の発意に基づくものと評価することができると判断した。

(3) **法人等の業務に従事する者が職務上作成したものであること**

控訴人と被控訴人に雇用関係があったこと、被控訴人と北見市等との間の共同研究契約の締結の経緯から、共同研究に従事することが控訴人の職務の内容となっていたこと、平成15年度報告書が、共同研究契約に基づいて研究成果についての報告書としてとりまとめられたことから、平成15年度報告書は、被控訴人の業務に従事する控訴人が、職務上作成したものであると判断した。

(4) **法人等が自己の著作の名義の下に公表するものであること**

報告書の記載内容や被控訴人の内部規程等の事実関係から、「表紙下部中央の『北見工業大学地域共同研究センター』、『北見工業大学化学システム工学科環境科学研究室』との記載は、報告書の著作名義そのものを記載したものとみるべきであって、いずれも被控訴人の著作名義の下に公表したものであるということができる」旨を判断した。

(5) **作成の時における契約、勤務規則その他に別段の定めがないこと**

平成15年度報告書が作成された時に、契約、勤務規則その他に、別段の定めがあったとは認められないと判示した。

(6) 小　括

平成15年度報告書については、著作権法15条1項が適用され、控訴人は平成15年度報告書に係る著作権および著作者人格権を有しないから、控訴人の請求には理由がないとして、控訴人の請求を棄却した。

【コメント】

1　はじめに

本判決は、大学と外部者との共同研究により作成された報告書に関して大学の職務著作であることを肯定した事案である。大学の教員によりなされた創作物に関しては、専門的研究成果であり、使用者の関与が希薄なため、一般企業における雇用関係の場面と異なる。本判決は、大学教員の作成する講義資料や研究論文等の創作物一般に関するものではないが、大学と第三者との共同研究の報告書に関して、職務著作を認めた事例として重要な意義がある。

2　法人等の発意

職務著作（15条1項）が成立するためには、「法人その他使用者の発意」に基づく必要がある。この要件は、著作物作成の意思決定が直接または間接に使用者の判断にかかっていることを意味するものである（中山・著作権法207頁）。学説上は、発意の要件は、「職務上作成する」という要件に吸収されると解する見解（田村・概説380頁）もある。

発意の要件に関しては、裁判例（知財高判平成18・12・26判時2019号92頁「宇宙開発事業団プログラム事件」）と同趣旨の内容を判示した。すなわち、本控訴審判決では、「法人その他使用者の発意」の要件について、①法人等が著作物の作成を企画、構想し、業務に従事する者に具体的に作成を命じる場合、②業務に従事する者が法人等の承諾を得て著作物を作成する場合、③法人等と業務に従事する者との間に雇用関係があり、法人等の業務計画や法人等が第三者との間で締結した契約等に従って、業務に従事する者が所定の職務を遂行している場合には、法人等の具体的な指示あるいは承諾がなくとも、業務に従事する者の職務の遂行上、当該著作物の作成が予定または予期される場合に認められる旨判断している。

本件では、大学から教員に対する具体的な指示がなかったようであるので、具体的な指示や承諾がない場合として、法人等の発意が認められている。

3 法人等の業務に従事する者が職務上作成したものであること

「職務上作成したもの」とは、業務に従事する者に直接命令されたもののほかに、業務に従事する者の職務上、作成することが予定または予期される行為も含まれる（前掲「宇宙開発事業団プログラム事件」）。

本件では、控訴人が大学教員であり、研究の成果という側面があったため、学問の自由との関係で、職務著作の適用を厳格に検討されるべき旨を控訴人は主張していた。しかし、共同研究契約を締結した被控訴人側から控訴人は参加しており、契約上報告書を作成する義務を被控訴人が負っていたことから、被控訴人から控訴人に求められた職務には、平成15年度研究報告書を作成することが予定されていたものといえるので、その判断は妥当なものといえる。

また、職務著作の制度の趣旨が、法人の円滑な事業活動の確保および第三者による著作物の円滑な利用を促進する点にあることからすれば、大学と第三者が共同研究契約を締結した場合において、実際に報告書を作成した教員が著作者となれば、契約上想定された成果物に関して教員から許諾を得なければ利用できなくなり、第三者の著作物の円滑な利用を妨げることとなり、趣旨にもとる結果となり、妥当ではない。

以上から、本判決が共同研究報告書に関して、職務上作成する著作物と認めたことは妥当な判断であると思われる。

（清原　直己）

判例コメント21　計装士講習会資料事件

【判決裁判所】　（控訴審）知的財産高等裁判所（平成18年(ネ)10027号）
　　　　　　　　（第1審）東京地方裁判所（平成17年(ワ)1720号）
【判決年月日】　（控訴審）平成18年10月19日
　　　　　　　　（第1審）平成18年2月27日
【出　典】　（控訴審）裁判所HP
　　　　　　（第1審）判時1941号136頁、判タ1226号297頁
【請求内容】　損害賠償請求、謝罪広告等の掲載、廃棄請求、不当利得返還請求
【結　論】　（控訴審）控訴棄却
　　　　　　（第1審）請求棄却

【事案の概要】

　控訴人（原告）は、被控訴人会社（被告会社）の従業員であったところ、被控訴人会社在職中に、被控訴人工業会（被告工業会）の依頼により、平成10年度から平成12年度まで、計装士の技術講習（以下、「本件講習」という）の講師を務めた際、講習資料（うち、「平成12年度計装士技術維持講習」における「空調技術の最新動向と計装技術」に係る資料につき、「12年度資料」という）を作成した。

　控訴人の後任として上記講習の講師を務めた被控訴人会社従業員は、控訴人から交付を受けた12年度資料の電子データを利用し、12年度資料の大部分の記述をそのまま用いて平成13年度および平成14年度の計装士技術維持講習の資料（以下、「13年度資料」「14年度資料」という）を作成した。

　控訴人は、12年度資料につき著作権および著作者人格権を有するとして、被控訴人会社において、控訴人の後任講師の被控訴人会社従業員に、12年度資料の複製等により13年度資料および14年度資料を作成させ、被控訴人工業会において、各資料の写しを受講者に配布するなどして、共同して、控訴人の著作権（複製権、口述権）および著作者人格権（氏名表示権、同一性保持権）を侵害したと主張して、被控訴人らに対し、損害賠償請求、謝罪広告の掲載、13年度資料・14年度資料の廃棄および不当利得返還請求を求めた事案である。

【争　点】
1. 12年度資料が職務著作として被控訴人会社が著作者となるか否か
2. 控訴人は12年度資料の複製について許諾していたか
3. 被控訴人らによる氏名表示権侵害の有無
4. 被控訴人らによる同一性保持権侵害の有無
5. 不当利得返還請求権の有無

【裁判所の判断】
1　第1審判決
(1)　争点1（12年度資料について、職務著作として被控訴人会社が著作者となるか否か）

著作権法15条1項所定の職務著作の成否に関し、12年度資料は、被控訴人会社の発意の下、被控訴人会社の業務従事者である控訴人が職務上作成したものと認めることができる。

しかし、12年度資料の表紙の記載から、被控訴人会社が講習資料の内容について最終的に責任を負うことを表示したものと理解するのは困難であるなどとし、職務著作の成立要件のうち、「法人等が自己の著作の名義の下に公表するものであること」（公表名義要件）を満たしていないとし、12年度資料は、被控訴人会社の職務著作とはいえないとした。

(2)　争点2（控訴人は12年度資料の複製について許諾していたか）

控訴人が、その上司の指示で講師を交代し、その指示の下12年度資料の原稿データをも何らの留保なく後任の講師に交付している事実などから、控訴人が12年度資料の複製について黙示的に許諾していたとした。

なお、控訴人は口述権侵害の主張も行っているが、裁判所は、被控訴人らが13年度資料および14年度資料を許諾なく使用したか否かを検討するまでもなく、口述権侵害を否定している。

(3)　争点3（氏名表示権侵害の有無）および争点4（同一性保持権侵害の有無）

氏名表示権侵害を否定するとともに、同一性保持権侵害につき、意に反する改変にあたるかは、社会通念上著作者の意に反するか否かで判断するとしたうえで、13年度資料および14年度資料の個々の変更箇所について、改変には該当

しないもしくは著作物の性質並びにその利用の目的および態様に照らしやむを得ないと認められる改変に該当するとし、いずれの変更箇所についても、同一性保持権の侵害を否定した。

(4) **争点5（不当利得返還請求権の有無）**

控訴人が12年度資料の複製の許諾をしており、被控訴人らによる控訴人の著作権、著作者人格権の侵害はなく、控訴人の被控訴人らに対する不当利得返還請求は認められない。

2 控訴審判決

(1) **争点1（12年度資料について、職務著作として被控訴人会社が著作者となるか否か）**

第1審判決同様、控訴審判決においても、職務著作の要件のうち、「法人等が自己の著作の名義の下に公表するものであること」（公表名義要件）を満たしていないとして、以下のとおり、職務著作の成立を否定している。

12年度資料の作成経緯、内容等について検討したうえで、12年度資料の作成当時、控訴人が被控訴人会社の業務従事者であったことを前提に、12年度資料が合綴されている平成12年度の講習資料集の作成名義は、被控訴人工業会である。

そして控訴人作成の12年度資料の表紙の「高砂熱学工業㈱東京支店　計装システム部部長　X」との記載は、講師が控訴人であることを表示しているにすぎず、また、「高砂熱学工業㈱東京支店　計装システム部部長」は、講師の肩書であり、「高砂熱学工業㈱」との語についても、控訴人の所属する会社名を表示するにすぎないと理解するのが通常である。

(2) **争点2（控訴人は、12年度資料の複製について許諾していたか）**

本件の具体的事情を認定のうえ、控訴人は、上司の指示で講師の交代を行い、後任の講師に何ら留保なく12年度資料の原稿の電子データを交付したことから、13年度資料および14年度資料を作成するために利用させる意思であったとし、利用させるとは、控訴人の後任者が13年度資料および14年度資料を作成するために、必要に応じて、12年度資料に変更、追加、切除等の改変を加えることをも含むものであって、控訴人は、そのような意味で12年度資料の複製を黙示的に許諾したものと解するのが相当であるとし、控訴人が12年度資料の複製につ

き黙示的に許諾していたとした。

そのため、13年度資料および14年度資料の作成や交付は、12年度資料についての控訴人の複製権を侵害するものではないとし、口述権侵害の主張は前提を欠くとされた。

(3) **争点3（被控訴人らによる氏名表示権侵害の有無）**

控訴人が12年度資料について少なくとも控訴人の氏名を著作者名として表示しないことを選択していること等から、氏名表示権の侵害を否定した。第1審判決と同様の判示である。

(4) **争点4（被控訴人らによる同一性保持権侵害の有無）**

裁判所は、おおむね以下のとおり認定し、同一性保持権侵害を否定した。

著作権法20条1項の同一性保持権の規定の趣旨を述べ、同規定は、著作者の意に反した著作物の改変を禁ずる一方、著作者自身が自らの意思によりその著作物の改変について同意することは許容される。

著作者が、第三者に対し、必要に応じて、変更、追加、切除等の改変を加えることをも含めて複製を黙示的に許諾しているような場合には、第三者が当該著作物の複製をするにあたって、必要に応じて行う変更、追加、切除等の改変は、著作者の同意に基づく改変として、同一性保持権の侵害にはならない。

そして、控訴人の後任者が、13年度資料および14年度資料を作成するために、12年度資料の表現についての基本的な構成、内容を前提として、上記目的に沿って12年度資料の表現、内容をより適切なものにし、その資料全体を充実させることは、上記講習資料作成の目的に沿い、必要に応じて行う変更、追加、切除等の改変であって、控訴人が黙示的に許諾していた複製に含まれ、著作者の同意に基づく改変として、控訴人の同一性保持権を侵害するものとはいえない。

13年度資料および14年度資料の個々の変更箇所につき、上記講習資料作成の目的に沿った必要な範囲内の改変といえるか検討するに、いずれも、控訴人が黙示的に許諾していた複製に含まれる必要な範囲内の改変であるから、著作者の同意に基づく改変である。

(5) **争点5（不当利得返還請求権の有無）**

控訴人が12年度資料の複製の許諾をしており、被控訴人らによる控訴人の著

作権、著作者人格権の侵害はなく、控訴人の被控訴人らに対する不当利得返還請求は認められない。第1審判決と同様の判断である。

【コメント】

(1) 職務著作（公表名義要件）

本判決の事案は、職務著作の成立要件（15条1項）のうち、「法人等が自己の著作の名義の下に公表するもの」といえるか問題となった事案である。

本判決では、著作権の帰属が争われた12年度資料につき、これが掲載されている講習資料集の表紙の下段に被控訴人工業会の名称が表示されていることや、控訴人作成の12年度資料の表紙においては、「講師」という表示に続いて、講師の所属部署や役職とともに、氏名が表示されていることなど、講習資料集における表示について検討したうえで、「法人等が自己の著作の名義の下に公表するもの」とはいえないと判断しているものであり、著作権の帰属が争われた著作物の表示の意味合いを検討し著作名義と評価できるかを判断し、公表名義要件を否定した事案といえる。

確かに、本判決で認定された12年度資料の体裁からすれば、控訴人の表示は講師名であり、その前に付された被控訴人会社の表示は、講師の所属会社を表示したものと判断せざるを得ないだろうから、本判決の結論は妥当なものである。

職務著作の成否に関しては、「法人等の業務に従事する者」といえるかが争われることが多いが、本判決は、「法人等が自己の著作の名義の下に公表する」ものといえるかにつき判断した一事例として意義のあるものといえる。

なお、同要件が問題となった裁判例の中には、執筆者名等が表示されていたものの、これらの者が法人内部の職務分担として執筆したものだとし、同要件を満たしているとして、職務著作の成立を認めたものがある（東京地判平成7・12・18判時1567号126頁「ラストメッセージin最終号事件」）。

(2) 同一性保持権侵害

本件は、同一性保持権侵害につき、第1審判決および本判決において判断基準が異なっている点も着目され、第1審判決においては、「意に反するか否かは、著作者の立場、著作物の性質等から、社会通念上著作者の意に反するか否かを客観的に判断すべきである」との立場に立つ一方で、本判決においては、

「著作者の同意に基づく改変」といえるかで判断するとの立場に立っている。

本判決は、同一性保持権侵害の成否について判断した一事例としても意義を有するものである。

(赤松　俊治)

判例コメント22　セキスイツーユーホーム事件

【判決裁判所】　大阪地方裁判所（平成15年(ワ)第2886号）
【判決年月日】　平成17年1月17日
【出　典】　判時1913号154頁
【請求内容】　損害賠償請求、撮影フィルムの引渡請求
【結　論】　一部認容

【事案の概要】

　写真撮影家である原告は、被告グループ会社の広告宣伝のための写真撮影の依頼を共同被告である被告広告会社を通じて受け、撮影した写真のフィルムを被告広告会社に引き渡した。その後、被告グループ会社が、原告が撮影した写真を、当初の目的外の広告に掲載して使用したことから、被告らの行為が原告の著作権（複製権）および著作者人格権（氏名表示権）を侵害するとして、被告らに損害賠償を請求するとともに、被告広告会社にフィルムの返還を請求した事案である。

【争　点】

1　本件写真の著作者
2　著作権不行使の合意の有無
3　著作権の譲渡の有無
4　使用許諾の有無
5　氏名不表示の違法性の有無
6　被告らの故意または過失
7　損害額
8　過失相殺の当否
9　フィルムの所有権の帰属

【裁判所の判断】

1　本件写真の著作者

　裁判所はまず、本件写真が被告広告会社の職務著作であるとの主張について、「原告が本件契約の履行として行った行為は、写真を撮影した上で、掲載され

る『ツーユー評判記』に適切なものを選び出し、そのフィルムを被告エスピー・センターに引き渡すというものであって、その性質は、単なる労務の提供というべきものではなく、むしろ仕事の完成とその引き渡しというべきものである」として、職務著作に該当しないとした。

2 著作権不行使の合意、著作権譲渡の有無および使用許諾の有無

裁判所は、被告広告会社が主張した原告との著作権不行使の合意の主張および原告からの著作権譲渡の主張、原告による使用許諾の主張について、これらを否定した。

3 本件写真使用時の氏名不表示の違法性の有無

本判決は、本件写真使用時の氏名不表示の違法性の有無について、「本件写真は、『セキスイツーユーホーム』の宣伝広告に用いる目的で撮影されたものであるところ、本件使用も、まさに『セキスイツーユーホーム』の広告である新聞広告に用いたものである」とし「一般に、広告に写真を用いる際には、撮影者の氏名は表示しないのが通例であり、原告も従来、この通例に従ってきたが、これによって特段損害が生じたとか、不快感を覚えたといったことはなかったことが認められる」として、「本件使用は、その目的態様に照らし、原告が創作者であることを主張する利益を害することはなく、公正な慣行にも合致するものといえるから、同項（注：19条3項）によって原告の氏名表示を省略する場合に該当するというべきである」と判断した。また、「原告は、本件使用は無断使用であることを理由に、同項の適用はない旨主張する。しかしながら、著作者人格権と著作権は別個の権利であり、前者は著作者に専属するものであるのに対し、後者は著作者が他者に譲渡することができるものであることに照らせば、著作物の使用が著作権者の許諾を受けたものであるか否かは、同項の適用の可否とは関係がない」とした。

4 故意・過失の有無

故意・過失の有無について裁判所は、「広告制作会社から、その顧客として、広告用写真のフィルムを借り受け、これを使用するに当たっては、その広告制作会社から、別途著作権者の許諾が必要であると指摘されない限り、その写真の著作権が既に消滅しているか、その広告制作会社が著作権を取得しているか、著作権者から使用の許諾を受けているかはともかく、その写真を使用すること

が他者の著作権を侵害するものではないものと考えて、その写真を使用したとしても、注意義務に違反するものとはいえない」として被告グループ会社の故意・過失を否定した。

これに対して、被告広告会社については、「顧客からの求めに応じて保管してある写真フィルムを貸し出す際には、その写真の著作権者や使用許諾の有無範囲を調査し、顧客が予定している使用態様が著作権者から予め得ている使用許諾の範囲外であるおそれがある場合には、自ら著作権者から使用許諾を得るか、顧客に対し、別途著作権者から使用許諾を得る必要があることを伝える等の手段により、顧客による著作権の侵害が発生することのないよう、細心の注意を払うべき義務があるものと解すべきである」として過失を認めた。

5　損害額および過失相殺の当否

本判決は、著作権法114条3項に基づき、原告の損害を写真1点あたり4万円、本件使用全体で68万円と認定し、被告広告会社の損害賠償責任を認めた。過失相殺の当否については、「原告が、その撮影した写真の著作権が同被告に譲渡されたと見られても仕方のない態度をとったと認めることはできない」としてこれを否定した。

6　本件フィルムの所有権の帰属

被告広告会社に引き渡した本件写真のフィルムについては、被告広告会社が所有権を有するとして、返還請求を棄却した。

【コメント】

1　著作権法19条3項

本件は、原告が本件写真を原告の許諾なく、かつ原告の氏名を表示しない態様で新聞広告に使用した行為が原告の氏名表示権および複製権を侵害すると主張した事案である。本件では争点は多岐に渡るが、まず氏名不表示の違法性について検討する。

著作権法19条3項は、「著作者名の表示は、著作物の利用の目的及び態様に照らし著作者が創作者であることを主張する利益を害するおそれがないと認められるときは、公正な慣行に反しない限り、省略することができる」と規定している。

立法担当者は、本項の趣旨について、著作者の人格的利益を損なうおそれが

なく、かつ、社会的実体として必要妥当性が認められる一定の場合に、著作者名の表示を省略できる旨を定めた規定であるとしており、「著作物の利用の目的および態様に照らし」とは、著作物の利用の目的が閉鎖的な範囲内における内部的利用であって著作者名表示が問題とならない場合や、著作物利用の性質からして著作者名表示の必要性がないか著作者名表示が極めて不適切である場合としている（加戸・逐条講義171頁以下）。

また、「公正な慣行に反しない限り」については、演奏会ならプログラム配布とか、テレビ放送ならテロップ挿入とかいう公正な社会慣行があれば、それに従って表示する必要があるとされている（加戸・逐条講義172頁）。

また、本項における慣行とは、あくまでも「公正な」慣行のことを指し、単に業界で広く行われているというだけでは足りない。たとえば雑誌・新聞等に掲載されている写真については氏名表示の欠如している例も多いが、それをもって直ちに写真については氏名表示をしないことを「公正な慣行」と認めるべきではないであろうとの指摘もなされている（中山・著作権法492頁以下）。

2 著作権法19条3項の適用に関する裁判例

東京地判平成5・1・25判時1508号147頁「ブランカ事件」は、写真の掲載を企画していた雑誌以外の雑誌に氏名を表示せず写真を掲載した事案であるが、「中頁に使用される写真についても著作者である原告が創作者であることを主張し、他人の著作物と区別することを求める利益は充分に是認することができ、他方、たとえ、全ての個々の写真毎にその脇に著作者名を表示することが不適切な場合があったとしても、頁毎、あるいは記事のまとまり毎に写真を特定して著作者を表示することまでも不適切とする事情は認められないから、中頁に使用された本件掲載写真について、著作権法19条3項所定の著作者名の表示を省略できる場合に該当するものとは認められない」として著作権法19条3項の適用を否定している。

また、東京地判平成16・5・28判時1869号79頁「国語教科書事件」は、「『著作物の利用の目的及び態様に照らし』とは、著作物の利用の性質から著作者名表示の必要性がないか著作者名の表示が極めて不適切な場合を指すと解される。教科用図書に本件各著作物の著作者名が掲載されるからといって、それとは別個の書籍である本件各教材に著作者名表示の必要性がないということはできな

い。また、本件各教材には、……容易に著作者名を表示することができるから、著作者名表示が極めて不適切な場合ということもできない」として著作権法19条3項の適用を否定している。

3 本件における氏名不表示の違法性

本判決は、著作者である原告本人尋問に基づいて、「一般に、広告に写真を用いる際には、撮影者の氏名は表示しないのが通例であり、原告も従来、この通例に従ってきたが、これによって特段損害が生じたとか、不快感を覚えたといったことはなかったことが認められる」として、本件使用がその目的態様に照らし、公正な慣行に合致するとした。確かに本件については、原告本人が供述したことから、このように考えることも可能であると考えられる。もっとも、広告写真一般について同様に解することができるかについては、別の検討が必要と考えられる。

また、本判決は、本件使用が無断使用であることについて、「著作者人格権と著作権は別個の権利であ」るとして、無断使用であるか否かは、著作権法19条3項の適用の可否とは関係がないとした。しかし、著作物の適法な利用ではなかった本件のような事案については、「著作物の利用の目的および態様に照らし著作者が創作者であることを主張する利益を害するおそれがないと認められるとき」の要件は定型的に充足しないと指摘もなされている（渋谷・著作権法533頁）。

4 故意・過失の有無

本判決は、広告制作会社の顧客が、広告制作会社から広告用写真のフィルムを借り受けて使用するにあたっては、広告制作会社から別途著作権者の許諾が必要であると指摘されない限り、その写真を使用することが他者の著作権を侵害するものではないものと考えて使用しても注意義務に違反しないとした。

著作権法上、故意・過失について推定規定が設けられていないため、著作権者がその立証を行うにあたっては、著作物の性質、侵害者の地位・能力、置かれた状況等の間接事実を積み重ねることで主張・立証を行うのが通常である。広告制作会社の顧客が広告制作会社から提供された著作物を使用した場合、著作権者が当該顧客の故意・過失を立証することは困難であること、広告制作会社の顧客は、提供された著作物を使用することが他人の著作権を侵害するもの

ではないと考えるのは無理もないことであることからすると、本判決の判断は妥当であり、判示の内容を明言した点に意義があると考える。

(池田　聡)

判例コメント23　ノグチ・ルーム移築事件

【決定裁判所】　東京地方裁判所（平成15年(ヨ)第22031号）
【決定年月日】　平成15年6月11日
【出　典】　判時1840号106頁、判タ1160号238頁
【請求内容】　工事差止請求（仮処分）
【結　論】　却下
【事案の概要】

　申立人Xは、1988年に死去した米国人彫刻家Aから著作物に関する一切の権利をAの遺言書（本件遺言書）により承継したとする米国財団であり、相手方Yは大学等を経営する学校法人である。

　Yが経営する大学キャンパス内には、Aと日本人建築家Bの共同制作に係る建物（本件建物）が存在し、その中にはAが手がけた「ノグチ・ルーム」と呼ばれる談話室があった。また、建物に隣接してAとBの製作にかかる庭園が設けられ、庭園にはA製作の彫刻が置かれていた。

　Yは、法科大学院の開設のため、本件建物を解体して跡地に新校舎を建築することを計画し、ノグチ・ルームと庭園、彫刻については解体して新校舎の一部や移設後の庭園に移す工事（本件工事）を計画していた。

　Xは、本件工事がAの著作者人格権（同一性保持権）を侵害するとして、本件工事の差止めの仮処分を申し立てた。

　（なお本件では、Y大学の教授らが「文化的享受権」や内部的手続の瑕疵に基づく差止請求を行っているが、本稿では割愛する）

【争　点】

1　Xの申立適格の有無（Xが、116条3項にいう著作者人格権に基づく請求をすることができる者としての指定を受けたか）
2　本件工事が著作権法20条1項にいう「改変」にあたるか
3　本件工事が著作権法20条1項2号もしくは60条但書の適用があるか

【裁判所の判断】

1　争点1（申立適格の有無）

「本件遺言書において、我が国の著作権法116条3項にいう『指定』がされたことを明示的に示す文言は存在しないが、『指定』を明示的に示す文言が存在しないとしても、本件遺言書を全体としてみたときに、Aが、自己の著作物の死後における改変に対する対応を遺贈の相手方に委ねた意思が読みとれるときには、それをもって同項にいう『指定』があったものと認めることができる」としたが、本件で提出された疎明資料では、「本件建物、ノグチ・ルーム、庭園及び彫刻に関する著作権がXに遺贈されたのかどうかが明らかではなく、死後におけるこれらの作品の改変に対するAの意図を推認することも、困難である」として、「指定」がなされたことの疎明があったとはいえない旨を判示した。

2　争点2（20条1項該当性）

1のとおり、本件申立てはXに申立適格がないことを理由に却下されたので、争点2・争点3に関する判断は傍論である。

「ノグチ・ルームを含めた本件建物全体が一体としての著作物であり、また、庭園は本件建物と一体となるものとして設計され、本件建物と有機的に一体となっているものと評価することができる。したがって、ノグチ・ルームを含めた本件建物全体と庭園は一体として、一個の建築の著作物を構成するものと認めるのが相当である」。

「彫刻については、庭園全体の構成のみならず本件建物におけるノグチ・ルームの構造が庭園に設置される彫刻の位置、形状を考慮した上で、設計されているものであるから、B及びAが設置した場所に位置している限りにおいては、庭園の構成要素の一部として上記の一個の建築の著作物を構成するものであるが、同時に、独立して鑑賞する対象ともなり得るものとして、それ自体が独立した美術の著作物でもあると認めることができる」。

「本件工事は、……本件建物全体についてその形状が改変されるのはもちろんのこと、本件建物を特徴付ける部分であるノグチ・ルームについて製作者の意図する特徴を一部損なう結果を生じ、庭園についても周囲の土地の形状等をも考慮に入れた上での製作者の意図が失われるものであるから、ノグチ・ルー

ムを含めた本件建物全体と『無』と題する彫刻を含めた庭園とが一体となった建築の著作物が、本件工事により改変され、著作物としての同一性を損なわれる結果となる」。

3　争点3（20条2項2号もしくは60条但書の該当性）
(1)　著作権法20条2項2号の適用
「著作権法20条2項2号は、建築物については、鑑賞の目的というよりも、むしろこれを住居、宿泊場所、営業所、学舎、官公署等として現実に使用することを目的として製作されるものであることから、その所有者の経済的利用権と著作者の権利を調整する観点から、著作物自体の社会的性質に由来する制約として、一定の範囲で著作者の権利を制限し、改変を許容することとしたものである。これに照らせば、同号の予定しているのは、経済的・実用的観点から必要な範囲の増改築であって、個人的な嗜好に基づく恣意的な改変や必要な範囲を超えた改変が、同号の規定により許容されるものではないというべきである」。

「本件工事は、法科大学院開設という公共目的のために、予定学生数等から算出した必要な敷地面積の新校舎を大学敷地内という限られたスペースのなかに建設するためのものであり、しかも、できる限り製作者たるAおよびBの意図を保存するため、法科大学院開設予定時期が間近に迫るなか、保存ワーキンググループの意見を採り入れるなどして最終案を決定したものであって、その内容は、ノグチ・ルームを含む本件建物と庭園をいったん解体した上で移設するものではあるが、可能な限り現状に近い形で復元するものである。これらの点に照らせば、本件工事は、著作権法20条2項2号にいう建築物の増改築等に該当するものであるから、Aの著作者人格権（同一性保持権）を侵害するものではない」。

(2)　著作権法60条但書の適用
著作権法60条但書にいう「著作者の意を害しない」という点は客観的に認められることを要するものであるとしたうえで、本件工事は、「公共目的のために必要に応じた大きさの建物を建築するためのものであって、しかも、その方法においても、著作物の現状を可能な限り復元するものであるから、著作者の意を害しないものとして、同条但書の適用を受けるものというべきである」と

【コメント】

1　本件の先例的位置付け

　本件は、結論としては、本件建物に関する著作者としての権利がXに贈与されたことの疎明がないとして、Xの申立適格を否定したものである。しかし、建築の著作物に関する紛争事例が少ない（作花・詳解88頁以下によると、建築という手法により複製する場合を除いては幅広く自由利用が認められている（46条2号）ことによる）こともあり、傍論である著作権法20条1項該当性や同条2項2号、60条但書に関する判断が注目された。

2　著作権法20条1項該当性

　著作権法20条1項は、「著作者は、その著作物及びその題号の同一性を保持する権利を有し、その意に反してこれらの変更、切除その他の改変を受けないものとする」としており、これが著作者人格権の1つとしての同一性保持権といわれている。

　本件では、大別して建物（内部に談話室「ノグチ・ルーム」が存在する）、庭園、彫刻が問題となっている。本件工事はこれらを総じて移設するものであるが、彫刻に直接変更を加えるものではないようであるので、どの部分までAの著作者人格権が及ぶかが問題となる。この点、本件決定は建物と庭園を一体のものとして「建築の著作物」としたうえ、彫刻もAおよびBが設置した場所に位置している限りにおいては、庭園の構成要素の一部として「建物の著作物」であり、かつそれ自体が独立した「美術の著作物」であるとしている。

　本件では、本件建物等が著作権法20条1項にいう「著作物」（10条1項5号の「建築の著作物」）に該当するか否かが、一応問題となり得る（この点、実際の裁判では当事者に争いがなかったようである）。一般的には、建築物に著作物性が認められるためには、いわゆる「建築芸術」であることが必要とされている（設計図に関する福島地決平成3・4・9知裁集23巻1号228頁「シノブ設計事件」）。もっとも本件では、その製作の経緯や意匠形態から見て、本件建物等に著作物性を認めることは容易であると思われる。

　「改変」の有無に関してはこれを肯定しているが、その理由としては、形状が変更されることとともに、本件建物や庭園の形状がその場所と関係しており、

移設されることにより製作者の意図が一部損なわれる結果になることを重視しているようである。

3　著作権法20条2項2号該当性

著作権法20条2項2号は、建築物の増築、改築、修繕または模様替えによる改変については、同一性保持権の侵害とならない旨を規定している。

本決定は、同号の「改変」は、経済的・実用的観点から必要な範囲の増改築に限られる旨を判示したが、本件事案では結論として同号の「改変」に該当し、同一性保持権の侵害にはあたらない旨を判示している。

なお本決定では、仮に庭園を建物とは別の独立の著作物としてみた場合でも、著作権法20条2項2号が類推適用されるとしている。その後の同旨の裁判例として、**判例コメント24**＝希望の壁事件がある。

4　著作権法60条但書該当性

著作権法60条本文は、著作権者が存在しなくなった後でも、著作権人格権の侵害となるべき行為をしてはならない旨を規定しているが、但書は、「その行為の性質及び程度、社会的事情の変動その他によりその行為が当該著作者の意を害しないと認められる場合」に本文の適用が除外されるものとしている。本決定はこの適用の有無について一事例を提供するものであり、結論として但書の適用を認めている。その理由として、公共目的に必要な大きさの建物を建築するという目的、現状を可能な限り復元するという方法をあげているが、若干言葉足らずの感があり、実際には本件建物等が設計製作（1950年～1951年）やAの死去（1988年）から相当の年月を経過していたことが影響しているものと推測する。

（寺中　良樹）

判例コメント24　希望の壁事件

【決定裁判所】　大阪地方裁判所（平成25年(ヨ)第20003号）
【決定年月日】　平成25年9月6日
【出　典】　判時2222号93頁
【請求内容】　工作物設置続行禁止仮処分
【結　論】　却下（確定）
【事案の概要】

1　当事者

債権者は、庭園の設計等を業とする造園家であり、甲社の代表者である。

債務者は、建築工事の請負および施工等を目的とする株式会社である。

2　債権者による仮処分申立て

本件は、債権者が、大阪市北区に所在する複合施設である「新梅田シティ」内の庭園を設計した著作者であると主張して、著作者人格権（同一性保持権）に基づき、同庭園内に「希望の壁」と称する工作物を設置しようとする債務者に対し、その設置工事の続行の禁止を求める仮の地位を定める仮処分を申し立てた事案である。

3　新梅田シティの概要

新梅田シティは、複合商業施設であり、高層ビルである「梅田スカイビル」を中心に、高層ホテル、小規模ビル、地上および地下の駐車場などが設置され、建物や構造物の底地を除く部分に、緑地、散策路、園風景などで構成された庭園（まとまりとしては2つあり、それぞれ、本件申立ての時点では、「花野／新・里山」、「中自然の森」と称されている）のほか、噴水（列柱）、水路（カナル）などの庭園関連施設（以下、これらを総称して、「本件庭園」と称する。ただし、「本件庭園」の範囲、内容について、当事者間に共通認識があるわけではない）が配置されている。

4　本件庭園の造成

昭和63年、債務者は、新梅田シティ開発計画の環境デザインについて、甲社に対し、委託した。

甲社は、「新梅田シティ環境修景基本設計図」と題する、新梅田シティの建物の敷地以外の部分のデザインに関する設計図を作成するなどし、同設計図等に基づき、本件庭園は、造成、造園された。

5 「花野、里山」エリアの改修

平成18年、債務者は、新梅田シティ北側部分の庭園を、雑木林、竹林、棚田、野菜畑、茶畑などで構成される緑地による庭園とし、これを「新・里山」と称することとする改修を行った（以下、この改修を「平成18年改修」といい、改修前の当該部分を便宜的に「旧花野」、改修後のそれを「新里山」という）。

6 本件工作物の設置計画

債務者は、建築家である乙の発案を受け、新梅田シティの敷地内に「希望の壁」と称する巨大緑化モニュメント（以下、「本件工作物」という）を設置することを計画して、平成25年6月に公表した。債務者から設置工事の委託を受けた丙社は、同年9月末日を竣工予定として工事を開始した。

本件工作物は、高さ9.35メートル、長さ78メートル、幅2メートル（プランターや植栽を含めると幅約3メートル）のコンクリート基礎を有する鋼製構造物であり、本件土地の北東側にある既設のカナルの西側にほぼ接するように、花渦の上空をまたぐ形で、南北方向に設置されることとなった。

花渦にかかる部分と通路部分には、地面に至る開口部2か所（高さは前者が3メートル、後者が6メートル）が設けられるほか、地面に至らない中空の開口部が5か所設けられる構造となっている。

本件工作物は、壁の両面をプランターとステンレスネットで構成し、これにツル性植物や多年草、あるいは中低木を植えることを予定している。

本件工作物が設置されるのは、債務者が所有または共有する土地上である。

【争 点】

1 本件庭園は、著作物（2条1項1号）にあたるか否か
2 債権者が本件庭園の著作者であるか否か
3 本件庭園に本件工作物を設置することは、著作者の意に反する改変（20条1項）にあたるか否か
4 本件庭園に本件工作物を設置することは、建築物の改変（20条2項2号）の規定もしくはその類推適用により、またはやむを得ないと認められ

る改変（同項4号）にはあたり、許容されるか否か

【裁判所の判断】

1 争点1

本件庭園は、「施設全体の環境面の構想（コンセプト）を設定した上で、上記構想を、旧花野、中自然の森、南端の渦巻き噴水、東側道路沿いのカナル、花渦といった具体的施設の配置とそのデザインにより現実化したものであって、設計者の思想、感情が表現されたものといえるから、その著作物性を認めるのが相当である」。

2 争点2

「前記構想の前提となる思想、感情の主体は債権者であり、本件庭園の著作者は債権者」であると判示した。

3 争点3

「本件工作物の設置態様は、カナル及び花渦に直接物理的な変更を加えるものではないが、本件工作物が設置されることにより、カナルと新里山とが空間的に遮断される形になり」、「本件庭園の基本構想は、本件工作物の設置場所付近では感得しにくい状態となる」。

また、本件工作物は、巨大な構造物であり、これを設置することによって、「本件庭園の景観、印象、美的感覚等に相当の変化が生じる」。

したがって、本件工作物の設置は、本件庭園に対する改変に該当する。

4 争点4

(1) 著作権法20条2項2号の類推適用

本件庭園は、「美術としての鑑賞のみを目的とするものではなく、むしろ、実際に利用するものとしての側面が強い」。

また、「本件庭園は、債務者ほかが所有する本件土地上に存在するものであるが、本件庭園が著作物であることを理由に、その所有者が、将来にわたって、本件土地を本件庭園以外の用途に使用することができないとすれば、土地所有権は重大な制約を受けることにな」る一方、本件庭園は、「その改修等を行うことは当然予定されている」というべきである。

「本件庭園を著作物と認める場合には、本件土地所有者の権利行使の自由との調整が必要となるが、土地の定着物であるという面、また著作物性が認めら

れる場合があると同時に実用目的での利用が予定される面があるという点で、問題の所在は、建築物における著作者の権利と建築物所有者の利用権を調整する場合に類似するということができるから、その点を定める著作権法20条2項2号の規定を、本件の場合に類推適用することは、合理的と解される」。

　(2)　模様替え

「本件工作物の設置は、本件庭園の既存施設であるカナルや花渦を物理的に改変せずに行うものである」から、本号中の、「模様替え」に相当する。

　(3)　本号のあてはめ

「著作権法20条は、1項において、著作者が、その著作物について、意に反して変更、切除その他の改変を受けず、同一性を保持することができる旨を定めた上で、2項2号において、建築物の増築、改築、修繕又は模様替えによる改変については、前項の規定を適用しない旨を定めている」。

「著作権法は、建築物について同一性保持権が成立する場合であっても、その所有者の経済的利用権との調整の見地から、建築物の増築、改築、修繕又は模様替えによる改変について、特段の条件を付することなく、同一性保持権の侵害とはならない旨を定めているのであり、これが本件庭園の著作者と本件土地所有者の関係に類推されると解する以上、本件工作物の設置によって、本件庭園を改変する行為は、債権者の同一性保持権を侵害するものではないといわざるをえない」と判示した。

　(4)　信義に反する特段の事情があるとまではいえないこと

「建築物の所有者は建築物の増改築等をすることができるとしても、一切の改変が無留保に許容されていると解するのは相当でなく、その改変が著作者との関係で信義に反すると認められる特段の事情がある場合はこの限りではないと解する余地がある」。

もっとも、本件での事情を「総合すると、本件工作物の設置について、本件庭園の著作者である債権者との関係で、信義に反すると認められる特段の事情があるとまではいえない」と判示した。

　(5)　まとめ

「本件工作物の設置は、著作者である債権者の意に反した本件庭園の改変にはあたるものの、著作権法20条2項2号が類推適用される結果、同一性保持権

の侵害は成立しない」と結論付けた。

【コメント】

1　本件庭園の著作物性

本決定は、本件庭園を建築の著作物（10条1項5号）としてではなく、単に「設計者の思想、感情が表現されたもの」であるとして、庭園だけを1つの独立した著作物であると判示した初めての事例である（三浦正広「判批」判例百選〔第5版〕90頁）。

2　同一性保持権の適用除外

庭園に関する判断として、**判例コメント23**＝ノグチ・ルーム移築事件は、芸術家イサム・ノグチのデザインによる談話室（ノグチ・ルーム）を含めた建物全体と庭園は一体として1個の建築の著作物を構成すると判示しつつ、著作権法20条2項2号が予定するのは「経済的・実用的観点から必要な範囲の増改築であって、個人的な嗜好に基づく恣意的な改変や必要な範囲を超えた改変が」「許容されるものではない」とした。

そのうえで、本件解体移設工事が、「公共目的のために」、「限られたスペースのなかに建設するためのものであり」、「保存ワーキンググループの意見を採り入れるなどし」たものであり、「可能な限り現状に近い形で復元するもの」であることから、「建築物の増改築等に該当し、イサム・ノグチの著作者人格権（同一性保持権）を侵害するものではない」と判示した。

判例コメント23＝ノグチ・ルーム移築事件に対して、本「希望の壁事件」決定は、本件に著作権法20条2項2号の規定を類推適用することは合理的であり、本件工作物の設置は、同号中の「模様替え」に相当し、本件庭園の改変行為は債権者の同一性保持権を侵害するものではないと判示する点が特徴的である。

建築物については、その芸術性に着目して著作物となるものがあるが、本来、建築物はそれ自体が実用的なものであり、実用目的に伴う改変は不可避であるところから、そのような改変は同一性保持権には抵触しない（作花・詳解233頁）。

本決定は、かかる理解に沿ったものといえるところ、上記**判例コメント23**＝ノグチ・ルーム移築事件決定と対照することで、実務上参考になると考える。

（國祐　伊出弥）

判例コメント25　駒込大観音事件

【判決裁判所】　（第1審）東京地方裁判所（平成19年(ワ)第23883号）
　　　　　　　　　（控訴審）知的財産高等裁判所（平成21年(ネ)第10047号）
【判決年月日】　（第1審）平成21年5月28日
　　　　　　　　　（控訴審）平成22年3月25日
【出　典】　（第1審）裁判所HP
　　　　　　　（控訴審）判時2086号114頁、判タ1370号206頁
【請求内容】　原状回復、損害賠償、謝罪文の掲載
【結　論】　（第1審）原状回復のみ認容
　　　　　　　（控訴審）謝罪文言を含まない事実経緯の告知広告の掲載のみ認容

【事案の概要】

　浄土宗の寺院Y_1は、同寺院に祀られていた木彫十一面観音菩薩立像（駒込大観音）が戦災で焼失したため、これを復興する計画を立て、昭和62年初めころ、仏師Rと仏師T（仏師Rの父）に、新たな十一面観音菩薩立像の制作を依頼した。Tは、当時高齢であったため、Rとその弟子Y_2が観音像の制作作業をした。観音像の体内には、「大仏師　監修T」「制作者　R　J　X（原告）　弟子Y_2」、足ほぞには、「監修　T」「制作者　R　J　X　Y_2」と墨書された。R、J、Xはいずれもtの子であり、兄弟であった。

　平成元年9月にY_2はRから独立したが、そのころには本件原観音像（頭部がすげ替えられる前の観音像）の木彫作業はほとんど完成していた。その後、完成した本件原観音像は、平成5年に落慶法要が行われたが、信者や拝観者から本件原観音像の眼差しについて、睨みつけられるようだなどと違和感を訴える者があった。平成6年にY_1はXに依頼して、表情の修正をしたが、眼差しの修正はされなかった。

　平成15年ころ、Y_1の住職は、Y_2に表情の修復について相談をしたが、眼の部分的な修復は困難であり、仏頭部全体をつくり直したほうがよいとの助言を受けた。Y_1の住職は、Xに仏頭部全体のつくり直しを依頼したが、Xはこれを断った。

そこで、Y_1は、Y_2に新たな仏頭部の制作を依頼し、平成18年ころまでに新たな仏頭部にすげ替えられた（本件観音像）。Y_1は、本件観音像をY_1の観音堂に祀り、Rが制作したすげ替え前の仏頭部は保管していた。

これに対し、Xは、共同著作者として、著作者人格権侵害を主張し、仏頭部の原状回復、本件観音像を一般公衆の観覧に供することの差止め、謝罪広告、損害賠償を請求した。これらとともに、XはTやRの遺族としても同様の請求をした。

【争　点】
1　原告は共同著作者か
2　仏頭部のすげ替え行為が著作者人格権（同一性保持権）を侵害するか
3　著作者の死後に仏頭部をすげ替えた行為が、死亡した著作者の名誉・声望を害すべき行為に該当するか
4　名誉回復等の措置として、原状回復や謝罪文の掲載が認められるか

【裁判所の判断】

1　原告は共同著作者か

第1審判決も控訴審判決も、本件原観音像の制作過程において、原告による創作的な関与はないなどとして、原告は共同著作者ではないとした。また、Tも共同著作者ではないとされた。

そのため、原告やTが著作者であることを前提とした主張についてはいずれも理由がないとされ、著作者であるRの遺族としての請求についてのみ判断がされた。

2　仏頭部のすげ替え行為が同一性保持権を侵害するか

第1審判決も控訴審判決も、仏頭部のすげ替え行為は著作者人格権（同一性保持）を侵害する行為（60条）に該当するとした。また、Rの「意を害しないと認められる改変」（同条但書）にも、「やむを得ない改変」（20条2項4号）にも該当しないとした。

3　著作者の死後に仏頭部をすげ替えた行為が、死亡した著作者の名誉・声望を害すべき行為に該当するか（115条、116条）

第1審判決は、上記行為はRの名誉・声望を害する行為には該当しないと判断した。これに対し、控訴審判決は、これに該当すると判断した。

4 名誉等の回復のために適当な措置として、原状回復や謝罪文の掲載が認められるか（115条、116条）

第1審判決は、訂正するために必要な措置として、Y_1に対し、本件観音像の仏頭部の原状回復を命じたが、謝罪広告は認めなかった。

これに対し、控訴審判決は、本件原観音像を制作した目的、仏頭部を交換した動機などを考慮すると、原状回復を命じることは適当ではないとした。他方、原告は、Rの遺族として著作権法116条に基づいて、同法115条、112条の適当な措置を求める余地があるとして、事実経過を説明する広告措置をとることで、Rの名誉、声望を回復する措置としては十分であり、原状回復や公衆の閲覧に供することの差止めは、適当な措置等ではないとした。

【コメント】

1 「意を害しないと認められる改変」（60条但書）

著作者の生前の改変は、「意に反しない限り」同一保持権侵害となる（20条1項）。そして、「意に反し」とは、著作者の主観的な意図に反することをいうとされる。なお、「意に反し」を純粋な主観的意図と解することについては批判が多く、同一性保持権を主張しうる場合を限定し、妥当な結論を導く必要があるとの指摘がある（中山・著作権法504頁）。

これに対し、著作者の死後の改変は、「意を害しない」とされているが、この意義については、「意に反し」の要件を緩和したものであると解するのが相当である（島並良「判批」L＆T48号63頁）。したがって、著作者の主観的意図だけでなく、死後の客観的事情の変化等も考慮することとなる。

2 「やむを得ない改変」（20条2項4号）

「やむを得ない改変」の場合には同一性保持権侵害とはならないが、この意義についても厳格に解されている。Y_1らは、信仰上の理由（観音像の眼差しや表情を適切なものにするため）を主張したが、第1審でも控訴審でも認められなかった。

3 名誉等の回復のための適当な措置（115条）

第1審判決は、「訂正」の一環として原状回復を認めているが、Rが制作したすげ替え前の仏頭部も保管されていたことも考慮されている。

これに対し、控訴審判決は、原状回復は認めていないが、原状回復を認めた

場合に生じるY_1の負担も考慮したものと思われる。また、控訴審判決では、すげ替え行為について「相応の事情」があったとしており、このことが具体的な措置の判断に影響したものと思われる（島並・前掲や横山久芳「判批」判評626号15頁（判時2102号177頁）は、この点を肯定的に評価している）。他方、一部の信者や参拝者が本件原観音像の表情に違和感を覚えたとしても、それは個人的な観音像観が、制作者と異なるだけであり、そのような表現に対する嗜好に基づく改変を正当化することは許されないとの指摘もある（君嶋祐子「判批」ジュリ1420号330頁）。すなわち、〈25－2〉別紙写真目録のすげ替え前（本件原観音像）では、観音像の眼差しが拝観者を睨みつけるようにも見えるが、そのような観音像は他にも存在しており、必ずしも〈25－1〉すげ替え後（本件観音像）の眼差しでなければならないということはなく、単なる好みの問題であるとする。

　そして、控訴審判決では、Rの名誉回復のためには、謝罪文言を含まない事実経緯の告知広告の掲載で足りるとしている。この点、控訴審判決では、原状回復を認容したとしても、Y_1が原状回復後、本件原観音像を焼却する措置を講ずることが推測されることを原状回復措置が適当な措置とはいえない事情の1つとして考慮しているが、疑問のあるところである。

　本件は特殊な事案であるが、名誉等の回復のための適当な措置の具体的な内容を考える際には、どのような事情を考慮するのか、またその評価について参考になると思われる。また、原告が求めた謝罪広告の内容（控訴審判決別紙謝罪広告目録1および2）や控訴審判決が認めた告知広告の内容（控訴審判決別紙広告目録）についても実務上参考になる。

〈25−1〉 別紙　写真目録　すげ替え後　　〈25−2〉 別紙　写真目録　すげ替え前
　　　　（本件観音像）　　　　　　　　　　　　（本件原観音像）

（井上　周一）

判例コメント26　自動接触角計プログラム侵害事件

【判決裁判所】　（控訴審）知的財産高等裁判所（平成26年(ネ)第10059号、第10088号）
（第1審）東京地方裁判所（平成23年(ワ)第36945号（A事件）、平成24年(ワ)第25059号（B事件）、平成25年(ワ)第9300号（C事件））

【判決年月日】　（控訴審）平成28年4月27日
（第1審）平成26年4月24日

【出　典】　（控訴審）判時2321号85頁
（第1審）裁判所HP

【請求の内容】　損害賠償等、著作権侵害差止等、損害賠償（反訴）請求

【結　論】　（控訴審）一部認容
（第1審）一部認容

【事案の概要】

　X会社（被控訴人・第1審原告・反訴被告）は、理化学機器の開発・設計・製造等を行う会社であり、自動接触角計を製造販売している。

　Y_1（控訴人・第1審被告・反訴原告）は、X会社の従業員として、接触角（静止液体の自由表面が固体壁に接する場所で、液面と固体面とのなす角。液の内部にある角を採る）を自動で測定するための自動接触角計に搭載するプログラム（原告プログラム）の開発を担当し、平成21年8月に退職した。

　Y_2会社（控訴人・第1審被告・反訴原告）は、X会社の元従業員であったY_3（控訴人・第1審被告・反訴原告）らが、平成21年4月に設立した会社であり、Y_1がX会社を退職した後、入社した。

　Y_2会社は、平成21年10月ころから、自動接触角計（旧バージョン）の製造・販売を開始した。平成22年10月からは、新たなプログラムを搭載した自動接触角計（新バージョン）を製造・販売し、Y_4会社が販売している。

　（A事件）　X会社が、①Y_2会社の製造、販売する自動接触角計に搭載され

たプログラムは Y_2 会社が Y_1 の担当の下に原告プログラムを複製または翻案したもので、Y_2 会社が自動接触角計を製造、販売することは原告プログラムの著作物の著作権を侵害する、② Y_1 は X 会社の営業秘密である原告プログラムやそのアルゴリズムを不正に開示し、Y_2 会社はこれを不正に取得した、③ Y_1 は X 会社の秘密を保持すべき義務を負う秘密情報を開示、漏洩したなどと主張して、Y_1、Y_2 に対し、民法719条または不正競争防止法4条（被告 Y_1 についてさらに民415条）に基づき、損害賠償を求めた事案である。

（B 事件） X 会社が、① Y_2 会社の新バージョンのプログラムも原告プログラムを翻案したもので、これを搭載した自動接触角計を Y_2 会社が製造、販売し、Y_4 が販売することは原告のプログラムの著作物の著作権を侵害する、② Y_1 は X 会社の営業秘密を不正に開示し、Y_2 会社、Y_4 会社はこれを不正に取得した、③ Y_1 は X 会社の秘密を保持すべき義務を負う秘密情報を開示、漏洩したなどと主張して、Y_2 会社、Y_4 会社に対し、複製、翻案、販売等の差止め、および、プログラム等を格納した記憶媒体の廃棄を求め、Y_2 会社、Y_1 に対して、損害賠償を求めた事案である。また、X 会社は、Y_1、Y_3 に対し、支払済みの退職金が不当利得であるとして返還を求めた。

（C 事件） Y_2 会社および Y_4 会社が、B 事件は不当訴訟である、X 会社が訴訟提起に関して行ったホームページなどにおける告知行為は虚偽の告知または流布にあたると主張して、損害賠償を求めた事案である。

第1審は、A 事件について、一部認容（被告旧バージョンの著作権侵害に係る損害賠償として、Y_2 会社および Y_1 に対し、190万1258円および遅延損害金の連帯支払い）し、B 事件、C 事件については請求を棄却した。

これに対し、Y らが控訴し、X 会社は附帯控訴した。

以下では、主に、著作権に関係する争点について、とりあげる。

【争　点】

1　被告旧接触角計算（液滴法）プログラムが原告接触角計算（液滴法）プログラムを複製または翻案したものであるか否か

2　被告新接触角計算（液滴法）プログラムが原告接触角計算（液滴法）プログラムを翻案したものであるか否か

【第1審の判断】

第1審裁判所は、原告接触角計算（液滴法）プログラムのソースコードについて著作物性を肯定したうえで、被告旧接触角計算（液滴法）プログラムのソースコードと対比して、1対1に対応していること、完全一致の割合、各行の記載の順序の類似性を認定して、「被告旧バージョン中、被告旧接触角計算（液滴法）プログラムの本件対象部分に対応する部分は、ソースコードの記載の大半において、記載内容や記載の順序が非常に類似して実質的に同一性を有するものであるところ、これは、原告接触角計算（液滴法）プログラムの本件対象部分に依拠してY_1が主に担当して作成したものであること、そして、上記実質的同一性を有する部分には個性が表出された創作性を有する箇所が含まれることが認められる。そうであるから、被告旧接触角計算（液滴法）プログラムの本件対象部分に対応する部分は、原告接触角計算（液滴法）プログラムを複製又は翻案したものと認められる」と判示し（争点1）、被告新接触角計算（液滴法）プログラムについては、「ソースコードの記載の方法、内容及び順序等がかなり異なり、ソースコードの記載が類似する部分は、いずれも十数行と比較的短く、単純な計算を行う3箇所に限定されるから、両者のソースコードの記載に実質的同一性があると認めることはできず、他にこれを認めるに足りる証拠はない」と判示し、翻案権侵害を否定した（争点2）。

なお、第1審裁判所は、営業秘密不正開示・不正取得については、秘密管理性を否定し、退職金返還については、Y_1・Y_3による非違行為を否定し、不当訴訟についても否定し、虚偽の事実の告知または流布については、提訴したことは真実であるとして、虚偽性を否定した。

【控訴審の判断】
1　争点1

裁判所は、「既存の著作物に依拠して創作された著作物が、創作的な表現部分において同一性を有し、これに接する者が既存の著作物の表現上の本質的な特徴を直接感得することのできる場合には、複製又は翻案に該当する」と規範を示したうえで、Y_1が原告プログラムを参考にしたことを自認していること、プログラムの同一性などから、依拠性を肯定し、創作的な表現の同一性については、次のように判示して、複製または翻案を肯定した。

「a　プログラムは、その性質上、表現する記号が制約され、言語体系が厳格

であり、また、電子計算機を少しでも経済的、効率的に機能させようとすると、指令の組合せの選択が限定されるため、プログラムにおける具体的記述が相互に類似することが少なくない。著作権法は、プログラムの具体的表現を保護するものであって、機能やアイデアを保護するものではないところ、プログラムの具体的記述が、表現上制約があるために誰が作成してもほぼ同一になるもの、ごく短いもの又はありふれたものである場合においては、作成者の個性が発揮されていないものとして、創作性がないというべきである。他方、指令の表現、指令の組合せ、指令の順序からなるプログラム全体に、他の表現を選択することができる余地があり、作成者の何らかの個性が表現された場合においては、創作性が認められるべきである。

　b　原告接触角計算（液滴法）プログラムの本件対象部分と被告旧接触角計算（液滴法）プログラムの本件対象部分は、①……そのプログラム構造の大部分が同一であること、②……ほぼ同様の機能を有するものとして１対１に対応する番号(1)ないし(16)の各プログラム内のブロック構造において、機能的にも順番的にもほぼ１対１の対応関係が見られること、③……これらの構造に基づくソースコードは、被告旧接触角計算（液滴法）プログラムの約86％において一致又は酷似している上に、その記載順序及び組合せ等の点においても、同一又は類似しているということができる」。

　「そして、被告旧接触角計算（液滴法）プログラムと同一性を有する原告接触角計算（液滴法）プログラムのうち本件対象部分に係るソースコードの記載は、これを全体として見たとき、……指令の表現、指令の組合せ、指令の順序などの点において他の表現を選択することができる余地が十分にあり、かつ、それがありふれた表現であるということはできないから、作成者の個性が表れており、創作的な表現であるということができる。

　c　したがって、被告旧接触角計算（液滴法）プログラムは、原告接触角計算（液滴法）プログラムのうち本件対象部分と創作的な表現部分において同一性を有し、これに接する者が本件対象部分の表現上の本質的な特徴を直接感得することができるということができる」。

2　争点 2

　これに対して、Y_2 会社が、平成22年10月１日から製造販売している新バー

ジョンについては、①「プログラムの構造において共通しないこと」、②「機能としては、ブロックごとにおおむね1対1の対応関係が見られるものの、そのソースコードの記載において同一又は類似する部分は、単純な計算を行う3ブロックにすぎず、しかも、各ブロックの行数は被告新接触角計算（液滴法）プログラムについていえば、11行ないし12行と短いものであって、これら3ブロックを除くと、ソースコードの表現、サブルーチン化の方法、記載順序等の点において、両者は共通しないことが認められる」。「したがって、被告新接触角計算（液滴法）プログラムは、原告接触角計算（液滴法）プログラムのうち本件対象部分の表現上の本質的な特徴の同一性を維持しているものであるということはできない」と判示して、翻案を否定した。

3　その他の争点

裁判所は、営業秘密不正開示・不正取得について、第1審と異なり、原告ソースコードについて、秘密管理性を肯定し、Y_1・Y_2会社の行為について不正競争行為と認め、損害賠償請求を認めた。また、退職金返還についても、Y_1の行為は著しい背信行為に該当するとして、不当利得返還を認めた。不当訴訟については否定し、営業誹謗についても否定した。

【コメント】

1　本判決の位置付け

本件は、プログラムの複製・翻案が問題となった事案であり、侵害成否の判断にあたり、プログラムの対比や判断手順において実務上参考になる。

本判決は、プログラムの対比において、①プログラム構造、②ソースコード全体、③対象ソースコード（パラメータや変数の名称・定義の順序・型、構文、定義のねじれ等）の記載について、共通点を抽出している。そして、共通する対象ソースコードの記載について、創作性（他の表現の選択可能性、ありふれた表現か）の有無を検討して、創作的な表現の同一性について判断している。

これに対し、第1審においては、まず、原告プログラムのソースコードの著作物性を肯定した後、複製・翻案について判断している。

このように複製権・翻案権侵害の判断手法としては、2つの手法があり、事案により使い分けられている。

2 プログラムについての著作権侵害

プログラムについて著作権侵害が認められた例は少ない（否定例として、東京地判平成15・1・31判時1820号127頁「電車線設計用プログラム事件」、知財高判平成18・12・26判時2019号92頁「宇宙開発事業団プログラム事件」ほか）。著作権法では、機能やアイデアは保護対象ではなく、プログラムについて著作権侵害が認められるためには、ソースコードの同一性・類似性が必要となる。しかも、誰が作成してもほぼ同一になるもの、ごく短いものまたはありふれたものである場合には、創作性が否定される。このようなことから、プログラムについて著作権侵害が肯定されるのは、もっぱらデッドコピー類型に限られるといえる。

本件における、被告旧プログラムもデッドコピー類型の1つといえる。

3 従業員がソースコードを持ち出した事案

本件は、退職従業員Y_1が、就業中に、X会社から、ソースコードを持ち出した事案であり、本判決は、不正競争防止法2条1項7号、8号違反を肯定し、さらに、退職金返還を肯定している。

実務上、企業と退職従業員とのトラブルは頻繁に生じているところ、トラブル防止措置について、就業規則の規定も含め、再検討する機会になる裁判例ともいえる。

（室谷　和彦）

判例コメント27　ライブハウス事件

【判決裁判所】　（控訴審）知的財産高等裁判所（平成28年(ネ)第10041号）
　　　　　　　　　（第1審）東京地方裁判所（平成25年(ワ)第28704号）

【判決年月日】　（控訴審）平成28年10月19日
　　　　　　　　　（第1審）平成28年3月25日

【出　典】　（控訴審）裁判所HP
　　　　　　　（第1審）判時2322号122頁

【請求内容】　使用差止め、（過去の）使用料相当額、将来の使用料

【結　論】
1　使用差止め：認容（第1審維持）
2　（過去の）使用料相当額：一部認容（第1審より増額）
3　将来の使用料：棄却（第1審維持）

【上告審】　最高裁判所第三小法廷平成29年7月11日決定（平成29年(オ)第83号、平成29年（受）第98号）（棄却、不受理）

【事案の概要】

本件は、著作権等管理事業者であるXが、Y_1およびY_2（以下、あわせて「Yら」という）に対し、Yらが共同経営するライブハウス（以下、「本件店舗」という）において、Xとの間で利用許諾契約を締結しないままライブを開催し、Xが管理する著作物（以下、「管理著作物」という）を演奏（歌唱を含む）させていることがXの保有する著作権（演奏権）を侵害する旨主張して、①管理著作物の演奏・歌唱による使用の差止めを求め、②主位的には著作権侵害に基づく損害賠償請求、予備的には悪意の受益者に対する不当利得返還請求として連帯して（過去の）使用相当額等の支払いを求めるとともに、③不法行為に基づく損害賠償請求または不当利得返還請求として管理著作物の使用終了までの使用料相当額の支払いを求めた事案である。

【争　点】

ライブハウスにおける演奏についてライブハウス経営者を演奏主体と評価できるか。

【裁判所の判断】
1　第1審判決

　第1審判決（以下、「原審判決」という）は、**関連判例9－3－1**「クラブ・キャッツアイ事件」および**関連判例9－3－2**「ロクラクⅡ事件」を参照判例として引用したうえで、演奏主体に該当するか否かにつき、利用される著作物の対象、方法、著作物の利用への関与の内容、程度等の諸要素を考慮し、仮に著作物を直接演奏する者でなくても、ライブハウスを経営するに際して、単に第三者の演奏を容易にするための環境等を整備しているにとどまらず、その管理、支配下において、演奏の実現における枢要な行為をしているか否かによって判断するのが相当であるとした。

　そのうえで、原審判決は、後述する控訴審判決とおおむね同様の事情を拾い上げたうえで、Yらは、いずれも、本件店舗においてXの管理著作物の演奏を管理・支配し、演奏の実現における枢要な行為を行い、それによって利益を得ていると認定し、管理著作物の演奏主体（著作権侵害主体）にあたると結論づけた。

　その結果、原審判決は、著作権侵害を争うYらのその他の主張を排斥し、Xの差止請求を認めるとともに過去の演奏に係る損害賠償請求または不当利得返還請求について一部認容した。一方で、原審判決は、将来の使用料請求については、あらかじめその請求をする必要がないものとして棄却した。

2　控訴審判決
(1)　判断基準

　控訴審判決（以下、「本判決」という）においても、本件店舗の演奏主体の判断基準について原審判決と同じ2つの上記最高裁判決を参照判例として引用したうえで、同じ判断基準、すなわち、利用される著作物の対象、方法、著作物の利用への関与の内容、程度等の諸要素を考慮し、仮に著作物を直接演奏する者でなくても、ライブハウスを経営するに際して、単に第三者の演奏を容易にするための環境等を整備しているにとどまらず、その管理、支配下において、演奏の実現における枢要な行為をしているか否かによって判断するのが相当であるとした。

(2) 本事案へのあてはめ

そのうえで、本判決においても、原審で考慮された事情とほぼ同様の①ないし⑤の各事情を検討したうえで、Yらは、本件店舗におけるX管理著作物の演奏を管理・支配し、演奏の実現における枢要な行為を行い、それによって利益を得ていることから、管理著作物の演奏主体（著作権侵害主体）にあたると結論付けた。

① Yらは、共同して、ミュージシャンが自由に演奏する機会を提供するために本件店舗を設置、開店したこと
② 本件店舗にはステージや演奏用機材等が設置されており出演者が希望すればドラムセットやアンプなどの設置された機材等を使用できること
③ 本件店舗が、出演者から会場使用料を徴収しておらず、ライブを開催することで集客を図り、ライブを聴くために来場した客から飲食代として最低1000円を徴収していること
④ Y_1は、本件店舗の経営者であること
⑤ Y_2は、自らを本件店舗の経営者と認識しているものではないものの、以下のⓐからⓓまでの各事情から、被告Y_1とともに、本件店舗の共同経営者としてその経営に深くかかわっていると認められること

ⓐ 本件店舗の開店・運営のための資金を提供し、本件店舗の賃貸借契約の連帯保証人となり、本件店舗に自らを契約者とする固定電話を設置し、自らのバンド名を本件店舗の名称として使用することを決定し、ミュージシャン仲間らとともに、本件店舗に無償で、ライブに不可欠な音響設備等を提供するなど、本件店舗の開店に積極的に関与したこと

ⓑ 本件店舗の開店前には20組ほどのバンドやグループなどのミュージシャン仲間に本件店舗が開店することを伝えて出演するよう声をかけ、本件店舗開店当初は単独でブッキング（電子メール等で出演申込みを受け付ける業務）を行っていたこともあり、さらに、自らのブログ等において本件店舗や本件店舗のライブの宣伝活動をし、本件店舗のアルバイト募集の記事、本件店舗におけるライブの様子を紹介する記事等を掲載するなどしているほか、本件店舗のチラシをY_2の所属するロックバンドの所属事務所が印刷しているのであって、本件店舗の経営に積極的に関

　　　　与していること
　　ⓒ　本件店舗が出演者に自由に演奏させるというY$_2$の意思に沿った運営がされていること
　　ⓓ　本件調停において、Y$_2$は、平成24年6月11日以降の使用料については演奏した作品に分配されるしくみをとりたいと述べ、「社交場利用楽曲報告書」に記載をして演奏楽曲を報告することおよび「積算算定額による包括許諾契約」によって支払いをする旨述べたり、「社交場利用楽曲報告書」への記載のあり方についてXと折衝したりするなど自ら本件店舗のライブを主催する者として振る舞っていたこと

(3)　結　論

　本判決においても、著作権侵害を争うYらのその他の主張を排斥し、Xの差止請求を認めるとともに、原審より高額の使用料相当損害金または不当利得金の支払いを命じた。一方で、本判決においても、将来の使用料請求（損害賠償請求権および不当利得返還請求権）を棄却した。

3　上告審

　本判決の判断を維持し上告棄却および上告受理申立て不受理の決定を行った。

【コメント】

1　演奏主体の判断基準

　本判決および原審判決は、演奏主体性について、利用される著作物の対象、方法、著作物の利用への関与の内容、程度等の諸要素を考慮したうえでその管理、支配下において、演奏の実現における枢要な行為をしているか否かによって判断するとしている。そのため、利益性の点は、演奏主体性の判断要素と直接列挙されていないことから、**関連判例9－3－2**「ロクラクⅡ事件」と同様、本判決および原審判決は、形式的には、判断要素になっていないように思われる。

　しかし、本判決および原審判決のいずれについても、管理支配性および利益性を中心とする事情に着目して利用主体性を判断するカラオケ法理を示した**関連判例9－3－1**「クラブ・キャッツアイ事件」が参照判例として引用されている。また、利用主体性を肯定する一事情として、ライブを聴くために来場した客から飲食代として最低1000円を徴収していること（上記③の事情参照）が

掲げられていることから、利益性も演奏主体の判断要素になっているものということができる。

2　ライブハウスの演奏主体性

一方、本事案と類似の事案である大阪高判平成20・9・17判時2031号132頁「デサフィナード事件」は、レストランカフェの店舗における第三者主催のライブについて、本判決および原審判決と異なり、店舗経営者の演奏主体性を否定した。

上記「デサフィナード事件」は、従業員が客からのライブチャージの徴収事務を担当し、例外的に予約を受け付けることがある以外何らの関与をしておらず、また、演奏者等から使用料等も受領せず演奏者に演奏料も支払っていないことから当該店舗（経営者）がライブを管理支配しておらず、（基本的には）ライブ開催による直接の利益を得ていない旨判示した。

また、上記「デサフィナード事件」は、ライブ開催時の飲食物提供が通常より簡素である点などライブ開催と来店者および収益の増加との関係が必ずしも明らかではないことから、利益性の点も否定し当該店舗が演奏主体ではない旨結論付けた。

このように上記「デサフィナード事件」と本判決と結論が異なっているのは、かたや、ライブ開催時の飲食物提供が通常より簡素であり店舗の収益との結び付きが不明であるのに対し、かたや、ライブを聴くために来場した客から飲食代として最低1000円を徴収していることが要因の１つになっているものと思慮される。

したがって、実務上、店舗経営者の演奏主体性が問題となった場合には、演奏への関与の程度（管理支配性）のみならず、収益への関与・結び付きの点（例：飲食物の提供の有無、ワンドリンク制の有無、下限料金の設定の有無およびライブ時における料金設定の有無・提供される飲食物の料金設定等）も含めて判断される傾向にあるものと評価することができる。

（白木　裕一）

判例コメント28　社保庁LAN事件

【判決裁判所】　東京地方裁判所（平成19年(ワ)第15231号）
【判決年月日】　平成20年2月26日
【出　　典】　裁判所HP
【請求内容】　掲載削除請求、掲載予防的差止請求、損害賠償請求
【結　　論】　請求一部認容

【事案の概要】

　被告の機関である社会保険庁の職員が、ジャーナリストである原告の著作物である雑誌記事を、社会保険庁LANシステム中の電子掲示板システムの中にある新聞報道等掲示板にそのまま掲載し、原告の複製権または公衆送信権を侵害したとして、原告が、被告に対し、上記複製権または公衆送信権侵害を選択的請求原因として、同掲載記事の削除および原告のすべての著作物についての掲載の予防的差止め並びに374万円（不法行為日の後である平成19年4月17日から支払済みまで民法所定の年5分の割合による遅延損害金を含む）の損害賠償を求めた事案である。

【争　　点】
　1　被告は、原告の公衆送信権を侵害したか
　2　損害の額

【裁判所の判断】

1　公衆送信権の侵害の有無

　はじめに、裁判所は、被告の本件LANシステムが、社会保険庁内部部局、施設等機関、地方社会保険事務局および社会保険事務所をネットワークで接続するネットワークシステムであり、その1つの部分の設置の場所が、他の部分の設置の場所と同一の構内に限定されていない電気通信設備に該当するとしたうえ、被告の機関である職員が被告のLANシステムの本件電子掲示板上に、本件各著作物を掲載した行為が、原告が専有する本件著作物の公衆送信（自動公衆送信の場合における送信可能化を含む）を行う権利を侵害するものである旨を判示した。

本件については、原告が本件各著作物に係る複製権侵害もあわせて主張していたところ、被告は、当該「複製行為は42条1項本文により複製権侵害とはならず、その後の複製物の利用行為である公衆送信行為は、その内容を職員に周知するという行政の目的を達するためのものなので、49条1項1号の適用はなく、原告の複製権を侵害しない。また、複製物を公衆送信して利用する場合に、その利用方法にすぎない公衆送信行為については、42条の目的以外の目的でなされたものでない以上、著作権者の公衆送信権侵害とはならない旨」主張していた。

　この点について、裁判所は、著作権法42条1項の形式的適用関係について、同項が、「特定の場合に、著作物の複製行為が複製権侵害とならないことを認めた規定であり、この規定が公衆送信（自動公衆送信の場合の送信可能化を含む。）を行う権利の侵害行為について適用されない」とし、また、同項の趣旨について「行政目的の内部資料として必要な限度において、複製行為を制限的に許容したのである」としたうえ、本件について「本件LANシステムに本件著作物を記録し、社会保険庁の内部部局におかれる課、社会保険庁大学校及び社会保険庁業務センター並びに地方社会保険事務局及び社会保険事務所内の多数の者の求めに応じ自動的に公衆送信を行うことを可能にした本件記録行為については、実質的にみても、42条1項を拡張的に適用する余地がない」と判断した。

　なお、裁判所は、本件において、上記のとおり著作権法42条1項の適用がない以上、同項の適用を前提とする同法49条1項1号については議論を行う必要がないとして、この点についての具体的な判断を行っていない。

2　損害の額

(1)　著作権法114条1項および2項の適用および類推適用

　原告は、本件に係る損害額について、著作権法114条1項の適用ないしその類推適用および同条2項の適用を主張していたところ、裁判所は、前者について、「114条1項による損害額の推定は、権利者自らその著作物を販売することができたであろうということが前提となっていると解され、そして、本件著作物は、いずれも週刊誌に掲載された記事であり、原告はこれを自ら販売していないのであるから、同項の適用はない」とし、また、後者についても、著作権

法114条2項は、「権利者自らがその著作物を販売できたであろうということが前提となっているものであるから、……原告が本件著作物を自ら販売していない本件においては、同項の適用もない」旨判示し、各規定の適用および類推適用を否定した。

(2) **著作権法114条3項の適用**

他方、裁判所は、本件に係る著作権法114条3項の適用について、原告が本件各著作物に係る書籍を電子書籍のレンタル配信サービスに登録していた点を踏まえ、被告が本件各著作物を本件掲示板に掲載していた期間について、当該期間に、被告が本件各著作物を収録した書籍を公衆送信（配信）していたものとして、これにより原告が受けるべき本件著作物の著作権使用料相当額を損害額として算定すべきとし、当該レンタル配信サービスにおけるレンタル配信料および本件掲示板に掲載された本件著作物に対するアクセス数等を考慮して損害額を認定した。

【コメント】

本件は、社会保険庁の職員が、同庁内のLANシステムにおける本件掲示板上に本件著作物を掲示した行為につき、原告が、当該掲載行為が複製権侵害および公衆送信権侵害に該当するとして、被告に対し、当該掲載行為の差止等を求めた事案である。

著作権法42条1項に定める「行政の目的のために内部資料として必要と認められる場合」とは、「行政庁がその所管事務を遂行する上において必要な場合」をいい、「官公職員の執務参考資料として複製することは認められず、その著作物を複製しなければ行政の目的を十分に達成できないような場合であることを要する」とされる（半田＝松田編コンメンタール2 393頁～394頁）。

本件において、被告は、社会保険事務所等に寄せられる国民の苦情の多くが、マスコミによる批判的な報道等を契機にするものであり、当該報道内容の把握および職員への周知徹底が、社会保険庁における行政事務の遂行のために必要不可欠であるとしたうえ、本件掲載行為が当該報道内容の把握および職員への周知徹底の一環として行われたものであることを理由に、当該掲載行為が、著作権法42条1項に定める「行政の目的のために内部資料として必要と認められる場合」に該当する旨を主張したが、裁判所は、これを認めず、被告の当該主

張を排斥している。

　上記について、裁判所が被告の主張を排斥した理由は必ずしも明らかではないが、行政機関を批判したマスコミ報道記事は、「官公職員の執務参考資料」にすぎないと判示されたものと解される（角田政芳「判批」判例百選〔第4版〕132頁～133頁）。

　なお、本件において、裁判所は、被告による公衆送信について、著作権法42条1項は適用されないとして、単純に公衆送信権侵害を認めているが、被告は、同法49条1項1号についても言及しているため、この点について若干説明する。

　著作権法49条1項1号は、同法42条1項の適用により複製権が及ばずに複製された複製物について、これを同項の目的以外の目的により、公衆送信した場合には、複製権侵害を行ったものとみなすと規定している。すなわち、仮に当該複製自体は、同項により適法になされたとしても、その後、同項の目的以外に当該複製物を公衆送信した場合には、翻って複製権侵害が認められることとなる。

　本件における事実経過としては、被告の職員による複製行為がなされた後、当該職員により当該複製物が公衆送信されているため、論理的には、当初の複製行為だけでなく、その後の公衆送信行為についても著作権法42条1項の目的が認められなければ、同法49条1項1号により複製権侵害が認められる関係にあった。

　そのため、被告は、上記のとおり著作権法49条1項1号についても言及していたのであったが、裁判所は、そもそも本件において同法42条1項の適用の余地がない以上、同項の適用を前提とする同法49条1項1号について議論する必要はないとして、この点について特段の判断を行っていない。

　以上のとおり、本件は、著作権法42条1項の適用につき、裁判所が具体的な判断を行った事案であり、同項の適用についての検討に関し、実務上の意義を有するものと思われる。

（甲斐　一真）

判例コメント29　舞妓写真事件

【判決裁判所】　大阪地方裁判所（平成26年(ワ)第10559号）
【判決年月日】　平成28年7月19日
【出　典】　判タ1431号226頁
【請求内容】　差止め・廃棄、損害賠償
【結　論】　一部認容

【事案の概要】

　日本画家である原告が、同人の撮影した舞妓の写真を利用して日本画を制作し、その日本画を展覧会に出展した日本画家である被告に対し、著作権（翻案権、展示権）および著作者人格権（同一性保持権、公表権）侵害を理由として侵害行為の差止等（翻案権および同一性保持権に基づく写真の翻案の差止請求、展示権および公表権に基づく絵画の展示、譲渡の差止請求および廃棄請求）および損害賠償を請求した事案。

【争　点】

1　本件写真の著作物性および著作権の帰属主体
2　被告の本件絵画の制作行為等は、本件写真の著作権および著作者人格権を侵害する行為であるか
3　原告は本件写真の著作権を放棄したか、原告は被告に対し本件写真の利用を許諾したか、原告が本件写真について権利行使することが信義則上許されないか
4　被告は本件写真の著作権および著作者人格権侵害について故意または過失があるか
5　原告が受けた損害の額

【裁判所の判断】

1　争点1——本件写真の著作物性および著作権の帰属主体

　写真が著作物として認められ得るのは、被写体の選択、シャッターチャンス、シャッタースピードの設定、アングル、ライティング、構図・トリミング、レンズの選択等により、写真の中に撮影者の思想または感情が表現されているか

らであり、写真は、原則として、その撮影者が著作者であり、著作権者となる。

本件各写真について、その撮影位置、撮影タイミングおよび撮影アングル、構図を選択したのは撮影者である原告であり、本件各写真は、このことにより撮影者である原告の思想または感情が創作的に表現されているから、著作物性は肯定され、撮影者である原告がその著作権者である。

写真の著作物性は撮影方法における撮影者の創作性に由来するのであって、被写体そのものの創作性に由来するものではない。

2　争点2——被告の本件絵画の制作行為等は、本件写真の著作権および著作者人格権を侵害する行為であるか

(1)　翻案権侵害

本件各絵画は、その全体的構成が本件各写真の構図と同一であり、本件各写真の被写体となっている舞妓を模写したと一見してわかる舞妓を本件各写真の撮影方法と同じく、正面あるいは正面斜め前の全く同じ位置、高さから見える姿を同じ構図で描いていることで本件各写真の本質的特徴を維持しているが、その背景の色の選択や舞妓の姿を日本画として描いたこと等により創作的な表現が新たに加えられたものであるから、これに接する者が本件各写真の表現上の本質的な特徴を直接感得することのできる別の著作物が創作されたものとして、本件各絵画は本件各写真を翻案したものである。

(2)　同一性保持権侵害

本件絵画は、それぞれに対応する本件写真との相違点があるから、被告は、本件写真の表現を改変したものである。そして、原告が、被告に対して本件写真を利用した絵画の制作を許諾しておらず、被告による本件写真の上記改変は著作者である原告の意に反するものである。

したがって、被告の本件絵画制作行為は、原告の本件写真に係る同一性保持権を侵害する行為である。

3　争点3——原告は本件写真の著作権を放棄したか、原告は被告に対し本件写真の利用を許諾したか

原告が、目を患っているP_3の絵画制作を援助するために、P_3に対し本件写真を交付した事実はあるが、そのことにより、原告が本件写真の著作権を黙示的に放棄したとは認められず、また、P_3が第三者の絵画制作に利用するために

第三者に提供することまで許諾していたとは認められない。

4　争点4——被告は本件写真の著作権および著作者人格権侵害について故意または過失があるか

被告は、本件写真がP$_3$の撮影に係る写真ではないことを認識しながら、漫然とこれを受領し、その著作権および著作者人格権侵害に及ぶ利用の可否について全く調査確認しようとしなかった点に注意義務違反があるといわなければならないから、本件写真の著作権および著作者人格権侵害について過失がある。

5　争点5——原告が受けた損害の額

(1)　著作権侵害による逸失利益

原告は、被告による本件絵画の制作およびその展示の結果、本件写真を用いて絵画制作をして販売することができなくなったとして、制作し販売し得たはずの絵画の販売価格を前提に、制作販売機会喪失による逸失利益を損害として主張した。

これに対し、本判決は、原告は制作済みの絵画を販売することができなくなったのではなく、せいぜいその前段階である制作に着手していたにすぎないというのであるから、制作完成後は絵画が確実に販売される見込みが高かったとしても、そのような損害は写真の著作権侵害から通常生ずべき損害とはいえず、特別の事情による損害であるとして、被告の著作権侵害により本件写真を絵画制作の題材として用いることができなくなった価値減損の限度で損害額を認定するのが相当とし、1枚あたり5万円の損害を認定した。

(2)　著作者人格権侵害による慰謝料

著作者人格権侵害による慰謝料については、改変の程度、展覧会の規模、本件問題発覚後の被告の対応等を考慮して20万円と認めた。

【コメント】

本件では、原告が、目を患っているP$_3$に対し、絵画制作の参考にするようにと本件写真を交付し、その後、被告がP$_3$から本件写真の再交付を受け、これに基づき本件絵画を制作したという事案の特殊性がある。

そのため、本件訴訟では、本件写真の著作物性のほか、原告による本件写真の著作権の放棄の有無や被告に対する本件写真の利用許諾の有無等が争われ、被告が本件写真に依拠して本件絵画を制作したことは争点となっていない。

写真の著作物の著作物性について、被写体の選択、組合せ、配置等において創作的な表現がなされている場合に、これが著作物性の判断要素に含まれるか否かについては争いがあるが（これを肯定した裁判例として、東京高判平成13・6・21判時1765号96頁「スイカ写真事件」、否定した裁判例として、同事件の第1審判決である東京地判平成11・12・15判時1699号145頁）、本判決は、写真の著作物性は撮影方法における撮影者の創作性に由来するのであって、被写体そのものの創作性に由来するものではない旨判示したものである。

（森本　純）

判例コメント30　歴史小説の"参考文献"事件(2)

【判決裁判所】　（控訴審）知的財産高等裁判所（平成27年(ネ)第10042号）
　　　　　　　　　（第1審）東京地方裁判所（平成25年(ワ)第15362号）
【判決年月日】　（控訴審）平成28年6月29日
　　　　　　　　　（第1審）平成27年2月25日
【出　典】　（控訴審）裁判所HP
　　　　　　　（第1審）裁判所HP
【請求内容】　差止請求、損害賠償請求
【結　論】　（控訴審）控訴棄却
　　　　　　　（第1審）一部認容

【事案の概要】

　控訴人（原告）は、フリーのライターであり、「恵比寿屋善兵衛手控」（平成5年10月刊行）で第110回直木賞を受賞している。被控訴人（被告）は、テレビ、ラジオ番組の企画・製作を主たる業務とする株式会社である。控訴人は、田沼意次、堀田正睦および調所笑左衛門をそれぞれ題材とする3つの歴史小説（以下、「控訴人各小説」という）の著作者である。被控訴人は、シリーズ「THEナンバー2～歴史を動かした陰の主役たち」のテレビ番組の一部として、上記3名の歴史上の人物を題材とするテレビ番組（合計5番組）（以下、「被控訴人各番組」という）を制作した。被控訴人各番組の各エンドロールでは、控訴人各小説が参考文献として表示されていた。

　そこで、控訴人は、被控訴人に対し、控訴人各小説を無断でテレビ番組に利用され、著作権（翻案権、複製権）および著作者人格権（同一性保持権、氏名表示権）を侵害されたなどとして、著作権法112条1項に基づき、被控訴人各番組の公衆送信、被控訴人各番組を収録したDVDの複製、頒布等の差止めを求めるとともに、民法709条に基づく損害賠償金3200万円を求めた事案である。

【争　点】

　1　著作権（翻案権、複製権）侵害の成否
　2　著作者人格権（同一性保持権、氏名表示権）侵害の成否

3 許諾の有無
4 損害発生の有無およびその額

【裁判所の判断】
1 第1審判決
(1) 著作権（翻案権、複製権）侵害の成否

　第1審裁判所は、「著作物」について、「歴史上の出来事や歴史上の人物に関する事実それ自体は、単なる事実にすぎず、『思想又は感情』の表現とはいえず」、「歴史上の事実等についての見解や歴史観といったものも、それ自体は思想又はアイデアそのものであって具体的な『表現』とはいえない」とし、「創作的」に表現されたというためには、「作者の何らかの個性が表れたものであれば足りるというべきであるが、文章自体がごく短く又は表現の選択の幅に制約があるため他の表現が想定できない場合や、表現が平凡かつありふれたものである場合には、作者の個性が表れたものとはいえないから、創作的な表現であるということはできない」としたうえで、「歴史上の事実等に関する記述であっても、その事実の選択や配列、あるいは歴史上の位置付け等において創作性が発揮されているものや、歴史上の事実又はそれについての見解や歴史観を具体的に記述して表現したものについては、その表現方法につき表現の選択の幅があり、かつその選択された具体的表現が平凡かつありふれた表現ではなく、そこに作者の個性が表れていれば、創作的な表現として、著作権法の保護が及ぶ場合があるというべきである」という判断枠組みを示した。そして、著作物の「複製」について、「既存の著作物に依拠し、これと同一のものを作成し、又は、具体的表現に修正、増減、変更等を加えても、新たに思想又は感情を創作的に表現することなく、その表現上の本質的な特徴を直接感得することのできるものを作成することをいう」との判断枠組みを示した。また、「翻案」については、「既存の著作物に依拠して創作された著作物が思想、感情若しくはアイデア、事実若しくは事件など表現それ自体でない部分又は表現上の創作性がない部分において、既存の著作物と同一性を有するにすぎない場合には、翻案には当たらないと解するのが相当である」との**関連判例9－1－2**「江差追分事件」同様の判断枠組みを示した。

　そのうえで、控訴人各小説と被控訴人各番組各ストーリーの表現を個別に検

討し、ごく一部（原告各小説それぞれについて1か所ずつ）の台詞について、翻案権、複製権侵害を認めた。

(2) **著作者人格権（同一性保持権、氏名表示権）侵害の成否**
 (A) **同一性保持権侵害の成否**
第1審裁判所は、いずれも同一性保持権侵害が成立しないと認めるのが相当であり、原告の主張には理由がないとしている。
 (B) **氏名表示権侵害の成否**
第1審裁判所は、被控訴人各番組のエンドロールで、控訴人各小説とあわせてその著者が原告であることをその実名の表示をもって示しているものと認めることができると認定し、そして、被控訴人各番組は控訴人各小説の二次的著作物に該当すると認められるところ、上記各表示は、「その著作物を原著作物とする二次的著作物の公衆への提供又は提示に際しての原著作物の著作者名の表示」（19条1項後段）に該当するものと認められる」と判断した。また、仮にそうでないとしても、「著作物の利用の目的及び態様に照らし著作者が創作者であることを主張する利益を害するおそれがない」（同条3項）と認めるのが相当であるとし、被控訴人が行ったエンドロールの表示態様は、「公正な慣行に反しない」（同項）ものであると認めるのが相当であるとして、氏名表示権を侵害するものではないと認めるのが相当であると判示した。

(3) **許諾の有無**
第1審裁判所は、被控訴人が控訴人から、事前はもとより、事後的にも、控訴人各小説が参考文献として具体的にはどのように記述内容が用いられるのかについて理解を得ないまま被告各番組を制作、放送したと認められるから、許諾があったと認めることはできないと判示した。

(4) **損害発生の有無およびその額**
第1審裁判所は、財産的損害について、控訴人各小説の使用料相当額を、それぞれ150万円として、侵害部分の頁数の割合に応じて算定し、8659円を認定した。著作権侵害に基づく慰謝料については、財産的損害の填補が認められる以上、慰謝料は認められないとし、著作者人格権侵害については、前述のとおり侵害自体が認められないとした。弁護士費用については、30万円を認定した。

(5) 小 括

　第1審裁判所は、被控訴人各番組の公衆送信、被控訴人各番組を収録したDVDの複製、頒布等の差止めを認め、損害賠償については、3200万円の請求のうち30万8659円を認めた。これに対し、控訴人は、損害賠償金の支払いが認められなかった部分についてのみ控訴した。控訴人は、控訴人各小説のシークエンス（小説や番組において「本筋」を構成する個別の挿話）を構成する出来事は、5つのW（誰が、いつ、どこで、何を、なぜ）を備えているため、「思想、アイデア、事実にすぎない」とはいえないとの見地、また、人物設定およびエピソード（5つのWを備えた個々の行動や出来事を複数組み合わせたもの）の見地から翻案権侵害を主張し、小説の部分的表現の複製権侵害についても主張した。

2　控訴審判決
(1)　著作権（翻案権、複製権）侵害の成否
(A)　シークエンスの翻案

　控訴審は、「翻案」について、第1審同様、**関例判例9－1－2**「江差追分事件」判決の判断枠組みを述べ、歴史上の事実、歴史上の人物に関する事実、これらについての見解や歴史観の著作物性を否定したが、歴史上の事実またはそれについての見解や歴史観をその具体的記述において創作的に表現したものについては、著作物性が肯定されることがあり、事実の選択、配列や、歴史上の位置付け等が著作物の表現上の本質的特徴を基礎付ける場合があり得るといえるとした。そして、控訴人の主張に対して、控訴人各小説は「歴史を題材とした小説であるから、5つのWを備えた出来事を複数組み合わせて配列しただけでは、歴史上の事実等の経過を示したものにすぎないこと、あるいは、これらの事実等についての見解や歴史観を示すものにすぎないことがあるから、常に著作権法の保護の対象となるとはいえない」とし、控訴人主張に係る「各ストーリーに創作性があり、事実の選択や配列が表現上の本質的特徴を基礎付けるというためには、5つのWを備えた出来事を複数組み合わせて配列することだけでは足りず、少なくとも、事実の選択や配列に創作性が発揮されているといえなければならない」という判断枠組みを示した。

　そのうえで、控訴人主張の各ストーリーの表現を個別に検討し、被控訴人各番組の各ストーリーを構成する個々の出来事の配列と控訴人各小説の配列が類

似しているとはいえないなどと判断して、シークエンスの翻案を否定した。
　(B)　人物設定の翻案
　控訴審裁判所は、「人物設定に関する記述であっても、人物設定をその具体的記述において創作的に表現したものについては、著作物性が肯定されることがあり、歴史上の位置付け等が表現上の本質的特徴を基礎付ける場合があり得る」としたうえで、各人物設定の表現を個別に検討し、控訴人各小説と被控訴人各番組の両者に共通する表現はありふれており創作性がないなどとして、人物設定の翻案を否定した。
　(C)　エピソードの翻案
　控訴審裁判所は、「歴史上の事実又はそれについての見解や歴史観が、具体的記述において創作的に表現されたものであるか否かを、その事実の選択や配列、あるいは、歴史上の位置付け等を踏まえて検討する必要がある」としたうえで、各エピソードの表現を個別に検討し、控訴人各小説と番組に共通する表現はありふれており、創作性がないなどとして、エピソードの翻案を否定した。
　(D)　部分複製
　控訴審裁判所は、「複製」について、第1審と同様の枠組みを示したうえで、控訴人主張の部分について、控訴人各小説と被控訴人各番組では具体的な表現が異なる、共通部分はいずれもありふれた表現であるなどとして、部分複製を否定した。
　(2)　他の争点
　著作者人格権（同一性保持権、氏名表示権）侵害の成否、許諾の有無、損害発生の有無およびその額については、第1審判決のとおりとし、引用した。
　(3)　小　括
　以上のとおり、控訴審裁判所は、控訴人の控訴を棄却した。
【コメント】
　本判決は、著作権侵害についての賠償額自体は低額とはいえ、歴史小説を参考文献としたテレビ番組の著作権侵害を認めたところに大きな意義がある。歴史を題材としたテレビ番組は、多く存在しており、歴史小説を参考文献とすることも多いと考えられることから、本判決がたとえ一部であっても著作権侵害を認めたことにより、番組制作側から見れば、表現に対する少なからぬ抑止的

影響があるのではないかと思料する。本判決が、本来アイデアとして自由な活用が許されるべき部分にまで踏み込んでいないかという点については、微妙なところであろう。本判決の判断が一般化されるか否かは、今後の類似の事案についての判断が待たれるところである。

（黒根　祥行）

判例コメント31　ツイッターへの発信者情報開示請求事件

【判決裁判所】　（控訴審）知的財産高等裁判所（平成28年(ネ)第10101号）

　　　　　　　（第1審）東京地方裁判所（平成27年(ワ)第17928号）

【判決年月日】　（控訴審）平成30年4月25日

　　　　　　　（第1審）平成28年9月15日

【出　　典】　（控訴審）裁判所HP

　　　　　　　（第1審）裁判所HP

【請求内容】　発信者情報開示

【結　　論】　（控訴審）一部認容

　　　　　　　（第1審）一部認容

【事案の概要】

　職業写真家である控訴人Xは、インターネット上の短文投稿サイト「ツイッター」において、控訴人Xの著作物である写真（以下、「本件写真」という）が、①訴外A（氏名不詳者）により無断でアカウントのプロフィール画像として用いられ、その後当該アカウントのタイムラインおよびツイート（投稿）にも表示されたこと、②訴外Aにより控訴人Xに無断で画像付きツイートの一部として用いられ、訴外Aのアカウントのタイムラインにも表示されたこと、③訴外Bら（氏名不詳者ら）により無断で上記②のツイートのリツイートがなされ（以下、この行為を「本件リツイート行為」という）、訴外Bらのアカウントのタイムラインに表示されたことにより、控訴人Xの著作権（複製権、公衆送信権等）および著作者人格権（氏名表示権、同一性保持権等）が侵害されたとして、プロバイダ責任制限法4条1項に基づき、上記①～③のそれぞれについて、発信者情報の開示を求めた事案である。

　なお、被控訴人Y_1は、米国法人としてツイッターを運営しており、被控訴人Y_2は、ツイッター・インフォメーション・ネットワークに関するマーケティング等を目的とする株式会社であり、被控訴人Y_1の子会社である。

【争　点】
 1　被控訴人 Y_2 の発信者情報保有の有無
 2　本件リツイート行為による著作権等の侵害の明白性

【裁判所の判断】
1　第1審判決

　第1審判決は、被控訴人 Y_2 が発信者情報の保有者とは認められない旨判示するとともに、本件リツイートについて、「それ自体として上記データを送信し、又はこれを送信可能化するものでなく、公衆送信（著作権法2条1項7号の2、9号の4及び9号の5、23条1項）に当たることはないと解すべきである。また、このようなリツイートの仕組み上、本件リツイート行為により本件写真の画像ファイルの複製は行われないから複製権侵害は成立せず、画像ファイルの改変も行われないから同一性保持権侵害は成立しないし、本件リツイート者らから公衆への本件写真の提供又は提示があるとはいえないから氏名表示権侵害も成立しない。さらに、流通情報2(2)のURLからユーザーの端末に送信された本件写真の画像ファイルについて、本件リツイート者らがこれを更に公に伝達したことはうかがわれないから、公衆伝達権の侵害は認められない……以上に説示したところによれば、本件リツイート者らが本件写真の画像ファイルを著作物として利用したとは認められないから、著作権法113条6項所定のみなし侵害についても成立の前提を欠くことになる。したがって、Xの主張する各権利ともその侵害が明らかであるということはできない」と判示した。

2　控訴審判決
(1)　争点1　被控訴人 Y_2 の発信者情報保有の有無

　本判決は、「被控訴人 Y_2 はツイッターを運営する者ではなく、ツイッターの利用についてユーザーと契約を締結する当事者でもないと認められ、本件証拠上、被控訴人 Y_2 が発信者情報を開示する権限を有しているとは認められない」と判示したうえで、控訴人Xにおいて、控訴人Xが被控訴人 Y_2 宛てに本件写真の削除を申し出たところ、現実に削除されたこと等を主張したが、「これらの事実が認められるとしても、これらの事実から、被控訴人 Y_2 が発信者情報を開示する権限を有していると認められるものではない」とし、第1審判決と同様、被控訴人 Y_2 が発信者情報を保有しているとは認められないと結論付けた。

(2) 争点2　本件リツイート行為による著作権等の侵害の明白性

「控訴人Xが著作権を有しているのは、本件写真であるところ、本件写真のデータは、リンク先である流通情報2(2)に係るサーバーにしかないから、送信されている著作物のデータは、流通情報2(2)のデータのみである」と判示したうえで、「自動公衆送信の主体は、当該装置が受信者からの求めに応じ、情報を自動的に送信できる状態を作り出す行為を行う者と解されるところ（最高裁平成23年1月18日判決・民集65巻1号121頁参照）、本件写真のデータは、流通情報2(2)のデータのみが送信されていることからすると、その自動公衆送信の主体は、流通情報2(2)のURLの開設者であって、本件リツイート者らではないというべきである。著作権侵害行為の主体が誰であるかは、行為の対象、方法、行為への関与の内容、程度等の諸般の事情を総合的に考慮して、規範的に解釈すべきであり、カラオケ法理と呼ばれるものも、その適用の一場面であると解される（最高裁平成23年1月20日判決・民集65巻1号399頁参照）が、本件において、本件リツイート者らを自動公衆送信の主体というべき事情は認め難い」。「本件リツイート行為が上記の自動公衆送信行為自体を容易にしたとはいい難いから、本件リツイート者らを幇助者と認めることはできず、その他、本件リツイート者らを幇助者というべき事情は認められない」として公衆送信権侵害を否定し、複製権および公衆伝達権の侵害を否定した。

他方、著作者人格権については、「表示される画像は、思想又は感情を創作的に表現したものであって、文芸、学術、美術又は音楽の範囲に属するものとして、著作権法2条1項1号にいう著作物ということができるところ、……表示するに際して、HTMLプログラムやCSSプログラム等により、位置や大きさなどを指定されたために、本件アカウント3～5のタイムラインにおいて表示されている画像は流通目録3～5のような画像となったものと認められるから、本件リツイート者らによって改変されたもので、同一性保持権が侵害されているということができる」として同一性保持権を、「本件アカウント3～5のタイムラインにおいて表示されている画像には、控訴人の氏名は表示されていない。そして、……表示するに際してHTMLプログラムやCSSプログラム等により、位置や大きさなどが指定されたために、本件アカウント3～5のタイムラインにおいて表示されている画像は流通目録3～5のような画像となり、

控訴人の氏名が表示されなくなったものと認められるから、控訴人Xは、本件リツイート者らによって、本件リツイート行為により、著作物の公衆への提供又は提示に際し、著作者名を表示する権利を侵害されたということができる」として氏名表示権を、それぞれ侵害した旨判示した。また、被控訴人Y_1らは、著作権法20条4項の「やむを得ない」改変と主張したが、本判決は、「本件リツイート行為は、本件アカウント2において控訴人Xに無断で本件写真の画像ファイルを含むツイートが行われたもののリツイート行為であるから」「やむを得ない」改変にあたると認めることはできない旨判示した。

なお、本件においては、最新のログイン時IPアドレス等の発信者情報該当性や発信者情報の開示を受けるべき正当な理由の有無も争点であったが、本判決は、前者については、プロバイダ責任制限法4条1項を受けて定める省令4号の「侵害情報に係るアイ・ピー・アドレス」には当該侵害情報の発信に関係しないものは含まれず、また、当該侵害情報の発信と無関係なタイムスタンプは同7号の「侵害情報が送信された年月日及び時刻」にはあたらないと解するのが相当である旨、後者については、「控訴人Xは本件アカウント1～5に本件写真を表示させた者に対し著作権又は著作者人格権の侵害を理由として権利行使し得るところ、上記の者の特定に資する情報を知る手段が他にあるとは認められないから、発信者情報の開示を受けるべき正当な利益があると認められる」と、それぞれ判示した。

【コメント】

1 はじめに

ネット上の投稿サイト「ツイッター」において、著作権を侵害するツイートがなされ、そのリツイート行為につき、第1審判決が複製権および著作者人格権のいずれもの侵害を認めなかったのに対し、控訴審判決は、複製権等の侵害は認めなかったが、著作者人格権（同一性保持権・氏名表示権）の侵害を認めた。

2 リツイート行為の著作権等侵害の有無

第1審判決は、本件リツイートをインラインリンクと同様に考えたうえで、著作権侵害等を否定したものといえる。

著作権を侵害する著作物にリンクを貼る行為については、学説上、著作権侵害とはならないというのが通説的見解であるところ（中山・著作権法252頁等）、

このことはインラインリンク（ユーザーの操作を介することなく、リンク元のウェブページが立ち上がった時に、自動的にリンク先のウェブサイトの画面またはこれを構成するファイルが当該ユーザーの端末に送信されて、リンク先のウェブサイトがユーザーの端末上に自動表示されるように設定されたリンク）についても同様に解されており、経済産業省の「電子商取引及び情報財取引等に関する準則」（平成30年7月公表）は、「サーフェスリンク、ディープリンク、イメージリンク、フレームリンク、インラインリンクの個別の態様でのリンクを張る行為自体においては、原則として著作権侵害の問題は生じないと考えるのが合理的である」としている（147頁）。これまでインラインリンクが問題となった**判例コメント44**「『ニコニコ動画』リンク事件（ロケットニュース24事件）」においても、「被控訴人は、『ニコニコ動画』にアップロードされていた本件動画の引用タグ又はURLを本件ウェブサイトの編集画面に入力することで、本件動画へのリンクを貼ったにとどまる。この場合、本件動画のデータは、本件ウェブサイトのサーバに保存されたわけではなく、本件ウェブサイトの閲覧者が、本件記事の上部にある動画再生ボタンをクリックした場合も、本件ウェブサイトのサーバを経ずに、『ニコニコ動画』のサーバから、直接閲覧者へ送信されたものといえる」と判示して、著作権侵害が否定されている。

このような状況の下、本判決は、本件リツイート行為についても著作者人格権の侵害を認めたのであり、事例判決ではあるものの、インラインリンクでも著作者人格権の侵害はあり得ることを示唆したものといえ、実務的にも注目すべき判決である。

（藤田　増夫）

判例コメント32　釣りゲーム事件

【判決裁判所】　（控訴審）知的財産高等裁判所（平成24年(ネ)第10027号）
　　　　　　　　（第1審）東京地方裁判所（平成21年(ワ)第34012号）
【判決年月日】　（控訴審）平成24年8月8日
　　　　　　　　（第1審）平成24年2月23日
【出　　典】　（控訴審）判時2165号42頁、判タ1403号271頁
　　　　　　　（第1審）裁判所HP
【請求内容】　差止め、損害賠償、謝罪広告の掲載
【結　　論】　（控訴審）請求棄却
　　　　　　　（第1審）一部認容

【事案の概要】

　本件は、携帯電話機用インターネット・ゲーム「釣り★スタ」（以下、「原告作品」という）を製作し公衆に送信している控訴人（原告）が、被控訴人ら（被告ら）が共同で製作し公衆に送信する携帯電話機用インターネット・ゲームの「釣りゲータウン2」（以下、「被告作品」という）について、当該製作行為や公衆送信行為が、その魚の引き寄せ画面や主要画面に関し、原告の原告作品に関する著作権（翻案権、28条による公衆送信権）および著作者人格権（同一性保持権）を侵害する、また原告の法的保護に値する利益を侵害する不法行為にあたるなどと主張し、さらに原告作品における影像が周知表示であるとして、同表示と類似する表示を被告らのウェブページに掲載する行為が不正競争防止法2条1項1号違反であると主張し、被告作品の差止め、損害賠償、謝罪広告の掲載（115条、競14条、民723条）などを求めた事案である。

　第1審は翻案権等の侵害を認め、請求を一部認容した。これに対し、当事者双方が控訴したのが本件である。

【争　点】

1　著作権（翻案権、28条による公衆送信権）および著作者人格権（同一性保持権）の侵害の成否

2　被告らのウェブページに被告影像を掲載する行為が不正競争防止法2条

1項1号に該当するか
　3　被告作品を製作し公衆に送信する行為は、原告の法的保護に値する利益を侵害する不法行為にあたるか
　4　原告の損害
　5　被告らの謝罪広告の要否

【裁判所の判断】
1　著作権および著作者人格権侵害の成否
　(1)　魚の引き寄せ画面
　本裁判例は、魚の引き寄せ画面について、まず、水中のみが真横から水平方向に描かれている点や水中の画像には画面のほぼ中央に中心からほぼ等間隔である三重の同心円などが描かれている点など、原告作品と被告作品の共通部分を認定した。そのうえで、当該共通部分はありふれた表現やアイデアなど表現それ自体ではない部分または表現上の創作性がない部分にすぎず、その具体的表現においても異なり、被告作品の魚の引き寄せ画面に接する者がその全体から受ける印象を異にし、原告作品の表現上の本質的な特徴を直接感得できない旨判示し、翻案の成立を否定した。
　また、裁判例は、「翻案権の侵害の成否が争われる訴訟において、著作権者である原告が、原告著作物の一部分が侵害されたと考える場合に、侵害されたと主張する部分を特定し、侵害したと主張するものと対比して主張立証すべきである。それがまとまりのある著作物といえる限り、当事者はその範囲で侵害か非侵害かの主張立証を尽くす必要がある」、「著作権者が、まとまりのある著作物のうちから一部を捨象して特定の部分のみを対比の対象として主張した場合、相手方において、……まとまりのある著作物のうち捨象された部分を含めて対比したときには、表現上の本質的な特徴を直接感得することができないと主張立証することは、魚の引き寄せ画面の範囲内のものである限り、訴訟物の観点からそれが許されないと解すべき理由はない」と判示した。
　(2)　主要画面の変遷
　裁判例は、主要画面の変遷についても、まず、「トップ画面」「釣り場選択画面」など複数の画面が存在し、これが順次変遷して「トップ画面」に戻ってくることでゲームを繰り返すことができる点等を共通部分と認定した。そのうえ

で、同変遷は、基本的な釣り人の一連の行動の順序に即して配列構成したものであり、このような画面を備えた釣りゲームが以前から存在していたことなどから、釣りゲームにおいてはありふれた表現方法にすぎないと判示した。また、原告作品と被告作品のその他の相違点なども考慮し、表現上の本質的特徴を直接感得することはできないと判示した。さらに、個別の画面についても検討し、結論として被告作品の画面の変遷並びに素材の選択配列は、アイデアなど表現それ自体でない部分または表現上の創作性がない部分において原告作品のそれと同一性を有するにすぎず、これに接する者が原告作品の画面の変遷並びに素材の選択および配列の表現上の本質的な特徴を直接感得することはできないとして、翻案の成立を否定した。

2　被告らのウェブページに被告影像を掲載する行為が不正競争防止法2条1項1号に該当するか

本裁判例は、ゲームの影像が不正競争防止法2条1項1号の「商品等表示」に該当する余地を一定の要件の下に肯定しつつ、本件ゲームの影像は、周知の商品等表示性を獲得したと認めるに足りないとして同法に基づく保護を否定した。

3　被告作品を製作し公衆に送信する行為は、原告の法的保護に値する利益を侵害する不法行為にあたるか

本裁判例は、著作権法や不正競争防止法が規律の対象とする著作物や周知商品等表示の利用による利益とは異なる法的に保護された利益を侵害するなどの特段の事情のない限り、不法行為を構成するものではないと判示し、本件では、仮に被告らが被告作品を製作するにあたり原告作品を参考にしたとしても、被告らの行為が自由競争の範囲を逸脱して原告の法的に保護された利益を侵害する違法な行為であるとはいえないとして、不法行為は成立しないと判示した。

【コメント】

1　翻案の意義

本裁判例は、言語の著作物の「翻案」について判示した**関連判例9－1－2「江差追分事件」**を引用し、その解釈を踏襲しつつ、ゲームの著作物に関する「翻案」について判示した事例判決である。すなわち、「著作物の翻案とは、既存の著作物に依拠し、かつ、その表現上の本質的な特徴の同一性を維持しつつ、

具体的表現に修正、増減、変更等を加えて、新たに思想又は感情を創作的に表現することにより、これに接する者が既存の著作物の表現上の本質的な特徴を直接感得することのできる別の著作物を創作する行為をいう。そして、思想、感情若しくはアイデア、事実若しくは事件など表現それ自体でない部分又は表現上の創作性がない部分において既存の著作物と同一性を有するにすぎない著作物を創作する行為は、既存の著作物の翻案に当たらない（最高裁平成11年（受）第922号同13年6月28日第一小法廷判決・民集55巻4号837頁参照）」と判示した。

そのうえで、本裁判例は、原告作品と被告作品の共通部分は表現それ自体でない部分または表現上の創作性がない部分にすぎないなどとして、**翻案権侵害**を否定したものである。

本判決は、いわゆるろ過テストを採用しつつ、たとえば「魚の引き寄せ画面」について、水中のみが真横から水平方向に描かれている点や三重の同心円などというように、同画面を構成する個々の要素について創作性の有無を判断しているように見受けられる。

しかし、かような判断手法は、「木を見て森を見ず」という事態に陥り、結論の妥当性を欠くリスクを孕んでいることに注意が必要である。

本来的には個々の要素が組み合わさったまとまりのある複合物全体が具体的な表現物である。

したがって、創作性の判断が、表現物を構成する個々の要素のそれのみを問題にするにとどまるのでは不十分であることは明らかである。共通部分に創作性があるかという判断は、全体としてまとまりのある表現物を個々の要素に分割して、個々の要素それ自体の創作性を問題にするにとどまってしまうおそれがある。少なくともろ過テストの結果、原告被告両作品間に共通部分が複数ある場合には、個々の共通部分のみの創作性を問題にするのみならず、当該要素の組合せの結果としての具体的な表現における創作性を問題にすべきである。

第1審は、上記画面を構成する個々の要素をどのようにするかについてさまざまな選択肢がある点に着目し、上記画面を構成する個々の要素の組合せに製作者の個性が強く表れている旨評価した。この点で、第1審は「木を見つつ森を見た」と評価できる。この点が第1審と本判決との創作性に関する判断を分

けたポイントであると思料され、結論の是非は別として本判決の判断手法には疑問が残る。

2 全体観察肯定説の示唆

翻案権侵害の判断手法は、上記の規範に従うことになる。この点、表現上の本質的な特徴を直接感得することができるかという要件については、原告著作物の創作性のある部分が利用されている限りこれを肯定する見解（全体観察否定説）と創作性のある部分が利用されていたとしても、被告著作物を全体として観察した際に当該利用部分から原告著作物の本質的特徴を直接感得できないのであれば、同要件の充足を否定する見解（全体観察肯定説）がある（詳しくは、中島基至「著作権侵害」髙部眞規子編『著作権・商標・不競法関係訴訟の実務〔第2版〕』108頁〜113頁参照）。

本判決は、共通部分と相違部分の内容や創作性の有無または程度に鑑みると、魚の引き寄せ画面に接する者が、その全体から受ける印象を異にし、原告作品の本質的な特徴を直接感得できない旨判示しており、本件が同要件充足性以前にそもそも創作性を否定した事案であるため必ずしも明らかではないものの、全体観察肯定説に親和的な判示を行ったと評価する余地がある。

3 知的財産法の補完としての一般不法行為の成否

本判決は、著作権法でも不正競争防止法でも保護できないものを、一般不法行為により保護できるかという論点ついて、**判例コメント51**＝北朝鮮映画事件上告審を引用していないものの（本件は不正競争防止法に関する判示を含むため、これを含まない**判例コメント51**＝北朝鮮映画事件の判示を引用しなかったものと思料される）、同事件の判示と実質的に同趣旨の理由付けおよび規範を導き、同事件の判示を踏襲したものと評価できる。これにより、個別の知的財産法において保護を受けることができないケースにおいて不法行為が成立するのは、当該個別法の保護法益とは異なる法的に保護された利益を侵害するなどの特段の事情のある場合という限定的なケースとなることがより明らかになった。

一般不法行為に基づき権利侵害を主張する者にとっては、被告が自由競争の範囲を逸脱し営業上の利益を侵害した等の観点から法的構成を慎重に検討することが重要である。

（矢倉　雄太）

判例コメント33　自炊代行サービス事件

【判決裁判所】　（控訴審）知的財産高等裁判所（平成25年(ネ)第10089号）
　　　　　　　　（第1審）東京地方裁判所（平成24年(ワ)第33525号）
【判決年月日】　（控訴審）平成26年10月22日
　　　　　　　　（第1審）平成25年9月30日
【出　典】　（控訴審）判時2246号92頁、判タ1414号227頁
　　　　　　　（第1審）判時2212号86頁
【請求内容】　差止請求、損害賠償請求
【結　論】　（控訴審）控訴棄却
　　　　　　　（第1審）差止請求認容、損害賠償請求一部認容

【事案の概要】

　被控訴人ら（原告）は、小説家、漫画家または漫画原作者7名である。

　控訴人 Y_1（法人被告）は、顧客から電子ファイル化の依頼があった書籍について、著作権者の許諾を受けることなく、スキャナーで書籍を読み取って電子ファイルを作成し、その電子ファイルを顧客（利用者）に納品（本件サービス）する法人であり、控訴人 Y_2 は Y_1 の取締役である（「控訴人ら」と総称）。

　本件は、被控訴人らが、控訴人らに対し、控訴人らの注文を受けた書籍には被控訴人らが著作権を有する作品（原告作品）が多数含まれている蓋然性が高く、今後注文を受ける書籍にも含まれる蓋然性が高いから、被控訴人らの著作権（複製権）が侵害されるおそれがあるなどとして、控訴人 Y_1 に対し第三者から委託を受けて原告作品が印刷された書籍を電子的方法により複製することの禁止と、控訴人らに対し弁護士費用相当額の損害賠償を求めた事案である。

【争　点】

　1　著作権法112条1項に基づく差止請求の成否（争点1）
　　①　控訴人 Y_1 による複製行為の有無（争点1①）
　　②　著作権法30条1項の適用の可否（争点1②）
　　③　差止めの必要性（争点1③）
　2　不法行為に基づく損害賠償請求の成否および損害額（争点2）

【裁判所の判断】

1　第1審判決（控訴審の「争点1①」に対応する部分のみ）

「著作権法2条1項15号は、『複製』について、『印刷、写真、複写、録音、録画その他の方法により有形的に再製すること』と定義している。

この有形的再製を実現するために、複数の段階からなる一連の行為が行われる場合があり、そのような場合には、有形的結果の発生に関与した複数の者のうち、誰を複製の主体とみるかという問題が生じる。

この問題については、複製の実現における枢要な行為をした者は誰かという見地から検討するのが相当であり、枢要な行為及びその主体については、個々の事案において、複製の対象、方法、複製物への関与の内容、程度等の諸要素を考慮して判断するのが相当である（最高裁平成21年（受）第788号同23年1月20日第一小法廷判決・民集65巻1号399頁参照）」。

本件における複製の「一連の経過において、複製の対象は利用者が保有する書籍であり、複製の方法は、書籍に印刷された文字、図画を法人被告らが管理するスキャナーで読み込んで電子ファイル化するというものである。電子ファイル化により有形的再製が完成するまでの利用者と法人被告らの関与の内容、程度等をみると、複製の対象となる書籍を法人被告らに送付するのは利用者であるが、その後の書籍の電子ファイル化という作業に関与しているのは専ら法人被告らであり、利用者は同作業には全く関与していない。

以上のとおり、本件における複製は、書籍を電子ファイル化するという点に特色があり、電子ファイル化の作業が複製における枢要な行為というべきであるところ、その枢要な行為をしているのは、法人被告らであって、利用者ではない。

したがって、法人被告らを複製の主体と認めるのが相当である」。

2　控訴審判決

(1)　控訴人 Y_1 による複製行為の有無（争点1①）

「『著作者は、その著作物を複製する権利を専有する。』（著作権法21条）ところ、『複製』とは、著作物を『印刷、写真、複写、録音、録画その他の方法により有形的に再製すること』である（同法2条1項15号）。そして、複製行為の主体とは、複製の意思をもって自ら複製行為を行う者をいうと解される。

本件サービスは、……①利用者が控訴人Y₁に書籍の電子ファイル化を申し込む、②利用者は、控訴人Y₁に書籍を送付する、③控訴人Y₁は、書籍をスキャンしやすいように裁断する、④控訴人Y₁は、裁断した書籍を控訴人Y₁が管理するスキャナーで読み込み電子ファイル化する、⑤完成した電子ファイルを利用者がインターネットにより電子ファイルのままダウンロードするか又はDVD等の媒体に記録されたものとして受領するという一連の経過をたどるものであるが、このうち上記④の、裁断した書籍をスキャナーで読み込み電子ファイル化する行為が、本件サービスにおいて著作物である書籍について有形的再製をする行為、すなわち『複製』行為に当たることは明らかであって、この行為は、本件サービスを運営する控訴人Y₁のみが専ら業務として行っており、利用者は同行為には全く関与していない。

　そして、控訴人Y₁は、独立した事業者として、営利を目的として本件サービスの内容を自ら決定し、スキャン複製に必要な機器及び事務所を準備・確保した上で、インターネットで宣伝広告を行うことにより不特定多数の一般顧客である利用者を誘引し、その管理・支配の下で、利用者から送付された書籍を裁断し、スキャナで読み込んで電子ファイルを作成することにより書籍を複製し、当該電子ファイルの検品を行って利用者に納品し、利用者から対価を得る本件サービスを行っている。

　そうすると、控訴人Y₁は、利用者と対等な契約主体であり、営利を目的とする独立した事業主体として、本件サービスにおける複製行為を行っているのであるから、本件サービスにおける複製行為の主体であると認めるのが相当である」。

(2) **著作権法30条1項の適用の可否（争点1②）**

「著作権法30条1項は、①『個人的に又は家庭内その他これに準ずる限られた範囲内において使用することを目的とする』こと、及び②『その使用する者が複製する』ことを要件として、私的使用のための複製に対して著作権者の複製権を制限している。

　そして、……控訴人Y₁は本件サービスにおける複製行為の主体と認められるから、控訴人Y₁について、上記要件の有無を検討することとなる。しかるに、控訴人Y₁は、営利を目的として、顧客である不特定多数の利用者に複製物で

ある電子ファイルを納品・提供するために複製を行っているのであるから、『個人的に又は家庭内その他これに準ずる限られた範囲内において使用することを目的とする』ということはできず、上記①の要件を欠く。また、控訴人 Y_1 は複製行為の主体であるのに対し、複製された電子ファイルを私的使用する者は利用者であることから、『その使用する者が複製する』ということはできず、上記②の要件も欠く。

したがって、控訴人 Y_1 について同法30条1項を適用する余地はないというべきである」。

「著作権法30条1項は、個人の私的な領域における活動の自由を保障する必要性があり、また閉鎖的な私的領域内での零細な利用にとどまるのであれば、著作権者への経済的打撃が少ないことなどに鑑みて規定されたものである。そのため、同条項の要件として、著作物の使用範囲を『個人的に又は家庭内その他これに準ずる限られた範囲内において使用することを目的とする』（私的使用目的）ものに限定するとともに、これに加えて、複製行為の主体について『その使用する者が複製する』との限定を付すことによって、個人的又は家庭内のような閉鎖的な私的領域における零細な複製のみを許容し、私的複製の過程に外部の者が介入することを排除し、私的複製の量を抑制するとの趣旨・目的を実現しようとしたものと解される。そうすると、本件サービスにおける複製行為が、利用者個人が私的領域内で行い得る行為にすぎず、本件サービスにおいては、利用者が複製する著作物を決定するものであったとしても、独立した複製代行業者として本件サービスを営む控訴人 Y_1 が著作物である書籍の電子ファイル化という複製をすることは、私的複製の過程に外部の者が介入することにほかならず、複製の量が増大し、私的複製の量を抑制するとの同条項の趣旨・目的が損なわれ、著作権者が実質的な不利益を被るおそれがあるから、『その使用する者が複製する』との要件を充足しないと解すべきである」。

(3) 差止めの必要性（争点1③）

控訴審は、控訴人 Y_1 が、被控訴人らに対し、被控訴人らの作品については利用者の依頼があってもスキャン事業をしない旨を回答したにもかかわらず、その後も利用者の注文に応じて被控訴人らの作品をスキャンして電子ファイル化して利用者に納品したことを指摘し、差止めの必要性を認めた。

(4) 不法行為に基づく損害賠償請求の成否および損害額（争点2）

控訴審は、「著作権法112条1項に基づく差止請求権は、著作権者がこれを訴訟上行使するためには弁護士に委任しなければ十分な訴訟活動をすることが困難な類型に属する請求権であるということができる」として、弁護士費用相当額を著作権侵害または侵害のおそれと相当因果関係に立つ損害と認めた。

【コメント】

本件は、いわゆる自炊代行サービス事業者に対して、複製権侵害を理由に差止等を請求した事案である。

本件では、複製行為の主体および著作権法30条1項の適用の可否が主な争点となった。第1審も控訴審も、控訴人（被告）が複製行為の主体とし、著作権法30条1項の適用を否定した結論は同じである。ただし、第1審が、**関連判例9-3-2**「ロクラクⅡ事件」を引用し、控訴人の行為が複製の実現における枢要な行為といえるかという点から論じているのに対し、控訴審は、同最高裁判決を引用することなく、端的に控訴人の行為が「複製」行為に該当すると判断している点で相違している。

また、控訴審判決は、知財高裁が著作権法30条1項の趣旨を詳細に判示した点でも意義がある。

　　　　　　　　　　　　　　　　　　　　　　　　　　（面谷　和範）

判例コメント34　絵画の鑑定書事件

【判決裁判所】　（控訴審）知的財産高等裁判所（平成22年(ネ)第10052号）
　　　　　　　　（第１審）東京地方裁判所（平成20年(ワ)第31609号）
【判決年月日】　（控訴審）平成22年10月13日
　　　　　　　　（第１審）平成22年５月19日
【出　　典】　（控訴審）判時2092号135頁、判タ1340号257頁
　　　　　　　（第１審）判時2092号142頁
【請求内容】　損害賠償請求
【結　　論】　（控訴審）第１審判決における控訴人（被告）敗訴部分の取消し、
　　　　　　　被控訴人（原告）の請求棄却
　　　　　　　（第１審）一部認容

【事案の概要】

　本件は、画家であった亡Ａの相続人である亡Ｂ（亡Ａの長男）と被控訴人（原告）（亡Ａの養子であり、亡Ｂの長男）が、美術品の鑑定等を業とする株式会社である控訴人（被告）に対し、控訴人（被告）において、亡Ａの制作した本件絵画１および２について、本件鑑定証書１および２を作製する際に、本件各鑑定証書に添付するため、本件各絵画の縮小カラーコピー（本件絵画１の縮小カラーコピーを「本件コピー１」、本件絵画２の縮小カラーコピーを「本件コピー２」という）を作製したことは、亡Ａの著作権（複製権）を侵害するものであると主張し、同侵害に基づく損害賠償を請求した事案である。

　なお、亡Ｂは、第１審係属中に死亡し、同人の相続人である被控訴人（原告）が訴訟手続を受継した。

　本件鑑定証書１は、本件絵画１に係る「作品題名」「作家名」「寸法」等が記載されたホログラムシールを貼付した鑑定証書と、その裏面に本件コピー１（画面の大きさが縦16.2cm×横11.9cm。面積192.78cm^{2}であって、原画である本件絵画１の面積の約23.8％）を添付したうえで、パウチラミネート加工されて製作されたものである。

　本件コピー１は、本件絵画１を写真撮影・現像したうえで、プリントされた

写真をカラーコピーして作製されたものである。

　本件鑑定証書 2 は、本件絵画 2 に係る「作品題名」「作家名」「寸法」等が記載されたホログラムシールを貼付した鑑定証書と、その裏面に本件コピー 2 （画面の大きさが縦15.2cm×横12.0cm。面積182.4cm^{2}であって、原画である本件絵画 2 の面積の約13.9％）を添付したうえで、パウチラミネート加工されて製作されたものである。

　本件コピー 2 は、本件絵画 2 を写真撮影・現像したうえで、プリントされた写真をカラーコピーして作製されたものである。

【争　点】

　1　複製権侵害の成否

　2　引用（32条 1 項）の成否（控訴審のみ）

【裁判所の判断】

　1　はじめに

　本件の控訴審判決では、以下のように、著作権法21条の「複製」にあたるとしつつも、同法32条 1 項の「引用」として許されると判断された。

　2　複製権侵害の成否

　「著作物の複製とは、既存の著作物に依拠し、その内容及び形式を覚知させるに足りるものを再製することをいうところ（最高裁昭和50年(オ)第324号同53年 9 月 7 日第一小法廷判決・民集32巻 6 号1145頁参照）、前記……のとおり、本件コピー 1 は、本件絵画 1 に依拠して作製されたもの、また、本件コピー 2 は、本件絵画 2 に依拠して作製されたものであり、その作製された画面の大きさは、それぞれ縮小カラーコピーというように、本件コピー 1 では縦16.2cm×横11.9cm、本件コピー 2 では縦15.2cm×横12.0cm等であるから、本件各絵画の大きさとは自ずと異なるが、本件各絵画と同一性の確認ができるものであり、本件各コピーの前記認定の作製方法及び形式からして、本件各絵画の内容及び形式を覚知させるに足りるものであるから、このような本件各絵画の再製は、本件各絵画の著作権法上の『複製』に該当することが明らかである」。

　3　引用（32条 1 項）の成否

　著作権法では「公表された著作物は、公正な慣行に合致し、報道、批評、研究その他の引用の目的上正当な範囲内で引用して利用することができると規定

されているところ（同法32条1項）、他人の著作物を引用して利用することが許されるためには、引用して利用する方法や態様が公正な慣行に合致したものであり、かつ、引用の目的との関係で正当な範囲内、すなわち、社会通念に照らして合理的な範囲内のものであることが必要であり、著作権法の上記目的をも念頭に置くと、引用としての利用に当たるか否かの判断においては、他人の著作物を利用する側の利用の目的のほか、その方法や態様、利用される著作物の種類や性質、当該著作物の著作権者に及ぼす影響の有無・程度などが総合考慮されなければならない」。

「本件各鑑定証書は、そこに本件各コピーが添付されている本件各絵画が真作であることを証する鑑定書であって、本件各鑑定証書に本件各コピーを添付したのは、その鑑定対象である絵画を特定し、かつ、当該鑑定証書の偽造を防ぐためであるところ、そのためには、一般的にみても、鑑定対象である絵画のカラーコピーを添付することが確実であって、添付の必要性・有用性も認められることに加え、著作物の鑑定業務が適正に行われることは、贋作の存在を排除し、著作物の価値を高め、著作権者等の権利の保護を図ることにもつながるものであることなどを併せ考慮すると、著作物の鑑定のために当該著作物の複製を利用することは、著作権法の規定する引用の目的に含まれるといわなければならない。

そして、本件各コピーは、いずれもホログラムシールを貼付した表面の鑑定証書の裏面に添付され、表裏一体のものとしてパウチラミネート加工されており、本件各コピー部分のみが分離して利用に供されることは考え難いこと、本件各鑑定証書は、本件各絵画の所有者の直接又は間接の依頼に基づき1部ずつ作製されたものであり、本件絵画と所在を共にすることが想定されており、本件各絵画と別に流通することも考え難いことに照らすと、本件各鑑定証書の作製に際して、本件各絵画を複製した本件各コピーを添付することは、その方法ないし態様としてみても、社会通念上、合理的な範囲内にとどまるものということができる。

しかも、以上の方法ないし態様であれば、本件各絵画の著作権を相続している被控訴人等の許諾なく本件各絵画を複製したカラーコピーが美術書等に添付されて頒布された場合などとは異なり、被控訴人等が本件各絵画の複製権を利

用して経済的利益を得る機会が失われるなどということも考え難いのであって、以上を総合考慮すれば、控訴人が、本件各鑑定証書を作製するに際して、その裏面に本件各コピーを添付したことは、著作物を引用して鑑定する方法ないし態様において、その鑑定に求められる公正な慣行に合致したものということができ、かつ、その引用の目的上でも、正当な範囲内のものであるということができる」。

「『自己ノ著作物中ニ正当ノ範囲内ニ於テ節録引用スルコト』を要件としていた旧著作権法（明治32年法律第39号）30条1項2号とは異なり、現著作権法（昭和45年法律第48号）32条1項は、引用者が自己の著作物中で他人の著作物を引用した場合を要件として規定していないだけでなく、報道、批評、研究等の目的で他人の著作物を引用する場合において、正当な範囲内で利用されるものである限り、社会的に意義のあるものとして保護するのが現著作権法の趣旨でもあると解されることに照らすと、同法32条1項における引用として適法とされるためには、利用者が自己の著作物中で他人の著作物を利用した場合であることは要件でない」。

【コメント】

本件の控訴審判決は、絵画の鑑定証書に同絵画の縮小カラーコピーを添付したことが、適法な引用にあたらず複製権侵害となるか否かについて争われた事案である。

第1審判決においては、「複製とは、既存の著作物に依拠し、その内容及び形式を覚知させるに足りるものを再製することをいうが、美術の著作物である絵画について、複製がされたか否かの判断は、一般人の通常の注意力を基準とした上で、美術の著作権の保護の趣旨に照らして、絵画の創作的な表現部分が再現されているか、すなわち、画材、描く対象、構図、色彩、絵筆の筆致等、当該絵画の美的要素の基礎となる特徴的部分を感得できるか否かにより判断するのが相当」であり、「本件鑑定証書1及び2に貼付された本件絵画1及び2の縮小カラーコピーは、本件絵画1及び2の美術の著作物としての本質的な特徴的部分が再現されているというべき」であると判断され、著作権法21条の「複製」にあたるとして複製権侵害が認められた。なお、第1審では、控訴人（被告）から引用（32条1項）に該当するとの主張はなかった。

これに対し、控訴審において、控訴人（被告）が適法な引用に該当する旨の主張を新しく追加したところ、控訴審判決では、「複製」にはあたるものの、適法な引用として許されると判断された。

　控訴審判決は、適法な引用として許されるための判断基準について、引用して利用する方法や態様が公正な慣行に合致したものであり、かつ、引用の目的との関係で正当な範囲内（社会通念に照らして合理的な範囲内）のものであることが必要であり、引用としての利用にあたるか否かの判断においては、他人の著作物を利用する側の利用の目的のほか、その方法や態様、利用される著作物の種類や性質、当該著作物の著作権者に及ぼす影響の有無・程度などを総合考慮して判断するという基準を示しており、その判断基準にこそ大きな特色がある。

　この点、**関連判例4－10－1**「パロディ写真事件」においては、傍論ではあるが、適法な引用にあたるというためには、「引用を含む著作物の表現形式上、引用して利用する側の著作物と、引用されて利用される側の著作物とを明瞭に区別して認識することができ、かつ、右両著作物の間に前者が主、後者が従の関係があると認められる場合でなければならない」と判断されており、いわゆる①明瞭区別性および②主従関係という2要件が判断基準として示されていた。この2要件は、現行の著作権法下においても、多くの裁判例において採用されてきた。しかし、本件の控訴審判決は、上記最高裁の2要件には触れることなく、現行の著作権法32条1項の文言に即した総合考慮という基準により判断しており、この点に大きな特色がある。本件の控訴審判決後においても、同様の判断基準による裁判例が多く存在している。

　また、適法な引用として許されるための要件として、他人の著作物を利用する側の著作物性を不要としたことについても、本件の控訴審判決の大きな特色である。

　なお、控訴審判決後、被控訴人（原告）が上告受理申立てをしたが、上告不受理決定が下され、控訴審判決が確定している。

（渡辺　充博）

判例コメント35　オークションカタログ事件

【判決裁判所】　（控訴審）知的財産高等裁判所（平成26年㈱第10019号、平成26年㈱第10023号）

（第1審）東京地方裁判所（平成24年㈹第268号）

【判決年月日】　（控訴審）平成28年6月22日

（第1審）平成25年12月20日

【出　典】　（控訴審）判時2318号81頁

（第1審）裁判所HP

【請求内容】　不法行為に基づく損害賠償請求ないし不当利得返還請求

【結　論】　（第1審）一部認容

（控訴審）原告側の附帯控訴を一部認め、被告の控訴を棄却

【事案の概要】

　フランス共和国法人の著作権管理団体である原告協会、および亡パブロ・ピカソの子供の1人である原告Aが、主催するオークション用に、原告協会の会員の作品やピカソ作品の写真を掲載したカタログを作成した被告に対して、複製権侵害を理由に、不法行為に基づく損害賠償請求ないし悪意の場合の不当利得返還請求を求めた事案である。カタログは、オークションや下見会への参加の有無にかかわらず、被告の会員に配布されるもので、主たる目的は、オークションでの売買の対象作品を特定し、作品の真贋や内容を通知し、配布を受けた者が入札に参加しやすくするためのものであった。また、各頁に記載された写真の大きさが、ロット番号、作家名、作品名、予想落札価格、作品情報等の記載を上回るものが多かった。

　第1審は、原告らの請求の内、一部を認容する判決を言い渡したところ、原告Aおよび被告が敗訴部分につき全部控訴し、原告協会は、敗訴部分に対して全部附帯控訴した。

【争　点】

1　フランスにおける著作権管理団体である原告協会に対する各会員の権利移転の有無、および適用される準拠法

2　本件カタログへの写真掲載についての著作権法47条該当性

3　本件カタログへの写真掲載についての著作権法32条1項該当性

なお、原告Aの原告適格の有無、原告らの損害額等についても争点となっているが、本判例コメントでは、割愛する。

【裁判所の判断】

1　争点1

本控訴審判決は、原告協会への入会に関して、著作権移転の現認となる債権行為については、法の適用に関する通則法（以下、「通則法」という）7条により準拠法をフランス法と認める一方で、著作権の物件類似の支配関係の変動については通則法13条により準拠法を日本法とした。

そのうえで、原告協会への入会に関する一般規約に規定されている「apport」の意義について、フランス民法における「apport」の他の用法、フランス知的財産法における譲渡に関連した「cedent」という他の語の用法、他の著作権管理団体の規約において使用されている「apport」についての解釈等を踏まえ、対外的には団体へ財産が移転するが、団体と加入者の間では内部的に条件や留保が付されている前提の文言として使用されていると解するのが相当であるとして、会員から原告協会への著作権移転を認めている。

2　争点2

本控訴審判決は、「オークションや下見会に参加して実際に作品を観覧する者以外に配布されるものや、著作物の解説又は紹介以外を主目的とするものは、『小冊子』に当たらないと解するのが相当である」との一般論を述べたうえで、「本件カタログは、本件オークションや下見会への参加の有無にかかわらず、被告の会員に配布されるものであるし、……その主たる目的は、本件オークションにおける売買の対象作品を特定するとともに、作家名やロット番号以外からは直ちに認識できない作品の真贋、内容を通知し、配布を受けた者の入札への参加意思や入札額の決定に役立つようにする点にあり、観覧者のための著作物の解説又は紹介を主たる目的とするものでもない」と判示し、著作権法47条にいう「小冊子」とは認められないとした。

3　争点3

本控訴審判決は、著作権法32条の「引用」該当性について、①本件カタログ

への複製目的に加え、②実際の本件カタログを見る限り、各頁に記載された写真の大きさが、ロット番号、作家名、作品名、予想落札価格、作品の情報等の記載の大きさを上回るものが多く、掲載された写真は、独立して鑑賞の対象となりうる程度の大きさといえ、前記の情報等の掲載に主眼が置かれているとは解しがたいこと、③本件オークションでは、本件カタログの配布とは別に、出品された美術作品を確認できる下見会が行われていることなどに照らすと、前記の情報等と合わせて、美術作品の写真を本件カタログに記載された程度の大きさで掲載する合理的な必然性は見出せないとして、社会通念上合理的な引用とは認められないとした。

【コメント】

1 争点1

原告協会の請求については、会員から原告協会に対して、規約上「apport」された権利の内容・性質が問題となるが、かかる前提として、会員から原告協会への著作権の移転に関する準拠法が問題となる。

この点、本控訴審判決以前にも、著作権の譲渡を債権行為と物件類似の支配関係の変動に区分して、それぞれ別個に準拠法を指定するとの判断が行われている（東京高判平成13・5・30判時1797号111頁「キューピー事件」、東京高判平成15・5・28判時1831号135頁「ダリの世界展カタログ事件」）。

本控訴審判決も、移転の原因である債権行為たる契約と、目的である著作権の物件類似の支配関係の変動を区別したうえで、前者については、黙示の意思を根拠にフランス法を、後者については日本法を準拠法とする旨の判断を行ったものであり、従前の裁判例と同様の枠組みを採用している。

2 争点2

著作権法47条は、「美術の著作物又は写真の著作物の原作品により、第25条に規定（注：展示権に関する規定）する権利を害することなく、これらの著作物を公に展示する者は、観覧者のためにこれらの著作物の解説又は紹介をすることを目的とする小冊子にこれらの著作物を掲載することができる」と規定している。かかる「小冊子」の該当性について、従前、裁判例は、観覧者のために展示作品を解説または紹介することを目的とする小型のカタログ、目録または図録等をいうとされている（東京地判平成元・10・6判時1323号140頁「レオナー

ル・フジタ展事件」、前記「ダリの世界展カタログ事件」等)。そして、観覧者に頒布されるものであっても、観賞用の画集や写真集等と同視できるものは「小冊子」にあたらないとされており、具体的には、紙質・装丁・判型・展示作品の複製規模や態様、展示作品の解説・資料的要素と複製部分などの割合などの諸般の事情を総合的に考慮される。

本控訴審判決では、小冊子の作成目的や、小冊子の配布対象者が観覧者に該当するか否かを問題として、本件カタログは、観賞用のカタログではなく、オークション用のカタログであると判断し、この点で、「小冊子」該当性が否定されている。

3　争点3

引用の該当性に関しては、**関連判例4-10-1**「パロディ写真事件」が「明瞭区別性」と「主従関係」を要件とする旨判示している。しかし、パロディ写真事件への批判も強く、**判例コメント34**＝絵画の鑑定書事件控訴審は、「引用としての利用に当たるか否かの判断においては、他人の著作物を利用する側の利用の目的のほか、その方法や態様、利用される著作物の種類や性質、当該著作物の著作権者に及ぼす影響の有無・程度などが総合考慮されなければならない」と判示し、「明瞭区別性」と「主従関係」という2要件のみから判断する枠組みではなく、総合考慮的な判断がなされている。

本件において、被告は、本件カタログにおける美術作品の作者、題号等の取引に必要な情報の記載が引用表現であり、美術作品の写真(複製物)が被引用著作物であるとして、本件カタログにおいて美術作品を複製したことが適法引用(32条1項)にあたる旨主張している。しかし、本控訴審判決は、引用して利用する方法や態様が、報道、批評、研究等の引用するための各目的との関係で、社会通念に照らして合理的な範囲内のものであり、かつ、引用して利用することが公正な慣行に合致することが必要である、との一般論を述べたうえで、①複製目的が本件オークションにおける売買対象作品を特定するとともに、作家名やロット番号以外からは直ちに認識できない作品の真贋、内容を通知し、入札への参加意思や入札額の決定に役立つようにする点にあること、②写真の大きさが本件カタログに記載の情報(ロット番号、作家名、作品名など)の大きさを上回るものが多く、掲載された写真が独立して観賞の対象となり得る大き

さといえ、情報等の掲載に主眼が置かれているとは解しがたいこと、さらには、③本件オークションでは、本件カタログの配布とは別に、出品された美術作品を確認できる下見会が行われていることなどに照らすと、上記の情報等と合わせて、美術作品の写真を本件カタログに記載された程度の大きさで掲載する合理的な必然性は見出せないことを認定し、上記一般論に照らした引用の要件を充足しないと結論付けている。

　引用の要件に関する一般論については、前掲**判例コメント34**＝絵画の鑑定書事件控訴審の流れを汲んだものと考えられる。ただし、結論に至るまでに、写真の大きさなどを考慮要素としており、引用が社会通念に照らして合理的な範囲内のものであるか否かという点について総合考慮を行う中で、**関連判例４－10－１**「パロディ写真事件」が掲げる主従関係が考慮要素となっている点に注意が必要である。

（冨本　晃司）

判例コメント36　シェーン事件

【判決裁判所】　最高裁判所第三小法廷（平成19年（受）第1105号）
【判決年月日】　平成19年12月18日
【出　　典】　民集61巻9号3460頁、判時1995号121頁、判タ1262号76頁
【請求内容】　差止め、廃棄、損害賠償
【結　　論】　上告棄却
【控訴審】　知的財産高等裁判所平成19年3月29日（平成18年(ネ)第10078号）民集61巻9号3536頁、判時1990号122頁（棄却）
【第1審】　東京地方裁判所平成18年10月6日（平成18年(ワ)第2908号）民集61巻9号3500頁（棄却）

【事案の概要】

昭和28年（1953年）に団体名義で公表された映画「シェーン」（以下、「本件映画」という）の著作権者である X_1 が本件映画を収録したマスターフィルムを製造し販売するYらに対し、本件映画の複製権および頒布権の侵害に基づき上記マスターフィルムおよびDVD商品の販売等の差止めおよび廃棄を求め、また、わが国における本件映画の独占的利用権を有する上告人 X_2 が、Yらに対し、上記利用権の侵害を理由に、不法行為に基づく損害賠償を求めた。

【争　点】

本件映画の著作権は、存続期間の満了により消滅したか

【裁判所の判断】

1　映画の著作権の保護期間

映画の著作物の保護期間の延長措置等を定めた著作権法の一部を改正する法律（以下、「本件改正法」という）が、平成16年1月1日から施行され、映画の著作物の保護期間は、原則として公表後70年を経過するまでとされた（54条1項）。本件映画を含め、昭和28年に団体名義をもって公表された独創性を有する映画の著作物は、改正前著作権法によれば平成15年12月31日まで保護されていたところ、改正後著作権法54条1項の適用が認められるとすれば、その保護期間は20年間（令和5年12月31日まで）延長されたことになることから、同項

の適用が認められるかが争われた。

2 保護期間延長が認められるか

最高裁は、本件改正法附則2条の規定（以下、「本件経過規定」という）について、「一般に、法令の経過規定において、『この法律の施行の際現に』という本件経過規定と同様の文言が用いられているのは、新法令の施行日においても継続することとなる旧法令下の事実状態又は法状態が想定される場合に、新法令の施行日において現に継続中の旧法令下の事実状態又は法状態を新法令がどのように取り扱うかを明らかにするためであるから、そのような本件文言の一般的な用いられ方を前提とする限り、本件文言が新法令の施行の直前の状態を指すものと解することはできない」とし、「本件文言の一般用法においては、『この法律の施行の際』とは、当該法律の施行日を指すものと解するほかなく、『…の際』という文言が一定の時間的な広がりを含意させるために用いられることがあるからといって、当該法律の施行の直前の時点を含むものと解することはできない」と判示した。

そして、「この法律の施行の際現に改正前の著作権法による著作権が存する映画の著作物」とは、本件改正前の著作権法に基づく映画の著作物の保護期間が、本件改正法の施行日においても現に継続中である場合を指し、その場合は原則として公表後70年を経過するまで保護される（54条1項が適用される）ことを明らかにしたものであり、「この法律の施行の際現に改正前の著作権法による著作権が消滅している映画の著作物については、なお従前の例による」との規定は、本件改正法の施行日においてすでに保護期間の満了している映画の著作物には、本件改正前の著作権法の保護期間が適用され、本件改正後の著作権法の保護期間は適用されないことを念のため明記したものと解すべきであるとし、「本件映画を含め、昭和28年に団体の著作名義をもって公表された独創性を有する映画の著作物は、本件改正による保護期間の延長措置の対象となるものではなく、その著作権は平成15年12月31日の終了をもって存続期間が満了し消滅したというべきである」と判示した。

また、本件改正法の成立にあたり、昭和28年に公表された映画の著作物の保護期間の延長を意図する立法者意思が存したとするYらの主張についても、最高裁は、「本件経過規定における本件文言について、本件文言の一般用法と

は異なる用い方をするというのが立法者意思であり、それに従った解釈をするというのであれば、その立法者意思が明白であることを要するというべきであるが、本件改正法の制定に当たり、そのような立法者意思が、国会審議や附帯決議等によって明らかにされたということはできず、法案の提出準備作業を担った文化庁の担当者において、映画の著作物の保護期間が延長される対象に昭和28年に公表された作品が含まれるものと想定していたというにすぎないのであるから、これをもって上告人らの主張するような立法者意思が明白であるとすることはできない」として、否定した。

【コメント】

1 映画の著作権の保護期間

映画の著作権の保護期間が、本件改正法により延長された際、文化庁著作権課は、本件改正法により昭和28年作品は保護期間が延長される旨の説明をしていた。これは、現行著作権法（昭和46年1月1日施行）が旧著作権法上の映画の著作物の著作権の存続期間を延長（公表後33年から50年へ）した際の経過措置の規定の解釈として、「旧法による保護期間が満了する昭和45年12月31日午後12時は新法が施行される昭和46年1月1日午前零時でもある」とする時点同一論が通説とされていたことから、本件改正法による延長の際も同様に考えられるとするものであった。

しかし、本件映画と同じ昭和28年に公表された東京地決平成18・7・11判時1933号68頁「ローマの休日DVD仮処分事件」において、「平成15年12月31日の終了をもって存続期間が満了するから、本件改正法が施行された平成16年1月1日においては、改正前の著作権法による著作権は既に消滅している」とされ、上記見解は否定された。

本事件においても、第1審、控訴審とも平成15年12月31日の経過により著作権の存続期間が満了していると判断されている。本件は、本件改正附則2条の「この法律の施行の際現に」という文言は、当該法律の施行の直前を意味すること、昭和28年に公表された映画の著作権が延長されるとする立法者意思が明確であるなどとして、上告されたものである。

2 保護期間の延長論

本件保護期間の延長措置に関する改正附則2条の解釈として、改正後の著作

権法54条1項の適用認める立場から次の3つの見解が主張されていた。①保護期間が満了する12月31日午後12時は新法が施行される翌年1月1日午前零時でもある」とする上記文化庁著作権課の説明（時点同一論）、②本件経過規定にいう「この法律の施行の際現に」という文言は、当該法律の施行の直前を意味するとする主張（施行直前論）、③昭和28年に公表された映画の著作物の保護期間の延長を意図する立法者意思が存したとして、この立法者意思に沿った解釈をすべきであるとする主張（立法者意思論）などの見解である（宮坂昌利「判解」最判解平成19年度(下)946頁以下参照）。

　本判例は、上告理由とされた施行直前論および立法者意思論について明確に否定するものであるが、その前提として時点同一論についても与しないものと考えられる。本判例により、昭和28年に団体名義をもって公表された独創性を有する映画の著作物に関する著作権の保護期間は満了したことが明確にされた。

　ただし、本判例によって昭和28年以前に公表された映画の著作物の保護期間が満了したと解することはできない。本判例と異なり、個人を著作者として公表されたと認められる映画の著作物については、死後38年の保護期間（旧法3条、52条1項）が適用されることになり、保護期間がなお存続するものとされている（最一小判平成21・10・8判時2064号120頁「チャップリン事件」）。

（西迫　文夫）

判例コメント37 ひこにゃん事件

【決定裁判所】 （抗告審）大阪高等裁判所（平成23年(ラ)第56号）
（第1審）大阪地方裁判所（平成22年(ヨ)第20020号）
【決定年月日】 （抗告審）平成23年3月31日
（第1審）平成22年12月24日
【出　典】 （抗告審）判時2167号81頁
（第1審）判時2167号102頁
【請求内容】 差止仮処分申立て
【結　論】 （抗告審）請求認容
（第1審）却下

【事案の概要】

　抗告人（債権者、彦根市）の管轄する彦根市では、国宝・彦根城築城400年祭の開催にあたり、「国宝・彦根城400年祭実行委員会」（以下、「X委員会」という）が設立された。X委員会は、仕様書を配布して同祭のキャラクターを募集し、訴外Z社を通じて相手方（債務者）Y_1から提出された相手方Y_1の取締役である相手方（債務者）Y_2作成に係る本件イラスト3点（以下、「本件各イラスト」という）をイメージキャラクター（以下、「本件キャラクター」という）に決定し、その後、愛称を「ひこにゃん」と決定し、商標登録出願をした。なお、X委員会は訴外Z社と、本件キャラクター等の著作権等一切の権利はX委員会に帰属する旨の契約（以下、「本件契約」という）を締結する等していた。他方、相手方Y_2は、X委員会からキャラクター愛称について使用承認を受けて「ひこにゃん」の愛称を用いて本件各イラストと類似する猫の絵を使用した「ひこにゃん絵本『ひこねのよいにゃんこのおはなし』」との題名の絵本を出版した。相手方Y_2は、X委員会が使用を承認して市場で販売されている本件キャラクターを使用した商品の中に、自己の意に沿わない内容に本件各イラストが改変されているものが多数含まれ、本件各イラストの3パターン以外のものについてもX委員会が使用を許諾している等として、相手方Y_2の著作人格権の侵害を主張して調停を申し立て、①本件各イラストにつき、相手方Y_2が著作

者で著作人格権を有すること、X委員会が著作権者であること、翻案権、二次的著作物利用権がいずれに帰属するか不分明な点があることを確認し、②抗告人が本件各イラスト以外の図案を使用許諾しない、③相手方Y_2による絵本類似の著作物の創作を認める等の内容で調停が成立した。その後、X委員会は、本件各イラストの著作権を抗告人に譲渡して解散し、抗告人が本件キャラクターの着ぐるみ等の立体物について使用許諾を与えた。相手方らは、相手方イラスト（本件各イラストと同一ではない）を用いて、「ひこねのよいにゃんこ」の名称を付した商品の製造販売等を開始した。

抗告人は、仮処分申立てを却下した第1審の決定に対する即時抗告を申し立て、主位的に、①抗告人は本件各イラストの著作権者であるが、本件各イラストに類似するイラストを使用する相手方らの行為がその複製権ないし翻案権を侵害する、予備的に、②本件各イラストは周知または著名な抗告人の営業表示であり、本件各イラストに類似するイラストを使用する相手方らの行為が不正競争防止法2条1項1号または2号所定の不正競争に該当するとして、相手方らに対し、相手方イラストを使用した商品の製造、販売、頒布の差止めを求めた。なお、第1審では、抗告人は、主位的に不正競争防止法に基づく差止めを、予備的に調停による合意に基づく差止めを求めていたが、抗告審では後者を取り下げるとともに、著作権に基づく差止めを主位的申立てとして追加している。

【争　点】
1－①　本件契約により譲渡された著作権の内容（61条2項に基づく翻案権等留保の推定覆滅の有無）
1－②　本件調停によるX委員会の有する著作権の内容
2　相手方らの行為が複製ないし翻案に該当するか
3　相手方イラストの使用許諾の有無
4　抗告人の申立ては権利の濫用ないし信義則違反であるか

【裁判所の判断】
　1　第1審決定
第1審は、不正競争防止法に基づく差止めについては、調停において、抗告人が本件各イラスト以外の本件キャラクターの図柄および本件キャラクターの立体物の使用を第三者に許諾しないという内容の合意が成立したと認めたうえ

で、抗告人がかかる合意に違反して使用許諾を続けた経緯に鑑み、差止めを求めることが権利の濫用として許されないと判示した。また、調停に基づく差止めについては、調停において、抗告人の承諾がない限り相手方らによる本件各イラストに類似する図柄の使用が許されないとする合意が成立したと認めることはできないとして認めなかった。

2 抗告審決定
(1) 本件契約により譲渡された著作権の内容

抗告審は、X委員会がキャラクターの募集の際に配布した仕様書、抗告人と訴外Zとの間の契約書、訴外Zと相手方Y_2間の確認書によれば、本件各イラストの著作権は著作者である相手方Y_2から訴外Zに、さらにX委員会、抗告人に譲渡されたことは明らかであるとした。そしてその内容は、本件各イラストの著作権全部（ただし、61条2項は別途要検討）が譲渡されたというべきと判示した。

抗告審は、著作権法61条2項に基づく翻案権等留保の推定覆滅の有無につき、次のとおり判示して、推定覆滅を認めた。

「著作権法61条2項は、『著作権を譲渡する契約において、第27条又は第28条に規定する権利が譲渡の目的として特掲されていないときは、これらの権利は、譲渡した者に留保されたものと推定する。』と規定する。これは、著作権の譲渡契約がなされた場合に直ちに著作権全部の譲渡を意味すると解すると著作権者（譲渡人）の保護に欠けるおそれがあることから、翻案権や二次的著作物の利用に関する原著作者の権利等を譲渡する場合には、これを特に掲げて明確な契約を締結することを要求したものであり、このような……趣旨からすれば、『特掲され』たというためには、譲渡の対象にこれらの権利が含まれる旨が契約書等に明記されることが必要であ」るとし、本件では本件契約書、本件仕様書においても、「著作権等一切の権利はX委員会に帰属する」旨を規定するのみで、上記権利の具体的な明示がなく、著作権法61条2項の特掲があったとはいえないから、翻案権は譲渡人に留保されたものと推定されると判示した。

しかし、本件契約書に添付された仕様書には、立体的使用の予定が明示され、本件各イラストが彦根城築城400年祭のイメージキャラクターとして、同祭で実施される各種行事や広報活動等に広く利用されることを予定して採用された

ことなどを総合勘案すると、本件契約書には、X委員会が立体物について自由に作成・使用することが示されており、このようなことをなし得る権利（翻案権）は、本件契約により譲渡されていたと認めるのが相当で、この限度で、著作権法61条2項の推定を覆す事情があると判示した。

なお、抗告審は本件調停によりX委員会が有する著作権の内容は変化していないと判示した。

(2) 相手方らの行為が複製または翻案に該当するか

抗告審は、相手方イラストは、本件各イラストの特徴の全部ないし多くを有し、その特徴から本件各イラストと同一のキャラクターを描いたものであることを容易に知りうるものであることから、相手方らの、絵本を除く相手方イラストを用いた商品の販売、頒布は、Xの専有する本件各イラストの複製権ないし翻案権を侵害する。

【コメント】

1　はじめに

本決定は、いわゆる「ゆるきゃらブーム」の火付け役となった彦根市の赤兜を冠した猫のキャラクター「ひこにゃん」について、国宝・彦根城築城400年祭の開催にあたりキャラクターを公募した自治体である彦根市と、著作者らとの間で発生した紛争にかかわる事案である。本決定は、抗告審で新たに主張された著作権侵害に基づく請求に関して、著作権譲渡契約につき著作権法61条2項に基づく翻案権等留保の推定覆滅の有無が争点となり、その一部推定覆滅を認めた数少ない事例として、重要な意義がある。また、ゆるきゃらブームの流行に乗り、キャラクターの公募が自治体等でも盛んである現状において、本決定はキャラクターを創作した著作者との間で著作権譲渡契約を締結する際に留意すべき点につき、警鐘を鳴らす事案ともいえ、実務的にも非常に参考になるものと考えられる。

なお、本件は、著作権法61条2項の推定覆滅が適用された事例につき、キャラクターデザインイラストという伝統的な範疇に属する著作物に関する最初の事例であるとともに、訴訟当事者が、契約の直接の当事者ではなく、契約当事者として第三者が介在する場合においても、推定の覆滅が生じるとされた最初の事例であると考えられ、これらの点で先例的価値を有すると評されている

(判時2167号84頁コメント参照)。

2 著作権法61条2項に基づく翻案権等留保の推定覆滅

著作権法61条2項は、「著作権を譲渡する契約において、第27条（翻案権）又は第28条（二次的著作物の原著作者の権利）に規定する権利が譲渡の目的として特掲されていないときは、これらの権利は、譲渡した者に留保されたものと推定する」と規定する。かかる条文の立法趣旨は、「懸賞募集の場合のように、画一的フォームの一方的契約約款による著作権譲渡のケースであり……画一的な契約約款によって譲受人側の一方的意思に対する抗弁の余地が事実上存しない形において締結される契約にあっては、経済的に弱者の地位にある著作権者側を保護する必要性が強く認められる」とされ、「契約の目的、契約当事者の地位、著作権譲渡の対価その他の事情によっては、本項の推定が覆滅されることもあり得」ると解説されている（加戸・逐条講義374頁）。

著作権譲渡契約において翻案権等の明示的な特掲がないとして推定の覆滅が認められなかった裁判例として、東京地判平成15・12・19判時1847号95頁「記念樹事件Ⅲ」、東京地判平成19・1・18（平成18年(ワ)第10367号）裁判所HP「再分配とデモクラシーの政治経済学事件」、**判例コメント38** ＝ CRフィーバー大ヤマト事件がある。推定覆滅が認められた裁判例としては、プログラム開発にかかわり契約の交渉経過や当事者の関係、高額の開発費等の事情から推定覆滅を認めた東京地判平成17・3・23判時1894号134頁、知財高判平成18・8・31判時2022号144頁「振動制御システムK2事件」があるのみである。

本件は、本件契約書に添付された仕様書に、立体的使用の予定が明示され、本件各イラストが彦根城築城400年祭のイメージキャラクターとして、同祭で実施される各種行事や広報活動等に広く利用されることを予定して採用されたという契約の目的や契約当事者の地位にかかわる事情を考慮して、推定覆滅を認めており、数少ない先例として参考になるものと考えられる。

（塩田　千恵子）

判例コメント38　CRフィーバー大ヤマト事件

【判決裁判所】　東京地方裁判所（平成16年(ワ)第13725号）
【判決年月日】　平成18年12月27日
【出　典】　判時2034号101頁、判タ1275号265頁
【請求内容】　差止請求、廃棄請求、損害賠償
【結　論】　請求棄却（控訴審で和解）

【事案の概要】

　本件は、宇宙戦艦ヤマトTVシリーズなど計9件の映画（以下、「本件映画」という）の著作物の著作権を A_1 から譲り受けたと主張する原告が、①被告 Y_1、被告 Y_2 および被告 Y_3（以下、あわせて「3被告」という）は、本件映画の中の一部の映像を複製または翻案した映像（以下、「被告映像」という）を使用してパチンコゲーム機「CRフィーバー大ヤマトMX」等を製造、販売し、本件映画の複製権または翻案権を侵害しているとして、②被告 Y_4 は、3被告が製造、販売した上記パチンコゲーム機等に使用された映像の基となった映像を制作して、これを3被告に提供し、3被告の上記著作権侵害行為について共同不法行為責任を負うとして、3被告に対しては、著作権法112条に基づく差止等の請求を、3被告および被告 Y_4 に対しては、複製権または翻案権侵害による不法行為（民709条、719条）に基づく損害賠償の請求をした事案である。

【争　点】

1　A_1 は著作権法29条1項に基づき本件映画の著作権を取得したか
2　原告は、著作権譲渡契約（以下、「甲3契約」という）により本件映画の翻案権を取得したか
3　被告映像は、本件映画を複製または翻案したものといえるか

【裁判所の判断】

1　争点1（A_1 は、本件映画の著作権を取得したか）

　原告は、著作権法29条1項により本件映画の映画製作者としてその著作権を取得した A_1 から、甲3契約に基づき、本件映画の著作権の移転を受けた旨主張したのに対し、3被告および補助参加人らは、本件映画の製作者は A_1 では

なく、A_1が代表を務めるA_2またはA_3であり、原告は、本件映画の著作権を取得していない旨主張した。

そこで、まず本判決は、A_1が著作権法29条1項の映画製作者にあたるかを判断するにあたり、映画製作者を定義した同法2条1項10号の「映画の著作物の製作に発意と責任を有する者」について以下のとおり規範を定立した。

「映画製作者とは、自己の責任と危険において映画を製作する者を指すと解するのが相当である。……自己の責任と危険において製作する主体を判断するに当たっては、これらの活動を実施する際に締結された契約により生じた、法律上の権利、義務の主体が誰であるかが重要な要素となる」。

そして、本判決は、本事案の本件映画1（「宇宙戦艦ヤマト」TVシリーズ）について、「本件証拠中には、上記スタッフやテレビ局と契約を締結した主体がA_1であったと認めるに足る証拠はない。また、本件映画1のための資金の調達についても、本件証拠上、A_1が自己の名義で資金調達をしたものと認めるに足りない」と判示した。加えて、本判決は、甲3契約の本件映画1の「製作者」欄に、A_1ではなく、A_1が代表を務めるA_2の社名が記載されていたことなどから「A_1が本件映画1の映画製作者であると認めることはできない」と判示した。

また、本件映画2（「宇宙戦艦ヤマト」劇場用）については、「本件映画1と同様、甲3契約書……には、本件映画2の『製作者』欄にA_2の社名が記載されていることからすれば、……A_1は、甲3契約締結に当たり、本件映画2の映画製作者はA_2であると認識していたものと認められ、結局、A_1が本件映画2の映画製作者であると認めることはできない」と判示した。

2 争点2（原告は、甲3契約により、本件映画の翻案権を取得したか）

本判決は、原告が、甲3契約により、本件映画の著作権を取得したものと認めるに足りないとしつつ、「念のため」として以下のとおり判断した。

まず、著作権法61条2項について、「著作権の譲渡契約がなされた場合に直ちに著作権全部の譲渡を意味すると解すると著作者の保護に欠けるおそれがあることから、二次的な利用権等を譲渡する場合には、これを特に掲げて明確な契約を締結することを要求したものであり、……上記『特掲され』たというためには、譲渡対象権利として、著作権法27条や28条の権利を具体的に挙げるこ

とにより、当該権利が譲渡の対象となっていることを明記する必要がある」というように同条項の「特掲」があったというための規範を判示した。

そして、本事案の甲3契約書に翻案権譲渡の特掲があったといえるかについては、同契約書には「著作権法27条の権利」または「翻案権」等の文言を具体的にあげて明記して、同権利を譲渡する旨の記載はないことから、翻案権を譲渡の目的とする特掲があったということはできず、また、契約書に明記はしないが譲渡の対象に含まれる旨が合意されたなどの特段の事情も認められないことから、本件映画の翻案権は A_1 に留保されたものと推定されると判断した。

また、「契約書に明記はしないが譲渡の対象に含まれる旨が合意されたなどの特段の事情」があればその推定が覆されることになるが、本判決はこの点について、映像にかかわる著作権を日常的に処理する業界においては、高額な対価の支払いを伴う著作権の譲渡契約を行う場合には、著作権法61条2項の規定が存在する以上、契約書に翻案権が譲渡対象となる旨の特掲がなされることが一般的であること、甲3契約書の草案の作成には原告側の弁護士が関与しており、譲渡対象に翻案権も含める合意が成立しているにもかかわらず、その特掲のない契約書を作成し署名することは通常想定しがたいこと、甲3契約書の後に作成された本件映画の一部の権利に関する第三者と原告との著作権譲渡契約書には著作権法27条および28条の権利の譲渡が特掲されていることなどから、甲3契約書に翻案権譲渡の特掲がない以上、その譲渡はなかったと推測せざるを得ないと判断している。

3 争点3（被告映像は、本件映画を複製または翻案したものといえるか）

本判決は、本争点についても、「念のため」として以下のような判示をしている。なお、争点2に関する判示のとおり、甲3契約の譲渡の対象となった著作権は複製権のみで、翻案権は対象となっていなかったことから、被告映像が本件映画の複製権を侵害するか否かについてのみ検討している。

本判決は、計45件の原告の主張する侵害映像と被侵害映像の対比表に基づき対比し、抽出した共通点が特徴的なものでないこと、その他の具体的な表現形式の相違が大きく異なることを根拠に同一性を否定し、複製権侵害を否定している。

また、対比表18のヤマトの艦橋内部の様子が描かれた動画映像については、

補助参加人Mが本件映画の制作のために作成したヤマトの図柄に依拠して製作された二次的著作物にあたるので、対比表18部分の二次的著作物としての著作権は、補助参加人Mが作成した上記図柄の上記部分と共通し、その実質を同じくする部分には生じないと判示している。

【コメント】

事実関係がほぼ共通する別件訴訟（平成17年(ワ)第16722号）が、同じ裁判体で同じ判決日にほぼ同じ理由で請求棄却判決がなされている。

1 争点1

著作権法29条1項は、「映画の著作物の著作権は、その著作者が映画製作者に対し当該映画の著作物の製作に参加することを約束しているときは、当該映画製作者に帰属する」と規定する。そして、著作権法2条1項10号は、映画製作者について、「映画の著作物の製作に発意と責任を有する者」と定義する。この「発意と責任を有する者」について、本判決は「自己の責任と危険において映画を製作する者」を指し、映画製作の資金調達や制作、スタッフの雇入れなど映画製作活動を実施する際に締結された契約により生じた法律上の権利、義務の主体が誰であるかが重要な要素となる旨判示している。

この点、学説では、「法律上の権利・義務が帰属する主体であって経済的な収入・支出の主体になる者」（加戸・逐条講義45頁）、「経済的リスクを負担し、権利義務の主体となる者」（中山・著作権法232頁）などと説明されている。また、映画製作者の認定が問題となった他の裁判例として、**判例コメント19**＝マクロス事件Ⅱ、**判例コメント18**＝グッドバイ・キャロル事件等があるが、これらの裁判例も、映画製作活動を実施する際に締結された契約により生じた法律上の権利、義務の主体が誰であるかの認定を基に映画製作者が誰であるかを判断している。

このように本件判決も、映画製作者の認定方法については、上記学説や他の裁判例と同様の考えに立ち判断しているものといえる。

ただ、本判決は、A_1ではなくA_2が映画製作者であったとして、原告はA_1から本件映画の著作権を譲り受けていないと認定しているが、A_2はA_1が本件映画を制作するために設立した会社であり、両者の密接度からすると結論的に少し据わりが悪い印象を抱く。このような事情があったためか、本判決では、争

点1を否定しつつも、「念のため」として、その他の争点についてまで判断しているのではないかと思われる。

　原告としては、著作権譲渡の根拠とした甲3契約に著作権者としてA_1との記載があったことから、映画製作者をA_1とする主張にこだわったものと思われるが、他人物売買における追認的処理をすることにより権利者としての地位の補完を行うなど著作権者がA_1ではなくA_2であると認定される場合の主張・立証をしておく方策もあったものと思われる（小松陽一郎「判批」判例百選〔第4版〕81頁）。

2　争点2

　本件映画の映像と被告映像は、本判決で認定されているとおり実質的に同一であるとはいえず複製権の侵害認定をすることは難しいことから、原告としては翻案権侵害も主張することとなる。しかし、原告が著作権譲渡の根拠とする甲3契約には、「著作権法27条の権利」や「翻案権」等の具体的文言の記載がないことから、著作権法61条2項が定める同法27条または28条に規定する権利が譲渡の目的として特掲されておらず、翻案権がA_1から原告に移転したといえるかが争点となったが、本判決は、これまでの裁判例と同様の判断基準の下、翻案権はA_1に留保されたものと推定している。なお、本判決では、この推定を覆す特段の事情の有無についても判断しており、その判断方法や、その際に認定された事実も参考になろう。

3　争点3

　争点3においては、動画の比較を行い複製権侵害について判断しているが、対象となる映像を対比表で特定するなどの動画対比の立証方法や本判決における判断方法が参考になろう。

　また、対比表19の艦橋部分の判断において、アニメーションに登場するメカやキャラクターの図柄はアニメ映画の原著作物であり、その二次的著作物であるアニメ映画の著作権は、この原著作物と共通し、実質を同じくする部分には生じないとして（**関連判例4−11−2**「ポパイ・ネクタイ事件」参照）、本件映画の映像と被告映像の共通する箇所があったとしても、そこには本件映画の著作権は生じないと判示している点も参考になろう。

（藤原　正樹）

判例コメント39 「Von Dutch」ブランド事件

【判決裁判所】　（第1審）東京地方裁判所（平成18年(ワ)第7424号）
　　　　　　　　（控訴審）知的財産高等裁判所（平成19年(ネ)第10095号）

【判決年月日】　（第1審）平成19年10月26日
　　　　　　　　（控訴審）平成20年3月27日

【出　典】　（第1審）裁判所HP
　　　　　　　（控訴審）裁判所HP

【請求内容】　1　著作権確認
　　　　　　　　2　（主位的請求）真正な登録名義回復を原因とする著作権譲渡登録手続請求
　　　　　　　　　（予備的請求）著作権譲渡登録抹消登録手続請求

【結　論】　（第1審）請求棄却
　　　　　　　（控訴審）原判決変更、1と2の予備的請求を認容

【事案の概要】

　X（原告・控訴人）は、米国その他の国において、「Von Dutch」という文字標章等を用いて被服等を製造・販売する米国法人である。

　Y（被告・被控訴人）は、韓国法人であるヴォンダッチオリジナル社の代表取締役を名乗る個人であり、「Von Dutch」の文字標章や「Flying Eyeball」と称される図形により成る標章等を使用した被服等の日本への輸入・販売に関与している。

　故Aの有していた本件著作物（「Von Dutch」の文字標章と「Flying Eyeball」と称される図形とが組み合わさったロゴ）の著作権（以下、「本件著作権」という）を含む全知的財産権（以下、「A知的財産権」という）について、遺族Bおよび Cが共同相続した。

　Bらは、2000年3月、A知的財産権をU社に譲渡し（譲渡契約1）、U社は、その後、2002年5月にこれをXに譲渡した（譲渡契約2）。

　一方、Bらは、2005年6月、YにA知的財産権を譲渡し（譲渡契約3）、Yは同年11月に文化庁に本件著作権の譲渡登録手続をした。

そのため、本件著作権はＢらを起点として二重譲渡の状態となり、譲渡契約１～３の各有効性や対抗関係が問題となった事案である。

【争　点】
1　Ｙが、Ｘへの本件著作権の移転につき対抗要件の欠缺を主張し得る法律上の利害関係を有する第三者であるか否か
　①　譲渡契約３の成立および有効性（通謀虚偽表示か否か）
　②　Ｙが背信的悪意者に該当するか否か
2　譲渡契約１の解除の有無
3　譲渡契約２の有効性

【裁判所の判断】
本件の主たる争点は争点１であり、第１審では、譲渡契約３の成立および有効性を肯定したうえで、譲渡契約１と譲渡契約３は二重譲渡の関係にあるとし、Ｕ社または転得者であるＸとＹとは対抗関係に立つと認定した。そして、Ｙは、Ｘへの本件著作権の移転につき、対抗要件の欠缺を主張し得る法律上の利害関係を有する「第三者」（77条）に該当する（背信的悪意者性を否定）と判断した。

これに対し、控訴審では、争点２に関して譲渡契約１の解除は認められず、争点３に関して、譲渡契約２がＢらの同意を欠いて無効とはいえないと判断したうえで、争点１に関して以下のとおり認定し、第１審判決を変更してＸを逆転勝訴させた。

すなわち、譲渡契約３は、米国において生じていた、譲渡契約１をめぐる権利について、ＢらとＵ社間の紛争を処理するために、信託的に譲渡することを目的として外形を整えたものであり、ＢらはＹにＡ知的財産権を譲渡する意思は存在していなかったとして、譲渡契約の成立を否定し、仮に外形上契約の成立を肯定する余地があるとしても、通謀虚偽表示であるとして無効と判断した。

また、少なくとも、Ｙは、Ｘが本件著作権の正当な承継者であることを熟知しながら、Ｘの円滑な事業の遂行を妨げ、または、Ｘに対して本件著作権を高額で売却する等、加害または利益を得る目的でＢらに譲渡契約３の外形を整えさせ、本件譲渡登録を経由したと推認し、背信的悪意者に該当するため、対

抗要件の欠缺を主張し得る「第三者」に該当しないと判断した。

【コメント】

著作権法77条は、著作権の移転（同条1号）について、登録しなければ第三者に対抗することができないと規定し、不動産に関する物権の得喪および変更について、登記を対抗要件とする民法177条の対抗要件主義をとるものである。

民法177条については、文言上は「第三者」の範囲を制限していないが、判例法理により登記の欠缺を主張する正当な利益を有する者に制限する制限説が確立している（大判明治41・12・15民録14輯1276頁）。また、対抗関係に立つ第三者の善意悪意を問わないとする一方、単なる悪意者を超えて背信的悪意者については保護しない（「第三者」に該当しない）とするのが判例通説である（最二小判昭和43・8・2民集22巻8号1571頁等）。

著作権についても、「第三者」の意義については、民法177条の解釈と同様に制限説がとられている（大判昭和7・5・27民集11巻1069頁「あゝ玉杯に花うけて事件」）。

そして、本件では、著作権についても、不動産の物権変動の場合と同様に、対抗関係が問題となる場合に背信的悪意者排除説をとっている。著作権の登録制度については、不動産登記制度のように公示制度としての確実性に欠ける面があることや、必ずしも不動産のように登録手続を経ることが通例化していないという著作権譲渡契約の実態があり、不動産登記と同様とはいえない面があるものの、著作権の対抗問題について、不動産の対抗問題と同様に扱うことを示した点で意義を有する。

なお、控訴審の事実認定では、そもそも、譲渡契約3の成立および有効性を否定しているため、Yは本件著作権に関して無権利者であることから、正確にはXやU社との関係で対抗問題は生じていないが、傍論として、仮に譲渡契約3の成立および有効性を肯定したとしても、Yが背信的悪意者に該当することを認定したものである。

（高橋　幸平）

判例コメント40　岡山イラスト事件

【判決裁判所】　大阪地方裁判所（平成24年(ワ)第10890号）
【判決年月日】　平成25年7月16日
【出　　典】　裁判所HP
【請求内容】　損害賠償請求
【結　　論】　請求棄却

【事案の概要】

　原告X_1がイラストの著作者であり、原告X_2は、X_1から本件イラストの利用に関する管理を委託されていた。被告岡山県（Y_1）が本件イラストをパンフレットの表紙に利用することについて許諾を受け、本件パンフレットを作成した。公設国際貢献大学校設置条例により設置された被告国際貢献大学校運営機構（Y_2）が、本件大学校のウェブページにおいて本件パンフレットの表紙の画像を掲載した（以下、「本件掲載行為」という）。

　X_1およびX_2は、本件掲載行為が、本件イラストの著作権（複製権、公衆送信権、送信可能化権）および著作者人格権（同一性保持権、氏名表示権）を侵害するものとしてY_1およびY_2に対して、共同不法行為に基づく損害賠償を求めた事案である。

【争　　点】

　1　許諾の有無
　2　引用（32条）の成否

【裁判所の判断】

　本件イラストの著作権の帰属に関して、X_2は著作権者である旨を主張していたが、この点に関しては、著作者でなく、著作権の譲渡を受けたことも認められないとして、X_2は著作権者ではないと認定されている。本件イラストの著作権に関しては、X_1に帰属していることが前提とされている。著作者人格権侵害の成否、権利濫用の成否なども争点とされているが、許諾の有無および引用の成否に関する争点について以下でとりあげる。

1　争点1の許諾の有無

本件イラストの利用に関して、X_2は、X_1に対し、平成13年9月26日、Y_1から著作権利用料の支払いを受けたことについて報告しているところ、支払報告書には、「パンフレット／表」の用途に関する著作権利用料が5万50円であり、「パンフレット／2次」の用途に関する著作権利用料が2万5480円である旨の記載がある。

上記記載から、Xらは、Y_1が、本件イラストを本件パンフレットの表紙に利用することについて許諾していたことが認められる。本件イラストをパンフレットの表紙として利用するためには広告コピーなどを挿入することが必要であることは明らかであり、本件パンフレットの表紙における本件イラストの改変も、許諾の範囲内の行為であると認めることができる。

XらはY_1に対して、本件パンフレットの二次利用について許諾し、対価を得ていた。「一般に、二次利用とは、著作物を引用（転載）、複製するなどして利用することをいうところ、本件で、Xらが、Y_1に対し、許諾した二次利用の具体的態様は必ずしも明らかではないが、その一方で、二次利用の範囲について何らかの限定を付していたというような事情は見当たらない」。

本件掲載行為は、本件パンフレットの表紙をウェブページに改変することなく掲載したもので、表示態様もウェブページ全体の中のごく一部、紹介記事の本文と比較しても半分以下の大きさで掲載されているにすぎない。

「本件掲載行為の態様は、著作物の二次利用としてみた場合に、当該著作物の著作権に及ぼす影響が非常に少ない態様のものであるということでき」、Xらが本件パンフレットの二次利用に係る許諾の範囲について何らかの限定を付していたとしても、このような行為について許諾していなかったというのは考えがたく、むしろ、「本件掲載行為についてまで二次利用としての許諾の範囲に含まれないとすると、許諾の範囲に含まれる適法な二次利用を想定しがたい」。

本件掲載行為は、Xらによる二次利用に係る許諾の範囲内の行為であると認めることができる。

2　争点2

「著作権法32条1項によると、公表された著作物は、公正な慣行に合致するものであり、かつ、報道、批評、研究その他の引用の目的上正当な範囲内で引

用して利用することができると規定されている。引用の目的上正当な範囲内とは、社会通念に照らして合理的な範囲内のものであることが必要であり、具体的には、他人の著作物を利用する側の利用の目的のほか、その方法や態様、利用される著作物の種類や性質、当該著作物の著作権者に及ぼす影響の有無・程度などが総合考慮されなければならない」。

本件パンフレットの表紙を掲載したのは、Y_1の事業である「新おかやま国際化推進プラン」を紹介する目的で掲載されたものであることが明らかで、その態様もY_1の事業を広報するという目的に適うものであり、何らの改変も加えられておらず、著作権者であるX_1の利益を不当に害するようなものではない。

以上から、本件掲載行為は、社会通念に照らして合理的な範囲内のものであるということができ、「公正な慣行」に合致するということもできるから、適法な引用にあたると解するのが相当である。

【コメント】

1　争点1

著作権者は、他人に対し、著作物の利用を許諾することができる（63条1項）。契約自由の原則から、他の強行法規に反しない限り、自由にその利用許諾契約の内容を定めることができ、許諾を受けた者はその許諾の範囲内で利用できる（同条2項）。利用許諾の範囲外の利用行為をなせば、著作権侵害となる（中山・著作権法426頁）。

本件では、Yらの行為が著作権者の利用許諾の範囲内か否かが争われ、許諾の範囲内であることが認められた事件である。著作権者との契約において、利用許諾の範囲が明らかではなかったため、利用許諾契約の当事者の意思解釈が問題となったものである。

契約の解釈としては、一般に、当事者の意図していた目的、慣習、任意規定、条理に従って、解釈されるものとされている。

本件において、X_1から本件イラストの著作権利用許諾を受けていたのはY_1であり、Y_1から二次利用に対する著作権料の支払いがなされている。二次利用に関してY_1がX_1から本件イラストの二次利用に関する利用許諾を受けていたので、当該二次利用の許諾の範囲について契約の解釈が問題となった。

本判決によれば、①ウェブページへの掲載行為が、本件パンフレットの表紙

（本件イラスト）から何ら改変することなく掲載されたものであること、②ウェブページ上での掲載が非常に小さいこと、③二次利用としてみた場合に、著作権に及ぼす影響が非常に少ない態様のものであることから、二次利用の許諾の範囲に含まれる適法な二次利用であると認定している。また、裁判所は、「二次利用とは、著作物を引用（転載）、複製するなどして利用することをいう」と判示している。

本件において、Y_1が、X_1から上記二次利用に関して利用許諾を受けていたということには問題がない。しかし、本件は、Y_2が本件パンフレットをY_2のウェブページに掲載した行為（本件イラストの複製、公衆送信および送信可能化）が問題となっているのであるから、本件では、X_1からY_1に対して与えた利用許諾の範囲に、Y_2のような第三者に複製、公衆送信権および送信可能化に関し利用許諾を与えることまで含まれていたかという点が問題となる。

Y_1が、Y_1の事業である「新おかやま国際化推進プラン」を広報するという目的で、本件イラストの利用許諾を受けているのであるから、Y_1が当該パンフレットをウェブページに載せるような行為は利用許諾の範囲内であるといいうるとしても、Y_2が行った行為についても当然に利用許諾の範囲内であるという点については疑問がある。著作権者が、二次利用として、第三者への再利用許諾を当然に認めるとは考えがたいからである。

当事者の意思解釈の問題であるから、当事者の契約時点においてどのような意思表示を行っていたかが問題にされるべきものであり、事後的な掲載態様や著作権に対する影響のみをもって第三者に対する利用許諾の範囲内とするのは妥当ではない。本件では明らかではないが、本件イラストの利用許諾を受けた時点における事情から判断すべきであったものと思料される。もっとも、Y_1のパンフレット作成の目的が、「新おかやま国際化推進プラン」の広報であり、当該施策の中には、Y_2との連携・支援があげられていることから、連携・支援団体に関して再許諾をY_1が与えることが予定されており、X_1ないし本件イラストの著作権の管理をしていたものが当該事情を認識していれば、許諾の範囲内ということはいえるのではないかと考えられる。

2 争点2

引用の要件に関して、**関連判例4－10－1**「パロディ写真事件」の最高裁で

述べられた2要件(明瞭区別性および主従関係)と、現行法における文言との関係から解釈については争いがある。

 本判決については、最高裁の2要件による判断ではなく、上記裁判所の判断2記載のとおり、**判例コメント34**＝絵画の鑑定書事件控訴審と同様の判断基準によって判断している。もっとも、本判決の判示の中にはXらの主張に対する形で主従関係と明瞭区別性が認められることを認定している点で、いずれの見解によっても引用が認められるとの帰結を示している。引用に関する判断基準について、一事例となるものとして意義がある。

(清原　直己)

判例コメント41　クレイジーレーサーR事件

【判決裁判所】　大阪地方裁判所（平成14年(ワ)第1919号、平成14年(ワ)第2526号、平成14年(ワ)第3437号、平成14年(ワ)第8537号、平成14年(ワ)第10909号）

【判決年月日】　（本判決）平成16年12月27日

（中間判決）平成16年1月15日

【出　典】　裁判所HP

【請求内容】　差止請求、損害賠償請求

【結　論】　（本判決）一部認容

（中間判決）認容

【事案の概要】

本件は、訴外会社が有していた著作権を原告が譲り受けたところ、被告が製造し、被告の子会社Mを通じて販売するパチスロ機「クレイジーレーサーR」および被告が販売している家庭用ゲームソフト「パチスロ　アルゼ王国6」について、その製品中に用いられている液晶画像図柄および筐体図柄は、原告が著作権を有するパチスロ機「クレイジーレーサー」の液晶画像図柄および筐体図柄を複製ないし翻案したものであり原告の著作権を侵害するものとして、著作権に基づく差止等と損害賠償を請求した事案である。

本件においては、本件各著作権は、被告が取得したものではなく、訴外会社が取得し、原告が譲り受けたものであり、そして被告は利用許諾を受けていたともいえないとして被告による著作権侵害を認めた中間判決が示されており、本判決は、同中間判決の判断を前提として、損害額および差止等の必要性について審理判断がなされたものである。

原告が著作権を有する「クレイジーレーサー」の液晶ソフトの画像データとして作成されたキャラクターおよび乗り物の図柄が別紙図柄目録C1ないし7であり、筐体の図柄デザインのうち、腰部パネル用として作成されたのが、別紙図柄目録A1である。

また、パチスロ機「クレイジーレーサーR」の筐体腰部パネルの図柄は別紙

図柄目録 A2のとおりである。

上記家庭用ゲームソフト「パチスロ　アルゼ王国 6」においては、隠し機種として「クレイジーレーサー R」が収録され、同機の液晶パネルに表示される図柄も表示される。また一定の操作により「隠しムービー」が表示されることがあり、その際、パチスロ機「クレイジーレーサー R」の筐体腰部パネル図柄が表示される場面があり、これらには別紙図柄目録 C8の図柄が使用されている。

なお、原告は、同事件において、被告が商標権を侵害するものであると主張し差止等と損害賠償をも求めているが、本判例コメントは、原告が著作権を有するパチスロ機「クレイジーレーサー」についての著作権侵害について記載するものとし、その他は割愛する。

【争　点】
1　差止等の必要性
2　故意過失の有無
3　損害の算定方法
4　著作権侵害により生じた損害額

【裁判所の判断】

1　争点1（差止等の必要性）

本件中間判決後における、被告におけるゲームソフトの販売や、その未回収の事実より、被告らにおいて原告の有する著作権の侵害行為を継続していると判断した。

2　争点2（故意過失の有無）

本件における著作権侵害行為につき、被告に過失があったと認められると判断した。

3　争点3（損害の算定方法）

(1)　著作権法114条1項

本判決は、以下のとおり、著作権法114条1項の適用を否定した。

著作権法114条1項が、侵害行為によって権利者が市場における販売の機会を喪失することにより生じる損害を、侵害者の譲渡数量と同数を権利者が販売できたと考えて把握しようとするものと解される以上、現に市場において侵害品と権利者製品が競合して存在するか、少なくとも権利者が市場にその製品を

提供する準備ができていなければ、侵害者の譲渡数量と同数を権利者が販売できたと考えることは不可能である。

権利者において、「その侵害の行為がなければ販売することができた」というためには、その侵害行為の時点において、侵害品と代替性のある製品を販売しているか、少なくともその準備ができていることを必要とすると解すべきである。

そして、被告が上記パチスロ機「クレイジーレーサーR」ないし上記ゲームソフト「パチスロ　アルゼ王国6」を販売していた期間において、原告が代替性のある製品として、パチスロ機ないしプレイステーション2用のパチスロ機のシミュレーションソフトを販売していたともその準備をしていたとも認めることができない。

したがって、被告の上記パチスロ機「クレイジーレーサーR」ないし上記ゲームソフト「パチスロ　アルゼ王国6」の販売期間において原告が「その侵害の行為がなければ販売することができた物」を販売する能力を有していたと認めることはできないから、被告による上記各パチスロ機およびゲームソフトの販売行為により原告に生じた損害につき、著作権法114条1項の適用による算定はできない。

(2) 著作権法114条2項

本判決は、以下のとおり、著作権法114条2項の適用を否定した。

著作権法114条2項の趣旨について、侵害者が受けた利益額の立証により損害額の推定を行うことで権利者の主張・立証責任の軽減を図るものである以上、同項の適用のためには、権利者が将来製品を販売する予定があるだけでは足りず、侵害行為の時点において、権利者において、侵害品と代替性のある製品を販売しているか、少なくともその準備ができていることを必要とすると解すべきである。

本件においては、被告によるパチスロ機「クレイジーレーサーR」ないし上記ゲームソフト「パチスロ　アルゼ王国6」の販売期間において、原告がこれらと代替性のある製品として、パチスロ機ないしプレイステーション2用のパチスロ機のシミュレーションソフトを販売していたともその準備ができていたとも認められないことは上記同様である。そのため、被告による上記各パチス

ロ機およびゲームソフトの販売行為により原告に生じた損害につき、著作権法114条2項の適用による算定をすることはできない。

4　争点4（著作権侵害により生じた損害額）

被告による著作権侵害行為により原告に生じた損害については、著作権法114条3項に基づいて算定すべきである。そして、同項の適用にあたり、本件の各種事情に照らし、被告が原告に支払うべき著作物使用料相当額としては、パチスロ機「クレイジーレーサーR」について1台あたり1000円とするのが相当であるとし、プレイステーション2用ソフトウエア「パチスロ　アルゼ王国6」について1本あたり10円とするのが相当である。

【コメント】

本件は、著作権法114条1項、2項のいずれの適用にあたっても、権利者において、その侵害行為の時点において、侵害品と代替性のある製品を販売しているか、少なくともその準備ができていることを要することを示した事例である。

著作権法114条1項、2項のいずれも権利者の立証負担の軽減を図る規定であることを踏まえると、その適用にあたり、侵害者の侵害物と権利者が販売する物との間において、市場における代替関係の存在を要求するのは妥当といえ、本件では、被告によるパチスロ機およびソフトウエアの販売期間において、原告が代替性のある製品の販売を行っていないため、著作権法114条1項、2項の適用が否定されている。

なお、何をもって代替性があると判断するかについては議論の余地があろうが、著作権法114条1項に関し、1項を厳格に解する必要はなく、両者は同一の物である必要もなく、また同じ支分権の行使である必要もないという見解がある（中山・著作権法633頁）。

関連判例として、著作権法114条1項にいう「侵害の行為がなければ販売することができた物」とは、侵害者の製作した物と代替性のある物ではなければならないところ、原告の各著作物が搭載された単行本が一般書店で販売されているのに対し、本件各著作物が掲載された被告の国語テストは、一般の書店を介さず納入しており、被告の国語テストは、本件各著作物の利用の目的、態様を異にし、販売のルートに違いがあり、上記原告の単行本と代替性がないとし

た裁判例がある（東京高判平成16・6・29（平成15年㈱第2515号等）裁判所HP「教科書準拠教材事件」）。

〈図41－1〉　別紙　図柄目録A1

〈図41－2〉　別紙　図柄目録A2

〈図41－3〉　別紙　図柄目録C1

〈図41－4〉　別紙　図柄目録C2

〈図41－5〉　別紙　図柄目録C3
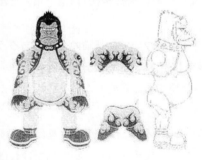

〈図41－6〉　別紙　図柄目録C4

〈図41−7〉　別紙　図柄目録 C5　　　〈図41−8〉　別紙　図柄目録 C6

〈図41−9〉　別紙　図柄目録 C7　　　〈図41−10〉　別紙　図柄目録 C8

（別紙図柄目録はウエストローより引用）

（赤松　俊治）

判例コメント42　漫画 on Web 事件

【判決裁判所】　（控訴審）知的財産高等裁判所（平成25年(ネ)第10064号）
　　　　　　　　（第1審）東京地方裁判所（平成24年(ワ)第24571号）
【判決年月日】　（控訴審）平成25年12月11日
　　　　　　　　（第1審）平成25年7月16日
【出　　典】　　（控訴審）裁判所HP
　　　　　　　　（第1審）裁判所HP
【請求内容】　　損害賠償請求
【結　　論】　　（控訴審）控訴棄却
　　　　　　　　（第1審）一部認容

【事案の概要】

　被控訴人（原告）は著名な漫画作品の漫画家であり、有限会社佐藤漫画製作所は被控訴人の制作した漫画作品の著作権の管理等を行う特例有限会社（以下、「訴外会社」という）であるところ、訴外会社は、同社の運営する「漫画 on Web」というウェブサイトの販売促進活動の一環として、同サイトで被控訴人の作品を購入した顧客に対し、その希望する人物の似顔絵を被控訴人が色紙に描き、これを贈与するというサービスを提供していた。控訴人（被告）は当該サービスを利用し、昭和天皇および今上天皇の似顔絵を描き贈与するよう申し入れ、被控訴人はこれらを描き、訴外会社がこれを控訴人に送付した。控訴人は、ツイッターのサイト（以下、「本件サイト」という）に、「天皇陛下にみんなでありがとうを伝えたい。陛下の似顔絵を描いてくれるプロのクリエイターさん。お願いします。クールJAPANなう、です。」と投稿し、その後、本件似顔絵のうちの1枚を撮影した写真を画像投稿サイトにアップロードしたうえ、本件サイトに投稿し、上記画像投稿サイトへのリンク先を掲示するなどした（本件行為1）。これに対して被控訴人が削除を求めたところ、控訴人は被控訴人から殺害予告を受けたかのような記事をツイッターのサイトに投稿した（本件行為2）。

　そこで、被控訴人が控訴人に対し、控訴人が被控訴人の描いた似顔絵を無断

で画像投稿サイトに投稿したことにつき、被控訴人の著作権および著作者人格権を侵害するものであり、また、控訴人がその削除を求めた被控訴人からあたかも殺害予告を受けたかのような記事をツイッターのサイトに投稿したことは、被控訴人に対する名誉毀損に該当するものであると主張して、不法行為に基づく損害賠償請求を行ったものである。

【争　点】
1　本件行為1についての違法性（著作権もしくは著作者人格権侵害）および責任
2　本件行為2についての違法性（名誉毀損）および責任
3　損害額

【裁判所の判断】
1　第1審判決
(1)　**本件行為1についての違法性（著作権もしくは著作者人格権侵害）および責任**

第1審判決は、まず、「本件似顔絵は、原告が昭和天皇及び今上天皇の似顔絵を創作的に描いたものであって、美術の範囲に属するものであるから、原告は、これにつき著作権及び著作者人格権を有するものと認められる」とし、本件行為1について、原告が本件似顔絵について有する著作権（公衆送信権）の侵害を認めた。

そのうえで、著作者人格権侵害について、「被告は、自作自演の投稿であったにもかかわらず、被告が本件似顔絵を入手した経緯については触れることなく、あたかも、被告が本件サイト上に『天皇陛下にみんなでありがとうを伝えたい。』『陛下プロジェクト』なる企画を立ち上げ、プロのクリエーターに天皇の似顔絵を描いて投稿するよう募ったところ、原告がその趣旨に賛同して本件似顔絵を2回にわたり投稿してきたかのような外形を整えて、本件似顔絵の写真を画像投稿サイトにアップロードしたものである（本件行為1）」。「上記の企画は、一般人からみた場合、被告の意図にかかわりなく、一定の政治的傾向ないし思想的立場に基づくものとの評価を受ける可能性が大きいものであり、このような企画に、プロの漫画家が、自己の筆名を明らかにして2回にわたり天皇の似顔絵を投稿することは、一般人からみて、当該漫画家が上記の政治的傾

向ないし思想的立場に強く共鳴、賛同しているとの評価を受け得る行為である。しかも、被告は、本件サイトに、原告の筆名のみならず、第二次世界大戦時の日本を舞台とする『特攻の島』という作品名も摘示して、上記画像投稿サイトへのリンク先を掲示したものである。

そうすると、本件行為1は、原告やその作品がこのような政治的傾向ないし思想的立場からの一面的な評価を受けるおそれを生じさせるものであって、原告の名誉又は声望を害する方法により本件似顔絵を利用したものとして、原告の著作者人格権を侵害するものとみなされるということができる」と判示した。

(2) **本件行為2についての違法性（名誉毀損）および責任**

第1審判決は、本件行為2について、「原告の社会的評価を低下させるものであるから、原告の名誉を毀損する行為であると認められる。そして、以上に説示したところに照らせば、被告にはそのことについて故意又は少なくとも過失があると認めるのが相当である」として名誉毀損の成立を認めた。

(3) **損害額**

第1審判決は、本件似顔絵が画像投稿サイトにアップロードされていたのは4時間程度であること等を指摘し、「原告が被告による本件似顔絵の著作権侵害により被った損害の額は、20万円と認めるのが相当である」とした。また、著作者人格権侵害および名誉毀損による慰謝料についても、原告の要請により速やかに削除されており、本件似顔絵の写真が画像投稿サイトにアップロードされていたのは4時間程度であることを指摘し、それぞれ15万円（合計30万円）の損害を認めた。

2 控訴審判決

控訴審判決は、第1審判決を引用し、控訴人による公衆送信権侵害、著作者人格権侵害および名誉毀損の成立を認めた。

【コメント】

1 著作権法113条7項

著作権法113条7項は、「著作者の名誉又は声望を害する方法によりその著作物を利用する行為は、その著作者人格権を侵害する行為とみなす」とする。立法担当者によると、同項は、「著作者の品位・信用あるいは社会的な声価を保つ権利を裏から規定したもの」であり、その立法趣旨は、「著作物を創作した

著作者の創作意図を外れた利用をされることによってその創作意図に疑いを抱かせたり、あるいは著作物に表現されている芸術的価値を非常に損なうような形で著作物が利用されたりすることを防ぐことにあ」るとされている（加戸・逐条講義755頁）。

　ここで、上記の趣旨からすると、著作権法113条7項による著作者人格権侵害を検討するにあたっては、著作者の創作意図に反することが必要とも考えられる。もっとも、条文上要求されているのは、「名誉又は声望を害する」ことのみであり、著作者の「声望名誉」とは、「著作者がその品性、徳行、名声、信用等の人格的価値について社会から受ける客観的な評価、すなわち社会的声望名誉を指すものであって、人が自己自身の人格的価値について有する主観的な評価、すなわち名誉感情は含まれない」（最二小判昭和61・5・30民集40巻4号725頁「パロディ写真事件（第2次）」）とされていることからすると、著作者の創作意図とは直結するものではなく、客観的に名誉声望が害されているかによって判断されることになる。裁判例においても、たとえば**判例コメント25**＝駒込大観音事件控訴審は、観音像の仏頭部のすげ替え行為が、社会から受ける客観的な評価に影響を来す行為であることを理由に同項の適用を肯定しており、創作意図に言及せずに判断を行っている。

2　本件における著作権法113条7項の適用

　本判決は、控訴人が、被控訴人が投稿したように装って、本件似顔絵を画像投稿サイトに投稿した本件行為1について、「原告やその作品がこのような政治的傾向ないし思想的立場からの一面的な評価を受けるおそれを生じさせるものであって、原告の名誉又は声望を害する方法」にあたるとした。

　ここで、本件行為1は本件似顔絵を画像投稿サイトに投稿した行為であり、その対象である著作物は本件似顔絵であって、被控訴人の漫画作品ではない。それにもかかわらず、本判決が上記のように「原告やその作品がこのような政治的傾向ないし思想的立場からの一面的な評価を受けるおそれを生じさせる」と判示したことは、本項の目的とされている「著作者の品位・信用あるいは社会的な声価を保つ」という観点を重視したものということができる。

　この点については、本件では、「特攻の島」という題号は利用されており、本件のようにすでに著名な著作物であって題号自体がその著作物を代表してい

る場合には、その題号だけの利用によっても、著作者やその作品の社会的評価に悪影響を与えるおそれがあるといわなければならないとの指摘もなされている（松川実「判批」判例百選〔第5版〕99頁）。

　また、本判決は、被控訴人の創作意図には明示的には言及せずに判断を行っている。もっとも、被控訴人による似顔絵の制作は、単行本を購入した顧客へのサービスとしてなされたものであり、被控訴人による投稿であるかのように画像投稿サイトに投稿することは、当該行為自体が創作意図に反することが明らかな事案である。したがって、本判決が創作意図に言及していないことをもって、一般論として著作権法113条7項の適用において創作意図を外れた利用か否かを問題とする必要がないとする見解を根拠付けるものではないと考えられる。

（池田　聡）

判例コメント43　写真で見る首里城事件

【判決裁判所】　那覇地方裁判所（平成19年(ワ)第347号）
【判決年月日】　平成20年9月24日
【出　典】　判時2042号95頁
【請求内容】　差止請求、損害賠償請求、謝罪広告掲載請求
【結　論】　損害賠償請求につき一部認容（差止請求は棄却）

【事案の概要】

　写真家であり、被告1の元取締役であった原告が、被告1および被告2に対し、原告が撮影した各写真（以下、「本件各原写真」という）を被告1および被告2が無断で複製して写真集「写真で見る首里城（第4版）」（以下、「本件写真集」という）に掲載していることが、原告の複製権侵害、氏名表示権侵害に該当するとして、本件各原写真の複製物および翻案物を削除しない限りでの本件写真集の複製および販売の差止め、損害賠償、謝罪広告の掲載を求めた事案である。

　なお、被告1は写真の作成および貸出並びに書籍等の制作および編集等を行う株式会社であり、被告2は首里城に関する調査研究および沖縄県に所在する国営公園等の維持管理などを目的とする財団である。被告1は本件写真集の編集および制作を行い、被告2はこれを監修および発行した。

　原告は平成9年に被告1に入社しその後取締役となっている、平成14年に辞任退職するまで被告1にて撮影を行い、また入社前に撮影していた写真を持ち込んでいた。原告の退職の際に、被告1は原告が入社前に撮影した写真フィルムについては原告に返却したが、入社後のものは返却しなかった。ただし、原告が入社前に撮影した写真のうち、本件原写真18（以下、「写真18」という）は手違いにより返却されなかった。

【争　点】

1　原告の写真撮影の有無
2　本件各原写真の創作性
3　職務著作の当否

4 著作権法15条1項にいう別段の定めの有無
5 著作権譲渡、複製等許諾または氏名表示権不行使合意の有無等
6 被告らの過失の有無
7 過失相殺
8 損害の有無および額
9 謝罪広告の必要性

また、裁判所は差止請求の可否について判決の最後に判断を示している。

【裁判所の判断】

争点1については、証拠より原告の撮影によるものと判断し写真1～17については原告が被告1に在職中に撮影したもの、写真18については被告1入社前に撮影したものと認定した。

争点2については、写真18のみ判断している。そして、撮影対象が同じで同じ位置、アングルで撮影しても相当印象が異なることを理由に機械的に撮影されたごくありふれたものではないとして著作権性を認めている。

争点3については、被告1の就業規則や原告への賃金の額、内容、原告の業務内容や就業時間、社会保険加入の有無などより、原告は平成14年に退職するまで被告1の従業員たる地位を有していたとしている。そのうえで、被告1の指示に基づき業務の一環で行われた撮影であるため、原告の撮影した写真は法人等の業務に従事する者が職務上作成する著作物にあたり、法人等の発意に基づくものと判断された。

争点4については、証拠上、原告の在職中に撮影した写真について原告がその著作者になる旨の合意をしたと認めるに足りるものはないとしている。

争点5については、証拠上、原告の入社前の写真の著作権を被告1に譲渡する旨の契約書等の書面の作成は認められず、被告1が原告に対し、原告の退職の際に、原告が入社前に撮影した写真のフィルムを返還したことなどから著作権譲渡、複製等許諾または氏名表示権不行使合意は認められないとした。

争点6については、写真18について撮影年月日が誤って記載されており、被告1において原告が入社後に撮影した写真であると誤解されたため、被告1は原告の許諾なく写真18を複製して本件写真集を制作しており、少なくも過失があるとされた。被告2についても本件写真集に掲載する写真の著作権の帰属に

ついて確認すべき注意義務を負っているところ、この確認を怠った過失があるとされた。

争点7については、退職後の写真につき著作権の帰属について合意をしておくべきでは被告1であって原告がこのような合意がないことによる不利益を甘受すべきいわれはないとして過失相殺は否定されている。

争点8については、被告1のフォトライブラリーの使用料の水準、本件写真集が公の団体から発注を受けた営利性が高いとはいえないものであることなどから、複数権侵害による損害は2万5000円が相当とし、写真18が原告も制作に関与した本件写真集第3版に引き続き本件写真集に掲載されたことなどから氏名表示権侵害による慰謝料としては10万円が相当とした。これに弁護士費用2万5000円を加え、合計15万円の賠償請求と認めている。

争点9については、写真18が本件写真集の最終頁に掲載された9点の写真のうちの1つにすぎず、本件写真集の全体が写真177点であるのに比して極小さい割合を占めているにすぎないこと、また写真18が掲載されたのは第3版の内容を維持したからにすぎないこと、第3版の制作には原告も深く関与していたこと、これらのことから、原告の名誉および声望を回復するためには被告らから損害賠償を受ければ十分であって謝罪広告の必要性はないとしている。

そして、判決の結論部分において、差止請求の可否につき以下のように判断し、権利濫用として否定している。

「本件において著作権等の侵害となる写真は受注先である被告1の元従業員たる原告が撮影した1点のみで（しかも、原告が本件の訴えを提起するまで、……被告1は写真18を、原告が職務上撮影したものと誤解していた）、……原告に生じる損害の金額は極少額である一方、同請求を認めるときは、被告らにおいて、既に多額の資本を投下して発行済みの本件写真集を販売等することができなくなるという重大な不利益が生じることになる」。

「写真18は、本件写真集の最終頁である沖縄県内の他の世界遺産を紹介する頁に掲載された、9点の写真のうちの1つにすぎず、その掲載部分の大きさは縦4cm、横5cm程度と頁全体の大きさに比して極小さく、本件写真集の全体がB5版95頁、掲載した写真の点数延べ177点（イラスト等3点を含む。）であるのに比して、極小さい割合を占めているにすぎないものである。

加えて、本件写真集に写真18が掲載されたのは、単に本件第3版の内容を維持したからにすぎず、本件第3版の制作には原告も担当者として深く関与していたものである」。

　「本件第3版には当初座喜味城跡の航空写真を使用する予定であったところ、当時本件第3版の制作作業を担当していた原告が、被告2の担当者と協議しながら、掲載する写真を写真18にしたものであって、原告は、本件第3版の制作当時ないし退職前の時点において、本件第3版以降の写真集『写真で見る首里城』の改訂版にも引き続き写真18が掲載されることを意欲していたとも推認することができるものである。

　そうすると、本件初版、本件第2版及び本件第3版がいずれも増刷されておらず……、本件写真集がさらに出版される可能性が小さいことも併せ考えれば、原告の被告らに対する差止請求は、権利の濫用であって許されないというべきである」。

【コメント】

　本判決は、複数権侵害が認められたにもかかわらず、差止請求が権利の濫用として棄却された事例として参考となるものである。

　著作権法112条において、著作者はその著作者人格権、著作権等を侵害する者に対し、その侵害の停止または予防を請求することができる旨明文で定めている。無体財産権である著作権は物理的な占有ができないため、差止請求権は独占排他性を実効ならしめるため非常に重要な権利である。

　もちろん、このように差止請求権が重要な権利であっても、権利濫用法理（民1条3項）の適用自体はあり得るところである。ただし、本判決までは権利者の主観的事情を考慮し権利行使全体を権利濫用と判断した裁判例がわずかながらにあるだけであった（東京地判平成8・2・23知裁集28巻1号54頁、東京地判平成11・11・17判時1704号134頁「キューピー事件」等）。

　本判決が原告の差止請求を権利濫用としている根拠としては、被告の写真18についての著作権帰属の誤解、原告の損害額が極めて小さいこと、差止めによる被告の多大な不利益、第3版における原告の関与と今後の掲載についての意欲、本件写真集の今後の増刷可能性が小さいことなどである。

　本判決においては、原告に悪質性があるとは判断されていないと思われる

（損害賠償は認めており、権利濫用とはしていない）。ただし、原告の非侵害利益に比して、被告らの差止めにより生じる損害が大きいことから差止請求を認めているものである。ここで、原告が侵害されたのは写真18という1枚の写真の権利のみであり、しかも原告自身が当該写真18について第3版への掲載に深く関与し、その後の改訂版への掲載も意欲していると推認できるという状況であった。

　このように、本件においては、原告には差止請求を認める実益が極めて小さい（黙示の許諾があったとも認定しえたと考えられる）一方、差止請求を認めた場合の被告らの不利益が大きいことから、差止請求を認めなかったという判断自体は妥当であると考える。また、本件は上記のような特殊性のある事案ではあり射程は限定的ではあるが、些細な一部の侵害による全体の差止請求に対する権利濫用の適用につき参考になるものと考える。

（永田　貴久）

判例コメント44　「ニコニコ動画」リンク事件（ロケットニュース24事件）

【判決裁判所】　大阪地方裁判所（平成23年(ワ)第15245号）
【判決年月日】　平成25年6月20日
【出　典】　判時2218号112頁
【請求内容】　書込み削除請求、謝罪広告掲載請求、損害賠償請求
【結　論】　請求棄却

【事案の概要】

　原告は、被告において、原告が著作者である動画（以下、「本件動画」という）を、被告の運営する「ロケットニュース24」と称するウェブサイト（以下、「本件ウェブサイト」という）に無断で掲載し、これに原告を誹謗中傷する記事（以下、「本件記事」という）を掲載し、さらに本件記事下部のコメント欄に、読者をして原告を誹謗中傷する書き込み（以下、「本件コメント欄記載」という）をさせ、これを削除しなかったことが、原告の名誉を毀損するとともに、原告の著作権（公衆送信権）および著作者人格権（公表権、氏名表示権）を侵害するものであるとして、被告に対し、名誉権に基づき、本件ウェブサイトに掲載された本件記事および本件コメント欄記載の削除を求めるとともに、著作権および著作者人格権侵害の不法行為に基づく名誉回復措置として、また、名誉毀損の不法行為に基づく名誉回復措置として、謝罪文を本件ウェブサイトに掲載するよう求めた事案である。

　また、あわせて原告は、主位的に、著作権および著作者人格権侵害の不法行為に基づく損害賠償の一部として30万円およびこれに対する遅延損害金並びに名誉毀損の不法行為に基づく損害賠償の一部として30万円およびこれに遅延損害金を請求し、予備的に、被告の上記行為は、原告の肖像権を侵害するとして、被告に対し、肖像権侵害の不法行為に基づく損害賠償の一部として10万円およびこれに対する遅延損害金並びに名誉毀損の不法行為に基づく損害賠償の一部として50万円およびこれに対する前記起算日から前記割合による遅延損害金を請求している。

【争　点】
1　映画著作物該当性
2　公衆送信権侵害の有無
3　著作者人格権（公表権および氏名表示権）侵害の有無
4　名誉毀損該当性および違法性阻却事由の有無
5　コメント欄削除義務の有無
6　肖像権侵害の有無

【裁判所の判断】
1　映画著作物該当性
　裁判所は、本件動画を「原告が上半身に着衣をせず飲食店に入店し、店員らとやり取りするといった特異な状況を対象に、主として原告の顔面を中心に据えるという特徴的なアングルで撮影された音声付動画」であると認定したうえ、当該動画について「一定の創作性が認められる」と判示した。

　また、原告は本件動画を「ニコニコ生放送」と称するライブストリーミング配信（テレビ番組におけるいわゆる生放送と同様の即時的な動画配信のこと。なお、同配信サービスを提供する「niconico」と称するウェブサイトにおいては、一部の会員において、当該「ニコニコ生放送」においてライブストリーミング配信された動画を、配信終了後も、一定期間、視聴し得る「タイムシフト機能」と称するサービスを提供していた）していたところ、裁判所は、当該「タイムシフト機能」を踏まえ、原告によるライブストリーミング配信は、「その配信と同時に」当該ライブストリーミング配信サービスの提供会社の「サーバに保存され、その後視聴可能な状態に置かれたものと認められ」るとして、本件動画について、映画著作物における「固定」要件（2条3項）の充足を認めた。

2　公衆送信権侵害の有無
　原告による前記ライブストリーミング配信の一部は、第三者により録画され、「ニコニコ動画」なる動画配信ウェブサイト（ウェブサイト上で動画を共有してこれにコメントを付すことのできる動画配信サイト）にアップロードされ、当該ウェブサイトにアクセスした者であればいつでも視聴可能な状態にあったところ、被告は、本件記事において、「ニコニコ動画」上の本件動画に付されていた引用タグまたはURL（本件記事がアップロードされた「ニコニコ動画」へのリ

ンクのこと）を本件ウェブサイトの編集画面に入力して、本件記事の上部にある動画再生ボタンをクリックすると、本件ウェブサイト上で本件動画を視聴できる状態にした。

　原告は、被告において、本件記事の上部にある動画再生ボタンをクリックすると、本件ウェブサイト上で本件動画を視聴できる状態にしたことが、本件動画の「送信可能化」（２条１項９号の５）にあたり、公衆送信権侵害による不法行為が成立する旨主張していたところ、裁判所は、被告の当該行為を「『ニコニコ動画』にアップロードされていた本件動画の引用タグ又はURLを本件ウェブサイトの編集画面に入力することで、本件動画へのリンクを貼ったにとどま」り、「本件動画のデータは、本件ウェブサイトのサーバに保存されたわけではなく、本件ウェブサイトの閲覧者が、本件記事の上部にある動画再生ボタンをクリックした場合も、本件ウェブサイトのサーバを経ずに、『ニコニコ動画』のサーバから、直接閲覧者へ送信されたものといえる」としたうえ、「閲覧者の端末上では、リンク元である本件ウェブサイト上で本件動画を視聴できる状態に置かれていたとはいえ、本件動画のデータを端末に送信する主体はあくまで『ニコニコ動画』の管理者であり、被告がこれを送信していたわけではない」として、「本件ウェブサイトを運営管理する被告が、本件動画を『自動公衆送信』をした（法２条１項９号の４）、あるいはその準備段階の行為である「送信可能化」（法２条１項９号の５）をしたとは認められない」と判示し、不法行為の成立を否定した。

　なお、裁判所は、「『ニコニコ動画』にアップロードされていた本件動画にリンクを貼ることで、公衆送信権侵害の幇助による不法行為が成立する」とみる余地がある点についても言及したものの、本件において、「『ニコニコ動画』にアップロードされていた本件動画は、著作権者の明示又は黙示の許諾なしにアップロードされていることが、その内容や体裁上明らかではない著作物であり、少なくとも、このような著作物にリンクを貼ることが直ちに違法になるとは言い難い」こと、および、被告が本件について原告から抗議を受けた時点で直ちに本件動画へのリンクを削除していることを踏まえ、本件における幇助による不法行為成立を否定している。

3 著作者人格権侵害の有無

(1) 公表権侵害の有無

原告は、本件動画を本件ウェブサイト上で視聴できる状態にしたことが、原告の公表権を侵害した旨を主張していたが、裁判所は、被告による本件動画へのリンクに先立ち、原告自身が本件動画を前記ライブストリーミング配信していたこと、および、原告の配信動画の視聴者数が相当程度に上ることを踏まえ、著作者である原告自身が、本件動画をライブストリーミング配信することで、「公衆送信（法2条1項7号の2）の方法で公衆に提示し、公表（法4条1項）」したといえるとして、本件動画について、公表権侵害は成立しないと判示した。

(2) 氏名表示権侵害の有無

原告は、被告による本件動画の「公衆への提供若しくは提示」に際し、原告の変名である「P2」を無断で使用し、原告の氏名表示権を侵害した旨を主張していたところ、裁判所は、「被告は、本件動画へのリンクを貼ったにとどまり、自動公衆送信などの方法で『公衆への提供若しくは提示』（法19条）をしたとはいえ」ず、氏名表示権侵害の前提を欠くと判示した。

また、裁判所は、前記ライブストリーミング配信において、原告が、原告自身の容貌を中心に撮影した動画を配信し、原告の実名をも述べていること、および、「ニコニコ生放送」で本件生放送やその他の動画を配信する際にも「P2」の変名を表示していたことがうかがわれることから、仮に本件における被告の行為について「公衆への提供若しくは提示」を欠くことを措いて考えたとしても、本件ウェブサイト上に表示された本件動画のタイトル部分に被告の変名が含まれていたことが、原告の氏名表示権の侵害になるとは認められない旨判示した。

4 名誉毀損該当性および違法性阻却事由の有無

原告は、本件における被告の行為が、原告の名誉を違法に毀損するものであるとして、本件記事の削除とともに不法行為に基づく損害賠償を求めていた。

裁判所は、被告の行為が、原告の名誉を毀損するものであると認定したものの、他方、被告の行為が、「公共の利害に関する事実に係り、かつ、その目的が専ら公益を図ることにあった」と認められるとしたうえ、被告行為における摘示事実に真実性が認められ、かつ、意見ないし論評としての域を逸脱したも

のではないとして、その違法性を否定し、原告の名誉毀損を理由とする請求を棄却した。

5　コメント欄削除義務の有無

原告は、被告に対し、本件コメント欄の記載が被告による本件記事および本件動画の掲載が発端となってなされたものであるとして、被告が本件コメント欄の記載をすべて削除する義務を負っており、かつ、これを怠った不法行為責任を負う旨を主張していた。

これについて、裁判所は、前記のとおり、被告の行為は原告の名誉を違法に毀損するものではないため、その主張の前提を欠くとしたうえで、仮にそれを措いたとしても、被告が、本訴以前に原告から抗議を受けた際に、本件ウェブサイトにおける本件動画へのリンクを削除し、本件コメント欄の記載が原告に係るものであることを特定できないようにして、本件コメント欄の記載により原告の社会的評価が低下することを防止するための対応を適時にとっていた等の事情を踏まえ、被告が原告が主張するような義務を負うものではない旨を判示し、原告の主張を排斥した。

6　肖像権侵害の有無

原告は、本件動画および本件記事を本件ウェブサイト上に掲載したことが、原告の肖像権を侵害し、不法行為が成立する旨を主張していた。

これについて、裁判所は、本件において、被告が自ら本件動画を公表したのではなく、すでに何者かによってアップロードされ、公表されていた本件動画へのリンクを貼ったにとどまること、本件動画の内容や体裁上からは、本件動画が肖像権者である原告の明示または黙示の許諾なしにアップロードされていることが明らかではないこと、および、被告が原告から抗議を受けた際に、直ちに本件動画へのリンクを削除していることを踏まえて、本件において、被告が本件ウェブサイト上で本件動画へのリンクを貼ったことが、原告の肖像権を侵害し、不法行為が成立するものではないと判示し、原告の主張を排斥した。

【コメント】

本件は、いわゆるライブストリーミング配信（インターネット上での生放送）により配信された動画の映画著作物該当性および特定のウェブサイト上において、他の動画配信サイトにおける動画を直接閲覧できるようにした場合（いわ

ゆるインラインリンク）の自動公衆送信該当性について判断した事案である。

　まず、映画著作物については、「物に固定されている」ことが要件とされているところ（2条3項）、本件では、ライブストリーミング配信終了後も、一定期間、当該配信動画を閲覧することができるサービス（本件にいう「タイムシフト機能」）が提供されていたことを踏まえ、当該固定要件の充足が認められた。

　近年のライブストリーミング配信サービスを提供するウェブサイトにおいては、おおむね、当該「タイムシフト機能」に類似した機能が実装されていることを踏まえると、テレビにおける生放送とは異なり、ライブストリーミング配信においては、映画著作物における「固定」要件について、おおむねこれが充足すると判断されるものになると思われる。

　次に、最近の動画配信サイトでは、当該サイトで閲覧できる動画を直接他のウェブサイト上で閲覧できる機能が提供されている。この機能は、多くの場合、当該動画配信サイトにおいて、各動画についてのURLリンク等が提供され、他のウェブサイトの製作者が、当該ウェブサイト上に当該リンクを埋め込むことで、当該ウェブサイト上での当該動画の直接の閲覧が可能になるものである。

　この機能は、一見すると当該ウェブサイトから当該動画が配信されているかのように思えるところであるが、実際には、当該ウェブサイトのサーバ上には、当該動画データは保存されず、当該動画配信サイトのサーバから当該サーバに保存された当該動画データが配信される。

　本件において、裁判所は、上記機能のしくみを踏まえ、本件ウェブサイトではなく、動画配信サイトから本件動画が配信されているとして、被告による公衆送信を否定したものである。

　以上のとおり、本判決は、昨今、インターネット上において普及してきた動画配信サービスについて、そのしくみを踏まえて、公衆送信の主体を判断した事案であり、今後の同サービスの利用における著作権侵害の有無の判断について、実務上の意義を有するものと思われる。

（甲斐　一真）

判例コメント45　まねきTV事件

【判決裁判所】　（上告審）最高裁判所第三小法廷（平成21年(受)第653号）
　　　　　　　　（控訴審）知的財産高等裁判所（平成20年(ネ)第10059号）
　　　　　　　　（第1審）東京地方裁判所（平成19年(ワ)第5765号）
【判決年月日】　（上告審）平成23年1月18日
　　　　　　　　（控訴審）平成20年12月15日
　　　　　　　　（第1審）平成20年6月20日
【出　典】　（上告審）民集65巻1号121頁、判時2103号124頁、判タ1342号105頁
　　　　　　（控訴審）民集65巻1号353頁、判時2038号110頁
　　　　　　（第1審）民集65巻1号247頁
【請求内容】　放送についての送信可能権侵害および公衆送信権侵害の差止め、損害賠償請求
【結　論】　（上告審）破棄差戻し
　　　　　（控訴審）控訴棄却
　　　　　（第1審）請求棄却

【事案の概要】

　被上告人（被告・被控訴人）は、「まねきTV」という名称でインターネット回線を通じてテレビ番組を視聴できるようにするサービス（「本件サービス」という）を提供していた。本件サービスには、地上波アナログ放送のテレビチューナーを内蔵し、受信放送を利用者の求めに応じてデジタル化し、このデータを利用者の求めに応じて自動的に送信する機能を有する市販のロケーションフリーという名称の機器が用いられていた。利用者と契約した被上告人は利用者から同機器を預り、地上波テレビ信号を受信、転送する状態にし、利用者がほぼリアルタイムで視聴可能となる状態に置いていた。在京の地上波テレビ放送事業者らである上告人（原告・控訴人）らは、被上告人の行為が、被上告人らの放送についての送信可能化権（著作隣接権）および放送番組についての公衆送信権（著作権）を侵害するとして争った。

　第1審は、被告の行為は、公衆送信行為（2条1項7号の2）には該当しな

いとして請求を棄却し、控訴審も被控訴人による行為は公衆送信行為に該当せず、また「1対1」の送信を行う機能しか有していない装置（「ベースステーション」）が、不特定または多数の者によって直接受信され得る無線通信または有線電気通信の送信を行う機能を有する装置である自動公衆送信装置にあたるということはできないとして控訴を棄却していた。

【争　点】
1　送信可能化および自動公衆送信の送信に使用される「自動公衆送信装置」とは
2　上記「自動公衆送信装置」を用いた送信可能化および自動公衆送信の送信の主体とは

【判　旨】
(1) **送信可能化権侵害**
「著作権法が送信可能化を規制の対象となる行為として規定した趣旨、目的は、公衆送信のうち、公衆からの求めに応じ自動的に行う送信（後に自動公衆送信として定義規定が置かれたもの）が既に規制の対象とされていた状況の下で、現に自動公衆送信が行われるに至る前の準備段階の行為を規制することにある。このことからすれば、公衆の用に供されている電気通信回線に接続することにより、当該装置に入力される情報を受信者からの求めに応じ自動的に送信する機能を有する装置は、これがあらかじめ設定された単一の機器宛てに送信する機能しか有しない場合であっても、当該装置を用いて行われる送信が自動公衆送信であるといえるときは、自動公衆送信装置に当たるというべきである」。
「自動公衆送信が、当該装置に入力される情報を受信者からの求めに応じ自動的に送信する機能を有する装置の使用を前提としていることに鑑みると、その主体は、当該装置が受信者からの求めに応じ情報を自動的に送信することができる状態を作り出す行為を行う者と解するのが相当であり、当該装置が公衆の用に供されている電気通信回線に接続しており、これに継続的に情報が入力されている場合には、当該装置に情報を入力する者が送信の主体であると解するのが相当である」。「本件サービスにおいては、ベースステーションがインターネットに接続しており、ベースステーションに情報が継続的に入力されている。被上告人は、ベースステーションを分配機を介するなどして自ら管理するテレ

ビアンテナに接続し、当該テレビアンテナで受信された本件放送がベースステーションに継続的に入力されるように設定した上、ベースステーションをその事務所に設置し、これを管理しているというのであるから、利用者がベースステーションを所有しているとしても、ベースステーションに本件放送の入力をしている者は被上告人であり、ベースステーションを用いて行われる送信の主体は被上告人であるとみるのが相当である」。

(2) **公衆送信権侵害**

「本件サービスにおいて、テレビアンテナからベースステーションまでの送信の主体が被上告人であることは明らかである上、……ベースステーションから利用者の端末機器までの送信の主体についても被上告人であるというべきであるから、テレビアンテナから利用者の端末機器に本件番組を送信することは、本件番組の公衆送信に当たるというべきである」。

なお、差戻控訴審判決（知財高判平成24・1・31判時2142号96頁）は、本最高裁判決に従い、送信可能化権および公衆送信侵害を肯定し取り消され、これに対する上告および上告受理申立ては差戻上告審（最二小決平成25・2・13（平成24年(オ)第831号等））で棄却、不受理となり確定した。

【コメント】

関係事件として保全事件の東京地決平成18・8・4判時1945号95頁、同抗告審知財高決平成18・12・22（平成18年(ラ)第10012号）裁判所HPおよび東京地決平成18・8・4判タ1234号278頁、同抗告審知財高決平成18・12・22（平成18年(ラ)第10009号）裁判所HPがある。本件の第1審・控訴審を含め侵害を否定する判断を示していた。しかし本件の最高裁の判断はこれらを覆した。

1 「自動公衆送信装置」

本件は、技術的な特性によって定義された「自動公衆送信装置」（2条1項9号の5イ括弧書）とは、どのような装置であるかを明らかにし、そのうえで同装置を用いた放送についての送信可能化権（99条の2）および放送番組についての公衆送信権（23条1項）に関する送信主体を明らかにした。

前者は、多数の受信者が想定される「1対多」の送信を行う装置である必要はなく、求めに応じて自動的に送信する機能を有していれば、あらかじめ設定された単一の機器あてに送信する場合であっても対象になりうるとした点が重

要であり、同装置が「1対多」の機能を有するものに限らないことを明らかにしたことで、同装置を用いて行われる送信可能化権の保護の射程を広げている点でインパクトが大きい。後者は本件のようなインターネットを用いてテレビ番組を視聴できるサービスを提供する業者がどのような考慮要素の下で「自動公衆送信装置」を用いた場合に侵害主体になるかを示した点が重要である。しかし、その判断は、本件事案の諸事情の下において認められるもので事実関係を踏まえた判断になる。

2　最高裁判所の判断

争点1については、公衆の用に供されている電気通信回線に接続することにより、当該装置に入力される情報を受信者からの求めに応じ自動的に送信する機能を有する装置は、あらかじめ設定された単一の機器あてに送信する機能しか有しない場合であっても、当該装置を用いて行われる送信が自動公衆送信であるといえるときは、自動公衆送信装置にあたるとし、「自動公衆送信装置」は、「公衆送信」の意義に照らして、公衆（不特定または特定多数の者。2条5項参照）によって直接受信され得る無線通信または有線電気通信の送信を行う機能を有する装置でなければならないとした控訴審判決の判断を覆した。

争点2については、その主体は、当該装置が受信者からの求めに応じ情報を自動的に送信することができる状態をつくり出す行為を行う者と解するのが相当であり、公衆の用に供されている電気通信回線に接続することにより、当該装置に入力される情報を受信者からの求めに応じ自動的に送信する機能を有する装置が、公衆の用に供されている電気通信回線に接続しており、これに継続的に情報が入力されている場合には、当該装置に情報を入力する者が送信の主体であると解するのが相当であるとした。

3　争点1に関して

送信可能化となる行為は著作権法2条1項9号の5イ、ロに「自動公衆送信装置」を用いることを必須の要素として列挙されている。したがって、「自動公衆送信装置」を、著作権法に定義された中で、どのように範囲を画すかは、送信可能化となる行為の範囲をも画する。送信可能化は、自動公衆送信の準備行為とされており、さらに上告人ら放送事業者は、自動公衆送信権は有さず送信可能化権だけを有している（99条の2）ので、「自動公衆送信装置」の意義

と範囲を画することは、放送事業者の送信可能化権の行使に直截的な影響を与える（「送信可能化」と「利用可能化」の規律を定めるWIPO著作権条約との間の齟齬を条約違反問題から指摘するものに茶園成樹「自動送信・送信可能化概念とまねきTV事件最高裁判決」牧野利秋先生傘寿『知的財産権　法理と提言』1113頁）。

4　争点2に関して

　送信可能化権の送信主体性の判断にあたっては、あらかじめ設定された単一の機器あてに送信する機能しか有しない場合でも「自動公衆送信装置」にあたる場合があるとし、同装置が公衆の用に供されている電気通信回線に接続しており、これに継続的に情報が入力されている場合に情報を入力する者が送信可能化およびこれによる送信の公衆送信の送信主体との判断を示し、情報を入力するという点が、主体性判断のポイントであることを示した。著作権侵害の侵害主体性判断については、演奏権につき**関連判例9－3－1**「クラブ・キャッツアイ事件」があり、複製権につき**関連判例9－3－2**「ロクラクⅡ事件」（本最高裁判決の直後に出されている）がある。これらの事件は、支分権の対象となる行為を無許諾で物理的に直接に演奏あるいは複製する者と、これを直接行わない者の法的な規範的評価のうえで誘発幇助する者がどのような場合に侵害者となり得るかという構図の中で捉えている。本件でもサービス提供者とユーザーの装置所有者の利用行為に対する「管理支配性」、あるいは送信行為の実現に向けた「枢要な行為」を誰が行っているかという構図の中で理解することも可能であった。しかし、本事案では、そのような構図では捉えず、法的な規範的評価基準を前面に出すことなく、「自動公衆送信装置」を用いるさまざまな考慮要素（山田真紀「判解」L&T51号101頁）を指摘することによって送信可能化権の侵害者（主体者）を判断した。特に、「当該装置に情報を入力する者」を判断の重要な要素としているので、入力作業を行わない単なるデータ保存場所を提供するだけのストレージサービスの提供業者は該当しないと考えられる。

　　　　　　　　　　　　　　　　　　　　　　　　　　（三山　峻司）

判例コメント46　MYUTA事件

【判決裁判所】　東京地方裁判所（平成18年(ワ)第10166号）
【判決年月日】　平成19年5月25日
【出　典】　判時1979号100頁、判タ1251号319頁
【請求内容】　著作権侵害差止請求権不存在確認
【結　論】　請求棄却

【事案の概要】

　本件の原告は、携帯電話向けストレージサービス等の提供を業とする会社であり、「MYUTA」という名称で以下のサービスを提供しようとしていたところ、このようなサービスが被告（一般社団法人日本音楽著作権協会（JASRAC））が著作権者等から委託を受けて管理する著作権の侵害にあたらず、よって被告が同サービスに対する差止請求権を有しないことの確認を求めた事案である。原告の提供しようとしたサービスは、ユーザーがCD等の楽曲を自己の携帯電話で聴くことができるようにするサービスであり、具体的にはユーザーが楽曲の音源データを自己のパソコンで携帯電話用ファイル（3G2ファイル）に圧縮し、これをインターネット経由で原告の運営する「MYUTAサーバ」（本件サーバ）のストレージ（外部保存媒体）に蔵置し（蔵置の際に複製が行われる）、任意の時期にユーザーが自己の携帯電話にこれをダウンロードして聴くことができるようにするものである。原告は楽曲の複製が行われることを認めたうえで、複製の行為主体はユーザーであり、また公衆送信にあたらないなどと主張した。

【争　点】

1　複製権侵害の有無
　①　本件サーバにおける3G2ファイルの複製行為の行為主体は誰か
　②　ユーザーの携帯電話における3G2ファイルの複製行為の行為主体は誰か
　③　ユーザーのパソコンにおけるAVIファイルの複製行為、同パソコンにおける3G2ファイルの複製行為について、それぞれの行為主体は誰か
2　公衆送信権（自動公衆送信権、送信可能化権）侵害の有無

① 本件サーバからユーザーの携帯電話に向けた3G2ファイルの送信（ダウンロード）について、自動公衆送信行為がされたといえるか。自動公衆送信であるとして、その行為主体は誰か

② 本件サーバにおける3G2ファイルの蔵置について、送信可能化行為がされたといえるか。送信可能化行為であるとして、その行為主体は誰か

【裁判所の判断】

1 複製権侵害の有無

　裁判所は、以下の諸事情に照らせば、本件サーバにおける3G2ファイルの複製行為の主体は、原告というべきであり、ユーザーということはできないと判示した。すなわち、「①原告の提供しようとする本件サービスは、パソコンと携帯電話のインターネット接続環境を有するユーザを対象として、CD等の楽曲を自己の携帯電話で聴くことができるようにするものであり、……複製行為が不可避的であって、本件サーバに3G2ファイルを蔵置する複製行為は、本件サービスにおいて極めて重要なプロセスと位置付けられること、②本件サービスにおいて、3G2ファイルの蔵置及び携帯電話への送信等中心的役割を果たす本件サーバは、原告がこれを所有し、その支配下に設置して管理してきたこと、③原告は、本件サービスを利用するに必要不可欠な本件ユーザソフトを作成して提供し、本件ユーザソフトは、本件サーバとインターネット回線を介して連動している状態において、本件サーバの認証を受けなければ作動しないようになっていること、④本件サーバにおける3G2ファイルの複製は、上記のような本件ユーザソフトがユーザのパソコン内で起動され、本件サーバ内の本件ストレージソフトとインターネット回線を介して連動した状態で機能するように、原告によってシステム設計されたものであること、⑤ユーザが個人レベルでCD等の楽曲の音源データを携帯電話で利用することは、技術的に相当程度困難であり、本件サービスにおける本件サーバのストレージのような携帯電話にダウンロードが可能な形のサイトに音源データを蔵置する複製行為により、初めて可能になること、⑥ユーザは、本件サーバにどの楽曲を複製するか等の操作の端緒となる関与を行うものではあるが、本件サーバにおける音源データの蔵置に不可欠な本件ユーザソフトの仕様や、ストレージでの保存に必要な条件は、原告によって予めシステム設計で決定され、その複製行為は、専ら、原告

の管理下にある本件サーバにおいて行われるものであること」の各事情である。

2　自動公衆送信権の侵害の有無

　同侵害の行為主体についても、以下の各事実に照らせば、本件サーバによる3G2ファイルの送信行為の主体は原告というべきであり、ユーザーということはできないと判示した。すなわち、①原告の提供しようとする本件サービスにおいて音源データの送信行為が不可避的であって、本件サーバから3G2ファイルの送信行為が本件サービスにおいて不可欠の最終的なプロセスと位置付けられること、②本件サービスにおいて、送信行為の中心的役割を果たす本件サーバは、原告が所有し、その支配下に設置して管理してきたこと、③本件サーバによる送信行為は、インターネット回線を介して、ユーザーの携帯電話と本件サーバ内の本件ストレージソフトが連動して機能するように原告によってシステム設計されたものであること、④本件サーバからの送信行為は本件サーバでの複製行為を前提とするものであり、ユーザーが個人レベルでCD等の楽曲の音源データを携帯電話で利用することは、技術的に相当程度困難であること、⑤ユーザーは、本件サーバにどの楽曲をダウンロードするか等の操作の端緒となる関与を行うものではあるが、本件サーバによる音源データの送信に係る仕様や条件は原告によってあらかじめシステム設計で決定され、その送信行為は専ら、原告の管理下にある本件サーバにおいて行われるものであることの各事実である。

　また、裁判所は、本件サービスの「公衆」該当性について、本件サービスがインターネット接続環境を有するパソコンと携帯電話を有するユーザーが所定の会員登録を済ませれば誰でも利用することができるものであり、原告がインターネットで会員登録をするユーザーをあらかじめ選別したり選択したりすることはないことに着目し、「公衆」とは、不特定の者または特定多数の者をいうものであるところ（2条5項参照）、ユーザーは、その意味において本件サーバを設置する原告にとって不特定の者というべきであると判示した。そのうえで裁判所は、本件サーバからユーザーの携帯電話に向けての音源データの3G2ファイルの送信は、公衆たるユーザーからの求めに応じ、ユーザーによって直接受信されることを目的として自動的に行われるものであり、自動公衆送信（同条1項9号の4）ということができると判示した。

3　結　論

以上の判示を前提に裁判所は、原告は複製、自動公衆送信の各行為について、被告の許諾を受けない限り、管理著作物の著作権を侵害する旨判示した。

【コメント】

1　侵害行為主体性

本件は、ストレージサービスに関する著作権侵害の行為主体性について複製および公衆送信の主体はサービス提供者である旨判示した事例判決である。

著作権侵害行為主体については、どの範囲までのものを直接的な行為主体と考えるのかについては議論がある（中山・著作権法603頁以下参照）。

この議論においては、物理的または規範的な観点から行為主体を認定する考え方があり、この考え方では物理的な利用行為主体と評価できる場合と、物理的には利用行為主体と評価できないものの規範的にみて利用行為主体と評価できる場合の2パターンに大別する（島並良ほか『著作権法入門〔第2版〕』302頁以下〔上野達弘〕）。

規範的な利用行為主体性に関する先例的な判例として**関連判例9－3－1**「クラブ・キャッツアイ事件」がある。同判決ではいわゆるカラオケ法理（物理的には利用行為主体といいがたいものを、①管理支配性、②営業上の利益という2つの要素に着目し、各要素に関する事実を総合考慮して規範的に利用行為主体と評価する考え方）を採用した。

なお、かかる判例に対しては担当調査官が「事例判決」と明言するなどしているが、その後も同判例の趣旨を汲みとったような裁判例が複数現れている（大阪高判平成19・6・14判時1991号122頁「選撮見撮事件控訴審」等）。

本判決の理解については、利用者に直接行為主体性を前提に業者の利用行為主体を認めたものではなく、一連のシステムにより達成される複製について業者に直接的行為主体性を認めたと整理する見解（今村哲也「判批」法セ増刊2号289頁）と、カラオケ法理が適用されたと整理する見解（上野・前掲304頁（ただし、考慮要素に若干の修正が加えられていることを示唆する）、愛知靖之ほか『知的財産法』291頁〔前田健〕）などがある。

本件では、原告サービスがユーザーのパソコンにおいて、ユーザーが準備したMP3ファイル等をAVIファイルに変換し、蔵置され複製されるものである

旨認定されている。そしてこれを前提に、本判決は、複製や公衆送信行為が専ら、原告の管理下にある本件サーバにおいて行われている点（上記①管理支配性）を強調して、利用行為主体性を認定しているように見受けられる。このような点からも本判決の整理としては、カラオケ法理（考慮要素に若干の修正を加えたもの）を適用したものと評価できるように解する。

2　侵害行為主体性の検討（主張・立証の内容方法）

本件のような侵害行為主体性の議論においてはまず、一連のサービスや行為の中で誰がどのような行為をするのかを、各行為にどのような著作権（支分権）侵害が成立しうるのかの観点から分析検討する必要がある。この過程において、当該サービス等のシステムを具体的に把握する。このとき、たとえば複製が問題になるケースでは、当該複製の実現に何が必要かを検討し、当該複製の実現に枢要な行為をしているのが誰なのか分析検討することが重要である（関連判例9－3－2「ロクラクⅡ事件」参照。同判決はいわゆるジュークボックス法理によるものと理解できる）。また、当該サービスを提供するうえで核となる主要な部分はどこかを検討する。これは複製が問題になるケースでは、上記複製の実現に「枢要な行為」が何かという分析と重なるであろう。そして当該核となる部分の所有者や管理支配者は誰かといった事情のほか、ユーザー等の当該利用行為に対するサービス提供者の関与のあり方を、管理支配性の判断要素の観点から個別に分析検討しなければならない。さらに、当該サービスの営業上の（有形無形の）利益が誰にどのような形で帰属することになるのかについての分析検討が重要であることも言を俟たない。

3　最後に

いわゆる規範的行為主体性に関する裁判所の判断は、つまるところ個別の事案ごとの事実を総合考慮して行われる。そのためその外延は判然とせず、侵害の成否の予測可能性は高くない。あまりに広く侵害行為主体性を認めることや予測可能性が低いことは、イノベーション促進の観点から望ましいことではなく、社会が新しい技術の恩恵を受けることができないという損失も生まれる。

規範的行為主体性の議論により著作権保護の外延が拡大することで、著作権の保護と公正な利用とのバランスが阻害されることは避けられなければならない。予測可能性を可及的に高め、ひいては上記バランスの調整をより明確に保

つためには、裁判例の蓄積による解決では不十分であり、一定の立法およびその柔軟な解釈による解決が望まれよう。

(矢倉　雄太)

判例コメント47　2ちゃんねる小学館事件

【判決裁判所】　（控訴審）東京高等裁判所（平成16年(ネ)第2067号）
　　　　　　　　（第1審）東京地方裁判所（平成15年(ワ)第15526号）
【判決年月日】　（控訴審）平成17年3月3日
　　　　　　　　（第1審）平成16年3月11日
【出　　典】　　（控訴審）判時1893号126頁、判タ1181号158頁
　　　　　　　　（第1審）判時1893号131頁、判タ1181号163頁
【請求内容】　差止請求、損害賠償請求
【結　　論】　（控訴審）差止請求認容、損害賠償請求一部認容
　　　　　　　（第1審）請求棄却

【事案の概要】

　控訴人X（原告）は、漫画家であり、「罪に濡れたふたり」と題する一連の漫画本を著作した。控訴人小学館（原告）は、出版社であり、漫画「罪に濡れたふたり」が連載されている月刊誌や当該漫画の一連単行本等を出版している。控訴人小学館は、「罪に濡れたふたり」についてXが声優B、編集担当者C、Dおよび読者代表Eと対談した記事（本件対談記事）が掲載された本件書籍を編集、発行し、同書籍は平成14年4月24日に販売開始された。CおよびDは控訴人小学館の従業員であり、その職務として対談をしたものであり、BおよびEは控訴人小学館に対談に係る著作権を譲渡していた。

　被控訴人（被告）は、インターネット上に、氏名、メールアドレス、ユーザID等を記載する必要がなく、無料で発言を書き込める「2ちゃんねる」と称する本件電子掲示板を開設し、運営している。話題ごとの連続した書き込み（スレッド）の発言数が所定の数に達すると、当該スレッドは「過去ログ倉庫」と称する保管場所に移動されるが、「過去ログ倉庫」内のスレッドは所定の方法によって誰でも閲覧することが可能であった。

　平成14年5月3日以降、本件対談記事が転記された本件各発言が連続して本件スレッド上に書き込まれ、これらの発言は直ちに送信可能にされ、本件スレッドにアクセスした者に対して自動公衆送信された。その後、平成14年8月

ころ、発言数が所定の数に達したことから、本件スレッドは「過去ログ倉庫」に移された。

　被告小学館の従業員（編集長Ａ）は、被控訴人に対し、平成14年５月９日にファクシミリにより、同月10日に電子メールにより、本件各発言の掲載が著作権侵害であると警告し削除を要請した。これに対し、被控訴人は、同月12日に「削除依頼板へおねがいします。」とのみ記載した電子メールを編集長Ａに返信した。編集長Ａは、被控訴人に対し、再度、同月13日に電子メールを送信して対処を要請したが、被控訴人は「削除依頼板へおねがいします。」とのみ記載したメールを返信した。

　本件は、控訴人らが本件電子掲示板を管理・運営する被控訴人に対し、本件各発言の自動公衆送信・送信可能化の差止めおよび損害賠償を求めた事案である。

【争　点】
　1　被控訴人による著作権侵害の成否
　2　差止めの必要性
　3　損害

【裁判所の判断】
　1　第１審判決
　第１審は、次のように判示して請求を棄却した。
「著作権法112条１項は、著作権者は、その著作権を侵害する者又は侵害するおそれがある者に対し、その侵害の停止又は予防を請求することができる旨を規定する。同条は、著作権の行使を完全ならしめるために、権利の円満な支配状態が現に侵害され、あるいは侵害されようとする場合において、侵害者に対し侵害の停止または予防に必要な一定の行為を請求し得ることを定めたものであって、いわゆる物権的な権利である著作権について、物権的請求権に相当する権利を定めたものであるが、同条に規定する差止請求の相手方は、現に侵害行為を行う主体となっているか、あるいは侵害行為を主体として行うおそれのある者に限られると解するのが相当である。けだし、民法上、所有権に基づく妨害排除請求権は、現に権利侵害を生じさせている事実をその支配内に収めている者を相手方として行使し得るものと解されているものであり、このことか

らすれば、著作権に基づく差止請求権についても、現に侵害行為を行う主体となっているか、あるいは侵害行為を主体として行うおそれのある者のみを相手方として、行使し得るものと解すべきだからである。この点、同様に物権的な権利と解されている特許権、商標権等についても、権利侵害を教唆、幇助し、あるいはその手段を提供する行為に対して一般的に差止請求権を行使し得るものと解することができないことから、特許法、商標法等は、権利侵害を幇助する行為のうち、一定の類型の行為を限定して権利侵害とみなす行為と定めて、差止請求権の対象としているものである（特許法101条、商標法37条等参照）。著作権について、このような規定を要するまでもなく、権利侵害を教唆、幇助し、あるいはその手段を提供する行為に対して、一般的に差止請求権を行使し得るものと解することは、不法行為を理由とする差止請求が一般的に許されていないことと矛盾するだけでなく、差止請求の相手方が無制限に広がっていくおそれもあり、ひいては、自由な表現活動を脅かす結果を招きかねないものであって、到底、採用できないものである」。

「発言者からの削除要請があるにもかかわらず、ことさら電子掲示板の設置者が、この要請を拒絶して書き込みを放置していたような場合には、電子掲示板の設置者自身が著作権侵害の主体と観念されて、電子掲示板の設置者に対して差止請求を行うことが許容される場合もあり得ようが、そのような事情の存在しない本件において、被告に対する差止請求を認める余地はない」。

2　控訴審判決

(1)　争点1（被控訴人による著作権侵害の成否）

「自己が提供し発言削除についての最終権限を有する掲示板の運営者は、これに書き込まれた発言が著作権侵害（公衆送信権の侵害）に当たるときには、そのような発言の提供の場を設けた者として、その侵害行為を放置している場合には、その侵害態様、著作権者からの申し入れの態様、さらには発言者の対応いかんによっては、その放置自体が著作権侵害行為と評価すべき場合もあるというべきである」。

「インターネット上においてだれもが匿名で書き込みが可能な掲示板を開設し運営する者は、著作権侵害となるような書き込みをしないよう、適切な注意事項を適宜な方法で案内するなどの事前の対策を講じるだけでなく、著作権侵

害となる書き込みがあった際には、これに対し適切な是正措置を速やかに取る態勢で臨むべき義務がある。掲示板運営者は、少なくとも、著作権者等から著作権侵害の事実の指摘を受けた場合には、可能ならば発言者に対してその点に関する照会をし、更には、著作権侵害であることが極めて明白なときには当該発言を直ちに削除するなど、速やかにこれに対処すべきものである」。

「本件においては、上記の著作権侵害は、本件各発言の記載自体から極めて容易に認識し得た態様のものであり、本件掲示板に本件対談記事がそのままデジタル情報として書き込まれ、この書き込みが継続していたのであるから、その情報は劣化を伴うことなくそのまま不特定多数の者のパソコン等に取り込まれたり、印刷されたりすることが可能な状況が生じていたものであって、明白で、かつ、深刻な態様の著作権侵害であるというべきである。被控訴人としては、編集長Aからの通知を受けた際には、直ちに本件著作権侵害行為に当たる発言が本件掲示板上で書き込まれていることを認識することができ、発言者に照会するまでもなく速やかにこれを削除すべきであったというべきである。にもかかわらず、被控訴人は、上記通知に対し、発言者に対する照会すらせず、何らの是正措置を取らなかったのであるから、故意又は過失により著作権侵害に加担していたものといわざるを得ない」。

(2) 争点2（差止めの必要性）

「本件各発言は自動公衆送信されていたものである。現在のところは、本件掲示板に掲載されておらず、一般人に対し自動送信される状態にないが……、これは、被控訴人が本件各発言の公開を保留しているにすぎず……、将来送信可能化される可能性のあることは明らかであるから、本件各発言の自動公衆送信又は送信可能化について控訴人らが請求する差止請求は理由がある」。

(3) 争点3（損害）

裁判所は、本件書籍の販売態様、価格、実売数を認定したうえで、本件スレッドの書込み数、本件各発言の書込みから公開を留保するまでの期間等から本件各発言へのアクセス数を認定した。そして、雑誌のバックナンバー情報提供サービスの価格を考慮して本件対談記事の著作物使用料を認定して、当該使用料にアクセス数を乗じて得た金額を損害額とした。

【コメント】

　本件は、インターネット上の電子掲示板に著作権侵害に該当する発言が書き込まれた場合に、当該発言を直接書き込んでいない電子掲示板の運営者がその責任を負うか、という点が争われた事案である。

　著作権法112条1項は、「著作者、著作権者……は、その著作者人格権、著作権……を侵害する者又は侵害するおそれがある者に対し、その侵害の停止又は予防を請求することができる」と規定している。本件で本件各発言を書き込んだ者のように、直接侵害行為をした者が「侵害する者又は侵害するおそれがある者」に該当するのは当然であるが、直接侵害行為をしていないが侵害行為を惹起する設備や環境を提供した者に対してどこまで侵害の責任を問えるか、という侵害主体性については活発に議論されているところである。

　この点に関し、第1審が幇助者等に対して侵害主体と認めることについて慎重な判断を示したのに対し、控訴審は「自己が提供し発言削除についての最終権限を有する掲示板の運営者は、これに書き込まれた発言が著作権侵害（公衆送信権の侵害）に当たるときには、そのような発言の提供の場を設けた者として、その侵害行為を放置している場合には、その侵害態様、著作権者からの申し入れの態様、さらには発言者の対応いかんによっては、その放置自体が著作権侵害行為と評価すべき場合もあるというべきである」として掲示板運営者の責任を肯定した。もっとも、控訴審は、運営者を幇助者等としてではなく、速やかに削除対応せず放置した行為自体を著作権侵害行為と判断しているように読める（中山・著作権法618頁）。

　控訴審の判断については、本件は、本件各発言は本件対談記事をほぼ転記した内容で、発行者の編集長から削除要請があった事案であり、運営者からも著作権侵害であることが容易に判断できる事案であったことから、妥当なものと考えられる。

（面谷　和範）

判例コメント48　暁の脱走事件

【判決裁判所】　最高裁判所第三小法廷（平成22年（受）第1884号）
【判決年月日】　平成24年1月17日
【出　　典】　判時2144号115頁、判タ1367号109頁
【請求内容】　不法行為に基づく損害賠償請求
【結　　論】　破棄差戻し
【控訴審】　知的財産高等裁判所平成22年6月17日判決（平成21年(ネ)第10050号）裁判所HP（控訴請求一部認容）
【第1審】　東京地方裁判所平成21年6月17日判決（平成20年(ワ)第11220号）判タ1305号247頁（請求認容）

【事案の概要】

　上告人（原告・被控訴人）が、著作権法（昭和45年法律第48号）の施行日である昭和46年1月1日より前に公開された映画の著作権侵害を理由として、かかる映画のDVD商品を海外において製造して輸入し、頒布する被上告人（被告・控訴人）に対し、民法709条、著作権法114条3項に基づき、損害賠償を求めた事案において、被上告人がかかる映画の著作権の存続期間につき旧著作権法6条（昭和45年法律第48号による改正前のもの。以下、「旧法」という）が適用されると考え、すでに映画の著作権の存続期間は満了したと誤信していたとして、過失がないと反論した。

　第1審は、旧法における映画の著作物の著作者に関する法的な解釈が分かれている状況であったことからすれば、被上告人（被告・控訴人）は、提訴された場合、自己が依拠する解釈が裁判所において採用されない可能性があることは、当然予見することができたとして、被上告人（被告・控訴人）の過失を肯定した。これに対し、控訴審は、旧法化における映画著作権の存続期間の満了の問題については、法律家の間でさえ全くといってよいほど正確に認識されておらず、十分な問題認識が提起されたとはいえない等として、被上告人（被告・控訴人）の過失を否定した。

【争　点】
著作権侵害をめぐる法解釈の不明確さと過失の成否
【判　旨】
「旧法下の映画の著作者については、その全体的形成に創作的に寄与した者が誰であるかを基準として判断すべきであるところ」、「一般的に、監督を担当する者は、映画の著作物の全体的形成に創作的に寄与し得る者であり、本件各監督について、本件各映画の全体的形成に創作的に寄与したことを疑わせる事情はなく、かえって、本件各映画の冒頭部分やポスター」における監督としての表示からすれば、「本件各映画に相当程度創作的に寄与したと認識され得る状況にあったということができる」。「旧法3条が著作者の死亡の時点を基準に著作物の著作権の存続期間を定めることを想定している以上、映画の著作物について、一律に旧法6条が適用されるとして、興行の時点を基準にその著作物の著作権の存続期間が決まるとの解釈を採ることは困難であり、上記のような解釈を示す公的見解、有力な学説、裁判例があったこともうかがわれない。また、団体名義で興行された映画は、自然人が著作者である旨が実名をもって表示されているか否かを問うことなく、全て団体の著作名義をもって公表された著作物として、旧法6条が適用されるとする見解についても同様である」。

「被上告人は、本件行為の時点において、本件各映画の著作権の存続期間について、少なくとも本件各監督が著作者の一人であるとして旧法3条が適用されることを認識し得たというべきであり、そうであれば、本件各監督の死亡した時期などの必要な調査を行うことによって、本件各映画の著作権が存続していたことも認識し得たというべきである。

以上の事情からすれば、被上告人が本件各映画の著作権の存続期間が満了したと誤信していたとしても、本件行為について被上告人に少なくとも過失があったというほかはない」。

【コメント】
1　はじめに
本件は、旧法下で公表された映画について、著作権の保護期間が満了したとして、被上告人らによって安価でDVD販売されたところ、本件各映画の監督から著作権を承継した映画製作会社たる上告人が、被上告人に対し、著作権侵

害を理由に損害賠償等を請求した事案である。

上告審における被上告人の主張は、旧法下の映画には一律に旧法6条が適用される等といった考え方に基づき、非侵害と誤信をした被上告人の行為には過失がないとのものである。

旧法は、独創性を有する映画に係る保護期間を通常の著作物と同様、著作者の死後38年を原則とし（旧法3条）、団体名義で発行・興行された場合には発行後33年としていた（旧法6条）。この点、旧法下で自然人が著作者である旨がその実名をもって公表された場合、仮に団体名義の表示があったとしても、旧法3条が適用される。

本件では、旧法3条が適用される場合には、被上告人の行為は著作権侵害行為に該当する一方で、旧法6条が適用される場合には、非侵害となるという状況下で、被上告人の行為について、期待可能性の有無が問題となっている。

2　本判決の争点に対する判断

本判決では、上記判旨のとおり、監督としての表示等からは、本件各監督が著作者の1人であることが認識可能であったことに加え、被上告人側が主張するような解釈（旧法下の映画には一律に旧法6条が適用される等といった考え方）を採用する公的な見解等が存在しなかったことを認定し、被上告人は、本件各映画に係る著作権が存続していたことを認識可能であったとして、過失を否定している。

本判決からは、行為の時点で、非侵害との解釈を示す公的な見解、有力な学説、裁判例が存在し、侵害者が非侵害との解釈を採用したことにつき、相当な理由が認められる場合には、過失が否定される余地があることとなっている。しかし、控訴審では、法解釈が不明確な状況であることを、過失を否定する要素として考慮していたのに対して、本判決では非侵害との解釈を示す公的見解等が存在しないことから、過失を肯定しており、非侵害を主張する側からすれば、主張・立証のハードルが高く設定されていることとなる。

3　補　論

本判決以外にも、著作権に関する裁判において、被告側が法解釈の不明確さや法的評価が困難であると主張し、無過失であると争うケースが存在する。

法の不知や法的評価の認識可能性の欠如については、損害賠償責任の成立に

影響を与えないとの判断が定着している(東京地判昭和57・12・6判時1060号18頁「スペース・インベーダー・パート2事件」、横浜地判昭和58・3・30判時1081号125頁「スーパー・インベーダー事件」)。

一方で、法解釈の不明確さを考慮して過失を否定した裁判例としては、東京地判平成7・10・30判時1560号24頁「システムサイエンス事件」、東京地判平成16・7・14判タ1180号232頁「ブブカスペシャル事件」などがある。

(冨本　晃司)

判例コメント49　動画配信サイトの
　　　　　　　　　　ストリーミング配信事件

【判決裁判所】　東京地方裁判所（平成27年(ワ)第13760号）
【判決年月日】　平成28年4月21日
【出　　典】　判時2316号97頁
【請求内容】　損害賠償請求
【結　　論】　一部認容

【事案の概要】

　映像作品（本件著作物1および本件著作物2）の著作権を有する原告が、被告に対し、被告が本件著作物1および2のデータを動画共有サイトにアップロードした行為が公衆送信権の侵害に該当すると主張して、損害賠償金1475万4090円および遅延損害金の支払いを求めた事案である。

　原告は、映画、ビデオの映像製作、編集業務、販売等を営む株式会社である。本件著作物1および2はいずれも原告の依頼に基づき外部の映像製作会社により製作されたものである。

　被告は、本件著作物1につき平成25年10月5日に、本件著作物2につき同月4日に、いずれもインターネット上の動画共有サイトである「FC2アダルト」（以下、「本件動画サイト」という）のサーバ上にそのデータをアップロードした。本件動画サイトは動画をストリーミング配信するウェブサイトであり、これを視聴する者のパソコン等に一時的に上記データが蓄積されるが、視聴すると直ちに消去されるので、データをダウンロードした場合のようにウェブサイトに再度アクセスせずに映像を再度視聴することはできないというものであった。

【争　　点】

　原告の被った損害額

【裁判所の判断】

1　著作権法114条1項

　著作権法114条1項における「受信複製物とは著作権等の侵害行為を組成する公衆送信が公衆によって受信されることにより作成された著作物又は実演等

の複製物をいうところ、本件においてはダウンロードを伴わないストリーミング配信が行われたにとどまり、本件著作物1又は2のデータを受信した者が当該映像を視聴した後はそのパソコン等に上記データは残らないというのであるから、受信複製物が作成されたとは認められないと解するのが相当である」。

また、「本件動画サイトは動画をストリーミング配信するウェブサイトであるところ、……本件動画サイトにアップロードされた動画をダウンロードすることは不可能ではないが、そのためには特殊なソフトウェアを利用するなどの特別の手段を用いる必要がある」「本件著作物1及び2の本件動画サイトにおけるストリーミングによる動画の再生回数が受信複製物の数量に当たるということはできないし、これをダウンロードの回数と同視することもできない」。

2 著作権法114条3項

「本件動画サイトがストリーミング配信する動画には、無料動画と会員向けの有料動画(会費は1か月当たり1000円又は1年当たり6000円)がある。本件動画サイトにおいては、配信される動画ごとに『再生数』が表示されている。

本件著作物1は、平成25年10月5日に本件動画サイトに有料動画としてアップロードされ、同月6日時点における『再生数』は1万3292回と表示されていた。本件著作物2は、同月4日に本件動画サイトに有料動画としてアップロードされ、同年11月29日時点における『再生数』は2万4539回と表示されていた。

本件動画サイトの会員でない者が有料動画を視聴しようとするとサンプル動画が数秒間再生されるところ、上記の『再生数』にはこのサンプル動画の再生数も含まれる。本件著作物1及び2に係る『再生数』の内訳は不明である。

被告がアップロードした本件著作物1及び2のデータは、平成26年3月頃までに本件動画サイトから削除された」。

「①上記『再生数』の正確性を裏付ける証拠が何ら提出されていない上、全体の再生回数のうち有料のストリーミング配信の回数は、事柄の性質上、無料のサンプル動画の再生回数より大幅に少ないと考えられる。また、②本件著作物1及び2のストリーミング配信の正規の価格は時期等によって変動するがおおむね1本当たり270～390円程度であり、さらに、③原告は自らが使用許諾をした場合の対価につき契約条項の大半を抹消した契約書の写しを提出するのみであり、現実にいかなる収入を得ていたかは明らかでない。本件におけるこれ

らの事情を総合すれば、被告による本件著作物1及び2の公衆送信権の侵害に対して原告が著作権の行使につき受けるべき金銭の額は、それぞれ50万円とするのが相当である」。

【コメント】

本判決は、ダウンロードを伴わないストリーミング配信による公衆送信権侵害における損害額の算定につき、「受信複製物」該当性を判断した事例として実務上参考となる裁判例である。また、著作権法114条3項における損害額の認定において参考となるものである。

1 「受信複製物の数量」

著作権法114条1項は、侵害者による譲渡等数量に権利者の単位数量あたりの利益額を乗じた額を、権利者の能力に応じた額を超えない限度において権利者が受けた損害額とする規定である。ここで譲渡等数量とは、インターネットを用いた無断送信を想定した受信複製物の数量等をいう。

ここで、「受信複製物の数量」については、公衆によるダウンロードの数量をいうとする見解が多数説とされる。本判決も受信複製物についてダウンロードを伴わないストリーミング配信が行われたにすぎないことから受信複製物が作成されたとは認められないとし、本件動画サイトにアップロードされた動画をダウンロードすることは不可能ではないが特殊なソフトを利用するなど特別の手段を用いる必要があることを理由に、ストリーミングによる動画の再生回数が受信複製物の数量にはあたらないとしている。

本判決および多数説によればダウンロードと異なり、視聴を終えた後、視聴者のパソコン等にデータが残らない以上受信複製物が作成されたとはいえないと考えられ、ダウンロードを伴わないストリーミング配信の場合は著作権法114条1項の適用はされないものと思われる。

2 「受けるべき金銭の額に相当する額」

著作権法114条3項は、著作権者が著作権の行使につき受けるべき金銭の額に相当する額を自己が受けた損害の額としてその賠償を請求することができるという規定であり、著作権者が請求し得る最低限度の損害額を定めたものである。

「受けるべき金銭の額に相当する額」については、業界の通常の相場や、権

利者のほかの使用許諾契約の内容等、さまざまな事情を考慮して算定される。本件でも、再生数および再生数のうち有料のストリーミング配信が大幅に少ないと思われること、正規のストリーミング配信における価格、原告の提出した使用許諾契約書の内容（条項の大半が抹消されていることなど）を総合考慮して各50万円と判断している。

　最終的な金額の妥当性については、なぜ、各50万円になるのか判然としない。実際の有料の再生数を裏付ける証拠が提出されていないこと、また原告の使用許諾契約の内容も明らかにされないことから、裁判所として相当と思われる額を認定せざるを得なかったものと思われる。

（永田　貴久）

判例コメント50　マンション読本事件

【判決裁判所】　大阪地方裁判所（平成19年(ワ)第7877号）
【判決年月日】　平成21年3月26日
【出　典】　判時2076号119頁、判タ1313号231頁
【請求内容】　差止請求、損害賠償請求
【結　論】　請求棄却
【事案の概要】

　X（原告）は、インテリアデザイナー、インテリアコーディネーター、イラストレーターであり、インテリアに関するいわゆるハウツウ本「独り暮らしをつくる100」（以下、「原告著書」という）と題する書籍を著作した。原告著書には、モデルとなる女性キャラクターの各種イラストが多数描かれており、本件で問題となったのはそのうち127点のイラストである（以下、「原告各イラスト」という。代表例として、後掲〈50－2〉原告イラスト参照）。

　Y_1は大手ハウスメーカーであり、Y_2はY_1のグループ企業である広告代理店である。Y_1は、マンション購入希望者に配布することを目的としたマンション購入のポイント等をまとめたいわゆるノウハウ本（小冊子）「マンション読本」（以下、「マンション読本」という）を企画し、Y_2にこれを制作させ、合計2万2000部印刷されている。

　マンション読本では、結婚5年目の夫婦および子ども1人の3人家族のキャラクターがモデルとなっており、同キャラクターの妻・母親として設定されている女性の各イラスト39点（以下、「被告各イラスト」という。代表例として後掲〈50－1〉被告イラストを参照）が、X各イラストを複製、翻案したものであるとして、XがYらに対し、被告各イラストの使用差止等および損害賠償を求めた事案である。

【争　点】

　被告各イラストが、原告各イラストを複製、翻案したものか否かの判断にあたって、以下の2点が争点となった。

　1　多数のイラストのうちのどのイラストに依拠したのかを個別に特定する

ことが困難である場合の特定のありかた
　2　表現上の本質的特徴の特定のありかた

【裁判所の判断】
　1　争点1
　本件では、同一のコンセプトに基づく同一の特徴を有する人物を1つのキャラクターとして多様に表現する場合に、「後から描かれるイラストは、先に描かれたイラストを原著作物とする二次的著作物と見られる場合が多い」とし、二次的著作物の著作権の範囲が問題となった**関連判例4－11－2**「ポパイ・ネクタイ事件」の規範を前提にする。
　他方、本件のように1冊の著書に多数のキャラクターがイラストとして描かれている場合に、どのイラストをもって原著作物とし、どのイラストをもって二次的著作物とするかを判然と区別することは困難な場合がある。
　そのような場合には、「二次的著作物に依拠したとしても、これにより原著作物の内容及び形式を覚知させるに足りるものを再製したとすれば、二次的著作物を介して原著作物に依拠したものということができ、原著作物の著作権を侵害することになる」ため、「原告各イラストのうち被告らが実際に依拠したイラストを厳密に特定し、これを立証するまでの必要はなく、原告各イラストのうちのいずれかのイラストに依拠し、そのイラストの内容及び形式を覚知させるに足りるものを再製し又はそのイラストの表現上の本質的な特徴を直接感得することができる別の著作物を創作したことを主張立証することをもって、原告各イラストの著作権侵害の主張立証としては足りる」との規範を示した。
　もっとも、その場合であっても、「最低限、個々の被告各イラストが依拠したと考えられる原告各イラストを選択し、特定した上で、個々の被告各イラストが、このように特定された個々の原告各イラストの本質的な表現上の特徴を直接感得することができるか否かを検討する必要がある」として、依拠性の主張・立証のあり方、基準を示した。

　2　争点2
　依拠性の主張・立証を上記の基準に照らして行いつつも、本件のようにあるキャラクターを非常に多数のイラストで表現しているようなケースでは、実際に著作物のどの部分を、どのように表現上の本質的特徴として特定するのが

問題となる。この点について、「個々のイラストを他のイラストとは切り離してそれ自体からその本質的な特徴は何かを検討するのではなく、原告各イラスト全体を観察し、原告各イラストを通じてそのキャラクターとして表現されているものを特徴付ける際だった共通の特徴を抽出し、これをもとに個々の原告各イラストの本質的な表現上の特徴がどこにあるかを認定すべき」とし、これはキャラクター自体に著作物性を認めることではない（前掲**関連判例4－11－2**「ポパイ・ネクタイ事件」参照）ので、何ら問題ないと判示した。

3　結　論

以上のような基準の下、原告各イラストの本質的な表現上の特徴は、結局、顔面を含む頭部に顕れた特徴のみであり、その余の表現については、本質的な表現上の特徴ではないとの評価の下に、被告各イラストと対比した。結果、被告各イラストは、原告各イラスト基本コンセプトや具体的表現とは異なり、原告各イラストの本質的な表現上の特徴を直接感得できないため、複製・翻案にあたらないと判断した。

【コメント】

本件のように、あるキャラクターが存在し、当該キャラクターに関する著作物 A、B、C……が多様、複数創作されているようなケースでは、それぞれが相互、連続して創作されるため、そもそも何が原著作物であり、二次的著作物であるのかの区別自体が困難な場合がある。必然的に、依拠したとされる著作物 a、b、c……が、著作物 A、B、C……のどれかには依拠しているが、個々のどれに現実にアクセスして（直接依拠して）作成したのかという対応関係が判然としないこともある。

そのようなケースにおいても、個々の対応関係を厳密に特定しなければ、依拠性を認定できないとすれば、その主張・立証が非常に困難となる。

本件は、そのような場合、「著作物 A、B、C……」と「著作物 a、b、c……」いう、イラスト群、キャラクター群間の対応の特定をすれば足りるとした点に大きな意義がある。

また、この帰結として、上記のようなケースにおいて、本質的な表現上の特徴を特定する際に、個々の著作物ではなく、イラスト群、キャラクター群全体を観察して、これを貫く「際だった共通の特徴」を抽出、着目し、これが残存

しているか否かを検討しなければならないということになるのであろう。

〈50－1〉 被告イラスト 　　　〈50－2〉 原告イラスト

（高橋　幸平）

判例コメント51　北朝鮮映画事件

【判決裁判所】（上告審）最高裁判所第一小法廷（平成21年（受）第602号、平成21年（受）第603号）
（控訴審）知的財産高等裁判所（平成20年(ネ)第10011号）
（第１審）東京地方裁判所（平成18年(ワ)第6062号）

【判決年月日】（上告審）平成23年12月8日
（控訴審）平成20年12月24日
（第１審）平成19年12月14日

【出　典】（上告審）民集65巻9号3275頁、判時2142号79頁、判タ1366号93頁
（控訴審）裁判所HP
（第１審）裁判所HP

【請求内容】　差止請求、損害賠償請求

【結　論】（上告審）一部破棄自判、一部請求棄却、一部上告却下
（控訴審）請求棄却（予備的請求一部認容）
（第１審）請求棄却

【事案の概要】

　日本法人である映画の関連会社である平成21年（受）第602号被上告人・同第603号上告人（第１審原告・控訴人、以下、「X_2」という）は、朝鮮民主主義人民共和国（以下、「北朝鮮」という）の行政機関である平成21年（受）第603号上告人（第１審原告・控訴人、以下、「X_1」という）から、X_1が北朝鮮法上著作権を有する映画（以下、「本件映画著作物」という）につき、日本国内における独占的な上映、放送、第三者に対する利用許諾等について、平成14年9月30日に許諾を受けた。

　放送法に基づくテレビジョン放送等を目的とする平成21年第602号上告人・同第603号被上告人（第１審被告・被控訴人、以下、「Y」という）が、平成15年12月15日に、本件映画著作物の影像の一部をXらの事前の許諾を受けずに放送した。

　北朝鮮は、平成15年1月28日にベルヌ条約に加入書を寄託し、同年4月28日

から、同条約の当事国となった。なお、同条約は、昭和50年4月24日に日本において効力が生じている。

　Yの放送した行為が、本件映画著作物の著作権者であるX₁の公衆送信権を侵害し、かつ、今後も侵害するおそれがあるとして、Yに対して放送の差止めおよび損害賠償を請求し、また、Yの行為がX₂の利用許諾権を侵害する不法行為にあたるとして、不法行為に基づく損害賠償請求をした事案である。

　第1審は、本件映画著作物は、著作権法6条3号の著作物に該当しないとして、各請求を棄却した。控訴審においては、Xらは、予備的に著作物として保護されないとしても不法行為に該当するとして損害賠償請求を追加したところ、控訴審は、本件映画著作物は、同号の著作物に該当しないとして、著作権侵害に基づく主張を棄却し、予備的請求である不法行為に基づく損害賠償請求については一部認容した。

【争　点】
　1　北朝鮮の著作物が、日本における著作権法による保護を受けるか
　2　不法行為（民709条）の成否

【裁判所の判断】
　1　争点1に関して
　「一般に、我が国について既に効力が生じている多数国間条約に未承認国が事後に加入した場合、当該条約に基づき締約国が負担する義務が普遍的価値を有する一般国際法上の義務であるときなどは格別、未承認国の加入により未承認国との間に当該条約上の権利義務関係が直ちに生ずると解することはできず、我が国は、当該未承認国との間における当該条約に基づく権利義務関係を発生させるか否かを選択することができるものと解するのが相当である。

　これをベルヌ条約についてみると、同条約は、同盟国の国民を著作者とする著作物を保護する一方（3条(1)(a)）、非同盟国の国民を著作者とする著作物については、同盟国において最初に発行されるか、非同盟国と同盟国において同時に発行された場合に保護するにとどまる（同(b)）など、非同盟国の国民の著作物を一般的に保護するものではない。したがって、同条約は、同盟国という国家の枠組みを前提として著作権の保護を図るものであり、普遍的価値を有する一般国際法上の義務を締約国に負担させるものではない。

そして、前記事実関係等によれば、我が国について既に効力を生じている同条約に未承認国である北朝鮮が加入した際、同条約が北朝鮮について効力を生じた旨の告示は行われておらず、外務省や文部科学省は、我が国は、北朝鮮の国民の著作物について、同条約の同盟国の国民の著作物として保護する義務を同条約により負うものではないとの見解を示しているというのであるから、我が国は、未承認国である北朝鮮の加入にかかわらず、同国との間における同条約に基づく権利義務関係は発生しないという立場を採っているものというべきである。

以上の諸事情を考慮すれば、我が国は、同条約3条(1)(a)に基づき北朝鮮の国民の著作物を保護する義務を負うものではなく、本件各映画は、著作権法6条3号所定の著作物には当たらないと解するのが相当である」旨を判示した。

2 争点2

「著作権法は、著作物の利用について、一定の範囲の者に対し、一定の要件の下に独占的な権利を認めるとともに、その独占的な権利と国民の文化的生活の自由との調和を図る趣旨で、著作権の発生原因、内容、範囲、消滅原因等を定め、独占的な権利の及ぶ範囲、限界を明らかにしている。同法により保護を受ける著作物の範囲を定める同法6条もその趣旨の規定であると解される」ので、同条各号所定の著作物に該当しないものは、「当該著作物を独占的に利用する権利は、法的保護の対象とはならないものと解される。したがって、同条各号所定の著作物に該当しない著作物の利用行為は、同法が規律の対象とする著作物の利用による利益とは異なる法的に保護された利益を侵害するなどの特段の事情がない限り、不法行為を構成するものではないと解するのが相当である」として、本件では、X_2の主張する法律上保護されるべき利益は、日本国内における独占的な利用の利益であり、不法行為を構成しない、旨を判示した。

【コメント】

1 争点1

日本において保護を受ける著作物としては、日本国民の著作物（6条1号）、最初に日本国内で発行された著作物（同条2号）および条約上保護の義務を負う著作物に限られている（同条3号）。

本件においては、日本が加盟するベルヌ条約に、未承認国家である北朝鮮も

事後的に加盟しており、北朝鮮の著作物が著作権法6条3号に該当するかという点が問題となるところ、この点、該当しない旨の判断を示したものとして意義を有する。

本件は、多数国間条約において、未承認国が事後に加入した場合には、「当該条約に基づき締約国が負担する義務が普遍的価値を有する一般国際法上の義務であるときなど」の場合を除いて、日本は、当該未承認国との間における当該条約に基づく権利義務関係を発生させるか否かを選択することができるものと解するとして、ベルヌ条約上の義務は、普遍的価値を有する一般国際法上の義務ではないので、該当しないとしたものである。

本判決と同様に特許協力条約に関して判断したものとして、知財高判平成24・12・25判タ1408号229頁がある。

2　争点2

知的財産権の侵害訴訟において、知的財産権侵害が認められないとしても、一般不法行為（民709条）に基づく請求が予備的に主張されることがよくある。本件では、著作権侵害が成立しなかった場合に、一般不法行為の成否が争われ、不法行為の成立が否定された事案である。

判示は、上記【裁判所の判断】2記載のとおり、著作権侵害が認められない場合に、当該著作物の利用による利益とは異なる法的に保護された利益を侵害するなどの特段の事情がない限り、不法行為を構成するものではない旨を判断した。著作権侵害と評価されない行為を再度著作権法が保護しようとした利益を一般不法行為で保護するというのは、明らかに法の趣旨に悖るので正当な判断といえる。

知的財産権侵害が否定された場合に一般不法行為が成立するかという点に関しては、**判例コメント55**＝ギャロップレーサー事件において、知的財産権関係の各法律が、その権利の保護を図っている反面として、それらの法律の根拠のない排他的な使用権を認めることは相当ではなく、違法の範囲が法律により明確になっていないとして一般不法行為が成立する余地がないようにも思える判断がなされた。その後、一般不法行為の成立を認めた裁判例も存在（**判例コメント53**＝ヨミウリ・オンライン事件控訴審、知財高判平成18・3・15（平成17年(ネ)第10095号等）裁判所HP「通勤大学法律コース事件」）し、下級審での判断は分か

れていたところ、本判決が出されたものであり、本判決の意義は大きい。

　学説においても、知的財産法の制度設計上、侵害が認められない以上は自由な利用が認められるので、対象情報を利用したというだけでは成立せず、当該情報の入手方法、使用の態様、不当な競業態様等を総合して勘案し、違法性の強い場合に限定されるという見解がある（中山・著作権法246頁）。

　また、学説上は、本判決に述べた一般不法行為が成立する場面として、専ら営業妨害目的と評価される場合、名誉権を侵害する場合、その他著作権法が規律の対象とする利益とは異なる利益侵害（最一小判平成17・7・14民集59巻6号1569頁「船橋市西図書館事件」参照）が認められるような場面があげられており（三村量一「一般不法行為」牧野利秋ほか編著『知的財産権訴訟実務体系Ⅲ』366頁～372頁）、一般不法行為が成立する判断基準の明確化については、今後の裁判例の集積が待たれるところである。

　　　　　　　　　　　　　　　　　　　　　　　　　　（清原　直己）

判例コメント52　Winny幇助事件

【決定裁判所】　最高裁判所第三小法廷（平成21年(あ)第1900号）
【決定年月日】　平成23年12月19日
【出　　典】　刑集65巻9号1380頁、判時2141号135頁、判タ1366号103頁
【請求内容】　懲役1年（1審求刑）
【結　　論】　上告棄却、無罪確定
【控訴審】　大阪高等裁判所平成21年10月8日判決（平成19年(う)第461号）刑集65巻9号1635頁（原判決破棄、無罪判決）
【第1審】　京都地方裁判所平成18年12月13日判決（平成16年(わ)第726号）刑集65巻9号1609頁、判タ1229号105頁（罰金150万円）

【事案の概要】

　個々のコンピュータが、中央サーバを介さずネットワークを構成する純粋型P2Pを応用したファイル共有ソフトWinnyについて、正犯者2名がWinnyネットワーク上に著作権者の許諾を受けないで、それぞれ、ゲームソフトや映画を著作権者の許諾なしに公開していたとして、著作権法違反の犯行を行ったところ、Winnyの開発者である被告人が、Winnyを開発し、ウェブサイトで不特定人に公開しことにより正犯行為を幇助したとして、著作権法119条1号、刑法62条1項により刑事処罰を求められた事案である。

【争　点】

　中立的行為による幇助の成否

【裁判所の判断】

　多数意見は、「かかるソフトの提供行為について、幇助犯が成立するためには、一般的可能性を超える具体的な侵害利用状況が必要であり、また、そのことを提供者においても認識、認容していることを要するというべきである。すなわち、ソフトの提供者において、当該ソフトを利用して現に行われようとしている具体的な著作権侵害を認識、認容しながら、その公開、提供を行い、実際に当該著作権侵害が行われた場合や、当該ソフトの性質、その客観的利用状況、提供方法などに照らし、同ソフトを入手する者のうち例外的とはいえない

範囲の者が同ソフトを著作権侵害に利用する蓋然性が高いと認められる場合で、提供者もそのことを認識、認容しながら同ソフトの公開、提供を行い、実際にそれを用いて著作権侵害（正犯行為）が行われたときに限り、当該ソフトの公開、提供行為がそれらの著作権侵害の幇助行為に当たると解するのが相当である」とした。

これには、大谷剛彦裁判官の反対意見が付されているが、大谷裁判官がいかなる基準に拠るのかは反対意見からは明らかになっていない。

【コメント】

1　著作権侵害罪における間接関与者に対する幇助犯の適否

著作権侵害に間接的にかかわったものの法的責任については、いわゆる「カラオケ法理」の論点として論じられてきた。カラオケ法理が問題になった事案は多いが、ハイブリッド型ファイル共有ソフトの提供が問題になった東京高判平成17・3・31（平成16年(ネ)第405号）裁判所HP「ファイルローグ事件」、岡村久道「判批」判例百選〔第5版〕190頁等があるが、①行為の内容・性質、②管理・支配の程度、③得られる利益の3要件から判断すると、本件では②、③の要件を欠くことになる。そのことから、民事責任が認められない場合について、刑事の幇助が成立しないという見解がある。これについては、最高裁は、第1審、控訴審とともに、カラオケ法理を考慮せず、刑法の幇助論の枠組みでのみ論じている。

また、著作権侵害には、著作権法119条2項や120条の2第1号などの幇助行為に該当する一定の行為を処罰する規定があるが、それを越えて一般的に刑法の幇助規定の適用がないという見解もあるが（同事件の審理中に著作権の罰則の改正が繰り返されており、その度ごとに法が、これらの規定について、幇助の一定の形態を独立正犯として重く処罰する趣旨なのか、幇助の一定の形態について軽く処罰をする趣旨なのかが変遷するため、一般的に幇助の適用がないとしか説明できないということも弁護側の主張の根拠とされている）、これについて、最高裁は、第1審、控訴審とともに、幇助行為について刑法62条1項が一般に適用されることを前提にしている。

2　不特定人に対する片面的幇助

本件を、刑法の幇助の枠組みで検討するとしても、幇助とは、特定の犯罪に

対するものであり、不特定人に対する幇助は成立しえないという見解がある。しかし、最高裁は、第1審、控訴審とともに、不特定人に対する片面的幇助が成立することを前提にしている。

3　中立的行為による幇助

　Winnyそれ自体は、ファイル共有ソフトであり、適法な利用も違法な利用も可能であり、特定の犯罪を指向するものではない。このような、適法にも違法にも使えるツールを提供することが幇助に該当するかは、古くから「中立的行為による幇助」という論点として議論されており、諸説ある。

　第1審判決は、「その技術の社会における現実の利用状況やそれに対する認識、さらに提供する際の主観的態様如何による」という基準によるとしたが、その理論的根拠は不明である。

　控訴審判決では、第1審判決について、どのヴァージョンのWinnyの提供から幇助犯が成立するのか明らかではない、Winnyの公開・提供時の現実の利用状況をどのようにして認識するのかが判然としないうえ、どの程度の割合の利用状況によって幇助犯の成立に至るのかも判然としない、主観的意図について、内心に留まることで足りるのか、インターネット上において明らかにされることが必要か否か、必要だとしても、その時期について判然としないと指摘し、「価値中立のソフトをインターネット上で提供することが、正犯の実行行為を容易ならしめたといえるためには、ソフトの提供者が不特定多数の者のうちには違法行為をする者が出る可能性・蓋然性があると認識し、認容しているだけでは足りず、それ以上に、ソフトを違法行為の用途のみに又はこれを主要な用途として使用させるようにインターネット上で勧めてソフトを提供する場合に幇助犯が成立すると解すべきである」と中立的なソフトウェアの提供自体は幇助でなく、さらに、特定の犯罪を指向している外形的行為を要するという基準を示した。

　最高裁は、控訴審判決について、幇助とは、他人の犯罪を容易ならしめる行為を広く対象にしているとして、控訴審判決のような限定には十分な根拠があるとは認めがたいとしつつも、ソフトの開発行為に対する過度の萎縮効果を生じさせないためにも、著作権侵害の一般的可能性とその認識・認容では足りず、一般的可能性を超える具体的な侵害利用状況とその認識、認容を要するとして、

さらに具体的な基準として、①具体的な著作権侵害を認識、認容しながら、その公開、提供を行った場合、②例外的とはいえない範囲の者が同ソフトを著作権侵害に利用する蓋然性が高いと認められる場合で、提供者もそのことを認識、認容していた場合に幇助が成立するとした。

そして、被告人が、Winnyを著作権侵害のために利用しないように求める書き込みをしていたことなどから、故意を欠くとした。

4 親告罪と著作権侵害

著作権法は、親告罪（123条1項）である。本件は、一部の著作権者から被告人に対する適法な告訴がなされていない事案である。告訴について、刑事訴訟法では、主観的不可分（1人に対する告訴の効果は当然に共犯にも及ぶ）が認められるが、民事事件では、著作権侵害の責任を問うかは著作権者の意思に委ねられており、また、追完による遡及的な許諾等も認められていることから、刑事訴訟法の告訴に関する規定がそのまま適用されるかが問題になった。これに対して、第1審、控訴審は告訴の主観的不可分を著作権法にも認めており、告訴の主観的不可分を明確に認めた初めての裁判例でもある。

（壇　俊光）

判例コメント53　ヨミウリ・オンライン事件

【判決裁判所】　（控訴審）知的財産高等裁判所（平成17年(ネ)第10049号）
　　　　　　　　（第1審）東京地方裁判所（平成14年(ワ)第28035号）
【判決年月日】　（控訴審）平成17年10月6日
　　　　　　　　（第1審）平成16年3月24日
【出　　典】　（控訴審）裁判所HP
　　　　　　　（第1審）判時1857号108頁、判タ1175号281頁
【請求内容】　差止請求、損害賠償請求
【結　　論】　（控訴審）第1審判決変更、一部認容（不法行為に基づく損害賠償）、その余棄却
　　　　　　　（第1審）請求棄却

【事案の概要】

　控訴人（原告）は、大手新聞社であり、その運営するウェブサイト「Yomiuri On-Line」（以下、「ヨミウリ・オンライン」という）で控訴人のニュース記事本文（以下、「YOL記事」という）および記事見出し（以下、「YOL見出し」という）を掲出した。

　それとともに、控訴人は、ヤフー株式会社（以下、「ヤフー」という）との間で、ヤフーにヨミウリ・オンラインの主要なニュースを有償で使用許諾する契約を締結し、この契約に基づき、ヤフーの開設するウェブサイト「Yahoo!Japan」上のニュース記事のウェブページ（以下、「Yahoo!ニュース」という）にはYOL見出しと同一の記事見出しが表示され、それがヨミウリ・オンラインのYOL記事のウェブページにリンクされていた。

　被控訴人（被告）は、デジタルコンテンツの企画・製作等を業とする有限会社であり、その運営するウェブサイトにおいて、「ライントピックサービス」と称するサービス（以下、「ライントピックス」という）を提供している。

　被控訴人は、「Yahoo!ニュース」の記事の中から重要度、関心度が高いと思われるニュースを選択したうえ、被控訴人のウェブサイトにおいて、当該「Yahoo!ニュース」へのリンクを貼り、そのリンクボタンの多くを当該「Yahoo!

ニュース」の「見出し」語句と同一の語句を使用していた（リンクボタンとされた見出しを以下、「被控訴人リンク見出し」という）。被控訴人は、ライントピックス登録ユーザーに対しては、被控訴人リンク見出しおよびリンク先データを送信して、ライントピックス登録ユーザーのホームページ上にも、「Yahoo! ニュース」にリンクした被控訴人リンク見出しが表示されるようにしていた。

被控訴人は、「Yahoo! ニュース」の最新の記事見出しおよびその記事のURLを参考にして、被控訴人リンク見出しおよびそのリンク先を定期的に更新していた。

控訴人は、被控訴人に対し、被控訴人サイト上に被控訴人リンク見出しを掲出させる等の行為について、YOL見出しの複製権侵害、公衆送信権侵害、YOL記事の複製権侵害による著作権侵害、不法行為、不正競争防止法2条1項3号の不正競争行為（控訴審で追加主張）を理由として、差止めおよび損害賠償請求を行った事案である。

【争　点】
1　YOL見出しの著作物性
2　不法行為の成否
3　損害額
4　不正競争防止法違反（形態模倣）の有無

【裁判所の判断】
1　第1審判決
(1)　争点1（YOL見出しの著作物性）
以下のとおり判断し、YOL見出しの著作物性を否定した。

YOL見出しは、その性質上表現の幅が広いとはいえないこと等から、YOL記事で記載された事実を抜きだして記述したものと解すべきであり、著作権法10条2項所定の「事実の伝達にすぎない雑報及び時事の報道」に該当する。

そのため、YOL見出しは、いずれも創作的表現と認められない。

(2)　争点2（不法行為の成否）
以下のとおり判断し、不法行為の成立を認めた。

YOL見出しは、控訴人自身がインターネット上に無償で公開した情報であり著作権法等により控訴人に排他的な権利が認められない以上第三者がこれを

利用することは本来自由である。不正に自らの利益を図る目的により利用した場合あるいは控訴人に損害を加える目的により利用した場合など特段の事情のない限り、インターネット上に公開された情報を利用することが違法となることはない。本件においては、被控訴人の行為に特段の事情が存在すると認めることはできない。したがって、被控訴人の行為は不法行為を構成しない。

2 控訴審判決

(1) 争点1（YOL見出しの著作物性）

以下のとおり判断し、YOL見出しの著作物性を否定した。

一般に、ニュース報道における記事見出しは、表現の幅は広いとはいいがたく創作性を発揮する余地が比較的少ないものの、表現いかんでは創作性を肯定しうる余地もないではなく、各記事見出しの表現を個別具体的に検討する。そのうえで、いずれも個別にみても、事実関係を客観的にありふれた表現で構成したものであり、見出しに対応するYOL記事本文との関係をも考慮しつつ検討するとしても、これらのYOL見出しの表現に創作性があるとは到底いえない。

(2) 争点2（不法行為の成否）

以下のとおり判断し、不法行為の成立を認めた。

必ずしも著作権など法律に定められた厳密な意味での権利が侵害された場合に限らず、法的保護に値する利益が違法に侵害された場合であれば不法行為が成立するものと解すべきである。

インターネット上の価値のある情報は、情報を収集・処理し、これをインターネット上に開示する者がいるからこそ、インターネット上に存在しうるものであり、ニュース報道における情報は、（控訴人などの）報道機関による多大な労力、費用をかけた取材、原稿作成、編集、見出し作成などの一連の日々の活動があるからこそ、インターネット上の有用な情報となり得る。

そして、YOL見出しは、控訴人の多大の労力、費用をかけた報道機関としての一連の活動が結実したものであること、著作権法による保護の下にあるとまでは認められないものの、相応の苦労・工夫により作成されたものであり、簡潔な表現により、それ自体から報道される事件等のニュースの概要について一応の理解ができるようになっていること、YOL見出しのみでも有料での取

引対象とされるなど独立した価値を有するものとして扱われていることなどから、YOL見出しは、法的保護に値する利益となり得る。

一方、被控訴人の行為の違法性について、控訴人に無断で、営利の目的をもって、かつ、反復継続して、しかも、YOL見出しが作成されて間もない情報の鮮度が高い時期に、YOL見出しおよびYOL記事に依拠して、特段の労力を要することもなくこれらをデッドコピーないし実質的にデッドコピーしてライントピックスサービスにおいて見出しを作成し、当該見出しを実質的に配信しているものであって、このようなライントピックスサービスが控訴人の業務と競合する面があることも否定できない。

そうすると、被控訴人のライントピックスサービスとしての一連の行為は、社会的に許容される限度を越えており、控訴人の法的保護に値する利益を違法に侵害したものとして不法行為を構成する。

(3) **争点3（損害額）**

被控訴人が行った侵害行為による控訴人の損害および損害額については、控訴人と被控訴人が契約締結したならば合意したであろう適正な使用料に相当する金額を控訴人の逸失利益として認定するのが相当である。

そのうえで、実施例（1日あたり65個のYOL見出しの提供について月額10万円）、被控訴人がYOL見出しを無断で使用した1日あたりの個数は7個であること、民事訴訟法248条の趣旨を勘案し、1か月あたりの損害額を1万円とした。

被控訴人の不法行為により控訴人に生じた損害額は、侵害期間が23か月24日間で、1か月につき1万円であるから、23万7741円（1万円×（23＋24／31））である。

(4) **争点4（不正競争防止法違反の有無）**

控訴人が保護の対象として主張するYOL見出しは、無体物であり、不正競争防止法2条1項3号の「商品の形態」には該当しないとした。なお、同号の不正競争行為を理由とする主張は、控訴人が、控訴審から追加したものである。

【コメント】

1　記事見出しの著作物性

ニュース報道における記事見出しなどの短い言語表現については、一般的に、表現の幅が広いとはいえず、著作物性が認められるかが問題となるところであ

る（中山・著作権法207頁）。

本判決では、控訴審における主張として、特に創作性の高い見出しであるとして、「マナー知らず大学教授、マナー本海賊版作り販売」「A・Bさん、赤倉温泉でアツアツの足湯体験」「道東サンマ漁、小型漁船こっそり大型化」「中央道走行車線に停車→追突など14台衝突、1人死亡」「国の史跡傷だらけ、ゴミ捨て場やミニゴルフ場…検査院」「『日本製インドカレー』は×…EUが原産地ルール提案」といった見出しを取り上げ、その創作性につき控訴審において具体的な主張を行っている。この主張を受け、控訴審判決においては、各記事見出しについて個別具体的に表現の幅に関する制約を踏まえた著作物性の判断を行っているものの、結論としては、いずれの見出しも著作物性として保護されるための創作性を有するものではないと判断されている。

2 一般不法行為の成否

本判決は第1審判決と判断を異にしており、その一因として、ニュース報道における情報の評価に関し、第1審判決においては、著作権法等によって違法とされない以上、インターネット上に公開しているニュース報道などの情報の利用については本来自由であるとする一方で、本判決においては、ニュース報道は報道機関が多大な労力、費用をかけたからこそ、インターネット上の有用な情報になるとしていることがあげられる。そして、控訴審判決においては、YOL見出し自体について、報道機関が多大な労力、費用をかけた成果であることを踏まえ法的保護に値するとし、一方で被控訴人の行為について、営利の目的で反復継続して、情報の鮮度が高い時期に、YOL見出しに依拠し、特段の労力を要することなく、デッドコピーを作成し、控訴人の業務と競合する配信を行っていることから、控訴人の法的保護に値する利益を違法に侵害したものと判断した。

本判決は、著作権法上保護を受けない情報に関しても、上記のような事実関係の下で、その不正利用行為が一般不法行為になることがあると認めた事案であり、同種事案の参考になるといえる。

なお、著作物としての保護を受けない情報の利用行為が一般不法行為に該当するかに関連し、本判決後に出された裁判例（**判例コメント51**＝北朝鮮映画事件）において、著作権法6条各号によって保護を受けない著作物の利用行為に

ついては、特段の事情がない限り、不法行為を構成するものではないとの判示がある。

（赤松　俊治）

判例コメント54　女性タレントの写真無断掲載事件

【判決裁判所】　東京地方裁判所（平成22年(ワ)第46450号）
【判決年月日】　平成25年4月26日
【出　　典】　判タ1416号276頁
【請求内容】　損害賠償請求、差止請求、廃棄請求
【結　　論】　一部認容

【事案の概要】

　本件は、芸能人である原告らが、被告会社の発行する雑誌の記事に原告らの写真を無断で使用されたこと等によって、原告らのパブリシティ権と、原告X_1、原告X_2および原告X_9のプライバシー権が侵害されたなどと主張して、被告会社に対し、上記各権利に基づく差止めおよび廃棄請求として、本件雑誌の印刷、販売の禁止および廃棄を求めるとともに、被告らに対し、被告会社、本件雑誌の発行人である被告発行人、本件雑誌の編集人である被告編集人、および被告会社代表者に対して、不法行為ないし会社法429条1項に基づき損害賠償請求を行った事案である。本件で問題となった雑誌は、広告頁を除くカラーページの大部分が原告ら女性芸能人等の写真およびコメントで構成された雑誌である。

【争　点】

1　原告らのパブリシティ権ないし原告X_1、原告X_2および原告X_9のプライバシー権侵害の有無
2　被告らの故意または過失（被告代表者につき任務懈怠を含む）の有無
3　損害の有無および損害額
4　差止めおよび廃棄請求の必要性

【裁判所の判断】

1　原告らのパブリシティ権ないし原告X_1、原告X_2および原告X_9のプライバシー権侵害の有無

　本判決は、パブリシティ権の侵害について、「肖像等は、商品の販売等を促

進する顧客吸引力を有する場合があり、このような顧客吸引力を排他的に利用する権利（以下「パブリシティ権」という。）は、肖像等それ自体の商業的価値に基づくものであるから、上記の人格権に由来する権利の一内容を構成するものということができる。他方、肖像等に顧客吸引力を有する者は、社会の耳目を集めるなどして、その肖像等を時事報道、論説、創作物等に使用されることもあるのであって、その使用を正当な表現行為等として受忍すべき場合もあるというべきである。そうすると、肖像等を無断で使用する行為は、①肖像等それ自体を独立して鑑賞の対象となる商品等として使用し、②商品等の差別化を図る目的で肖像等を商品等に付し、③肖像等を商品等の広告として使用するなど、専ら肖像等の有する顧客吸引力の利用を目的とするといえる場合に、パブリシティ権を侵害するものとして、不法行為法上違法となると解するのが相当である」として、**関連判例11－2－1**「ピンク・レディー事件」を引用したうえで、原告らは「芸能活動を行っており、その活動に照らすと、原告らの肖像等については、商品の販売等を促進する顧客吸引力を有するといえるのであって、パブリシティ権が成立すると認められる」とした。そのうえで、本件記事が、写真をグラビア写真のように使用しつつも、コメントを付したものであることに関して、「肖像等それ自体を独立して鑑賞の対象となる商品等として使用したか否か（上記①）について、写真の大きさ、取り扱われ方等とコメントの内容等を比較検討し、写真とコメントとの間に関連性がない場合又はコメントとの間に関連性があったとしても実質的にはコメントに独立した意義が認められない場合に限り、パブリシティ権を侵害すると解するのが相当である」としたが、本件ではコメントには独立した意義が認められないとして、原告らの主張するパブリシティ権侵害を認めた。

　プライバシーの侵害については、「その事実を公表されない法的利益とこれを公表する理由とを比較衡量し、前者が後者に優越する場合に不法行為が成立すると解されるから」、「その事実を公表されない法的利益とこれを公表する理由に関する諸事情を個別具体的に審理し、これらを比較衡量して判断することが必要である」としたうえで、「芸能活動に基づいてその肖像等についてパブリシティ権を有する者について、その芸能活動を開始する前あるいは芸能活動を開始した後の私生活における肖像等が公表された場合においても、当該芸能

人が私生活上の肖像等を顧客吸引力を有するものとして使用しこれについてパブリシティ権が成立するような場合は格別、そうでない限りは、プライバシーの侵害の有無の問題として、その事実を公表されない法的利益とこれを公表する理由とを比較衡量して不法行為の成否を検討すべきことは、一般人の場合と異ならないというべきである。ただし、原告らのように芸能活動を行う者については、社会的実態として、芸能活動と関連するその私生活上の事実が公表されることが常態化し、それについて芸能活動を行う者の側から特段の苦情も述べられない場合があることは公知の事実である。したがって、そのような事実を考慮すれば、原告らのような芸能活動を行う者については、その者の私生活上の肖像等の芸能活動との結び付きの程度、肖像等の公表による具体的な被害の程度、記事の目的や意義、肖像等を公表する必要性等の諸事情を比較衡量し、社会通念に基づいてプライバシー侵害の有無を判断する必要があると解するのが相当である」とした。そして、問題とされた写真が「芸能活動とは全く関連のない写真である」こと、「一般に芸能活動を行う者であっても、これと全く関係のない私生活上の事項を公開されることについてはこれを望まないのが通常である」こと、写真に係るコメントは、筆者の写真を見た感想等を述べるにすぎず特別の意義を有しないこと等を指摘してプライバシー権侵害を認めた。

2　被告らの故意または過失（被告代表者につき任務懈怠を含む）の有無

本判決は、被告発行人および被告編集人について、「被告会社の雑誌等の編集、発行の方針等を現場で決裁する権限を有していたのであるから、被告会社の発行する雑誌等の決裁に当たり、雑誌等に掲載される芸能人のパブリシティ権、プライバシー等の権利を侵害することがないよう注意する義務があったというべきである」として被告発行人および被告編集人の過失を認めた。また、被告代表者についても、「被告会社の代表者として、被告会社の発行する雑誌等の編集方針を決定するに当たり、雑誌等に掲載される芸能人のパブリシティ権、プライバシー等の権利を侵害することがないよう注意する義務があったというべきである」として、過失を認めた。

3　損害の有無および損害額

本判決は、「被告会社は、原告らの承諾を得ることなく、その肖像等を独立した鑑賞の対象として使用したのであるから、原告らは、パブリシティ権の使

用料相当額の損害を被ったというべきである」として、「計算金額＝（販売価格×販売部数×掲載頁数／全体頁数）×使用料率」を損害と認めた。

また、「パブリシティ権は、肖像等の顧客吸引力を排他的に利用する権利であるから、その権利の内容として、肖像等の顧客吸引力を毀損するような使用態様を排除することができると解するのが相当である」としたうえで、「本件記事は、概ね本件写真をグラビア写真のように使用しつつも、コメントを付したものであり、そのコメントのほとんどが読者の性的な関心を喚起する内容となっている上、独立した意義が認められないものである。他方で、原告らは、いずれも女性の芸能人であって、そのキャラクターイメージが重要であることはいうまでもない」として、大半の記事について、パブリシティ権の毀損に係る損害を認め、民事訴訟法248条を適用して損害額を算定した。

4　差止めおよび廃棄請求の必要性

本判決は、「本件口頭弁論終結時において、本件雑誌が販売されていたことを認めるに足りる証拠はない。また、被告会社は、本件雑誌について、絶版扱いにした旨や在庫が存在しない旨を主張しており、これに反する証拠もない」として、差止めおよび廃棄請求の必要性を否定した。

また、パブリシティ権の毀損に係る損害額については、「民事訴訟法248条を適用し、毀損されたキャラクターイメージの性質、毀損の態様、使用料相当損害額との関係、掲載頁数等」を考慮して損害額を認定した。

【コメント】

1　パブリシティ権の侵害

パブリシティ権侵害について、**関連判例11－2－1**「ピンク・レディー事件」は、「肖像等を無断で使用する行為は、①肖像等それ自体を独立して鑑賞の対象となる商品等として使用し、②商品等の差別化を図る目的で肖像等を商品等に付し、③肖像等を商品等の広告として使用するなど、専ら肖像等の有する顧客吸引力の利用を目的とするといえる場合に、パブリシティ権を侵害するものとして、不法行為法上違法となると解するのが相当である」として、パブリシティ権侵害となる3つの類型を示した。

ここで、単純なグラビア写真であれば、①の類型にあたることは明白である。本件は、写真をグラビア写真のように使用しつつもコメントを付したものであ

る点が問題となったが、上記最高裁判決では、金築誠志裁判官の補足意見において、「肖像写真と記事が同一出版物に掲載されている場合、写真の大きさ、取り扱われ方等と、記事の内容等を比較検討し、記事は添え物で独立した意義を認め難いようなものであったり、記事と関連なく写真が大きく扱われていたりする場合には、『専ら』といってよく、この文言を過度に厳密に解することは相当でない」とされているところ、本判決は同様の見解に立ち、コメントには独立した意義がないこと等を指摘して、本件記事が①の類型にあたるとした。

2　パブリシティ価値の毀損

本判決は、写真に付されたコメントのほとんどが読者の性的な関心を喚起する内容となっているうえ、独立した意義が認められないものであること、原告らは、いずれも女性の芸能人であって、そのキャラクターイメージが重要であることを指摘して、パブリシティ価値の毀損による損害を認めた。

これまでも、肖像等の無断使用に基づく損害賠償が認められた事案はあったものの、パブリシティ価値の毀損を明示して当該損害についての賠償を認めたものは見当たらない。本判決は、パブリシティ価値の毀損を正面から認めたという点で意義を有する裁判例である。

3　パブリシティ権侵害による精神的損害

本判決は、「パブリシティ権は、人格権に由来する権利の一内容であっても、肖像等それ自体の商業的価値に基づくものであるから、精神的損害を認めることは困難である」として、精神的損害（慰謝料）を否定した。

この点について、東京地判昭和51・6・29判時817号23頁「マーク・レスター事件」は、氏名および肖像の無断使用に関して、原告の俳優としての評価、名声を毀損するおそれが生じたことによる精神的苦痛を被ったとして、損害賠償を認めている。もっとも、本判決では、パブリシティ価値の毀損については、それ自体を損害として認めていることから、上述のように精神的損害を否定したものと考えられる。

（池田　聡）

判例コメント55　ギャロップレーサー事件

【判決裁判所】　最高裁判所第二小法廷（平成13年（受）第866号、第867号事件）
【判決年月日】　平成16年2月13日
【出　　典】　民集58巻2号311頁、判時1863号25頁、判タ1156号101頁
【請求内容】　差止請求、不法行為に基づく損害賠償請求
【結　　論】　原判決破棄、自判（被上告人らの請求棄却）
【控訴審】　名古屋高等裁判所平成13年3月8日判決（平成12年(ネ)第144号、第467号）判タ1071号294頁
【第1審】　名古屋地方裁判所平成12年1月19日判決（平成10年(ワ)第527号）判タ1070号233頁

【事案の概要】

　被上告人（1審原告）らは、いずれも著名な競争馬の所有者（なお一部原告は以前の所有者）であり、上告人（1審被告）は「ギャロップレーサー」なる名称で業務用および家庭用のゲームソフト（以下、「本件ゲームソフト」という）を製作し販売するゲームソフト会社である。

　本件ゲームはゲーム中に登場する競走馬のキャラクターに実在する被上告人ら所有の競走馬の名称を使用し、プレイヤーが選択した競走馬に騎乗し、実際の競馬場を再現した画面においてレースを展開し優劣を競うことを内容としている。

　被上告人らは、本件ゲームにおける競走馬の名称の使用が、被上告人らがその所有に係る現実の競走馬の名称の顧客吸引力などの経済的価値を独占的に支配する財産的権利を侵害すると主張して、同ゲームの製作・販売の差止めと不法行為に基づく損害賠償を求めて提訴した。

　これに対して、第1審判決は、「『著名人』でない『物』の名称等についても、パブリシティの価値が認められる場合があり、およそ『物』についてパブリシティ権を認める余地がないということはできない。……このような、物の名称等の顧客吸引力のある情報の有する経済的利益ないし価値を支配する権利は、従来の『パブリシティ権』の定義には含まれないものであるが、これに準じて

広義の『パブリシティ権』として、保護の対象とすることができるものと解せられる」と判示し、物に対する「パブリシティ権」の成立要件や救済手段について詳細に検討した後、各競走馬のうちG1レースに出馬したことのある馬の名称については顧客吸引力があるとして、これらの馬名の無断使用について所有者の損害賠償請求を認容した。

これに対して、1審被告が控訴したが、控訴審判決は、第1審判決と同様に「物の名称等がもつパブリシティの価値は、その物の名声、社会的評価、知名度等から派生するものということができるから、その物の所有者……に帰属する財産的な利益ないし権利として、保護すべきである」と判示し、1審原告らの所有競走馬のうちG1レースに出馬しかつ優勝した馬の名称の無断使用につき不法行為に基づく損害賠償を認容した。

【争 点】

1 物にパブリシティ権（もしくはこれに類する排他的支配権）が認められるか

2 顧客吸引力のある物の名称等をその所有者の許諾なく使用したときには、所有者に損害賠償請求権が認められるか

【判 旨】

争点1、2につき、以下のように判示して控訴審判決を破棄し、被上告人らの請求を棄却した。

「現行法上、物の名称の使用など、物の無体物としての面の利用に関しては、商標法、著作権法、不正競争防止法等の知的財産権関係の各法律が、一定の範囲の者に対し、一定の要件の下に排他的な使用権を付与し、その権利の保護を図っているが、その反面として、その使用権の付与が国民の経済活動や文化的活動の自由を過度に制約することのないようにするため、各法律は、それぞれの知的財産権の発生原因、内容、範囲、消滅原因等を定め、その排他的な使用権の及ぶ範囲、限界を明確にしている。

上記各法律の趣旨、目的にかんがみると、競走馬の名称等が顧客吸引力を有するとしても、物の無体物としての面の利用の一態様である競走馬の名称等の使用につき、法令等の根拠もなく競走馬の所有者に対し排他的な使用権等を認めることは相当ではなく、また、競走馬の名称等の無断利用行為に関する不法

行為の成否については、違法とされる行為の範囲、態様等が法令等により明確になっているとはいえない現時点において、これを肯定することはできないものというべきである。したがって、本件において、差止め又は不法行為の成立を肯定することはできない」。

【コメント】

　人（特に著名な芸能人やスポーツ選手等）がその氏名や肖像に関し、これを第三者が許諾を得ることなく商業的（財産的）に利用する行為に対して差止請求や損害賠償請求を行うことができる根拠として、いわゆる「パブリシティ権」が存在することは、これまで相当多数の判決例によって認められてきた（**関連判例11－2－1**「ピンク・レディー事件」、東京高判平成3・9・26判タ772号246頁「おニャン子クラブ事件」、東京地判平成10・1・21判時1644号141頁「キング・クリムゾン事件」等）。

　もっとも、その法的な性格に関しては、人格権としての氏名権、肖像権を主要な根拠とするもの（東京地判平成12・2・29判タ1028号232頁「中田英寿事件」）、人格権ないし人格的利益とは異質の独立した経済的利益を根拠とするもの（東京地判昭和51・6・29判タ339号136頁「マーク・レスター事件」、東京地判平成2・12・21判タ772号253頁「おニャン子クラブ事件」等）、人格権に由来する権利であるがその顧客吸引力を排他的に支配するという財産権的側面を有する権利でもあるとするもの（知財高判平成21・8・27判時2060号137頁「ピンク・レディー事件控訴審」、**関連判例11－2－1**「ピンク・レディー事件」）など区々であり、明確で一義的な解釈は存在しないといっても過言ではない。

　他方、その数は少ないものの、顧客吸引力を有する物の名称や外観が当該物の所有者の許諾なく利用された事例に関して、所有者の損害賠償請求を認容する下級審判決（**関連判例11－1－2**「広告用ガス気球事件」、高知地判昭和59・10・29判タ559号291頁「長尾鶏事件」、神戸地裁伊丹支判平成3・11・28判時1412号136頁「クルーザー・プリンス号事件」）も散見されるようになったこともあり、このような物の名称や外観などの商業的利用に関しても「パブリシティ権」あるいはこれに類する排他的支配権が存在するのか、また仮にこれが認められないとしても少なくとも損害賠償請求権の根拠となる法的保護に値する経済的利益が存在するか否かに関して論じられることが多くなり（内藤篤＝田代貞之『パ

ブリシティ権概説〔第2版〕』170頁、三浦正弘「判批」判時1782号201頁（判評521号31頁）等）、この点に関する最高裁判所の判断が示されることが期待されていた。

　本判決は、競走馬の名称の利用に関連して、物の名称にパブリシティ権に類する排他的支配権は認められず、また原則として、その無断利用行為に対して所有者による損害賠償請求権も認められないと判示した最高裁判決として注目される。

　もっとも、物に対する所有権はその物の無形的利用に及ばないことはすでに**関連判例11－1－1**「顔真卿自書建中告身書事件」以来、裁判所では一貫して肯定してきたところであり、本判決もこのような従来の判例の立場を踏まえて、物の名称等に関する排他的支配権の根拠をその所有権に求めることができないことを確認的に明らかにしている。

　これに対して、従前、人の氏名、肖像に関するパブリシティ権の根拠として、その顧客吸引力の商業的利用に係る「人格権とは異質の財産権」を肯定する考え方を前提とすれば、顧客吸引力を有する物の名称等についても、パブリシティ権類似の排他的支配権を認めるかあるいは少なくとも法的保護に値する経済的利益として損害賠償請求権を認めることは法解釈的には可能である。そこで物のパブリシティに関していかなる要件でこれを認めるか、あるいはいかなる法的効果を付与するかについては、裁判所による法（規範）創造的な判断が許される法領域であると言えなくもない。

　おそらく、第1審の名古屋地方裁判所、控訴審の名古屋高等裁判所の判決は、かような観点から、人格権が認められない物に関しては人のパブリシティ権のような排他的支配権は認められないものの、所有者が当該物の顧客吸引力の利用に関して有する経済的利益は法的保護に値するものとしてその違法な侵害に対する損害賠償請求権を肯定したのであろう。

　これに対して、最高裁判決は、仮に物の名称等の無形的利用に対して、排他的支配権や法的保護に値する利益を認めた場合には、他の知的財産権法との整合性や法的安定性、あるいは物の名称などの自由な利用に対する萎縮的効果等に配慮して、上記いずれの権利や利益も認めなかったものと推測できる。

　しかし、本判決も傍論として述べているように、仮に物の名称等の利用に関

して所有者の許諾が必要であるとの共通認識（慣行）が形成される等の社会的状況が生まれているとすれば、かような社会的慣行に応じた法的保護として、所有者による損害賠償請求権を認容し、さらに差止請求権等の排他的支配権をも認容できる可能性は否定できない。ただ、本件ではいまだそのような社会的慣行が存在しそれが慣習法にまで高められているとはいえないため、かような判決の判断に至ったとも解釈できる（瀬戸口壮夫「判解」最判解民事篇平成16年度97頁）。

このように考えるならば、本件判決の射程に物のパブリシティ権を全面的に否定したと判断するのはいささか早計すぎるともいえよう。

なお、学説の一部には、本判決にかかわらず、異なる観点から物のパブリシティの法的保護の可能性を肯定するものも存在する。

（松村　信夫）

判例コメント56　STELLA McCartney事件

【判決裁判所】　（第1審）東京地方裁判所（平成27年(ワ)第23694号）
　　　　　　　　（控訴審）知的財産高等裁判所（平成29年(ネ)第10061号）
【判決年月日】　（第1審）平成29年4月27日
　　　　　　　　（控訴審）平成29年10月13日
【出　典】　（第1審）裁判所HP
　　　　　　（控訴審）裁判所HP
【請求内容】　著作者人格権（氏名表示権）確認、謝罪広告、差止請求、損害賠償請求
【結　論】　（第1審）請求棄却
　　　　　　（控訴審）控訴棄却

【事案の概要】

　X（原告、控訴人）は建築設計事務所、Y_1（被告、被控訴人）は大手建設会社、Y_2（被告、被控訴人）は建築関係書籍の出版社である。

　訴外A社は、Y_1にファッションブランド「STELLA McCartney」の店舗（以下、「本件建物」という）の設計、建築を依頼し、Y_1は本件建物の設計図面等を作成した。

　Xは、A社代表者Bから本件建物の外観デザイン監修の依頼を受け、BからY_1作成の設計図面等（以下、「Y_1設計資料」という）を受け取り、本件建物の外観に関する図面および立体模型（以下、「X設計資料」と総称する）を作成した。X設計資料は、Y_1設計資料のうち外装スクリーンの上部部分のみを変更し、組亀甲柄を同一方向に配置、配列したものであるが、建築主がイメージをつかみやすくするために、実際の寸法より大きく記載され、実際の建築に用いる外装スクリーンの寸法等を具体的に特定する事項は一切記載されていない。

　その後、X代表者とB、Y_1設計担当者との打合せにおいて、X代表者からY_1設計担当者に対して本件建物に関する共同設計の提案がなされたが、Y_1設計担当者はこれを断り、X設計資料を持ち帰ることもなかった。以降、XとY_1との間に接触はない。

Y_1 はその後単独で設計を進めていたが、Bから組亀甲柄も参考とした外装スクリーンの検討も行ってほしいとの要望を受け、Y_1 設計資料では着想されていなかった組亀甲柄の幾何学構造に着目したデザインを外装スクリーンに取り入れた内容とする案を基本設計、実施設計に採用し、これらに基づいて本件建物が完成した。

Y_1 は、本件建物について Y_1 を著作者と表示して某建築関係の賞に応募したところ、準大賞を受賞した。Y_2 は本件建物の外観写真を掲載し、Y_1 を著作者と表示した書籍を出版した。

これに対し、Xは本件建物の共同著作者である、予備的に本件建物がX設計資料の二次的著作物であると主張し、Y_1 のみを著作者と表示することがXの著作者人格権（氏名表示権）を侵害するとして、著作者人格権の確認、謝罪広告等を求めて提訴した事案である。

【争　点】

1　Xが本件建物の共同著作者であるか
2　Xが本件建物の原著作者であるか（本件建物がX設計資料の二次的著作物といえるか）
3　差止めの必要性
4　名誉回復措置の必要性

【裁判所の判断】

本件建物が建築の著作物（10条1項5号）であることについては、当事者間に争いはなく、これを前提として、本件の主要な争点は1および2である。

第1審では、共同著作者（争点1）にかかる「創作的関与」と「共同性」の要件について、X設計資料におけるX代表者の提案は、外装スクリーンの上部分に、白色の同一形状の立体的な組亀甲柄を同一方向に配置、配列するとのアイデアを提供したものにすぎず、仮に表現であるとしてもありふれた表現の域を出ないとして、創作的関与を否定した。また、Y_1 設計担当者がXの提案を断っていること、以降、Xと Y_1 との間に接触ないし協議がないこと、X設計資料と本件建物の表現上の本質的特徴とに多くの相違点が存在すること等から、共同性の要件も否定した。

本件建物がX設計資料によるXの提案の二次的著作物か否か（争点2）に

ついても、Xの提案はそもそもアイデアにすぎず、著作物性が認められないし、その点をおいても、本件建物からX設計資料の表現上の本質的特徴を感得することもできないとして、本件建物がX設計資料の二次的著作物であることも否定した。

　控訴審は、第1審の認定をほぼ引用、踏襲しつつ、付加判断として、「結局のところ、外装スクリーン部分に関し本件建物外観と控訴人代表者の提案とで共通するのは、ほぼ2層3方向の連続的な立体格子構造（組亀甲柄）を採用した点に尽きるのであって、それ自体はアイデアにすぎない（前記のとおり、建物の外観デザインに組亀甲柄を採用するとしても、その具体的表現は様々なものがあり得るのであるから、組亀甲柄を採用するということ自体は、抽象的なアイデアにすぎない。）というべきであるから、控訴人代表者が本件建物外観について創作的に関与したとは認められないし、控訴人代表者の提案が本件建物の原著作者に当たるとも認められない」と認定し、争点1、2のいずれについても、本件建物に関するXの著作者性を否定した。

【コメント】

　建築の著作物に関して、施主A社が外観デザイン監修を依頼したX設計事務所と本件建物の設計、建築を担った建築会社Y_1とが共同著作者であるか否か、予備的にX設計資料の二次的著作物か否かが争点となった事案である。

　なお、本件では当事者間に争いがなかったため、本件建物が建築の著作物であることが前提となっているが、仮にこの点が争点となったとしても、本件建物はファッションブランドの店舗であり、実用的機能に加えて、Y_1によれば、「1階のガラス部分と2階以上の外装スクリーンが相まって光のキューブが浮かび上がるという特徴」を表現するために、外装スクリーン内で光が乱反射するように格子間のピッチや部材の幅、厚み、曲面のとり方等の断面形状を備えた、（少なくとも外観上は）美的鑑賞性の高い建物であることから、建築の著作物性は肯定されるであろう。その点で、建築の著作物性を肯定した実例としての意義がある。

　建物建築のように複数の関係者が創作に関与する著作物では、完成物について誰を著作者とするかが争われるケースがある。このようなケースでは、完成物を共同著作物と捉える構成と、創作過程で作成されたものを原著作物として、

完成品を二次的著作物とする構成に基づいて争われることが多い。

共同著作者か否かについては、著作物に対する創作的関与と共同性の要件が必要となる。

本件では、Xの関与は本件建物の外装スクリーン上部部分に限定されており、当該部分に関するX設計資料と本件建物の共通点を「2層3方向の連続的な立体格子構造（組亀甲柄）」を採用した点に尽きるとしたうえで、それ自体はアイデアにすぎず、創作的関与は認められないとされた。

二次的著作物構成においては、「原著作物」の表現上の本質的特徴の同一性が維持され、それが直接的に感得できることが翻案の要件である（**関連判例9－1－2**「江差追分事件」）。本件では、Xの提案と本件建物との共通点が前記のとおりアイデアの同一性にすぎないと認定された以上、論理的帰結として「原著作物」であるXの提案の著作物性は否定されるし、翻案にも該当しないとならざるを得ないであろう。

なお、本件では、前記のとおり、「外装スクリーン上部部分」という限定された範囲が問題となったため、表現とアイデアの区別は比較的容易であったともいえるが、一般にその線引きは単純ではなく、難しい。特に複数人の関与のある著作物については、ある者の行為が著作者となり得る程度の創作性を備えている（表現）か否かは、専ら完成した著作物の創作的表現のみに着目して判断するのではなく、「当該行為の具体的内容の評価は当然として、作成過程における行為者の地位や行為の時期、状況等の背景事情に鑑みて、当該行為の著作物作成過程における意味や位置付けを考慮して判断する」必要がある場合もあるであろう（**判例コメント15**＝「著作権判例百選」の編集著作権事件参照）。

（高橋　幸平）

判例コメント57　米軍ヘリ墜落映像事件

【判決裁判所】　（第1審）東京地方裁判所（平成28年(ワ)第37339号）
　　　　　　　（控訴審）知的財産高等裁判所（平成30年(ネ)第10023号）
【判決年月日】　（第1審）平成30年2月21日
　　　　　　　（控訴審）平成30年8月23日
【出　　典】　（第1審）裁判所HP
　　　　　　　（控訴審）裁判所HP
【請求内容】　著作権侵害差止等本訴請求、損害賠償反訴請求
【結　　論】　（第1審）本訴一部認容、反訴棄却
　　　　　　　（控訴審）控訴棄却

【事案の概要】
　被控訴人（1審本訴原告、反訴被告）はテレビ番組等の製作を業とする放送事業者であり、平成16年に沖縄国際大学に米軍ヘリが墜落した際に、その墜落現場の状況等を撮影した各ニュース映像4件（以下、「本件各映像」という）の著作者および著作権者である。控訴人（1審本訴被告、反訴原告）は映画の製作等を業とする株式会社であるところ、平成27年頃、「沖縄　うりずんの雨」と題する本編148分のドキュメンタリー映画（以下、「本件映画」という）を製作し、同年全国各地の映画館において上映し、爾後、本件映画を収録したDVDを販売しようとしていた。本件映画には、被控訴人の許諾なく本件各映像が合計34秒使用されており、被控訴人は、当該使用部分の中には未公表の映像（以下、「本件部分」という）も含まれていると主張していた。そして、本件各映像の使用部分およびエンドクレジットを含め、被控訴人の名称は表示されていなかった。

　そこで、被控訴人が控訴人に対し、控訴人による本件映画の上映行為および本件映画を収録したDVDの頒布行為は、被控訴人が本件各映像について有する著作権（上映権、公衆送信権、頒布権）および著作者人格権（氏名表示権）を侵害するものであると主張して、①本件各映像を含む本件映画の上映、公衆送信および送信可能化並びに本件映画の複製物の頒布の差止め、②本件映画を記

録した媒体および本件各映像を記録した媒体からの本件各映像の削除、③著作権侵害の不法行為による損害賠償、④著作者人格権侵害の不法行為による損害賠償、⑤謝罪広告の掲載を求めたものである。

なお、控訴人は被控訴人に対し、ⓐ被控訴人が控訴人による2度の本件各映像の使用許諾申請を拒絶したうえで本訴事件を提起した一連の行為は、独占禁止法に違反する不法行為である、ⓑ被控訴人が、本件各映像に係る控訴人との交渉内容を秘匿したまま、本訴事件を提起した旨を自社の放送波を通じて放送等した行為は、控訴人に対する不法行為であるとして、損害賠償を求めた。

【争　点】
 1　本訴請求に関する争点
　①　差止めおよび削除を求める請求の特定の有無（争点1）
　②　本件部分は「まだ公表されていないもの」（18条）にあたるか（争点2）
　③　本件映画に被控訴人の名称を表示していないことは、「その著作物につきすでに著作者が表示しているところに従って」（19条2項）されたものといえるか（争点3）
　④　著作権の行使に対する引用（32条1項）の抗弁の成否（争点4）
　⑤　被控訴人による著作権および著作者人格権の行使は、権利の濫用にあたるか（争点5）
　⑥　原告が受けた損害の額（争点6）
　⑦　差止め、本件各映像の削除および謝罪広告掲載の各必要性の有無（争点7）
 2　反訴請求に関する争点
被控訴人が、控訴人からの本件各映像の利用許諾申請を拒絶したうえで本訴事件を提起した一連の行為および被控訴人が、本件各映像に係る控訴人との交渉内容を秘匿したまま、本訴事件を提起した旨を自社の放送波を通じて放送等した行為の違法性（争点8）

【裁判所の判断】
 1　第1審判決
　(1)　争点1
第1審判決は、「原告は、本件映画という具体的な著作物の公衆送信行為及

び送信可能化行為並びにその複製物の頒布行為の差止めを求めているのであり、請求の特定に欠けるところはない」と判示した。

(2) **争点2**

第1審判決は、被控訴人は「公表されていない部分として本件部分を特定した経緯や、本件各映像が使用されている他の映像等において本件部分が使用されていないことなどを具体的に主張立証していない」として、「本件部分が未公表であると認めるには至らない」と判示した。

(3) **争点3**

控訴人は、本件各映像の提供を受けた時点で、本件各映像には著作者の名称等が表示されておらず、本件映画の中で著作者である被控訴人の名称を表示しないことは著作権法19条2項により許容されると主張していたが、第1審判決は、同条項は「著作者名を表示する場合に、その表示として、既に著作者が表示した名称等を用いることを許容するにすぎず、……著作者名を表示しないことを正当化する規定ではない」と判示した。

(4) **争点4**

第1審判決は、著作権法32条1項が、「単に『利用することができる。』ではなく、『引用して利用することができる。』と規定していることからすれば、著作物の利用行為が『引用』との語義から著しく外れるような態様でされている場合、例えば、利用する側の表現と利用される側の著作物とが渾然一体となって全く区別されず、それぞれ別の者により表現されたことを認識し得ないような場合などには、著作権法32条1項の適用を受け得ないと解される。また、当該利用行為が『公正な慣行』に合致し、また『引用の目的上正当な範囲内』で行われたことについては、著作権法32条1項の適用を主張する者が立証責任を負担すると解されるが、その判断に際しては、他人の著作物を利用する側の利用の目的のほか、その方法や態様、利用される著作物の種類や性質、当該著作物の著作権者に及ぼす影響の有無・程度などを総合考慮すべきである」と判示した。

そのうえで、「本件映画のプロローグ部分のうち、被告制作部分は、画面比が16：9の高画質なデジタルビデオ映像であり、他方、本件使用部分（注：本件各映像が使用されている部分）は、画面比が4：3であり、被告制作部分に比

して画質の点で劣っているから、……一応区別されているとみる余地もある。しかし、本件映画には、本件使用部分においても、エンドクレジットにおいても、本件各映像の著作権者である原告の名称は表示されていない」。「事件映像等の報道映像は、その編集や報道手法とともに、報道の質を左右する重要な要素であり、著作権法上も相応に価値が認められてしかるべきものであるから……、ドキュメンタリー映画において資料映像を使用する場合に、そのエンドクレジットにすら映像の著作権者を表示しないことが、公正な慣行として承認されているとは認めがたいというべきである」と判示し、引用の抗弁は成立しない、と判断した。

(5) **争点5**

第1審判決は、本件において引用の抗弁は成立せず、その他の事情に鑑みても、「原告による著作権及び著作者人格権の行使が権利の濫用に当たると評価することはできない」と判示した。

(6) **争点6**

第1審判決は、被控訴人が、同系列外の者に映像を使用させる際の使用料として、1秒につき3240円（内消費税8%）と定めていることを基礎として、上映権の侵害による損害額を11万0160円（3240円／秒×34秒）と認定し、氏名表示権の侵害による損害を本件各映像1件につき5万円として、合計20万円と認定した。

(7) **争点7**

第1審判決は、本件映画の上映、複製物の頒布、公衆送信または送信可能化する行為の差止め、本件各映像の削除を認めたが、謝罪広告の掲載についてはその必要性を認めなかった。

(8) **争点8**

第1審判決は、被控訴人が、控訴人からの本件各映像の利用許諾申請を拒絶したうえで本訴事件を提起した一連の行為および被控訴人が、本件各映像に係る控訴人との交渉内容を秘匿したまま、本訴事件を提起した旨を自社の放送波を通じて放送等した行為には、いずれも違法性は認められないと判断した。

2 控訴審判決

控訴審判決は、第1審判決を引用し、控訴人による著作権侵害、著作者人格

権侵害の成立を認めるとともに、反訴請求を棄却した。

【コメント】

　本件の争点は多岐にわたるが、紙幅の都合上、以下では引用の抗弁（32条1項）について取り上げる。

　著作権法32条1項は、著作権の制限規定の1つとして引用の抗弁を規定しており、同抗弁が認容された場合には、その限度で著作権が制限されることになる。引用が許容されるための要件として、旧法下における最高裁判例（**関連判例4−10−1**「パロディ写真事件」）は、明瞭区別性と主従関係の要件を示し、その後の下級審裁判例も、両要件に基づき引用の成否について判断を示してきた（東京高判昭和60・10・17無体集17巻3号462頁「藤田嗣治絵画複製事件」等）。しかし、現法下の裁判例の中には、両要件には言及せず、条文の要件（「引用」「公正な慣行に合致」「引用の目的上正当な範囲内」）に即して判断を示すものが現れた（東京高判平成14・4・11（平成13年(ネ)第3677号等）裁判所HP「絶対音感事件」）。第1審判決および控訴審判決は、ともに、上記両要件には言及せず、条文の文言に即して判断しているが、「例えば、利用する側の表現と利用される側の著作物とが渾然一体となって全く区別され」ない場合には、「著作権法32条1項の適用を受け得ない」、と判示しており、「引用」要件の該当性を判断するにあたって、利用する側とされる側の区別性を基準にしているものと考えられる。

　また、「公正な慣行に合致」するか否かについて、第1審判決および控訴審判決は、控訴人が、本件映画において、本件各映像の著作者名（出所）を表示していないことは「公正な慣行に合致」していない、と判断した。同様の判断は、前掲「絶対音感事件」においても示されており、本件控訴審判決は、「適法引用の要件として常に出所明示が必要かどうかという点はともかく」としたうえで、引用する側の著作物である本件映画がドキュメンタリー映画であり、その素材の出所が映画の質を左右する重要な要素であることに鑑みれば、「素材が引用である場合には、その出所を明示する必要性が高い」と判示しており、出所明示の有無を「公正な慣行に合致」要件該当性の重要な判断要素と位置付けているものと考えられる。

（麻生川　典晃）

判例コメント58　ジャコ・パストリアス事件

【判決裁判所】　大阪地方裁判所（平成29年(ワ)第781号）
【判決年月日】　平成30年4月19日
【出　　典】　裁判所HP
【請求内容】　損害賠償請求
【結　　論】　一部認容

【事案の概要】

　原告は、「SOUND HILLS RECORDS」のレーベル名で音楽CDを販売しているレコード会社であり、平成5年4月26日から、世界的に著名なベーシストであるジャコ・パストリアス（以下、「ジャコ」という）によるベース演奏の音等で構成される楽曲が収録されている音楽CD（以下、「本件CD」という）を販売している。アメリカ合衆国の映画製作会社の制作したジャコのドキュメンタリー映画（以下、「本件映画」という）において、本件CDに収録されている曲のうちの「BIRTH OF ISLAND」という楽曲（以下、「本件楽曲」といい、本件楽曲の演奏を録音した音源を「本件音源」という）の本件音源が2分弱使用された。被告は、平成28年7月1日付で、本件映画の日本における配給会社として、米国の制作会社との間で、日本における映画権、ビデオ権等の許諾を受けるライセンス契約を締結した。同年12月1日に東京都の1映画館で上映された後、同月10日から全国数映画館で上映された。これらの過程で被告は、本件映画を複製する中で、本件音源を複製した。

　そこで、原告が、被告に対し、レコード製作者の権利（複製権）侵害を理由として、民法709条に基づき損害賠償を求めた事案である。

【争　点】

1. 原告が本件音源につきレコード製作者の権利を有するか否か
2. 被告が本件音源を複製したことに過失があったといえるか否か
3. 原告の損害額

【裁判所の判断】
1　争点1

　「著作権法2条1項6号は、レコード製作者を『レコードに固定されている音を最初に固定した者』と定義しているところ、『レコードに…音を…固定』とは、音の媒体たる有体物をもって、音を機械的に再生することができるような状態にすること（同項5項も参照）、すなわち、テープ等に音を収録することをいう。そうすると、レコード製作者たり得るためには、当該テープ等に収録されている『音』を収録していることはもとより、その『音』を『最初』に収録していることが必要である。

　ところで、著作権法96条は、『レコード製作者は、そのレコードを複製する権利を専有する。』と定められているところ、ある固定された音を加工する場合であっても、加工された音が元の音を識別し得るものである限り、なお元の音と同一性を有する音として、元の音の『複製』であるにとどまり、加工後の音が、別個の音として、元の音とは別個のレコード製作者の権利の対象となるものではないと解される」。

　「販売される音楽CDに収録されている最終的な音源は、ミキシング等の工程で完成するものの、ミキシング等の工程で用いられる音は、……既にレコーディングの工程で録音されているものである。そして、レコーディングの工程により録音された音を素材としてこれを組み合わせ、編集するというミキシング等の工程の性質……からすると、ミキシング等の工程後の楽曲において、レコーディングの工程で録音された音が識別できないほどのものに変容するとは考え難く、現に、本件マスターテープ2に収録されている音が、本件マスターテープ1に収録されている音を識別できないものになっているとは認められない。そうすると、本件音源についてのレコード製作者、すなわち本件音源の音を最初に固定した者は、レコーディングの工程で演奏を録音した者というべきであるから、原告がミキシング等を行ったことによりそのレコード製作者の権利を原始取得したとは認められない。

　これに対し、原告は、ミキシング等の工程後の楽曲は、レコーディングの工程で録音された音とは全く別物になり、その楽曲こそが販売されるレコードの音であるから、レコード製作者はミキシング等の工程を行った者であると主張

する。確かに、ミキシングの工程は、楽曲の仕上がりやサウンドを大きく左右する重要な工程であって、多額の費用を投下する場合もあると考えられる。しかし、前記のとおりミキシング等は、レコーディングの工程で録音されたマルチチャンネルの音を組み合わせ、編集するものであって、その目的上、元の音を識別できないほどに変容させることは考え難いから、原告の上記主張は採用できない」。

　もっとも、裁判所は、原告は、レコード製作者の権利を原始取得していないとしても、契約関係等から本件音源について、レコード製作者の権利を承継取得していることを認めた。

2　争点2

「外国映画の配給会社が、複製しようとする映画に使用されている楽曲等の権利処理が完了していないのではないかと合理的に疑わせる事情もないのに、当該映画を複製するに先立って、当該映画に使用されている楽曲等の権利処理が完了しているか否かを確認する注意義務を負うとは認められないものの、本件の事情に照らせば、本件音源の権利処理が完了していないのではないかということを合理的に疑わせる事情が存し、被告は、そのような事態を十分予見することができたのであるから、上記疑いを合理的に払拭できるまで調査、確認を尽くし、その疑いが払拭できないのであれば本件音源の複製を差し控えるべき注意義務を負っていたにもかかわらず、上記注意義務を怠った過失があると判断した」。

3　争点3

「原告が許諾料相当額を損害として主張する本件における損害の額としては、2万円が相当であると判断した」。

　本件映画に本件音源が使用された期間は平成28年12月1日から同月9日までの間にとどまっており、被告が、その間に得た配給収入は86万円にとどまること等を考慮して、損害額を上記のとおり認定した。

【コメント】

1　はじめに

　一般に音楽CDは、レコーディング、ミキシング、マスタリングという過程を経て、完成する。レコーディングとは、ベース、ドラム等のリズムパート

を録音し、その他の楽器を録音していき、録音された伴奏に合わせてボーカルを録音する工程である。ミキシングとは、マルチチャンネルで録音された音をバランスよく曲ごとにミックスして、音を完成させる工程である。マスタリングとは、完成した各局の音をCDの音に仕上げるために編集し、CDに含まれる情報とともにテープなどに記録する工程である。

著作権法においては、「レコード製作者」とは、「レコードに固定されている音を最初に固定した者をいう」（2条1項6号）と定義されている。ここにおける「レコード」とは、「蓄音機用音盤、録音テープその他の物に音を固定したもの（音を専ら影像とともに再生することを目的とするものを除く。）をいう」（同項5号）とされており、固定される媒体の種類は問われていない。最初に固定した者とは原盤の製作者を指し、レコードの原盤からプレスする者（リプレッサー）、あるいは他人が固定した音をさらに固定した者はレコード製作者にならない（中山・著作権法566頁）。

本件は、レコーディング者とミキシング等の加工者が異なる場合に、ミキシング等の加工によってレコーディングの際に固定された音と加工された音が異なる場合に、最初のレコーディングの音を固定した者とは別にミキシング等の加工された音を固定した者もレコード製作者として、加工された音に関して著作隣接権を原始取得するかが争われたものである。

2 レコード製作者

本件事件では、原告が、ミキシング等によって、レコーディングの工程で録音された音とは別物になることから、加工した原告がレコード製作者である旨を主張していた。

これに対し、本判決は、レコード製作者であるためには、「テープ等に収録されている『音』を収録していることはもとより、その『音』を『最初』に収録していることが必要」であり、「ある固定された音を加工する場合であっても、加工された音が元の音を識別し得るものである限り」、加工後の音が、別個の音として、元の音とは別個のレコード製作者の権利の対象となるものではないとの判断基準を示した。

この点については、加工された音が元の音を識別し得るか否かは、加工後の音が加工前の音のレコード製作者の権利侵害の有無の判断であり、権利主体性

の判断とは関係がないとの批判がある（安藤和宏「判批」法セ増刊2019年4月258頁）。

　他方で、レコード製作者に、著作隣接権として、著作権法96条から97条の3までの権利により保護を与えられた趣旨は、音の著作物の流通において重要な伝達者としての役割を果たしており、当該伝達者の保護を図るという点と、レコード製作者の投下した資本の回収の機会を確保するという点にある（清水節＝岡本岳編『Q&A著作権の知識100問』16頁、中山・著作権法565頁）。著作隣接権による保護を与えた趣旨からすれば、元の音と識別できないほど加工された場合には、加工した音を固定した者を音の伝達者であるレコード製作者として別途保護を与えるという判断基準は合理性を有するものと考えられる。

　本判決は、「レコード製作者」に関する判断を示した事例として重要な意義がある。

3　外国映画配給会社の過失

　本判決では、外国映画の配給会社に、楽曲等の権利処理が完了しているかどうかに関して一般的な調査義務があることは否定された。しかし、「権利処理が完了していないのではないかということを合理的に疑わせる事情」が存在する場合には、「疑いを合理的に払拭できるまで調査、確認を尽くし、その疑いが払拭できないのであれば本件音源の複製を差し控えるべき注意義務」を負うと判示された。

　外国映画の配給会社の実態に即して過失の有無を判断したものといえよう。

（清原　直己）

判例コメント59　フラダンス事件

【判決裁判所】　大阪地方裁判所（平成27年(ワ)第2570号）
【判決年月日】　平成30年9月20日
【出　典】　裁判所HP
【請求内容】　著作権侵害差止請求、損害賠償請求
【結　論】　請求棄却

【事案の概要】

　本件は、ハワイに在住するクムフラ（フラダンスの師匠ないし指導者）である原告が、フラダンス教室事業を営む被告に対し、被告が、自らが実質的に運営する協会（以下、「本協会」という）の会員（以下、「会員」という）に対してフラダンスを指導し、またはフラダンスを上演する各施設において、原告が自らの著作権を主張する各振付（以下、「本件各振付」という）を被告代表者自らが上演し、会員等に上演させる行為が、原告が有する本件各振付についての著作権（上演権）を侵害すると主張して、また、同施設において、原告が自らの著作権を主張する各楽曲（以下、「本件各楽曲」という）を演奏する行為が、原告が有する本件各楽曲についての著作権を侵害すると主張して、被告に対し、著作権法112条に基づき、本件各振付の上演および本件各楽曲の演奏の差止めを請求し、また、これらの著作権侵害を理由とする損害賠償を請求するとともに、原告が、被告との間で締結した、ワークショップ等において被告ないし被告の会員に対してフラダンス等の指導を行うことを内容とする準委任契約（以下、「本準委任契約」という）について、被告が本準委任契約を原告に不利な時期に解除した（以下、「本件解除」という）として、被告に対し、民法656条および651条2項本文に基づき、損害賠償を請求した事案である。

【争　点】

1　本件各振付の著作物性
2　本件各振付の著作権の譲渡または永久使用許諾の有無
3　被告が本件各楽曲を演奏し、本件各振付を上演しまたは上演させるおそれの有無

4　被告による本件各楽曲および本件各振付等に係る著作権侵害行為の有無
5　被告の故意または過失の有無
6　著作権侵害を理由とする原告の損害額
7　本件解除が原告にとって不利な時期にされたものか
8　本件解除についてやむを得ない事由があったか

【裁判所の判断】
1　本件各振付の著作物性

　裁判所は、フラダンスの振付がハンドモーションとステップから構成されることを前提に、フラダンスの振付の著作物性に関して、ハンドモーションについては、ある歌詞に対応する振付の動作が「歌詞から想定される既定のハンドモーションでも、他の類型に見られるものでも、それらと有意な差異がないものでもない場合」には、「作者の個性が表れていると認めるのが相当」とし、また、ステップについては、「ステップが既存のものと顕著に異なる新規なものである場合には、ステップ自体の表現に作者の個性が表われていると認めるべきである」とし、さらに、「ハンドモーションにステップを組み合わせることにより、歌詞の表現を顕著に増幅したり、舞踊的効果を顕著に高めたりしていると認められる場合には、ハンドモーションとステップを一体のものとして、当該振付けの動作に作者の個性が表れていると認めるのが相当である」と判示した。

　裁判所は、上記判断を前提としたうえで、特定の歌詞部分の振付の動作について、個別に舞踊の著作物性は認めず、楽曲の振付としてのフラダンスが作者の個性が表れている部分とそうではない部分が「ひとまとまりとしての動作の流れを対象とする場合」であって、「その中で、作者の個性が表れている部分が一定程度にわたる場合には、そのひとまとまりの流れの全体について舞踊の著作物性が認め」られると判示した。

　上記に加え、裁判所は、フラダンスに舞踊の著作物性が認められる場合に、その侵害が認められるためには、作者の個性が認められる特定の歌詞対応部分の振付の動作とそうではない部分を含め、「ひとまとまりの上演内容について、当該フラダンスの一連の流れの動作たる舞踊としての特徴が感得されることを要する」と判示した。

上記各基準を前提として、裁判所は、本件各振付について、舞踊の著作物性が認められるか否かの判断を行い、原告と被告との間で著作物性の存否に争いがあった本件各振付について、いずれも舞踊の著作物性を認めた。

2　本件各振付の著作権の譲渡または永久使用許諾の有無

　被告は、本件各振付の著作権のいずれについても、原告に対する金員の一括支払いにより、その譲渡または永久使用許諾を得ている旨を主張していたが、裁判所は、証拠上、かかる譲渡または永久使用許諾がされたことを認めることはできないとして、被告の主張を排斥した。

3　被告が本件各楽曲を演奏し、本件各振付を上演しまたは上演させるおそれの有無

　裁判所は、本件において、被告が、本件各振付についての著作物性を否認していたこと、また、原告が被告との間で締結していた原告が被告または被告の会員に対してフラダンスの助言指導を行うことを内容とするコンサルティング契約（以下、「本コンサルティング契約」という。なお、本コンサルティング契約は、本準委任契約とは別個の契約である）終了後も、被告が本件各振付を使用していると認められることを理由として、本件各振付を被告自身が今後も使用するおそれがあることを認めた。

　また、裁判所は、被告の会員によるフラダンスの上演が、本協会の管理の下に行われ、また、本協会の会員の維持・増加のために行われるとして、会員による上演は、被告または本協会が上演させたものと評価できるとした。

　以上を踏まえ、裁判所は、被告には、本件各振付を自ら上演しまたは会員等に上演させることにより、原告の著作権を侵害するおそれがあると判断した。

　他方、本件各楽曲および本件各振付の一部については、被告が原告の著作権を認めたうえで、今後も使用する予定はないと主張し、また、実際に、上記コンサルティング契約の終了後もイベント等で使用されていなかったとして、当該各楽曲および当該各振付については、被告が演奏しまたは自ら上演しもしくは会員等に上演させるおそれは認められないと判示した。

　結論として、裁判所は、原告の著作権を侵害するおそれがあると認められる本件各振付についての上演等の差止めを求める限度で、原告の差止請求を認容した。

4 被告による本件各楽曲および本件各振付等に係る著作権侵害行為の有無

裁判所は、被告が、本件各振付の一部を、本コンサルティング契約終了後も自ら上演しまたは被告の会員等に上演させたことが認められるとし、他方、その余の振付および本各楽曲については、同様の上演等は認められないとして、当該上演等が認められる振付の限度で、被告による著作権侵害行為が認められると判示した。

5 被告の故意または過失の有無

裁判所は、被告が、本コンサルティング契約の終了後に、原告から本件各振付の上演等を禁止するよう求められていたにもかかわらず、これらを上演する等していたという経緯に照らして、被告においては、当該上演等の行為が原告の著作権を侵害することを予見することは可能であったとして、当該著作権侵害行為について、被告に、少なくとも過失が認められると判示した。

6 著作権侵害を理由とする原告の損害額

裁判所は、原告が、被告の著作権侵害行為により原告著作物の使用許諾料相当額の損害を被ったとして、本コンサルティング契約に定める報酬額を基準とする損害額を主張していた点について、本コンサルティング契約が、原告がフラダンスの助言等を行うというものにとどまらず、原告が被告ないし本協会のクムフラとして活動し、被告が原告のクムフラとしての地位や権威を幅広く利用するという、いわばクムフラ契約と称すべき契約であるとし、その報酬には、原告が創作した振付や楽曲の使用許諾を受けることの対価の趣旨も含まれていると認定したうえ、被告による本件各振付の無断使用について、使用許諾料相当額の損害が発生したと判断した。

上記の判断を前提にして、裁判所は、具体的な損害額について、本件各振付の使用許諾料相当額は、本コンサルティング契約に定める報酬の7割であると認定した。

さらに、被告による具体的な著作権侵害行為にかかる使用許諾料相当額は、被告において無断上演が行われた月について、上記のとおり認定された月額使用許諾料相当額に、その月の原告による振付の全上演回数に占める本件振付の上演回数の割合によって算定することが相当であると判断し、本件の著作権侵害行為による損害額として、33万3158円を認定した。

7　本件解除が原告にとって不利な時期にされたものか

裁判所は、民法651条2項本文にいう「不利な時期」を、「その時期に契約を解除されることによって相手方に損害が生じる時期」と解し、「受任者が有償での委任事務処理を業とする者の場合の委任者による解除」において、「受任者が委任の継続することを予定して他の収入を得る機会を失った場合」がこれにあたると判断したうえ、本件準委任契約において予定されていたワークショップ等の開催期間に、原告において他の仕事を手配するためには、2か月ないし3か月前の解除が必要であったとしたうえで、当該ワークショップ等の開催期間から約1か月前にされた被告による解除は、上記「不利な時期」に該当すると判断した。

8　本件解除についてやむを得ない事由があったか

裁判所は、民法651条2項但書にいう「やむを得ない事由」を、「相手方に損害を甘受させてでも当該時期に解除したことがやむを得ないといえるだけの事情が必要である」と解したうえ、被告が本コンサルティング契約を解除する前の段階で、原告が、被告の会員に対して、原告の創作した振付等の被告における使用を禁止する旨を告げ、原告が新たな組織を立ち上げる予定であり、その詳細を上記ワークショップ等において知らせる旨を独自に告知しており、被告において、当該ワークショップ等を開催すれば、本協会から退会する者の増加が懸念されていたこと等を理由として、被告が、「不利な時期」に本件解除をしたことには、「やむを得ない事由」が認められると判断し、原告の民法651条2項本文に基づく損害賠償請求については、これを棄却した。

【コメント】

本件は、主に、フラダンスの振付が舞踊の著作物に該当するか、および、舞踊の著作物についての著作権侵害がいかなる場合に認められるかという点が争われた事案である。

この点について、本判決は、フラダンスの振付の構成要素であるハンドモーションとステップについて、個別の動作に「作者の個性」が認められるか否かを判断したうえ、特定の歌詞部分の振付の動作に、個別に舞踊の著作物性が認められるとはせず、ひとまとまりとしての動作の流れを対象として、その中で作者の個性が表れている部分が一定程度にわたる場合に、そのひとまとまりの

流れの全体について舞踊の著作物性が認められると判示した。

　また、本判決は、被告の行為について、作者の個性が認められる特定の歌詞対応部分の振付の動作とそうではない部分を含め、ひとまとまりの上演内容について、当該フラダンスの一連の流れの動作たる舞踊としての特徴が感得される場合に、著作権侵害が肯定されると判示した。

　舞踊の著作物については、バレエの振付（東京地判平成10・11・20知裁集30巻4号841頁「ベジャール事件」）、日本舞踊の振付（福岡高判平成14・12・26（平成11年㈱第358号）裁判所HP「日本舞踊家元事件」）、社交ダンスの振付（**判例コメント14**＝Shall　Weダンス？事件）およびファッションショーにおけるモデルのポーズや動作の振付（**判例コメント5**＝「Forever21」ファッションショー事件控訴審）の著作物性が争われた事案が存する程度であり、先例は少ない。

　本判決は、このように先例の少ない舞踊の著作物性に関する判断基準を詳細に述べたものとして、その意義を有するものである。

　　　　　　　　　　　　　　　　　　　　　　　　　　（甲斐　一真）

判例コメント60　ASKA 未公表曲事件

【判決裁判所】　東京地方裁判所（平成29年(ワ)第27374号）
【判決年月日】　平成30年12月11日
【出　　典】　裁判所HP
【請求内容】　損害賠償請求
【結　　論】　一部認容
【事案の概要】

1　当事者

　原告は、「ASKA」の芸名で作詞作曲および歌手活動等を行う芸術家である。なお、原告は、平成26年9月、覚せい剤取締法違反等の罪により執行猶予付きの有罪判決を受けており、平成28年11月当時、その執行猶予期間中であった。

　被告Bは、芸能人などの情報を収集してテレビやラジオの番組に出演し、論評などを行う、いわゆる芸能リポーターを業としている。

　被告讀賣テレビは、放送法による基幹放送事業、放送番組の企画、制作および販売等を主な事業内容とする株式会社である。

2　原告の著作権および著作者人格権

　原告は、平成27年9月頃、「1964to2020東京Olympic」という題名で、演奏時間が約6分間の楽曲（本件楽曲）を創作し、もって本件楽曲につき著作権（公衆送信権）および著作者人格権（公表権）を取得した。

3　本件楽曲の再生と放送

　原告は、平成27年12月22日、被告Bに対し、本件楽曲の録音データ（本件録音データ）をメールで送信した。

　被告讀賣テレビは、平成28年11月28日午後1時55分から同日午後3時50分まで放送していたテレビの生放送番組（本件番組）内において、同日午後2時22分頃から同日午後3時44分頃までの間（ただし、うち16分間はコマーシャルが、うち約4分間はニュースがそれぞれ放送された）、警視庁が原告に対する覚せい剤使用の疑いで逮捕状を請求する予定であることが明らかになったとして、これに関連する報道をした。

その際、本件番組に芸能リポーターとして出演していた被告Bは、本件録音データの一部を約1分間にわたって再生した。

なお、原告は、本件番組で本件録音が再生された時点より前に、本件楽曲を公衆（特定かつ多数の者を含む。以下、同様とする）に提供し、または提示しておらず、被告Bに対し、本件録音データを再生して本件楽曲を公表および公衆送信することにつき、少なくとも明示の許諾はしていなかった。

4 本件の概要

本件は、原告が、被告讀賣テレビの放送番組に出演していた被告Bにおいて原告の創作した未発表の楽曲の一部を原告の許諾なく同番組内で再生したことにより、被告らが共同して上記楽曲に係る原告の著作権（公衆送信権）および著作者人格権（公表権）を侵害したと主張して、被告らに対し、民法719条（共同不法行為）および著作権法114条3項に基づき、損害賠償を求めた事案である。

【争　点】

1　公衆送信権侵害および公表権侵害の成否
　① 本件楽曲は未公表の著作物であったか
　② 公衆送信および公表につき黙示の許諾があったか
　③ 被告らによる公衆送信行為は著作権法41条所定の時事の事件の報道のための利用にあたるか
　④ 被告らによる公衆送信行為は著作権法32条1項所定の引用にあたるか
　⑤ 正当業務行為等により公表権侵害の違法性が阻却されるか
　⑥ 被告Bは公衆送信権および公表権の侵害主体となるか
2　故意・過失の存否
3　損害の有無およびその額

【裁判所の判断】

1　争点1（公衆送信権侵害および公表権侵害の成否）

(1) 本件楽曲は未公表の著作物であったか

「本件楽曲は、被告Bが本件番組内で本件録音データを再生した時点より前に、公衆に提供又は提示されていなかったから、本件楽曲は法18条1項にいう『著作物でまだ公表されていないもの』に当たる」。

「この点、被告らは、原告が芸能リポーターである被告Bに対して本件録音データを提供したことは公衆に提示したものと同視し得るから、本件楽曲は本件番組内で放送された時点で『著作物でまだ公表されていないもの』には当たらない旨主張する。

しかしながら、法にいう『公衆』とは飽くまでも不特定多数の者又は特定かつ多数の者をいう（法２条５項参照）のであって、被告B個人が公衆に当たると解する余地はない。したがって、原告が被告Bに対して本件録音データを提供したことにより、本件楽曲が公表されたものとは認められない」。

(2) **公衆送信および公表につき黙示の許諾があったか**

「原告は、本件楽曲を聴いた被告Bの感想等を聞くために、被告Bに対して本件録音データを提供したにすぎないから、原告が本件録音データを提供したことをもって、本件楽曲を公衆送信ないし公表することを黙示に許諾したとは認められない。被告Bが芸能リポーターであるからといって、それのみでは上記説示を左右しない」。

(3) **被告らによる公衆送信行為は著作権法41条所定の時事の事件の報道のための利用にあたるか**

裁判所は、本件楽曲が視聴者に対して原告による覚せい剤使用の事実の真偽を判断するための材料を提供するという点において「警視庁が原告を覚せい剤使用の疑いで逮捕する方針であること」という時事の事件を構成する、という被告らの主張について、「本件楽曲は、警視庁が原告に対する覚せい剤使用の疑いで逮捕状を請求する予定であるという時事の事件の主題となるものではないし、かかる時事の事件と直接の関連性を有するものでもないから、時事の事件を構成する著作物に当たるとは認められない」と判断した。

また、原告が執行猶予期間中に更生に向けて行っていた音楽活動の成果物であるという点において「原告が有罪判決後の執行猶予期間中に音楽活動を行い更生に向けた活動をしていたこと」という時事の事件を構成する、という被告らの主張については、裁判所は本件番組における原告の音楽活動に言及した時間、出演者の発言を詳細に摘示したうえで、「本件番組中における原告の音楽活動に関する部分は、警視庁が原告を覚せい剤使用の疑いで逮捕する予定であることを報道する中で、ごく短時間に、原告が2020年のオリンピックのテーマ

ソングとして作曲した本件楽曲を被告Bに送付し、来月、YouTubeで新曲を発表するなど音楽活動に向けて動こうとしている、ということを断片的に紹介する程度にとどまっており、本件楽曲の紹介自体も、原告がそれまでに創作した楽曲とは異なる印象を受けることを指摘するにすぎないもので、これ以上に原告の音楽活動に係る具体的な事実の紹介はないものであるから、このような放送内容に照らせば、本件番組中における原告の音楽活動に関する部分が『原告が有罪判決後の執行猶予期間中に音楽活動を行い更生に向けた活動をしていたこと』という『時事の事件の報道』に当たるとは、到底いうことができない」と判断し、著作権法41条該当性を否定した。

(4) **被告らによる公衆送信行為は著作権法32条1項所定の引用にあたるか**

「原告が被告Bに対して本件録音データを提供したことにより、本件楽曲が公表されたものとは認められず、本件番組の放送時において本件楽曲は未公表の著作物であったと認められるから、被告らによる本件楽曲の公衆送信行為は法32条1項所定の引用には当たらない」。

(5) **正当業務行為等により公表権侵害の違法性が阻却されるか**

「本件楽曲の公表は、原告が逮捕されそうであるという差し迫った状況において、有罪判決後の原告の音楽活動や更生に向けた活動等を具体的に報道するとともに、視聴者に対して原告による覚せい剤使用の事実の真偽を判断するための材料を提供するという目的で行われたものであり、その具体的事情の下では、法41条の趣旨の準用、正当業務行為その他の事由により違法性が阻却される旨主張する。

しかしながら、本件番組では原告の音楽活動にごく簡単に触れたに止まり、それに係る具体的な事実の紹介がない……し、本件楽曲が原告による覚せい剤使用の事実の真偽を判断するための的確な材料であるとも認められないから、被告らの上記主張は、その前提を欠くものであり採用できない」。

「また、被告Bは、原告が逮捕見込みであるとの報道に関連して、原告が更生していることを示すために、本件録音データの一部のみを再生したものであるから、芸能リポーターとしての正当な業務行為として違法性がない旨主張する。

しかしながら、原告の音楽活動に係る具体的な事実の紹介がないまま、本件

録音データの一部を再生したからといって、原告が更生していることを具体的に示すことにはならないから、被告Ｂの上記主張も、その前提を欠くものであり採用できない」。

(6) 被告Ｂは公衆送信権および公表権の侵害主体となるか

「被告Ｂは、本件番組の生放送中に出演者として本件楽曲の録音データ（本件録音データ）の一部を再生し、被告讀賣テレビは本件番組を放送したのであるところ、……被告らは共同して原告が本件楽曲につき有する公衆送信権及び公表権を侵害したものと認められる」。

2 争点2（故意・過失の存否）

「被告Ｂはいわゆる芸能リポーターを業とし、被告讀賣テレビは基幹放送事業を業とするものであるから、被告らは、放送番組中において楽曲を再生し放送する場合には著作権や著作者人格権の侵害がないように十分注意すべき高度の注意義務を負っているというべきところ、原告が本件楽曲を公衆送信及び公表することを黙示に許諾したとは認められないにもかかわらず、その認識を欠いて本件楽曲を公衆送信及び公表することが許されると誤信した点などにおいて、少なくとも過失があったと認められる」。

3 争点3（損害の有無およびその額）

(1) 著作権法114条3項による損害金

「一般社団法人日本音楽著作権協会が、使用料規程において、放送及び当該放送の録音に音楽著作物を利用する場合の使用料について、年間の包括的利用許諾契約を締結する方法と1曲1回当たりの使用料を積算する方法とを定めているところ、著作権侵害による損害額を算定するに当たっては、音楽著作物の継続的な利用を前提とする前者の方法を基準とするではなく、1曲1回の利用ごとに使用料が発生することを前提とする後者の方法を基準とするのが合理的であ」る。

「上記使用料規程によれば、全国放送の場合、1曲1回当たりの使用料は、利用時間が5分までは6万4000円、その後利用時間が5分を超えるごとに6万4000円と定められている……ところ、本件番組において本件楽曲が放送された時間は約1分間であった……から、その相当対価額は6万4000円と認めるのが相当である」。

(2) 公表権侵害による慰謝料

「本件楽曲は平成32年（2020年）に開催される東京オリンピックのテーマ曲として応募することを目的として創作されたものであり、原告としては、本件楽曲を聴いた感想を聞くために、被告Bに対して本件録音データを提供したにすぎなかったにもかかわらず、本件番組（日本テレビ系列28社により放送されている。）において本件楽曲が放送されたことにより、原告は本件楽曲を創作した目的に即した時期に本件楽曲を公表する機会を失ったこと、しかも、本件楽曲は、本件番組において、警視庁が原告に対する覚せい剤使用の疑いで逮捕状を請求する予定であるという報道に関連する一つの事情として紹介されたことにより、本件番組の司会者及び被告Bの発言と相まって、本件番組の視聴者に対して原告が本件楽曲を創作した目的とは相容れない印象を与えることとなったことが認められる。

なお、原告は、本件番組において、原告が覚せい剤の使用により精神的に異常を来したかのような報道をされたことにより、原告の音楽家としてのイメージを毀損され、精神的苦痛を受けた旨主張し、その陳述書……にはこれに沿う陳述部分があるが、本件における慰謝料請求は飽くまで本件楽曲に係る公表権侵害を理由とするものであるから、上記認定のとおり、公表権侵害の方法・態様として評価し得る事情の限度で考慮するにとどめるのが相当である。

これらの事情に加え、本件で顕れた一切の事情を併せ考慮すると、被告らによる公表権侵害に対する慰謝料の額は100万円と認めるのが相当である」。

(3) 弁護士費用

「被告らによる公衆送信権侵害及び公表権侵害と相当因果関係のある弁護士費用の額は11万円と認めるのが相当である」。

【コメント】

本件は、有名な人気歌手が覚せい剤取締法違反で逮捕されるという世間で大きな話題となった事件に関係する判決である。

本件では多数の争点について争われているが、著作権法41条に規定する時事の事件の報道のための利用に該当するかについて判断された点に特徴がある。本件については、本件番組で扱われた主たる内容は警視庁が原告を覚せい剤使用の疑いで逮捕する予定であるということであり、そもそも本件楽曲との関係

性は薄いと言わざるを得ない。そのため、本件楽曲が「当該事件を構成し、又は当該事件の過程において見られ、若しくは聞かれる著作物」に該当するとはいえないため、同条の適用を否定した本判決の判断は妥当と考えられる。

　なお、著作権法41条に関しては、著作者人格権に影響を与えるものではなく（50条）、公表権にはやむを得ない場合等の適用除外規定（20条2項参照）がないことから、未公表著作物については同法41条に該当する場合でも公表権侵害が成立するのではないかという問題があるが、本件ではこの点については触れられていない。

（面谷　和範）

判例コメント61　RSS事件

【判決裁判所】　札幌高等裁判所（平成30年(ネ)第262号）
【判決年月日】　平成31年3月12日
【出　　典】　公刊物未登載
【請求内容】　損害賠償
【結　　論】　控訴棄却
【第1審】　札幌地方裁判所平成30年9月21日（平成29年(ワ)第1545号）（請求一部認容）

【事案の概要】

　本件は、ペンギンパレードの写真（以下、「本件写真」という）の著作者である1審原告が、1審被告らが開設するサイト（以下、「本件サイト」という）に本件写真を無断転載したことにより、1審原告の著作権（複製権・公衆送信権）および著作者人格権（氏名表示権、同一性保持権および名誉声望を害する方法による利用等）などを侵害したとして、1審被告らに対し、不法行為に基づく損害賠償を請求した事案である。

　本件における1審被告らの本件サイトへの本件写真の無断転載は、RSSプラグインによるものであった。RSSプラグインとは、あらかじめ登録しておいたウェブサイトからRSSフィード（当該サイトの記事のタイトルや要約、更新日時などが記載された文書ファイル）の配信を受けて、これを自動的に表示するプログラムのことである。RSSフィードにはアイキャッチ画像（リンク先の情報を端的に表現する画像）を出力する設定が可能であり、その場合、表示する画像サイズの横幅を指定することができる。

　1審被告らは、本件サイトにRSSプラグインを設置し、第三者が運営管理するサイト（以下、「侵害サイト」という）が配信するRSSフィードを、本件サイトで受信・表示するとともに、アイキャッチ画像が出力されるように設定していた（以下、「本件設定行為」という）。その結果、本件サイトのサーバに、本件写真の一部がトリミングされて、本件写真に記された1審原告の署名が読めなくなった状態の複製ファイル（以下、「本件複製写真」という）が作成・保存

され、本件サイト上に特定の文章とともに本件複製写真が表示されるようになった（以下、「本件記事」という）。

【争　点】

1　以下の事情に照らし、本来的に違法ではなく単なる設定行為にすぎない本件設定行為が著作権または著作者人格権侵害を構成するか

　①　本件設定行為は、侵害サイトに当該記事が掲載される前に行われており、本件設定行為当時、1審被告らは、本件写真の存在を認識していなかった

　②　侵害サイトは、著作物の違法アップロードを目的としたサイトではない

　③　1審被告らは、サーバ管理会社から本件サイトについて発信者情報開示請求を受けている旨の連絡を受けた後直ちに本件サイトを削除している

　④　RSSプラグインは、インターネットにおいて世界的に普及し使用されている社会的に有益な機能であり、専ら侵害のために用いられる侵害専用品ではない（1審被告らの「複製」該当性についての主張）

2　本件写真に施されたトリミングが技術上・機能上の理由で自動的に行われたことをもって、1審被告らによる氏名表示権侵害行為および同一性保持権侵害行為がなかったといえるか。また、著作権法20条2項4号所定の「やむを得ないと認められる改変」にあたるか

3　RSSプラグインにおけるアイキャッチ画像は、技術上・機能上の制約により極めて小さく表示されるにすぎないとの利用態様に照らし、著作権法19条3項に基づき氏名表示を省略することができるか

4　著作権法32条所定の引用にあたるか

5　上記1の事情に照らして、1審被告らに過失が認められるか

6　損害額

【裁判所の判断】

1　複製権侵害（争点1）

判決は、本件複製写真が本件写真の複製データに依拠して、さらにそれを機械的に複製する方法により作成されたものであることを根拠に、複製権の侵害

を認めた。そして、上記争点1の①ないし④の事情は複製権侵害の判断に影響しないとした。

2　公衆送信権侵害（争点1）

判決は、本件複製写真が、1審被告らの本件設定行為によって、本件記事の閲覧者に対して、自動的に送信されていたことを根拠に、公衆送信権の侵害を認めた。そして、上記争点1の①ないし③の事情は公衆送信権侵害の判断に影響しないとした。

3　氏名表示権侵害（争点1、2前段および3）

判決は、本件複製写真においては、本件写真の一部がトリミングされて1審原告の署名が読めなくなっていることを根拠に、氏名表示権の侵害を認めた。そして、上記争点1の①ないし③の事情は氏名表示権侵害の判断に影響しないとした（争点1）。

また、1審被告らが、本件設定行為によってアイキャッチ画像がRSSフィードに表示されるように設定し、表示する画像サイズの横幅を指定したことをもって、自動的にトリミングされる結果を容認していたとして、1審被告らは氏名表示権侵害行為および同一性保持権侵害行為の主体になるとした（争点2前段）。

さらに、本件複製写真が、通常表示する場合は極めて小さく表示されるにすぎないとしても、本件写真の複製であることに変わりはない以上、1審原告の「創作者であることを主張する利益を害するおそれがない」とは認められないとして、著作権法19条3項の適用を否定した（争点3）。

4　同一性保持権侵害（争点1および2）

判決は、本件複製写真が、本件写真の一部がトリミングされて、サイズも小さくされたものであることを根拠に、同一性保持権の侵害を認めた。そして、上記争点1の①ないし③の事情は同一性保持権侵害の判断に影響しないとした（争点1）。

また、トリミングが生じたのは1審被告らの設定行為の結果であり、トリミングが生じないようにすることが技術上不可能であったとも認めるに足りる証拠はないとして、著作権法20条2項4号所定の「やむを得ないと認められる改変」にはあたらないとした（争点2後段）。

5 引用（争点4）

判決は、本件記事に本件複製写真を表示させることは、侵害サイトの記事の著作者との関係では適法な引用にあたると解する余地もあるが、侵害サイトの記事自体が1審原告の著作権を侵害するものである以上、1審原告との関係で適法な引用ということはできないとした。また、トリミングによって本来は出所の明示の機能を果たすはずの1審原告の署名が読めなくなっており、かかる処理がなされた引用が「公正な慣行に合致するもの」とはいえないとした（争点4）。

6 1審被告らの過失（争点5）

判決は、1審被告らが、侵害サイトに掲載される記事の中に他人の著作権を侵害する画像が表示されることが予見可能であった以上、1審被告らには、本件設定行為を行う際、侵害サイトに掲載される記事に表示された他人の著作物を機械的に複製することがないよう配慮すべき「高度の注意義務」があったとの1審判決の判断を維持した。そのうえで、1審被告らは、上記を予見可能であったにもかかわらず、本件設定行為においてアイキャッチ画像がRSSフィードに出力されるように設定したものであるから過失があるとした。

7 損害額

判決は、1審原告には、本件写真の利用料相当損害金として3000円、著作者人格権侵害の慰謝料として3万円および内容証明郵便請求費用として1512円の合計3万4512円の損害が生じたものと認めた。

【コメント】

本件は、RSSプラグインの設定行為によって、登録された第三者の運営管理するサイトから自動的・機械的に受信されるRSSフィード（アイキャッチ画像）の表示が他人の著作物を含む場合に、著作権（複製権・公衆送信権）および著作者人格権（氏名表示権・同一性保持権）侵害が成立するか否かが争われた事案である。かかる事案につき、本判決は、本件設定行為によって実際に生じた結果に着目して、著作権および著作者人格権侵害を肯定している。確かに、元となる著作権侵害行為を行ったのは、第三者の運営管理するサイトに本件写真をアップした者ではあるが、本件設定行為によって、本件サイトにおいて、本件複製写真が再製され、閲覧者に送信され、またトリミングによる改変がなさ

れている等の結果が生じている以上は、かかる状態は本件設定行為を行った１審被告らによって是正されなければならない。すなわち、１審原告から１審被告らに対する著作権侵害行為の差止請求は認められなければならない。したがって、本判決が、１審被告らの本件設定行為について、著作権および著作者人格権侵害の成立を認めたことは正当というべきである。

　もっとも、１審原告から１審被告らに対する損害賠償請求については、別段の考慮が必要ではないか。この点、本判決は、①侵害サイトに掲載される記事の中に他人の著作物を侵害する画像が表示されることが予見可能であったこと、②にもかかわらず、１審被告らが本件設定行為においてアイキャッチ画像がRSSフィードに出力されるように設定したこと、をもって１審被告らの過失を認めている。しかし、インターネットやSNSにおいては、第三者のサイトや投稿へのリンク行為はごく一般的に行われているところ、リンク先の第三者のサイトや投稿が他人の著作権を侵害するものである抽象的危険性・予見可能性は常に存在するといってよい。仮にこれらのリンク行為が、かかる抽象的危険性を予見可能であったにもかかわらず行われた以上は損害賠償請求の対象になるというのであれば、インターネットの利用および情報の流通を過度に制約する結果をもたらしかねない。かかる危惧を招来する点において、本判決の過失の認定判断にはやや不十分なところがあるように思われる。

　この点、**判例コメント47**＝２ちゃんねる小学館事件控訴審では、掲示板の運営者は、著作権侵害となる書き込みがあった際には、適切な是正措置を速やかにとる態勢で臨むべき義務があるものとされ、運営者が著作権侵害行為を「放置」している場合には、放置自体が著作権侵害行為と評価すべき場合があるとされている。また、知財高判平成24・2・14判時2161号86頁「チュッパチャップス事件」では、モールの運営者が、①出店者の管理・支配を行い、②出店者から利益を受けており、③出店者による商標権侵害があることを知りまたは知ることができたと認めるに足りる相当の理由があるに至ったときは、④その後の合理的期間内に侵害内容の削除がなされなければ、同期間を経過したときから、モールの運営者が商標権侵害を理由に、出店者と同様の差止めや損害賠償の責任を負うとされている。両裁判例は、サービス自体が侵害を生じさせる蓋然性の高いものではないことを前提に、サービスの運営者が侵害を知りながら

放置した点に帰責の根拠を見出すものと評価できる。

　本件においても、過失の認定判断には、本件設定行為が著作権侵害を生じさせる具体的危険性の程度を十分に吟味する必要があったというべきであり、仮にこれが抽象的危険性にとどまるのであれば、著作権侵害の指摘を受けても対応しなかった点に過失を見出すのが相当ではなかったかと考える。したがって、仮に本件が抽象的危険性にとどまるものであったとすれば、サーバ管理会社から本件サイトについて発信者情報開示請求を受けているとの知らせを受けて直ちに本件サイトを削除した1審被告らに過失を認めるのは相当ではなかったと考える。

（辻村　和彦）

判決言渡日順判例索引

※ 掲載頁が太字のものは本文内で判例要旨・解説を掲載している。

事件名 言渡年月日	裁判所	事件番号	出典	掲載頁
M41・12・15	大判	明治41年(オ)第269号	民録14輯1276頁	368
「あゝ玉杯に花うけて事件」				
S 7・5・27	大判	昭和7年(オ)第136号	民集11巻1069頁	368
「学習用日本地図事件」				
S26・10・18	大阪地判	昭和24年(ワ)第909号	下民集2巻10号1208頁	17
「船荷証券事件」				
S40・8・31	東京地判	昭和39年(ワ)第2686号	下民集16巻8号1377頁 判時424号40頁 判タ185号216頁	3
「ワン・レイニー・ナイト・イン・トーキョー事件」第1審判決・関連判例9－1－1				
S43・5・13	東京地判	昭和40年(ワ)第5299号・5489号	下民集19巻5・6号257頁 判タ222号227頁	56
S43・8・2	最二小判	昭和42年(オ)第564号	民集22巻8号1571頁 判時533号36頁 判タ226号75頁	368
「地球儀用世界地図事件」				
S46・2・2	東京高判	昭和44年(う)第1883号	判時643号93頁	17
「博多人形事件」				
S48・2・7	長崎地裁 佐世保支決	昭和47年(ヨ)第53号	無体集5巻1号18頁 裁判所HP	15
「マーク・レスター事件」				
S51・6・29	東京地判	昭和46年(ワ)第9609号	判時817号23頁 判タ339号136頁	162・443・446
「広告用ガス気球事件」・関連判例11－1－2				
S52・3・17	東京地判	昭和48年(ワ)第7540号	判時868号64頁 判タ362号288頁	**160**・**163**・446
「舞台装置事件」				
S52・7・22	東京地判	昭和48年(ワ)第2198号	無体集9巻2号534頁 判タ369号268頁	83
「日照権事件」				
S53・6・21	東京地判	昭和52年(ワ)第7893号・598号	無体集10巻1号287頁 判タ366号343頁	55
「ワン・レイニー・ナイト・イン・トーキョー事件」上告審判決・関連判例9－1－1				
S53・9・7	最一小判	昭和50年(オ)第324号	民集32巻6号1145頁 判時906号38頁 判タ371号71頁	61・124・**125**・**126**
「住宅地図事件」				
S53・9・22	富山地判	昭和46年(ワ)第71号・33号	無体集10巻2号454頁 判タ375号144頁	17
S54・2・19	千葉地判	昭和45年(ワ)第637号	無体集11巻1号62頁	139

事件名	日付	裁判所	事件番号	出典	頁
「冷蔵倉庫設計図事件」	S54・2・23	大阪地判	昭和51年(ワ)第2991号	判タ387号145頁	18・191
「ビル設計図事件」	S54・6・20	東京地判	昭和50年(ワ)第1314号	無体集11巻1号322頁	18・191
「仏壇彫刻事件」	S54・7・9	神戸地裁姫路支判	昭和49年(ワ)第291号	無体集11巻2号371頁 裁判所HP	15
「テレビニュース録画事件」	S55・3・26	東京地決	昭和53年(合わ)第315号	判時968号27頁 判タ413号79頁	92
「パロディ写真事件」・関連判例4－10－1	S55・3・28	最三小判	昭和51年(オ)第923号	民集34巻3号244頁 判時967号45頁 判タ415号100頁	29・49・**76**・87・126・346・350・351・372・457
「英訳平家物語事件」	S55・6・26	大阪高判	昭和52年(ネ)第1837号	無体集12巻1号266頁	35
「地のさざめごと事件」	S55・9・17	東京地判	昭和44年(ワ)第6455号 昭和54年(ワ)第2897号	無体集12巻2号456頁 判時975号3頁 判タ423号51頁	250
「アメリカンTシャツ事件」	S56・4・20	東京地判	昭和51年(ワ)第10039号	無体集13巻1号432頁 判時1007号91頁	15
「スペース・インベーター・パート2事件」	S57・12・6	東京地判	昭和54年(ワ)第10867号	無体集14巻3号796頁 判時1060号18頁 判タ482号65頁	415
「スーパー・インベーター事件」	S58・3・30	横浜地判	昭和54年(ワ)第1489号	判時1081号125頁 判タ506号201頁	415
「顔真卿自書建中告身書事件」・関連判例11－1－1	S59・1・20	最二小判	昭和58年(オ)第171号	民集38巻1号1頁 判時1107号127頁 判タ519号129頁	14・**158**・**159**・160・447
「ポパイ・マフラー事件」	S59・2・28	大阪地判	昭和58年(ワ)第27号	判時1182号147頁 判タ536号418頁	31
「長尾鶏事件」	S59・10・29	高知地判	昭和57年(ワ)第31号	判タ559号291頁	163・446
「新潟鉄工事件」第1審判決	S60・2・13	東京地判	昭和58年(刑わ)第506号	判時1146号23頁 判タ552号137頁	40
「商業広告事件」	S60・3・29	大阪地判	昭和58年(ワ)第3087号・1367号	無体集17巻1号132頁 判時1149号147頁 判タ566号278頁	59

「藤田嗣治絵画複製事件」
S60・10・17　東京高判　昭和59年(ネ)第2293号　無体集17巻3号462頁　14・87・
　　　　　　　　　　　　　　　　　　　　　　　判時1176号34頁　　　457
　　　　　　　　　　　　　　　　　　　　　　　判タ569号38頁

「動書書体事件」
S60・10・30　東京地判　昭和59年(ワ)第2343号　無体集17巻3号520頁　14
　　　　　　　　　　　　　　　　　　　　　　　判時1168号145頁
　　　　　　　　　　　　　　　　　　　　　　　判タ569号93頁

「新潟鉄工事件」控訴審判決
S60・12・4　東京高判　昭和60年(う)第562号　判時1190号143頁　40

「豊後の石風呂事件」
S61・4・28　東京地判　昭和58年(ワ)第13780号　無体集18巻1号112頁　87
　　　　　　　　　　　　　　　　　　　　　　　判時1189号108頁
　　　　　　　　　　　　　　　　　　　　　　　判タ603号81頁

「パロディ写真事件（第2次）」
S61・5・30　最二小判　昭和58年(オ)第516号　民集40巻4号725頁　146・383
　　　　　　　　　　　　　　　　　　　　　　　判時1199号26頁
　　　　　　　　　　　　　　　　　　　　　　　判タ609号28頁

「用字苑事件」
S62・3・18　名古屋地判昭和58年(ワ)第2939号　判時1256号90頁　125・233

「パソコン用ソフトレンタル差止仮処分事件」
S62・4・6　東京地決　昭和62年(ヨ)第2522号・　判時1227号132頁　73
　　　　　　　　　　　　　　2527号

「土地売買契約書事件」
S62・5・14　東京地判　昭和61年(ワ)第8498号　判時1273号76頁　4

「レオナール・ツグハル・フジタの生涯と作品事件」
S62・11・27　東京地決　昭和62年(ヨ)第2555号　判時1269号136頁　156

「クラブ・キャッツアイ事件」上告審判決・関連判例9－3－1
S63・3・15　最三小判　昭和59年(オ)第1204号　民集42巻3号199頁　64・**132**・
　　　　　　　　　　　　　　　　　　　　　　　判時1270号34頁　　309・311・
　　　　　　　　　　　　　　　　　　　　　　　判タ663号95頁　　400・404

「神奈川県建築確認申請書等一部公開拒否事件」差戻第1審判決
H元・5・23　横浜地判　昭和60年(行う)第5号　判時1319号67頁　18・191
　　　　　　　　　　　　　　　　　　　　　　　判タ700号144頁

「佐賀錦袋帯事件」
H元・6・15　京都地判　昭和60年(ワ)第1737号　判時1327号123頁　15
　　　　　　　　　　　　　　　　　　　　　　　判タ715号233頁

「レオナール・フジタ展事件」
H元・10・6　東京地判　昭和62年(ワ)第1744号　無体集21巻3号747頁　96・349
　　　　　　　　　　　　　　　　　　　　　　　判時1323号140頁
　　　　　　　　　　　　　　　　　　　　　　　判タ710号234頁

「ポパイ・マフラー事件」
H2・7・20　最二小判　昭和60年(オ)第1576号　民集44巻5号876頁　169
　　　　　　　　　　　　　　　　　　　　　　　判時1356号132頁
　　　　　　　　　　　　　　　　　　　　　　　判タ738号74頁

「おニャン子クラブ事件」第1審判決
H2・12・21　東京地判　昭和61年(ワ)第12560号　判タ772号253頁　446

「シノブ設計事件」			
H3・4・9	福島地決　平成2年(ヨ)第105号	知裁集23巻1号228頁	18・191・193・290
「英語教科書録音テープ事件」			
H3・5・22	東京地判　昭和59年(ワ)第6312号	知裁集23巻2号293頁 判時1421号113頁 判タ784号233頁	88
「神奈川県建築確認申請書等一部公開拒否事件」差戻控訴審判決			
H3・5・31	東京高判　平成元年(行コ)第69号	判時1388号22頁 判タ766号109頁	45
「おニャン子クラブ事件」控訴審判決			
H3・9・26	東京高判　平成2年(ネ)第4794号	判時1400号3頁 判タ772号246頁	162・446
「クルーザー・プリンス号事件」			
H3・11・28	神戸地裁　平成元年(ワ)第265号 伊丹支判	判時1412号136頁	163・446
「木目化粧紙事件」			
H3・12・17	東京高判　平成2年(ネ)第2733号	知裁集23巻3号808頁 判時1418号120頁	15
「法政大学懸賞論文事件」			
H3・12・19	東京高判　平成2年(ネ)第4279号	知裁集23巻3号823頁 判時1422号123頁	49・51
「三沢市市勢映画事件」第1審判決			
H4・3・30	東京地判　平成元年(ワ)第4599号	判タ802号208頁	20・259・269
「丸棒矯正機事件」			
H4・4・30	大阪地判　昭和61年(ワ)第4752号	知裁集24巻1号292頁 判時1436号104頁	17・191
「ブランカ事件」			
H5・1・25	東京地判　平成3年(ワ)第722号	判時1508号147頁 判タ870号258頁	284
「山口組5代目継承式事件」			
H5・3・23	大阪地判　平成元年(ワ)第8207号	判時1464号139頁	92・259
「智恵子抄事件」			
H5・3・30	最三小判　平成4年(オ)第797号	判時1461号3頁 判タ820号65頁	32
「ベルトコンベアーカバー事件」			
H5・4・15	大阪高決　平成4年(ラ)第451号	裁判所HP	17・191
「三沢市市勢映画事件」控訴審判決			
H5・9・9	東京高判　平成4年(ネ)第1421号	判時1477号27頁	20・42
「パックマン事件」			
H6・1・31	東京地判　平成4年(ワ)第19495号	知裁集26巻1号1頁 判時1496号111頁 判タ867号280頁	18
「城の定義事件」			
H6・4・25	東京地判　平成4年(ワ)第17510号	判時1509号130頁 判タ873号254頁	7

事件名	判決日・裁判所・事件番号	掲載誌	頁
「101匹ワンチャン並行輸入事件」	H6・7・1　東京地判　平成5年(ワ)第4948号	知裁集26巻2号510頁 判時1501号79頁 判タ854号93頁	18・71・157
「女優貞奴事件」	H6・7・29　名古屋地判　昭和60年(ワ)第4087号	知裁集26巻2号832頁 判時1540号94頁 判タ971号234頁	75
「ポパイ・ベルト事件」	H6・10・17　東京地判　平成2年(ワ)第13098号	判時1520号130頁 判タ879号254頁	115
「ウォール・ストリート・ジャーナル事件」	H6・10・27　東京高判　平成5年(ネ)第3528号	知裁集26巻3号1151頁 判時1524号118頁	22
「三光商事事件」	H7・3・28　大阪地判　平成4年(ワ)第1958号	知裁集27巻1号210頁	23
「海賊版ビデオ販売事件」	H7・4・4　最三小決　平成6年(あ)第582号	刑集49巻4号563頁 判時1527号152頁 判タ877号180頁	151
	H7・5・31　東京地判　昭和55年(ワ)第2444号	判時1533号110頁 判タ883号254頁	139
「システムサイエンス事件」	H7・10・30　東京地判　平成元年(ワ)第8292号 平成2年(ワ)第8050号	判時1560号24頁 判タ908号69頁	45・415
「ラストメッセージin最終号事件」	H7・12・18　東京地判　平成6年(ワ)第9532号	知裁集27巻4号787頁 判時1567号126頁 判タ916号206頁	8・12・82・176・279
	H8・2・23　東京地判　平成5年(ワ)第8372号	知裁集28巻1号54頁 判時1561号123頁 判タ905号222頁	135・388
「市史事件」	H8・10・2　東京高判　平成8年(ネ)第1129号 同2413号	判時1590号134頁	146
「だれでもできる在宅介護事件」	H9・3・31　東京地判　平成5年(ワ)第15527号 平成6年(ワ)第19283号 平成7年(ワ)第2786号	判時1606号118頁 判タ951号269頁	36
「スモーキングスタンド設計図事件」	H9・4・25　東京地判　平成5年(ワ)第22205号	判時1605号136頁 判タ944号265頁	6・18・191
「エルミア・ド・ホーリィ贋作事件」	H9・5・28　大阪高判　平成8年(行コ)第8号	知裁集29巻2号481頁	156
「チョコレート製造機事件」	H9・6・30　東京地判　昭和58年(ワ)第12196号 昭和60年(ワ)第12434号	公刊物未登載	191

「BBS並行輸入事件」
H9・7・1　最三小判　平成7年(オ)第1988号　民集51巻6号2299頁　71
　　　　　　　　　　　　　　　　　　　　判時1612号3頁
　　　　　　　　　　　　　　　　　　　　判タ951号105頁

「ポパイ・ネクタイ事件」・関連判例4－11－2
H9・7・17　最一小判　平成4年(オ)第1443号　民集51巻6号2714頁　15・28・31・**80**・102・104・365・421・422

「ダリ事件」
H9・9・5　東京地判　平成3年(ワ)第3682号　判時1621号130頁　96・116
　　　　　　　　　　　　　　　　　　　　判タ955号243頁

「全米女子オープン事件」
H9・9・25　東京高判　平成6年(行コ)第69号　行集48巻9号661頁　19
　　　　　　　　　　　　　　　　　　　　判時1631号118頁
　　　　　　　　　　　　　　　　　　　　判タ994号147頁

「ときめきメモリアル事件」
H9・11・27　大阪地判　平成8年(ワ)第12221号　判タ965号253頁　19

「カラオケルームネットワーク事件」
H9・12・12　大阪地決　平成8年(ヨ)第1730号　判時1625号101頁　64
　　　　　　　　　　　　　　　　　　　　判タ969号254頁

「キング・クリムゾン事件」第1審判決
H10・1・21　東京地判　平成8年(ワ)第11327号　判時1644号141頁　446

「バーンズ・コレクション事件」
H10・2・20　東京地判　平成6年(ワ)第18591号　知裁集30巻1号33頁　87・92・96
　　　　　　　　　　　　　　　　　　　　判時1643号176頁
　　　　　　　　　　　　　　　　　　　　判タ974号204頁

「知恵蔵事件」第1審判決
H10・5・29　東京地判　平成7年(ワ)第5273号　知裁集30巻2号296頁　7・22
　　　　　　　　　　　　　　　　　　　　判時1673号130頁
　　　　　　　　　　　　　　　　　　　　判タ1000号312頁

「スウィートホーム事件」
H10・7・13　東京高判　平成7年(ネ)第3529号　知裁集30巻3号427頁　51・122

「本多勝一反論権（『諸君！』）事件」
H10・7・17　最二小判　平成6年(オ)第1082号　判時1651号56頁　49
　　　　　　　　　　　　　　　　　　　　判タ984号83頁

「ビッグ・エコー事件」第1審判決
H10・8・27　東京地判　平成9年(ワ)第19839号　知裁集30巻3号478頁　64・65
　　　　　　　　　　　　　　　　　　　　判時1654号34頁
　　　　　　　　　　　　　　　　　　　　判タ984号259頁

「マンガ原稿返還請求事件」
H10・10・22　東京地判　平成10年(ワ)第2837号　判時1660号125頁　120
　　　　　　　　　　　　　　　　　　　　判タ988号284頁

「SMAP大研究事件」
H10・10・29　東京地判　平成7年(ワ)第19455号　知裁集30巻4号812頁　3・32・56・58・74・76
　　　　　　　　　　　　　　　　　　　　判時1658号166頁
　　　　　　　　　　　　　　　　　　　　判タ988号271頁

事件名	判決日・裁判所	事件番号	掲載	頁
「血液型と性格事件」	H10・10・30　東京地判	平成7年(ワ)第6920号	判時1674号132頁 判タ991号240頁	86
「青果協同組合会館ビル事件」	H10・11・17　大阪地判	平成8年(ワ)第2575号		18・191
「ベジャール事件」	H10・11・20　東京地判	平成8年(ワ)第19539号	知裁集30巻4号841頁	12・244・468
「歴史書籍・壁の世紀事件」	H10・11・27　東京地判	平成5年(ワ)第11758号	判時1675号119頁 判タ992号232頁	58・183
「版画事典事件」	H10・11・30　東京地判	昭和63年(ワ)第1372号	知裁集30巻4号956頁 判時1679号153頁 判タ994号258頁	6
「古文単語語呂合わせ書籍事件」第1審判決	H11・1・29　東京地判	平成10年(ワ)第21662号	判時1680号119頁 判タ994号249頁	177
「キング・クリムゾン事件」控訴審判決	H11・2・24　東京高判	平成10年(ネ)第673号	公刊物未登載	162
「キャンディ・キャンディ事件」第1審判決・関連判例4-11-1	H11・2・25　東京地判	平成9年(ワ)第19444号	判時1673号66頁 判タ1001号229頁	37・79
「松本清張小説リスト事件」	H11・2・25　東京地判	平成10年(ワ)第12109号	判時1677号130頁 判タ998号252頁	3
「舞台装置（赤穂浪士）事件」	H11・3・29　東京地判	平成7年(ワ)第24693号・25924号	判時1689号138頁 判タ1001号218頁	14
「装飾文字『趣』事件」	H11・9・21　大阪地判	平成10年(ワ)第11012号 平成11年(ワ)第4128号	判時1732号137頁	14・60
「新橋玉置屋事件」	H11・9・28　東京地判	平成10年(ワ)第14180号	判時1695号115頁 判タ1017号260頁	15
「古文単語語呂合わせ書籍事件」控訴審判決	H11・9・30　東京高判	平成11年(ネ)第1150号	判タ1018号259頁	8・12・177
「三島由紀夫手紙事件」第1審判決	H11・10・18　東京地判	平成10年(ワ)第8761号	判時1697号114頁 判タ1017号255頁	5・147
「知恵蔵事件」控訴審判決	H11・10・28　東京高判	平成10年(ネ)第2983号	判時1701号146頁 判タ1021号252頁	23
「イメージボックス事件」	H11・10・29　東京地判	平成11年(ワ)第11409号	判時1707号168頁 判タ1018号250頁	117

「キューピー事件」第1審判決
H11・11・17　東京地判　平成10年(ワ)第13236号　　判時1704号134頁　　57・81・
　　　　　　　　　　　　　　　　　　　　　　　　　判タ1019号255頁　　388

「スイカ写真事件」第1審判決
H11・12・15　東京地判　平成11年(ワ)第8996号　　　判時1699号145頁　　320
　　　　　　　　　　　　　　　　　　　　　　　　　判タ1018号247頁

「ギャロップレーサー事件」第1審判決・判例コメント55
H12・1・19　名古屋地判 平成10年(ワ)第527号　　　 判タ1070号233頁　　163・**444**

「中田英寿事件」
H12・2・29　東京地判　平成10年(ワ)第5887号　　　 判時1715号76頁　　 45・87・
　　　　　　　　　　　　　　　　　　　　　　　　　判タ1028号232頁　　162・446

「ショッピングセンター設計図事件」
H12・3・8　名古屋地判 平成4年(ワ)第2130号　　　　裁判所HP　　　　　18・191

「タウンページデータベース事件」
H12・3・17　東京地判　平成8年(ワ)第9325号　　　　判時1714号128頁　　23・25
　　　　　　　　　　　　　　　　　　　　　　　　　判タ1027号268頁

「相場推移判定図表事件」
H12・3・23　東京地判　平成10年(ワ)第15833号　　　裁判所HP　　　　　8

「キャンディ・キャンディ事件」控訴審判決・関連判例4－11－1
H12・3・30　東京高判　平成11年(ネ)第1602号　　　 判時1726号162頁　　37・38・**79**

「積算くん事件」
H12・3・30　大阪地判　平成10年(ワ)第13577号　　　裁判所HP　　　　　9

「磁気テープ事件」
H12・3・31　東京地判　平成11年(ワ)第13048号　　　判時1715号71頁　　 4・15
　　　　　　　　　　　　　　　　　　　　　　　　　判タ1029号271頁

「脱ゴーマニズム宣言事件」
H12・4・25　東京高判　平成11年(ネ)第4783号　　　 判時1724号124頁　　51・87

「ちぎれ雲事件」
H12・4・25　東京地判　平成11年(ワ)第12918号　　　裁判所HP　　　　　47

「スターデジオ事件」
H12・5・16　東京地判　平成10年(ワ)第17018号　　　判時1751号128頁　　62・94
　　　　　　　　　　　　　　　　　　　　　　　　　判タ1057号221頁

「三島由紀夫手紙事件」控訴審判決
H12・5・23　東京高判　平成11年(ネ)第5631号　　　 判時1725号165頁　　11・53
　　　　　　　　　　　　　　　　　　　　　　　　　判タ1063号262頁

「新世界街路灯デザイン事件」
H12・6・6　大阪地判　平成11年(ワ)第2377号　　　　裁判所HP　　　　　15

「ゴナ書体事件」
H12・9・7　最一小判　平成10年(受)第332号　　　　民集54巻7号2481頁　14・29・
　　　　　　　　　　　　　　　　　　　　　　　　　判時1730号123頁　　244
　　　　　　　　　　　　　　　　　　　　　　　　　判タ1046号101頁

H12・9・28　東京地判　平成11年(ワ)第13459号　　　判時1732号130頁　　138
　　　　　　　　　　　　　　　　　　　　　　　　　判タ1045号296頁

「自動車部品生産流通調査事件」
H12・10・18　名古屋地判 平成11年(ワ)第5181号　　 判タ1107号293頁　　2

「マイコンテストボックス事件」
H12・12・26　大阪地判　平成10年(ワ)第10259号　　　裁判所HP　　　　　74・76
　　　　　　　　　　　　　　　　　　　　　　　　　知財管理52巻4号489頁

事件名	年月日・裁判所・事件番号	出典	頁
「井深大とソニースピリッツ事件」	H12・12・26　東京地判　平成11年(ワ)第26365号	判時1753号134頁 判タ1079号275頁	57
「ビデオメイツ事件」・関連判例9－4－1	H13・3・2　最二小判　平成12年(受)第222号	民集55巻2号185頁 判時1744号108頁 判タ1058号107頁	64・**137**
「ギャロップレーサー事件」控訴審判決・判例コメント55	H13・3・8　名古屋高判　平成12年(ネ)第144号・467号	判タ1071号294頁	163・**444**
「自動車データベース（翼システム）事件」中間判決	H13・5・25　東京地判　平成8年(ワ)第10047号・25582号	判時1774号132頁 判タ1081号267頁	25・26
「キューピー事件」控訴審判決	H13・5・30　東京高判　平成11年(ネ)第6345号	判時1797号111頁 判タ1106号210頁	156・349
「キューピー事件Ⅱ」	H13・5・30　東京高判　平成12年(ネ)第7号	判時1797号131頁 判タ1106号210頁	61
「ウルトラマン国際管轄事件」	H13・6・8　最二小判　平成12年(オ)第929号 平成12年(受)第780号	民集55巻4号727頁 判時1756号55頁 判タ1066号206頁	155
「スイカ写真事件」控訴審判決	H13・6・21　東京高判　平成12年(ネ)第750号	判時1765号96頁 判タ1087号247頁	20・228・229・320
「泉北ニュータウン企画書事件」	H13・6・21　大阪高判　平成12年(ネ)第3128号	裁判所HP	6
「江差追分事件」上告審判決・関連判例9－1－2	H13・6・28　最一小判　平成11年(受)第922号	民集55巻4号837頁 判時1754号144頁 判タ1066号220頁	56・74・76・77・**127**・206・208・226・264・322・324・334・335・452
「はたらくじどうしゃ事件」	H13・7・25　東京地判　平成13年(ワ)第56号	判時1758号137頁 判タ1067号297頁	13・95
「ダービースタリオン事件」第1審判決	H13・8・27　東京地判　平成10年(ワ)第23824号	判時1758号3頁 判タ1071号283頁	163
「コルチャック先生事件」	H13・8・28　大阪地判　平成11年(ワ)第5026号	裁判所HP	77
「エスキース事件」	H13・9・18　東京高判　平成12年(ネ)第4816号	裁判所HP	104
「解剖実習の手引き事件」	H13・9・27　東京高判　平成13年(ネ)第542号	判時1774号123頁 判タ1099号261頁	8・58

「キャンディ・キャンディ事件」上告審判決・関連判例 4 −11−1			
H13・10・25　最一小判　平成12年(受)第798号	判時1767号115頁 判タ1077号174頁		36・**78**
「交通標語事件」控訴審判決			
H13・10・30　東京高判　平成13年(ネ)第3427号	判時1773号127頁 判タ1092号281頁		8・12・ 59・177
「いちげんさん事件」			
H13・11・8　東京地判　平成12年(ワ)第2023号	裁判所HP		92
「とんぼの本事件」			
H13・11・30　東京地判　平成12年(ワ)第15312号	裁判所HP		123
「チーズはどこへ消えた？事件」第1仮処分			
H13・12・19　東京地決　平成13年(ヨ)第22090号	裁判所HP		76
「チーズはどこへ消えた？事件」第2仮処分			
H13・12・19　東京地決　平成13年(ヨ)第22103号	裁判所HP		76
「中古ビデオ販売事件」第1審判決			
H14・1・31　東京地判　平成12年(ワ)第15070号	判時1791号142頁 判タ1113号239頁		71
「トントゥぬいぐるみ事件」			
H14・1・31　東京地判　平成13年(ワ)第12516号	判時1818号165頁 判タ1120号277頁		118
「雪月花事件」			
H14・2・18　東京高判　平成11年(ネ)第5641号	判時1786号136頁		60
「宇宙戦艦ヤマト事件」			
H14・3・25　東京地判　平成11年(ワ)第20820号 平成12年(ワ)第14077号	判時1789号141頁 判タ1088号268頁		74・259
「自動車データベース（翼システム）事件」終局判決			
H14・3・28　東京地判　平成8年(ワ)第10047号・ 25582号	判時1793号133頁 判タ1104号209頁		2
「絶対音感事件」			
H14・4・11　東京高判　平成13年(ネ)第3677号 同5920号	裁判所HP 判例百選〔第6版〕140頁		87・457
「ファイルローグ仮処分事件」			
H14・4・11　東京地決　平成14年(ヨ)第22010号	判時1780号25頁 判タ1092号110頁		134
「中古ゲームソフト事件」東京事件上告審判決			
H14・4・25　最一小判　平成13年(受)第898号	判時1785号3頁 判タ1091号180頁		71
「中古ゲームソフト事件」大阪事件上告審判決			
H14・4・25　最一小判　平成13年(受)第952号	民集56巻4号808頁 判時1785号3頁 判タ1091号180頁		71
「かえでの木事件」			
H14・7・3　東京地判　平成14年(ワ)第1157号	判時1793号128頁 判タ1102号175頁		158
「ファービー刑事事件」第1事件			
H14・7・9　仙台高判　平成13年(う)第63号	判時1813号145頁		15

事件名	判決日・裁判所・事件番号	出典	頁
「ファービー刑事事件」第2事件	H14・7・9　仙台高判　平成13年(う)第177号	判時1813号150頁 判タ1110号248頁	15
「はだしのゲン事件」	H14・8・28　東京地判　平成13年(ワ)第5685号	判時1816号135頁 判タ1129号258頁	35・74
「サイボウズ事件」	H14・9・5　東京地判　平成13年(ワ)第16440号	判時1811号127頁 判タ1121号229頁	24
「記念樹事件Ⅰ」（判例コメント13別件訴訟）	H14・9・6　東京高判　平成12年(ネ)第1516号	判時1794号3頁 判タ1110号211頁	27・77・236
「ダービースタリオン事件」控訴審判決	H14・9・12　東京高判　平成13年(ネ)第4931号	判時1809号140頁 判タ1114号187頁	163
「鉄人28号事件」第1審判決	H14・11・18　東京地判　平成14年(ワ)第6247号	判時1812号139頁 判タ1115号277頁	155
「古河市兵衛の生涯事件」	H14・11・27　東京高判　平成14年(ネ)第2205号	判時1814号140頁 判タ1141号261頁	52
「個人用住宅の設計図事件」	H14・12・19　東京地判　平成14年(ワ)第2978号	裁判所HP	18・191
「高槻市情報公開条例事件」	H14・12・24　大阪高判　平成13年(行コ)第67号	判タ1144号180頁	18・191
「日本舞踊家元事件」	H14・12・26　福岡高判　平成11年(ネ)第358号	裁判所HP	13・244・468
「マクロス事件Ⅱ」第1審判決・判例コメント19	H15・1・20　東京地判　平成13年(ワ)第6447号	判時1823号146頁 判タ1123号263頁	19・41・42・74・259・**267**・364
「ファイルローグ事件」中間判決	H15・1・29　東京地判　平成14年(ワ)第4237号	判時1810号29頁 判タ1113号113頁	67
「電車線設計用プログラム事件」	H15・1・31　東京地判　平成13年(ワ)第17306号	判時1820号127頁 判タ1139号269頁	307
「社交ダンス教室事件」第1審判決	H15・2・7　名古屋地判　平成14年(ワ)第2148号	判時1840号126頁 判タ1118号278頁	63
「ヒットワン事件」	H15・2・13　大阪地判　平成14年(ワ)第9435号	判時1842号120頁 判タ1124号285頁	134
「フランステレコム事件」	H15・2・26　東京地判　平成13年(ワ)第20223号	裁判所HP	18・191

「RGBアドベンチャー事件」・関連判例2－3－1			
H15・4・11　最二小判　平成13年(受)第216号		集民209号469頁 判時1822号133頁 判タ1123号94頁	39・**40**・ 262・271
「角川映画事件」			
H15・4・23　東京地判　平成13年(ワ)第13484号		裁判所HP	265・269
「ダリの世界展カタログ事件」			
H15・5・28　東京高判　平成12年(ネ)第4720号		判時1831号135頁	349・350
「ノグチ・ルーム移築事件」・判例コメント23			
H15・6・11　東京地決　平成15年(ヨ)第22031号		判時1840号106頁 判タ1160号238頁	16・50・ **287**・296
H15・6・26　東京高判　平成14年(ネ)第573号		裁判所HP	254
「怪傑ライオン丸事件」			
H15・8・7　東京高判　平成14年(ネ)第5907号		裁判所HP	121・122
「マクロス事件Ⅱ」控訴審判決・判例コメント19			
H15・9・25　東京高判　平成15年(ネ)第1107号		裁判所HP	19・41・ 42・74・ 259・**267**・ 364
「グルニエ・ダイン事件」第1審判決・判例コメント9			
H15・10・30　大阪地判　平成14年(ワ)第1989号・ 　　　　　　　　　　　　6312号		判時1861号110頁 判タ1146号267頁	5・16・ **214**
「記念樹事件Ⅱ」(原盤制作損害賠償請求事件)			
H15・12・19　東京地判　平成13年(ワ)第3851号		判時1847号70頁 判タ1149号247頁	139・240
「記念樹事件Ⅲ」(翻案権侵害放送差止事件)			
H15・12・19　東京地判　平成14年(ワ)第6709号		判時1847号95頁 判タ1149号271頁	240・360
「どこまでも行こう事件(損害賠償請求事件)」・判例コメント13			
H15・12・26　東京地判　平成15年(ワ)第8356号		判時1847号109頁 判タ1149号232頁	27・74・ **236**
「クレイジーレーサーR事件」中間判決・判例コメント41			
H16・1・15　大阪地判　平成14年(ワ)第1919号・ 　　　　　　　　　　　　同2526号、同3437号 　　　　　　　　　　　　同8537号、同10909号		裁判所HP	141・**374**
「ギャロップレーサー事件」上告審判決・判例コメント55			
H16・2・13　最二小判　平成13年(受)第866号・ 　　　　　　　　　　　　867号		民集58巻2号311頁 判時1863号25頁 判タ1156号101頁	164・427・ **444**
「鉄人28号事件」控訴審判決			
H16・2・25　東京高判　平成15年(ネ)第1241号		裁判所HP	155
「社交ダンス教室事件」控訴審判決			
H16・3・4　名古屋高判　平成15年(ネ)第233号		判時1870号123頁	63
「2ちゃんねる小学館事件」第1審判決・判例コメント47			
H16・3・11　東京地判　平成15年(ワ)第15526号		判時1893号131頁 判タ1181号163頁	134・**407**

「ミュージカル脚本事件」				
H16・3・19	東京地判	平成14年(ワ)第14650号 同19665号 平成15年(ワ)第19236号	判時1867号112頁 判タ1186号284頁	34
「ヨミウリ・オンライン事件」第1審判決・判例コメント53				
H16・3・24	東京地判	平成14年(ワ)第28035号	判時1857号108頁 判タ1175号281頁	**433**
H16・3・30	東京地判	平成15年(ワ)第285号	裁判所HP	233
「国語教科書事件」				
H16・5・28	東京地判	平成14年(ワ)第15570号	判時1869号79頁 判タ1195号225頁	284
「教科書準拠教材事件」				
H16・6・29	東京高判	平成15年(ネ)第2515号 同3788号、同3811号	裁判所HP	378
「ブブカスペシャル事件」第1審判決				
H16・7・14	東京地判	平成14年(ワ)第27427号	判時1879号71頁 判タ1180号232頁	415
「グルニエ・ダイン事件」控訴審判決・判例コメント9				
H16・9・29	大阪高判	平成15年(ネ)第3575号	裁判所HP	5・16・**214**
「Winnyファイル交換事件」				
H16・11・30	京都地判	平成15年(わ)第2018号	判時1879号153頁	68
「クレイジーレーサーR事件」本判決・判例コメント41				
H16・12・27	大阪地判	平成14年(ワ)第1919号 同2526号、同3437号 同8537号、同10909号	裁判所HP	141・**374**
「セキスイツーユーホーム事件」・判例コメント22				
H17・1・17	大阪地判	平成15年(ワ)第2886号	判時1913号154頁	48・**281**
「2ちゃんねる小学館事件」控訴審判決・判例コメント47				
H17・3・3	東京高判	平成16年(ネ)第2067号	判時1893号126頁 判タ1181号158頁	134・**407**・480
「グッドバイ・キャロル事件」第1審判決・判例コメント18				
H17・3・15	東京地判	平成15年(ワ)第3184号	判時1894号110頁 判タ1196号270頁	19・41・74・259・**261**・269・364
H17・3・23	東京地判	平成16年(ワ)第16747号	判時1894号134頁 判タ1196号261頁	360
「ファイルローグ事件」控訴審判決				
H17・3・31	東京高判	平成16年(ネ)第405号	裁判所HP	430
「矢沢永吉事件」				
H17・6・14	東京地判	平成16年(ワ)第23950号	判時1917号135頁 判タ1217号310頁	162
「ジョン万次郎銅像事件」第1審判決・判例コメント16				
H17・6・23	東京地判	平成15年(ワ)第13385号	裁判所HP	251
「船橋市西図書館事件」				
H17・7・14	最一小判	平成16年(受)第930号	民集59巻6号1569頁	44・428

「ヨミウリ・オンライン事件」控訴審判決・判例コメント53
H17・10・6　知財高判　平成17年㈰第10049号　裁判所HP　　　8・12・30・177・178・187・427・**433**

「選撮見録事件」第1審判決
H17・10・24　大阪地判　平成17年㈪第488号　判時1911号65頁　67・134

「宇宙開発事業団プログラム事件」第1審判決
H17・12・12　東京地判　平成12年㈪第27552号　判時1949号113頁　39
判タ1234号301頁

H18・1・24　最三小判　平成17年㈷第541号　判時1926号65頁　144
判タ1205号153頁

「ジョン万次郎銅像事件」控訴審判決・判例コメント16
H18・2・27　知財高判　平成17年㈰第10100号・　裁判所HP　　　33・34・
　　　　　　　　　　　10116号　　　　　　　　　　　　　　　147・249・
　　　　　　　　　　　　　　　　　　　　　　　　　　　　　　251

「計装士講習会資料事件」第1審判決・判例コメント21
H18・2・27　東京地判　平成17年㈪第1720号　判時1941号136頁　40・**275**
判タ1226号297頁

「通勤大学法律コース事件」
H18・3・15　知財高判　平成17年㈰第10095号・　裁判所HP　　　427
　　　　　　　　　　　同10107号・10108号

「ブブカスペシャル事件」控訴審判決
H18・4・26　東京高判　平成16年㈰第4076号　判時1954号47頁　162
判タ1214号91頁

「ローマの休日DVD仮処分事件」
H18・7・11　東京地決　平成18年㈲第22044号　判時1933号68頁　354

「まねきTV事件」第1審決定
H18・8・4　東京地決　平成18年㈲第22022号　判タ1234号278頁　398

「まねきTV事件」保全第1審決定
H18・8・4　東京地決　平成18年㈲第22027号　判時1945号95頁　398

「振動制御システムK2事件」
H18・8・31　知財高判　平成17年㈰第10070号　判時2022号144頁　117・360

「グッドバイ・キャロル事件」控訴審判決・判例コメント18
H18・9・13　知財高判　平成17年㈰第10076号　判時1956号148頁　19・39・
　　　　　　　　　　　　　　　　　　　　　　　　　　　　　41・74・
　　　　　　　　　　　　　　　　　　　　　　　　　　　　　259・**261**・
　　　　　　　　　　　　　　　　　　　　　　　　　　　　　364

「江戸考古学研究事典事件」
H18・9・26　知財高判　平成18年㈰第10037号・　裁判所HP　　　27
　　　　　　　　　　　10050号

「シェーン事件」第1審判決・判例コメント36
H18・10・6　東京地判　平成18年㈪第2908号　民集61巻9号3500頁　**352**

「計装士講習会資料事件」控訴審判決・判例コメント21
H18・10・19　知財高判　平成18年㈰第10027号　裁判所HP　　　40・**275**

「国語ドリル事件」
H18・12・6　知財高判　平成18年㈰第10045号　裁判所HP　　　90

「Winny 幇助事件」第1審判決・判例コメント52			
H18・12・13	京都地判 平成16年(わ)第726号	刑集65巻9号1609頁 判タ1229号105頁	**429**
「まねきTV事件」保全抗告審決定			
H18・12・22	知財高決 平成18年(ラ)第10012号	裁判所HP	398
「まねきTV事件」抗告審決定			
H18・12・22	知財高決 平成18年(ラ)第10009号	裁判所HP	398
「宇宙開発事業団プログラム事件」控訴審判決			
H18・12・26	知財高判 平成18年(ネ)第10003号	判時2019号92頁	273・274・307
「CRフィーバー大ヤマト事件」・判例コメント38			
H18・12・27	東京地判 平成16年(ワ)第13725号	判時2034号101頁 判タ1275号265頁	19・41・74・116・269・360・**361**
「CRフィーバー大ヤマト事件」（判例コメント38別件訴訟）			
H18・12・27	東京地判 平成17年(ワ)第16722号	裁判所HP	364
「再分配とデモクラシーの政治経済学事件」			
H19・1・18	東京地判 平成18年(ワ)第10367号	裁判所HP	360
「THE BOOM事件」			
H19・1・19	東京地判 平成18年(ワ)第1769号・12662号	判時2003号111頁 判タ1290号260頁	122
「シェーン事件」控訴審判決・判例コメント36			
H19・3・29	知財高判 平成18年(ネ)第10078号	民集61巻9号3536頁 判時1990号122頁	**352**
「HEAT WAVE事件」			
H19・4・27	東京地判 平成18年(ワ)第8752号 同16229号	裁判所HP	121
「MYUTA事件」・判例コメント46			
H19・5・25	東京地判 平成18年(ワ)第10166号	判時1979号100頁 判タ1251号319頁	134・**401**
「選撮見録事件」・控訴審判決			
H19・6・14	大阪高判 平成17年(ネ)第3258号 平成18年(ネ)第568号 同362号	判時1991号122頁	67・134・404
「『Von Dutch』ブランド事件」第1審判決・判例コメント39			
H19・10・26	東京地判 平成18年(ワ)第7424号	裁判所HP	118・**366**
「おりがみあそび事件」			
H19・11・16	東京地判 平成19年(ワ)第4822号	裁判所HP	119
「北朝鮮映画事件」第1審判決・判例コメント51			
H19・12・14	東京地判 平成18年(ワ)第6062号	裁判所HP	**424**
「シェーン事件」上告審判決・判例コメント36			
H19・12・18	最三小判 平成19年(受)第1105号	民集61巻9号3460頁 判時1995号121頁 判タ1262号76頁	**352**
「土地宝典事件」第1審判決・判例コメント8			
H20・1・31	東京地判 平成17年(ワ)第16218号	判時2024号142頁 判タ1285号276頁	3・17・145・**209**

「運命の顔事件」
H20・2・15　東京地判　平成18年(ワ)第15359号　裁判所 HP　35

「社保庁 LAN 事件」・判例コメント28
H20・2・26　東京地判　平成19年(ワ)第15231号　裁判所 HP　67・92・**313**

「八坂神社写真事件」・判例コメント11
H20・3・13　東京地判　平成19年(ワ)第1126号　判時2033号102頁　20・**224**
　　　　　　　　　　　　　　　　　　　　　　判タ1283号262頁

「『Von Dutch』ブランド事件」控訴審判決・判例コメント39
H20・3・27　知財高判　平成19年(ネ)第10095号　裁判所 HP　118・**366**

H20・6・10　最三小判　平成18年(受)第265号　判時2042号5頁　144
　　　　　　　　　　　　　　　　　　　　　　判タ1316号142頁

「まねき TV 事件」第1審判決・判例コメント45
H20・6・20　東京地判　平成19年(ワ)第5765号　民集65巻1号247頁　67・133・**396**

「デサフィナード事件」
H20・9・17　大阪高判　平成19年(ネ)第735号　判時2031号132頁　64・312

「写真で見る首里城事件」・判例コメント43
H20・9・24　那覇地判　平成19年(ワ)第347号　判時2042号95頁　135・**385**

「土地宝典事件」控訴審判決・判例コメント8
H20・9・30　知財高判　平成20年(ネ)第10031号　判時2024号133頁　3・17・
　　　　　　　　　　　　　　　　　　　　　　判タ1285号267頁　145・**209**

「まねき TV 事件」控訴審判決・判例コメント45
H20・12・15　知財高判　平成20年(ネ)第10059号　民集65巻1号353頁　67・133・
　　　　　　　　　　　　　　　　　　　　　　判時2038号110頁　**396**

「北朝鮮映画事件」控訴審判決・判例コメント51
H20・12・24　知財高判　平成20年(ネ)第10011号　裁判所 HP　**424**

「マンション読本事件」・判例コメント50
H21・3・26　大阪地判　平成19年(ワ)第7877号　判時2076号119頁　15・62・
　　　　　　　　　　　　　　　　　　　　　　判タ1313号231頁　125・**420**

「駒込大観音事件」第1審判決・判例コメント25
H21・5・28　東京地判　平成19年(ワ)第23883号　裁判所 HP　34・44・
　　　　　　　　　　　　　　　　　　　　　　　　　　　　53・74・
　　　　　　　　　　　　　　　　　　　　　　　　　　　　147・254・
　　　　　　　　　　　　　　　　　　　　　　　　　　　　297

「暁の脱走事件」第1審判決・判例コメント48
H21・6・17　東京地判　平成20年(ワ)第11220号　判タ1305号247頁　412

「ピンク・レディー事件」控訴審判決・関連判例11-2-1
H21・8・27　知財高判　平成20年(ネ)第10063号　判時2060号137頁　446
　　　　　　　　　　　　　　　　　　　　　　判タ1311号210頁

「手あそびうたブック事件」
H21・8・28　東京地判　平成20年(ワ)第4692号　裁判所 HP　244

「チャップリン事件」
H21・10・8　最一小判　平成20年(受)第889号　判時2064号120頁　355
　　　　　　　　　　　　　　　　　　　　　　判タ1314号127頁

「Winny 幇助事件」控訴審判決・判例コメント52
H21・10・8　大阪高判　平成19年(う)第461号　刑集65巻9号1635頁　**429**

497

判例	裁判所・日付	事件番号	出典	頁
「f-MRI事件」第1審判決・判例コメント6				
H21・11・27 東京地判	平成18年(ワ)第2591号	裁判所HP		7・57・**200**
「着うた事件」・関連判例11－3－1				
H22・1・29 東京高判	平成20年(行ケ)第19号等	裁判所HP		170・**171**
「北見工業大学事件」第1審判決・判例コメント20				
H22・2・18 東京地判	平成20年(ワ)第7142号	裁判所HP		39・**270**
「駒込大観音事件」控訴審判決・判例コメント25				
H22・3・25 知財高判	平成21年(ネ)第10047号	判時2086号114頁 判タ1370号206頁		34・44・53・74・147・**297**・383
「絵画の鑑定書事件」第1審判決・判例コメント34				
H22・5・19 東京地判	平成20年(ワ)第31609号	判時2092号142頁		57・87・**342**
「f-MRI事件」控訴審判決・判例コメント6				
H22・5・27 知財高判	平成22年(ネ)第10004号・10011号	判時2099号125頁 判タ1343号203頁		7・57・**200**
「暁の脱走事件」控訴審判決・判例コメント48				
H22・6・17 知財高判	平成21年(ネ)第10050号	裁判所HP		**412**
「北見工業大学事件」控訴審判決・判例コメント20				
H22・8・4 知財高判	平成22年(ネ)第10029号	判時2101号119頁 判タ1344号226頁		39・**270**
「絵画の鑑定書事件」控訴審判決・判例コメント34				
H22・10・13 知財高判	平成22年(ネ)第10052号	判時2092号135頁 判タ1340号257頁		57・87・**342**・350・351・373
「ペ・ヨンジュン事件」				
H22・10・21 東京地判	平成21年(ワ)第4331号	裁判所HP		162
「ひこにゃん事件」第1審決定・判例コメント37				
H22・12・24 大阪地決	平成22年(ヨ)第20020号	判時2167号102頁		74・116・**356**
「まねきTV事件」上告審判決・判例コメント45				
H23・1・18 最三小判	平成21年(受)第653号	民集65巻1号121頁 判時2103号124頁 判タ1342号105頁		67・133・329・**396**
「ロクラクⅡ事件」上告審判決・関連判例9－3－2				
H23・1・20 最一小判	平成21年(受)第788号	民集65巻1号399頁 判時2103号128頁 判タ1342号100頁		**134**・311・329・341・400・405
「ひこにゃん事件」抗告審決定・判例コメント37				
H23・3・31 大阪高決	平成23年(ラ)第56号	判時2167号81頁		74・116・**356**
「廃墟写真事件」				
H23・5・10 知財高判	平成23年(ネ)第10010号	判タ1372号222頁		160
「データ復旧サービス事件」				
H23・5・26 知財高判	平成23年(ネ)第10006号	判時2136号116頁 判タ1386号322頁		177

H23・10・31	東京地判	平成21年(ワ)第31190号	裁判所 HP	45
「北朝鮮映画事件」上告審判決・判例コメント51				
H23・12・8	最一小判	平成21年(受)第602号・同603号	民集65巻9号3275頁 判時2142号79頁 判タ1366号93頁	26・30・154・336・**424**・437
「テレビ CM 原版事件」第1審判決・判例コメント17				
H23・12・14	東京地判	平成21年(ワ)第4753号・39494号	判時2142号111頁 判タ1378号213頁	18・41・**255**
「Winny 幇助事件」上告審判決・判例コメント52				
H23・12・19	最三小決	平成21年(あ)第1900号	刑集65巻9号1380頁 判時2141号135頁 判タ1366号103頁	68・**429**
「暁の脱走事件」上告審判決・判例コメント48				
H24・1・17	最三小判	平成22年(受)第1884号	判時2144号115頁 判タ1367号109頁	138・**412**
「まねき TV 事件」差戻控訴審判決				
H24・1・31	知財高判	平成23年(ネ)第10009号	判時2142号96頁 判タ1384号325頁	398
「ピンク・レディー事件」上告審判決・関連判例11-2-1				
H24・2・2	最一小判	平成21年(受)第2056号	民集66巻2号89頁 判時2143号72頁 判タ1367号97頁	**162**・440・442・446
「チュッパチャップス事件」				
H24・2・14	知財高判	平成22年(ネ)第10076号	判時2161号86頁 判タ1404号217頁	480
「漢字検定対策用問題集事件」				
H24・2・16	大阪地判	平成21年(ワ)第18463号	判時2162号124頁 判タ1366号68頁	249・253
「釣りゲーム事件」第1審判決・判例コメント32				
H24・2・23	東京地判	平成21年(ワ)第34012号	裁判所 HP	75・77・127・**332**
「Shall We ダンス？事件」・判例コメント14				
H24・2・28	東京地判	平成20年(ワ)第9300号	裁判所 HP	13・**241**・468
「釣りゲーム事件」控訴審判決・判例コメント32				
H24・8・8	知財高判	平成24年(ネ)第10027号	判時2165号42頁 判タ1403号271頁	75・77・127・206・208・**332**
「薬剤便覧事件」第1審判決・判例コメント12				
H24・8・31	東京地判	平成20年(ワ)第29705号	裁判所 HP	23・**230**
H24・9・28	東京地判	平成23年(ワ)第9722号	裁判所 HP	213
「テレビ CM 原版事件」控訴審判決・判例コメント17				
H24・10・25	知財高判	平成24年(ネ)第10008号	裁判所 HP 判例百選〔第5版〕80頁	18・41・**255**
H24・12・6	大阪地判	平成23年(ワ)第15588号 平成24年(ワ)第57号	裁判所 HP	253
H24・12・25	知財高判	平成23年(行コ)第10004号	判時2221号94頁 判タ1408号229頁	427

「紙おむつ処理容器事件」大合議判決				
H25・2・1	知財高判	平成24年(ネ)第10015号	判時2179号36頁 判タ1388号77頁	141
「まねきTV事件」差戻上告審決定				
H25・2・13	最二小決	平成24年(オ)第831号 平成24年(受)第1007号	公刊物未登載	398
「基幹物理学事件」				
H25・3・1	東京地判	平成22年(ワ)第38003号	判時2219号105頁 判タ1414号375頁	35
「薬剤便覧事件」控訴審判決・判例コメント12				
H25・4・18	知財高判	平成24年(ネ)第10076号	判時2194号105頁 判タ1417号132頁	23・**230**
「星座板事件」				
H25・4・18	大阪地判	平成24年(ワ)第9969号	裁判所HP	17
「女性タレントの写真無断掲載事件」・判例コメント54				
H25・4・26	東京地判	平成22年(ワ)第46450号	判タ1416号276頁	162・**439**
「『ニコニコ動画』リンク事件（ロケットニュース24事件）」・判例コメント44				
H25・6・20	大阪地判	平成23年(ワ)第15245号	判時2218号112頁	331・**390**
「岡山イラスト事件」・判例コメント40				
H25・7・16	大阪地判	平成24年(ワ)第10890号	裁判所HP	122・**369**
「漫画on Web事件」第1審判決・判例コメント42				
H25・7・16	東京地判	平成24年(ワ)第24571号	裁判所HP	**380**
「『Forever21』ファッションショー事件」第1審判決・判例コメント5				
H25・7・19	東京地判	平成24年(ワ)第16694号	判時2238号99頁	9・13・ 15・**194**
「希望の壁事件」・判例コメント24				
H25・9・6	大阪地決	平成25年(ヨ)第20003号	判時2222号93頁	16・50・ 291・**292**
「自炊代行サービス事件」第1審判決・判例コメント33				
H25・9・30	東京地判	平成24年(ワ)第33525号	判時2212号86頁	83・134・ **337**
「プロ野球ドリームナイン事件」第1審判決・判例コメント3				
H25・11・29	東京地判	平成23年(ワ)第29184号	公刊物未登載	6・**185**
「漫画on Web事件」控訴審判決・判例コメント42				
H25・12・11	知財高判	平成25年(ネ)第10064号	裁判所HP	51・**380**
「オークションカタログ事件」第1審判決・判例コメント35				
H25・12・20	東京地判	平成24年(ワ)第268号	裁判所HP	155・**347**
「トリップ・トラップ事件」第1審判決・判例コメント10				
H26・4・17	東京地判	平成25年(ワ)第8040号	裁判所HP	15・166・ 198・**219**
「自動接触角計プログラム侵害事件」第1審判決・判例コメント26				
H26・4・24	東京地判	平成23年(ワ)第36945号 平成24年(ワ)第25059号 平成25年(ワ)第9300号	裁判所HP	57・74・ 76・127・ **302**
「パチンコ『CR松方弘樹の名奉行金さん』事件」・判例コメント7				
H26・4・30	東京地判	平成24年(ワ)第964号	裁判所HP	127・**205**

「『Forever21』ファッションショー事件」控訴審判決・判例コメント5
H26・8・28　知財高判　平成25年(ネ)第10068号　判時2238号91頁　9・13・15・**194**・222・245・468

「自炊代行サービス事件」控訴審判決・判例コメント33
H26・10・22　知財高判　平成25年(ネ)第10089号　判時2246号92頁　83・134・判タ1414号227頁　**337**

「マンションの設計図の著作物性事件(2)」第1審判決・判例コメント4
H26・11・7　東京地判　平成25年(ワ)第2728号　裁判所HP　6・17・18・60・**189**

H26・12・18　東京地判　平成22年(ワ)第38369号　裁判所HP　212

「教科書『新しい日本の歴史』盗用事件(2)」第1審判決・判例コメント2
H26・12・19　東京地判　平成25年(ワ)第9673号　判時2279号89頁　3・**179**

「歴史小説の"参考文献"事件(2)」第1審判決・判例コメント30
H27・2・25　東京地判　平成25年(ワ)第15362号　裁判所HP　74・77・127・**321**

「英会話教材キャッチフレーズの著作物性事件」第1審判決・判例コメント1
H27・3・20　東京地判　平成26年(ワ)第21237号　裁判所HP　8・12・**174**

「トリップ・トラップ事件」控訴審判決・判例コメント10
H27・4・14　知財高判　平成26年(ネ)第10063号　判時2267号91頁　15・166・198・**219**

「マンションの設計図の著作物性事件(2)」控訴審判決・判例コメント4
H27・5・25　知財高判　平成26年(ネ)第10130号　裁判所HP　6・17・18・60・**189**

「プロ野球ドリームナイン事件」控訴審判決・判例コメント3
H27・6・24　知財高判　平成26年(ネ)第10004号　裁判所HP　6・**185**

「現況実測図事件」
H27・8・5　知財高判　平成27年(ネ)第10072号　裁判所HP　17・212

「教科書『新しい日本の歴史』盗用事件(2)」控訴審判決・判例コメント2
H27・9・10　知財高判　平成27年(ネ)第10009号　判時2279号64頁　3・**179**

「『著作権判例百選』の編集著作権事件」仮処分決定・判例コメント15
H27・10・26　東京地決　平成27年(ヨ)第22071号　判例コメント・**246**

「英会話教材キャッチフレーズの著作物性事件」控訴審判決・判例コメント1
H27・11・10　知財高判　平成27年(ネ)第10049号　裁判所HP　8・12・**174**

「英単語語呂合わせ事件」
H27・11・30　東京地判　平成26年(ワ)第22400号　裁判所HP　12・177

「ライブハウス事件」第1審判決・判例コメント27
H28・3・25　東京地判　平成25年(ワ)第28704号　判時2322号122頁　**308**

「『著作権判例百選』の編集著作権事件」第1審決定・判例コメント15
H28・4・7　東京地決　平成28年(モ)第40004号　判時2300号76頁　**246**

「動画配信サイトのストリーミング配信事件」判例コメント49
H28・4・21　東京地判　平成27年(ワ)第13760号　判時2316号97頁　62・141・**416**

501

「自動接触角計プログラム侵害事件」控訴審判決・判例コメント26				
H28・4・27	知財高判	平成26年㈱第10059号・ 10088号	判時2321号85頁	57・74・ 76・127・ **302**
「オークションカタログ事件」控訴審判決・判例コメント35				
H28・6・22	知財高判	平成26年㈱第10019号 同10023号	判時2318号81頁	155・**347**
「歴史小説の"参考文献"事件⑵」控訴審判決・判例コメント30				
H28・6・29	知財高判	平成27年㈱第10042号	裁判所HP	74・77・ 127・**321**
「舞妓写真事件」・判例コメント29				
H28・7・19	大阪地判	平成26年(ワ)第10559号	判タ1431号226頁	20・74・ 77・**317**
「ツイッターへの発信者情報開示請求事件」第1審判決・判例コメント31				
H28・9・15	東京地判	平成27年(ワ)第17928号	裁判所HP	68・**327**
「ライブハウス事件」控訴審判決・判例コメント27				
H28・10・19	知財高判	平成28年㈱第10041号	裁判所HP	64・134・ **308**
H28・11・2	知財高判	平成28年㈱第10029号 同10064号	裁判所HP	213
「『著作権判例百選』の編集著作権事件」抗告審決定・判例コメント15				
H28・11・11	知財高決	平成28年(ラ)第10009号	判時2323号23頁 判タ1432号103頁	22・34・ **246**・452
「『著作権判例百選』の編集著作権事件」許可抗告審決定・判例コメント15				
H29・3・21	最決	平成28年(許)第53号	公刊物未登載	**246**
「STELLA McCartney事件」第1審判決・判例コメント56				
H29・4・27	東京地判	平成27年(ワ)第23694号	裁判所HP	16・**449**
「ライブハウス事件」上告審決定・判例コメント27				
H29・7・11	最三小決	平成29年(オ)第83号 平成29年(受)第98号	公刊物未登載	**308**
「STELLA McCartney事件」控訴審判決・判例コメント56				
H29・10・13	知財高判	平成29年㈱第10061号	裁判所HP	16・**449**
「米軍ヘリ墜落映像事件」第1審判決・判例コメント57				
H30・2・21	東京地判	平成28年(ワ)第37339号	裁判所HP	**453**
「ジャコ・パストリアス事件」・判例コメント58				
H30・4・19	大阪地判	平成29年(ワ)第781号	裁判所HP	**458**
「ツイッターへの発信者情報開示請求事件」控訴審判決・判例コメント31				
H30・4・25	知財高判	平成28年㈱第10101号	裁判所HP	68・**327**
「米軍ヘリ墜落映像事件」控訴審判決・判例コメント57				
H30・8・23	知財高判	平成30年㈱第10023号	裁判所HP	**453**
「フラダンス事件」・判例コメント59				
H30・9・20	大阪地判	平成27年(ワ)第2570号	裁判所HP	13・**463**
「RSS事件」第1審判決・判例コメント61				
H30・9・21	札幌地判	平成29年(ワ)第1545号	公刊物未登載	**476**
「ASKA未公表曲事件」・判例コメント60				
H30・12・11	東京地判	平成29年(ワ)第27374号	裁判所HP	**469**
「RSS事件」控訴審判決・判例コメント61				
H31・3・12	札幌高判	平成30年㈱第262号	公刊物未登載	**476**

編集責任者・執筆者一覧

編集責任者
松村　信夫　　三山　峻司

執筆者（50音順）

赤松　俊治	麻生川典晃	池田　　聡	井上　周一	甲斐　一真	清原　直己
國祐伊出弥	黒根　祥行	塩田千恵子	白木　裕一	高橋　幸平	壇　　俊光
辻村　和彦	寺中　良樹	冨本　晃司	永田　貴久	西迫　文夫	藤田　増夫
藤原　正樹	松村　信夫	三山　峻司	室谷　和彦	面谷　和範	森本　　純
矢倉　雄太	渡辺　充博				

最新 著作権関係判例と実務〔第2版〕

2019年12月15日　第1刷発行

　　　　　　　　　　　　　　　　定価　本体5,500円（税別）

編　者　知的所有権問題研究会
発　行　株式会社　民事法研究会
印　刷　藤原印刷株式会社

発行所　株式会社　民事法研究会

　　〒151-0013　東京都渋谷区恵比寿3-7-16
　　　　〔営業〕TEL 03(5798)7257　FAX 03(5798)7258
　　　　〔編集〕TEL 03(5798)7277　FAX 03(5798)7278
　　　　http://www.minjiho.com/　　info@minjiho.com

落丁・乱丁はおとりかえします。ISBN978-4-86556-329-0　C3032　￥5500E
カバーデザイン：袴田峯男

■平成30年改正法・施行令・施行規則に対応し、最新の判例を追録！

著作権法〔第4版〕

岡村久道 著

A5判・552頁・定価 本体5,500円＋税

本書の特色と狙い

▶柔軟な権利制限規定を整備した平成30年改正法に完全対応させるとともに、情報ネットワーク関連の判例等を新たに織り込み大幅に改訂！

▶基礎理論から契約実務・訴訟実務まで、情報通信技術の急速な発達等の社会情勢を踏まえた「生きた著作権法」を描き出す！

▶初学者でも全体像を把握できるよう各章を簡略な本文で解説！ より詳しく知りたい場合には、項目ごとに付された詳細な注を読解することによって著作権の理論と実務について最先端の状況を網羅的に理解することができる！

▶著者オリジナルの図表を多数収録し、複雑な著作権法をわかりやすく解説しているので、複雑な著作権法がすっきり理解できる！ 弁護士・弁理士等の実務家はもちろん法科大学院生にも至便！

本書の主要内容

第1章　知的財産権制度と著作権制度
第2章　著作者の権利の客体（目的）──著作物
第3章　著作者の権利の帰属主体──著作者と著作権者
第4章　著作者の権利1──著作権
第5章　著作者の権利2──著作者人格権
第6章　著作隣接権等
第7章　著作権法上の権利処理と契約実務
第8章　権利侵害と救済──侵害訴訟の理論と実務

発行　民事法研究会

〒150-0013　東京都渋谷区恵比寿3-7-16
（営業）TEL. 03-5798-7257　FAX. 03-5798-7258
http://www.minjiho.com/　info@minjiho.com

▶知的財産に特化したLaw&Technologyの別冊！知財訴訟のノウハウが満載、専門部の裁判官と弁護士の意見交換を掲載！

均等論、特許権の消尽論と黙示の実施許諾論の考察など、実務に欠かせない論説が満載！

知的財産紛争の最前線 No.1
──裁判所との意見交換・最新論説──
B5判・140頁・定価 本体3,000円＋税

【知的財産訴訟の現況を踏まえた最新論説】
・特許無効の現状と将来の課題／東京大学教授　大渕哲也
・自己の氏名・名称等からなる商標に対する商標権の効力の制限／大阪大学教授　茶園成樹
・商標法32条1項の先使用権の認められる範囲／知的財産高等裁判所判事　田中芳樹　　　etc

プロダクト・バイ・プロセス・クレーム、営業秘密など、第一線の研究者・裁判官・弁護士による論説を掲載！

知的財産紛争の最前線 No.2
──裁判所との意見交換・最新論説──
B5判・101頁・定価 本体2,800円＋税

【知的財産訴訟の現況を踏まえた最新論説】
・発明者の認定──「特徴的部分」の判別手法と発明完成概念活用の功罪──／北海道大学教授　田村善之
・プロダクト・バイ・プロセス・クレームの解釈と有効性──権利範囲の明確化・第三者の予測可能性確保という観点から──／京都大学教授　愛知靖之　　　etc

リーチサイト問題など、今後の法改正の動向を見据えた実務をリードする論説を掲載！

知的財産紛争の最前線 No.3
──裁判所との意見交換・最新論説──
B5判・101頁・定価 本体3,200円＋税

【知的財産訴訟の現況を踏まえた最新論説】
・良いリンク悪いリンク／慶應義塾大学教授　小泉直樹
・人工知能と機械学習をめぐる著作権法上の課題／早稲田大学教授　上野達弘
・非専用品型間接侵害の立法と実務の変遷　弁護士・元知的財産高等裁判所長　飯村敏明　　　etc

標準必須特許、サイトブロッキングと著作権法など、実務上、関心の高い最新のテーマを掲載！

知的財産紛争の最前線 No.4
──裁判所との意見交換・最新論説──
B5判・109頁・定価 本体3,200円＋税

【知的財産訴訟の現況を踏まえた最新論説】
・差止請求において地理的範囲・時的範囲が問題となる場合の主文のあり方
　大阪地方裁判所判事　野上誠一／大阪地方裁判所判事　大門宏一郎
・標準必須特許の権利行使をめぐる国際動向とわが国の対応／名古屋大学教授　鈴木將文　　　etc

特許権侵害訴訟、営業秘密、限定提供データの保護など、実務上、関心の高い最新のテーマを掲載！

知的財産紛争の最前線 No.5
──裁判所との意見交換・最新論説──
B5判・101頁・定価 本体3,200円＋税

【知的財産訴訟の現況を踏まえた最新論説】
・知的財産法の規律対象──判例の統合的理解に向けて──／神戸大学教授　島並良
・特許権侵害訴訟における対象製品の特定のあり方／東京地方裁判所判事　柴田義明
・不正競争防止法に基づく訴えにおける営業秘密の特定のあり方／知的財産高等裁判所判事　森義之　etc

発行　民事法研究会
〒150-0013　東京都渋谷区恵比寿3-7-16
（営業）TEL 03-5798-7257　FAX 03-5798-7258
http://www.minjiho.com/　　info@minjiho.com

実務に役立つ実践的手引書

消費者団体訴訟について新たに章を設けたほか、最新の法令・判例・実務を織り込み改訂した実務家必携の1冊！

判例から学ぶ消費者法〔第3版〕

島川　勝・坂東俊矢 編　　　　　　　　　（A5判・312頁・定価 本体2800円＋税）

民法（債権関係）等の改正に完全対応させるとともに、最近の契約審査実務からみた追加事項を収録！

取引基本契約書の作成と審査の実務〔第6版〕

滝川宜信 著　　　　　　　　　　　　　（A5判・483頁・定価 本体4300円＋税）

実務で問題となる論点について、労働法全体をカバーしつつ判例・通説を基本に1冊にまとめた最新版！

労働法実務大系〔第2版〕

岩出 誠 著　　　　　　　　　　　　　（A5判・893頁・定価 本体9000円＋税）

新技術の導入にあたって、個人情報・知財等、有効な論点や実務を鳥瞰できる！

第4次産業革命と法律実務
――クラウド・IoT・ビッグデータ・AIに関する論点と保護対策――

阿部・井窪・片山法律事務所　服部　誠・中村佳正・柴山吉報・大西ひとみ 著（A5判・270頁・定価 本体3300円＋税）

現役裁判官が当事者、代理人の納得する紛争解決の考え方とノウハウを提示した待望の書！

和解・調停の手法と実践

田中 敦 編　　　　　　　　　　　　　（A5判上製・699頁・定価 本体7000円＋税）

プレイヤーの契約、賞金の扱い、ネット配信等々の様々な課題について具体的にQ＆Aで解説！

eスポーツの法律問題Q＆A
――プレイヤー契約から大会運営・ビジネスまで――

eスポーツ問題研究会 編　　　　　　　　（A5判・183頁・定価 本体2200円＋税）

発行　民事法研究会
〒150-0013　東京都渋谷区恵比寿3-7-16
（営業）TEL 03-5798-7257　FAX 03-5798-7258
http://www.minjiho.com/　　info@minjiho.com

実務に役立つ知的財産の実務書

平成27年改正不正競争防止法に対応させ、最新の重要判例60件の判例解説も収録！

最新 不正競争関係判例と実務〔第3版〕

大阪弁護士会友新会 編　　　　　　　　　　（Ａ5判・504頁・定価 本体4800円＋税）

商標（ブランド）の権利化や効果的な活用のためにリーディングケースとなる判例を厳選して分析！

最新　商標権関係判例と実務

知的所有権問題研究会　編（代表　松村信夫・三山峻司）　（Ａ5判・625頁・定価 本体5500円＋税）

Vチューバーとの業務委託契約、SNS上の権利侵害やエンタメ業界の労働問題など8設問を新設！

エンターテインメント法務Q＆A〔第2版〕
―権利・契約・トラブル対応・関係法律・海外取引―

エンターテインメント・ロイヤーズ・ネットワーク 編　（Ａ5判・398頁・定価 本体4200円＋税）

特許等の利用許諾等に関するライセンス契約を外国会社と行う際の契約文例と交渉のノウハウを示した実務書！

英文ライセンス契約実務マニュアル〔第3版〕
―誰も教えてくれない実践的ノウハウ―

小高壽一・中本光彦　著　　　　　　　　　　（Ｂ5判・637頁・定価 本体8400円＋税）

音・動き・色彩・ホログラム等の新しい商標に対応した新商標法や施行後の実務、新審査基準等に対応！

商標実務入門〔第2版〕―ブランド戦略から権利行使まで―

片山英二　監修　阿部・井窪・片山法律事務所 編　（Ａ5判・373頁・定価 本体3800円＋税）

不正競争行為の類型ごとに要件事実、主張・立証活動の要点、学説・判例の射程を分析・検証し、実務指針を明示！

新・不正競業訴訟の法理と実務
―最新の判例・学説に基づく実務解説―

松村信夫　著　　　　　　　　　　　　　　　（Ａ5判・1028頁・定価 本体8000円＋税）

発行　民事法研究会

〒150-0013 東京都渋谷区恵比寿3-7-16
（営業）TEL 03-5798-7257　FAX 03-5798-7258
http://www.minjiho.com/　info@minjiho.com